“宗教文化译丛”总序

遥想远古，文明伊始。散居在世界各地的初民，碍于山高水险，路途遥远，彼此很难了解。然而，天各一方的群落却各自发明了语言文字，发现了火的用途，使用了工具。他们在大自然留下了印记，逐渐建立了相对稳定的家庭、部落和族群。人们的劳作和交往所留下的符号，经过大浪淘沙般地筛选和积淀后，便形成了文化。

在纷纭复杂的文化形态中，有一种形态叫“宗教”。如果说哲学源于人的好奇心和疑问，那么宗教则以相信超自然力量的存在为前提。如果说哲学的功用是教人如何思维，训练的是人的理性认知能力，那么宗教则是教人怎样行为。即把从信仰而来的价值与礼法落实于生活，教人做“君子”，让社会有范序。信而后行，是宗教的一大特点。

宗教现象，极为普遍。亚非拉美，天涯海角，凡有人群的地方，大都离不开宗教生活。自远古及今，宗教虽有兴衰嬗变，但从未止息。宗教本身形式多样，如拜物图腾、万物有灵、通神巫术、多神信仰、主神膜拜、唯一神教，林林总总，构成了纷纭复杂、光怪陆离的宗教光谱。宗教有大有小，信众多者为大，信众寡者为小。宗教有区域性的，也有跨区域性的或世界性的。世界性宗教包括基督教、伊斯兰教、佛教等大教。还有的宗教，因为信众为单一民族，被视为民族性宗教，如犹太教、印度教、祆教、神道教等。宗教犹如一面硕大无朋的神圣之网，笼罩着全世界大大小小的民族和亿万信众，其影响既广泛又久远。

宗教的功能是满足人的宗教生活需要。阶级社会，人有差等，但无人不需精神安顿。而宗教之于酋长与族人、君主与臣民、贵族与平民、总统与公民，皆不分贵贱，一视同仁地慰藉其精神。有时，人不满足于生活的平淡无奇，需要一种仪式感，这时，宗教便当仁不让。个人需要内在的道德，家庭、社会、国家需要伦理和秩序，宗教虽然不能“包打天下”，却可以成为不可多得的选项。人心需要温暖，贫民需要救济，宗教常常能够雪中送炭，带给需要者慈爱和关怀，衣食或资金。人是社会的动物，宗教恰巧有团体生活，方便社交，有利于人们建立互信和友谊。

“太阳照好人，也照歹人。”宗教劝人积德行善，远离邪恶，但并非所有的“善男信女”都是仁人君子，歹徒恶人也不乏其例。宗教也不总是和平的使者。小到个人权斗、“人肉炸弹”，大到“9·11”空难，更大的还有“十字军东征”“三十年战争”“纳粹大屠杀”。凡此种种大小纷争、冲突、战争和屠戮，都有宗教如影随形。美国学者亨廷顿早在1993年就曾预言：未来的冲突将发生在几大宗教文明之间。姑且不说“文明”之间是否“应该”发生冲突，宗教冲突或与之相关的各种“事件”时有发生，却是一个不争的事实。

既然宗教极其既深且广的影响是事实存在，那么介绍和诠释宗教经典，阐释教义学说，研究宗教历史、宗教与政治、经济，以及宗教间的关系等理论和现实问题，就有了“充足的理由”和“必要”。

1873年，马克斯·缪勒出版了《宗教学导论》，其中首次使用了“宗教学”概念。从此，宗教研究成了一门学科，与文学、历史学、

宗教文化译丛

犹太教系列　主编 傅有德

密释纳·第1部
种子

张平 译注

商务印书馆
创于1897 The Commercial Press

The Mishnah 1

Seder Zeraim

本书依据《密释纳》传统标准经文译出,并参考了阿本、艾译本、毕译本、丹译本和柯本的处理方法。

哲学、社会学、心理学、民族学等并驾齐驱。在宗教学内部,宗教哲学、宗教人类学、宗教社会学、宗教心理学等分支也随之出现,成就了泰勒、韦伯、蒂利希、詹姆斯、布伯、巴特、莫尔特曼、尼布尔、汉斯·昆等一大批宗教思想家。1964年,根据毛泽东主席批示的精神,中国社会科学院组建了世界宗教研究所。从此以后,宗教学和更广意义的宗教研究也渐次在社会主义中国生根、开花、结果,在学术界独树一帜,为世人所瞩目。

宗教经典的翻译、诠释与研究,自古有之,时盛时衰,绵延不绝。中国唐代的玄奘、义净,历经千辛万苦西行取经,而后毕生翻译佛典,成为佛教界的佳话;葛洪、寇谦之、陶弘景承续、改革道教,各成一时之盛;早期的犹太贤哲研讨《托拉》、编纂《塔木德》,开启了《圣经》之后的拉比犹太教;奥利金、德尔图良、奥古斯丁等教父,解经释经,对于厘定基督教教义,功莫大焉;斐洛、迈蒙尼德等犹太哲人诠释《圣经》,调和理性与信仰,增益了犹太教;托马斯·阿奎那、邓斯·司格脱、威廉·奥康等神学大师,建立并发展了宏大深邃的经院哲学,把基督教神学推到了顶峰。还须指出,传教士们,包括基督教教士和佛教高僧大德,致力于各自宗教的本土化,著书立说,融通异教,铺设了跨宗教和多元文化对话的桥梁。

学生的学习,学者的研究,都离不开书。而在某个特定的历史时期,外著迻译,显得尤为必要和重要。试想,假如没有严复译的《天演论》《法意》,没有陈望道译的《共产党宣言》、傅雷译的法国小说、朱生豪译的莎士比亚诗歌与戏剧,等等,中国的思想文化界乃至政治、经济、社会等各个领域,是一个什么景象?假如没有贺麟、蓝公武、王太庆、苗力田、陈修斋、梁志学、何兆武等前辈学者翻译的西方哲学名著，中国的哲学界将是什么状态？假如没有宗教学以及犹太教、基督教、伊斯兰教、佛教等宗教经典或研究性著作的翻译出版，我们的宗教学研究会是何等模样？虽说“试想”，但实际上根本“无法设想”。无疑，中国自古以来不乏学问和智慧，但是中国向来缺少严格意义上的学科和学术方法论。现代以来中国分门别类的学科和学术研究是“西学东渐”的结果，而“西学东渐”是与外籍汉译分不开的。没有外籍的汉译，就没有现代中国的思想文化和学术。此论一点也不夸张。

众所周知，在出版界商务印书馆以出版学术著作著称，尤其以出版汉译名著闻名于世。远的不说，“文革”后上大学的文科学子，以及众多的人文社科爱好者，无不受益于商务印书馆的“汉译世界学术名著丛书”，我本人就是在这套丛书的滋养熏陶下走上学术之路的。

为了满足众多宗教研究者和爱好者的需要，商务印书馆在以前出版出过的“宗教文化译丛”的基础上进行了改版，并扩大了选题范围。此次出版的译丛涵盖了宗教研究的诸多领域，所选原作皆为各教经典或学术力作，译者多为行家里手，译作质量堪属上乘。

宗教文化，树大根深，名篇巨制，浩如烟海，非几十本译作可以穷尽。因此，我们在为商务印书馆刊行宗教文化译丛而欢欣鼓舞的同时，也期待该丛书秉持开放原则，逐渐将各大宗教和宗教学研究的经典、权威性论著尽收囊中，一者泽被学林，繁荣学术；二者惠及普通读者，引导大众正确认识宗教。能否如愿以偿？是所望焉。谨序。

傅有德

2019年9月22日

译注者序

《密释纳》六部，为拉比犹太教的枢纽经典，在《希伯来圣经》与《塔木德》之间承前启后，继往开来，对于犹太民族的生存和犹太式思维特性的形成都起到了至关重要的作用，并至今保持着其巨大的影响力。

译注《密释纳》的想法最早产生于2004年，在尝试译注了《阿伯特——犹太智慧书》与《天下通道精义篇——犹太处世书》之后，我确认犹太教经典的中文译介工作应该以译注《密释纳》为第一步：这不仅是因为该书的巨大价值，同时也是为后人译介两部《塔木德》奠定基础。按照最初计划，应该每两年翻译出版一部，用十二年时间完成全书，不想第一部《种子》就用去四年多时间。除了最初熟悉文本课题、阅读参考资料花去大量时间以外，翻译过程中因考虑本部书与全书的关系，因而前后翻检查阅，斟酌全书构架格式，乃至专有名词的译法，都花去大量时间。此外，本部书的导言并非《种子》的导言，而是整部《密释纳》的导言。所以，如果把这些因素都考虑进去的话，第一部花费时间较多似乎也可以理解，而后面几部的译注工作应该是可以进行得相对快一些的。

《密释纳》版本众多，各种译本也层出不穷。本书的翻译，参考了几乎所有现有的《密释纳》希伯来文注解本和英译本。在文本选择方面，艾译本筛选较严，取舍有理有据，因此，本译本的经文原本是以艾译本中的希伯来文本为主，以其他文本为辅。在译文方面，因为考虑到《密释纳》文本特有的开放性特征，因此尽量遵从原文，以体现原文精神为第一要义，尽量不加入译者的主观理解，即使有时为此牺牲一些译文的优美性也在所不惜。这一开放性的原则也同样适用于注解。对于重要文句的主要分歧，也是尽量考虑多家观点，特别成问题的地方则把分歧意见罗列出来，供读者自己思考评判。由于《密释纳》的注解多属于传统解释，因此在注解中不再列出观点来源，除非采用了某些注解本的独创观点。

在《希伯来圣经》引文方面，仍然以"和合本"为主要引文来源。对"和合本"译文有错误或不妥之处，则进行了重新翻译，有时也引用"新译本"的译文。此外，每卷卷首的《希伯来圣经》相关段落基本上以阿本的整理为依据，个别地方略有调整。

《密释纳》中涉及贤哲较多，其中有些反复出现，为方便起见，我改变了前两次的做法，把贤哲介绍做成附录，按姓名索引放在书后，以方便读者查阅。《种子》部涉及大量植物名词，又有很多度量衡单位，此次连同《种子》部中出现的《密释纳》特定名词，一起做成三个附录，配上希伯来语发音对照，以方便学者查询原文词语。《密释纳》与犹太教其他经典的关系也是一个关键性的问题，这次做成两个附录，以表格的形式明确展示这种关系，也是为了方便读者检索。

完成本书，我首先要感谢的是我的两位学术和人生导师：特拉维夫大学的欧永福教授（Yoav Ariel）和普林斯顿大学的浦安迪教授（Andrew Plaks）。十多年前，我在《阿伯特》的序言里感谢过他们；六七年前，我在《天下通道精义篇》的序言里感谢过他们；今天，我仍然要感谢他们。没有欧永福提供的无穷无尽的精神支持和鼓励，我大概根本不会开始这项艰巨的工程，即使开始了也很难坚持下来；没有浦安迪的细心阅读和切中要害的评论，即使是我自己也不会对这部作品有充足的信心。我的学术道路是在他们两位一步步的引导帮助下走出来的，无论怎样感激都不过分。

其次要感谢的是史萝妮女士（Ronny Sthoeger）。她花费了大量时间，与我一起阅读讨论《密释纳》经文，并在很长一段时间内坚持每周与我讨论一次。《种子》部的经文大约有三分之一是我与她逐字逐句讨论过的。她对拉比犹太教经典的广博知识和敏锐的洞察力都对本书的完成起到了重要的作用。

我还要感谢出色的美国犹太学者、犹太智慧的远东传播者拉比马尔文·托卡耶尔（Marvin Tokayer）。他对本书进展情况的关心和对我的鼓励都起到了很强的激励作用。同时要感谢山东大学的傅有德教授，没有他积极提供的出版帮助和时时给予的督促，本书的完成与出版可能还遥遥无期。

最后，我要感谢我的家人，感谢他们在本书写作期间所给予我的无私支持。尤其要感谢我的妻子张立，她在我在以色列求学和追求我的事业的过程中给予了巨大支持和鼓励，没有她承担起家庭的责任，我很难取得今天的成就。这本书本来的献词是给她的，但考虑到本书的特征，考虑到无论英文还是希伯来文版均无献词页，故此放弃。

张　平

2009 年 7 月 21 日于特拉维夫

《密释纳》译注本缩略语表

阿本：Albeck，Hanoch. Shishah Sedre Mishnah（希伯来语）. Jerusalem，The Bialik Institute，1988

艾译本：Artscroll Mishnah Series（希英对照）. New York，Mesorah Publications Ltd.，2002

毕译本：Blackman，Philip. Mishnayoth（希英对照）. New York，The Judaica Press，Ltd.，2000

丹译本：Danby，Herbert. The Mishnah. Oxford，Oxford University Press，1933

纽译本：Neusner，Jacob. The Mishnah：A New Translation. Yale University Press，1991

柯本：Mishnayot Mevuarot（希伯来语）. Jerusalem，The Kehati Mishnayot Press，Ltd.，1998

舒本：The Schottenstein Daf Yomi Edition. Talmud Bavli. New York，Mesorah Publications Ltd.，2002

商本：The Soncino Talmud，CD-ROM version. Institute for Computers in Jewish Life，Davka Corporation and Judaica Press Inc.，1991—2007

亚本：Steinsaltz，Adin. The Steinsaltz Edition Talmud Bavli. Jerusalem，The Institute for Talmudic Publications，1989

目　录

导　论

1.《密释纳》题解

《密释纳》是拉比犹太教口传律法经典的核心著作，它上承《希伯来圣经》，是《圣经》犹太教向拉比犹太教过渡的标志性经典；下启《革玛拉》，是拉比犹太教走向成熟的纲领性典籍；中与“密得拉释”“巴拉伊塔”“托塞夫塔”等外部律法文献遥相呼应而又雄踞其上。它是拉比犹太教几乎所有典籍性文献的中枢，直接造成并影响了拉比犹太教教义的完善、律法的制定和典籍的完成。

1.1　与《密释纳》相关的基本概念

在本节中，我们将讨论“密释”、《密释纳》和其他与之相关的概念以及这些概念之间的相互关系与演变源流。

1.1.1　密释与《密释纳》

希伯来文“密释纳”（Mishnah）一词的词根为“Shanah”，原义为“重复”。在后《希伯来圣经》时代，该词与亚兰文的同源词“Tanna”（原义也是“重复”，后发展为犹太经学院的专门职位名称，即记忆背诵口传律法、起到“活字典”作用的专职人员，再后来成为经学院教师的名称）交互影响，产生了“通过口耳相传，以讽诵的方式进行学习”的含义，与主要通过阅读书面经文而进行学习的“Mikra”概念相对立。

Mishnah为Shanah的名词，本义指“学习的内容”。《阿伯特》3:9“旅行者研读于途中，若中断其研读”，其中“研读”一词的希伯来语原文便是“Shanah”一词的动词用法；而《阿伯特》3:10中的“凡忘却其所学之一字者”，“所学”一词的希伯来语原文便是“Mishnah”。

“Mishnah”一词进一步引申的含义还有：

（1）某一贤哲所教授的经典内容的总称，包括其所教授的律法、传奇、密得拉释等。

（2）律法的总称。《密释纳·妇女部·婚约卷》49a:“何谓‘密释’？拉比梅伊尔说：‘律法。’拉比犹大说：‘密得拉释。’”

（3）某一律法条文。传统上，《密释纳》的每一节都被称为一条“密释”。

（4）《密释纳》，即由拉比犹大·哈-纳西主持编撰的律法总集，在很长一段时间内被阿摩拉们称为“我们的密释纳”，以区别于其他律法文集（Baraita）。

在中文翻译中，“Mishnah”一词可以有三种译法：其一，“学习”或“所学”；其二，“密释”，指《密释纳》中的单独律法条文；其三，《密释纳》，即“我们的密释纳”。

“密释”的译法是在音译的基础上加上“意译”的因素，“密”取“绵密细致”之意，指“口传律法”包罗万象、无微不至，同时又严谨细致、滴水不漏的思维特征；“释”则指“口传律法”对“书面律法”的阐述关系。

1.1.2　革玛拉(Gemara)

在《密释纳》成书之后,犹太教拉比们对《密释纳》的探讨在以色列地与巴比伦同时进行。这些讨论分别于公元400年在以色列地的太巴列和恺撒利亚和公元500年前后在巴比伦的苏拉、蓬贝迪塔、马塔-马哈斯亚等地结集为两部"革玛拉",耶路撒冷革玛拉和巴比伦革玛拉。革玛拉的希伯来语词根是"完成",在亚兰文中兼有"学习"的意思。这与"塔木德"的希伯来语本义是一样的。在很长一段时间内,"革玛拉"与"塔木德"是同义语,而"密释纳"则独立于两者之外。后代犹太教学者们则倾向于将《密释纳》与《革玛拉》合为一体,扩展"塔木德"一词的内涵,使之将《密释纳》包括在内,于是有了包括大部《密释纳》在内的《巴比伦塔木德》和《耶路撒冷塔木德》。

与《密释纳》的拉比希伯来语不同,"革玛拉"使用巴比伦亚兰文。《密释纳》的贤哲们被称为"坦纳","革玛拉"的贤哲们则被称为"阿摩拉",是指在听众面前背诵座师教导的人。从教义上说,"革玛拉"与"密释纳"是地位等同的律法总集,共同构成"口传律法"的有效内容。从文本关系上说,"革玛拉"是对《密释纳》的阐释和补充。从思维逻辑上看,"革玛拉"是对《密释纳》平行逻辑的发展与修正。

1.1.3　密得拉释(Midrash)

"密得拉释"(Midrash)的希伯来语词根为Darash,本义为"追求""探求"。在第二圣殿时代,该词获得了具有特定内涵的"学习"的新含义,主要是探求《希伯来圣经》语句字面之外的含义,并最终成为拉比犹太教四种标准解经方式[1]之一。“密得拉释”是从该词中发展出来的专有名词，是对犹太教学者们用探寻文字的暗示性含义（Remez）和对经文的发挥性阐释（Derash）两种方式对《希伯来圣经》所进行的阐释的拉比文献的总称。

“密得拉释”文献从内容上被分为“律法密得拉释”和“传奇密得拉释”两类。“律法密得拉释”主要从《希伯来圣经》经文引申相关律法，而其余非律法类“密得拉释”则被归入“传奇密得拉释”，其中包括大量的传奇、寓言、格言等文学色彩极强的内容。密得拉释与《密释纳》一样，都是犹太教拉比们对《希伯来圣经》的解释。不同之处在于“密得拉释”依附于《希伯来圣经》，而《密释纳》则是独立存在的。

虽然大多数“密得拉释”的确切成文时间很难确定，但通常认为“密得拉释”的创作时间比较长。最早的“律法密得拉释”的成文时间甚至早于《密释纳》，《巴比伦塔木德》中就有“密得拉释”存在，而在《巴比伦塔木德》编撰完成之后，“密得拉释”的创作活动也仍在继续。

拉比犹太教文献中包含大量的“密得拉释”文集，其中最为流行的《密得拉释大义篇》（*Midrash Rabbah*）共收集了《希伯来圣经》十个经卷的“密得拉释”。

① 拉比犹太教传统上的四种解经方式为：Peshat，字面简单诠释；Remez，探寻文字的暗示性含义；Derash，对经文的发挥性阐释；Sod，探寻经文的神秘内涵。这四个希伯来语词汇的词头字母缩写为“Pardes”，正好是希伯来语“果园”一词，所以这种解经方式又被称为“果园解经方式”。

1.1.4 巴拉伊塔(Baraita)

该词的希伯来文对应词的意思是“外在的”。所有未收入《密释纳》的拉比犹太教律法条文都被称为“巴拉伊塔”。这些律法条文都是不同的贤哲向其门徒传授并被保留下来，却被拉比犹大·哈-纳西拒之门外的。“巴拉伊塔”的时间跨度很大，主要被收入“密得拉释”“托塞夫塔”和《巴比伦塔木德》中。在《巴比伦塔木德》中，“巴拉伊塔”主要被用来补充、对照《密释纳》的律法条文，在大多数情况下，“巴拉伊塔”的权威低于《密释纳》，如果两者发生冲突，则通常律法以《密释纳》为准。

1.1.5 《托塞夫塔》(Tosefta)

希伯来语原义为“补充”。《托塞夫塔》其实就是按《密释纳》的编排顺序编辑成书的“巴拉伊塔”，其语言大多是《密释纳》希伯来语，其内容是对《密释纳》律法的印证、补充或对立(《托塞夫塔》的权威性低于《密释纳》)。《托塞夫塔》的编辑者和成书年代都是一个谜。虽然有证据提到拉比海亚、拉比何西阿曾编撰过一部《大密释纳》[①]，但该书是否就是后来的《托塞夫塔》却相当成问题。有人怀疑该书与《密释纳》原本是一部著作，后来因故被分开。该书于1521年在威尼斯首次印刷成书。

1.2 《密释纳》的版本、注解本与译本源流

1.2.1 《密释纳》的手抄本

以手抄本形式保存传播经典是从《希伯来圣经》时代就开始的

---

① 参见《耶路撒冷塔木德·损害部·裁决卷》。

传统。最早的希伯来文手抄本经典可以追溯到公元前2世纪的《死海古卷》。由于拉比犹太教在书写《口传托拉》问题上的禁忌和争议,《密释纳》和《塔木德》在大体定型后显然经历了一个从口传到手抄本再到印刷本的过程,所以中古犹太文献的手抄本到公元8世纪才开始出现。从19世纪开始,《密释纳》与《塔木德》手抄本的研究价值开始引起学者们的重视,私人收藏的手抄本开始逐步曝光并转入公共图书馆,并在进入20世纪后随着印刷技术的提高而逐步影印出版。目前犹太中古手抄本的遗留数量估计超过七万部,分藏于世界各地六百多家公私收藏机构。

很多手抄本在卷尾注明了抄写年代,其中大多为公元13世纪到15世纪的作品。例如在《巴比伦塔木德》手抄本中:

(1)也门手抄本《公会卷》上写有一句"出之于590年",说明当时的年份是公元后830年。① 该页空白处还有一句"538年",也就是公元后778年。该手抄本目前被认为是已知最早的手抄本。

(2)梵蒂冈使徒图书馆藏手抄本《巴比伦塔木德·妇女部》,手抄本编号为110[第3卷:许愿(Nedarim);第4卷:拿细耳人(Nazir);第5卷:不贞(Sotah)],111[第1卷:转房(Yevamoth);第7卷:婚约(Kiddushin)、《洁净部》第7卷:经期(Niddah)],130[第2卷:婚书(Ketuvoth);第6卷:休书(Gittin)]。抄写者在卷末注明抄写年份为1381年。

有理由相信,这些抄本应该大致早于《密释纳》印刷本的年代。

---

① 犹太历与公历换算有两种方法:一种是将犹太历年减去3761年(犹太教认为上帝创世于公元前3761年),即得到公历年份。另一种是按百位制计算,将犹太历加上239年(如果日期在犹太历新年至12月底),或者加上240年(如果日期在1月至犹太历新年)。

总体来说，这些抄本与后来定型的《密释纳》印刷本显示出相当程度的文本差异。除去抄写错误之外，这些差异在很大程度上还反映了早期犹太经学家和拉比们在诵读、传授《密释纳》过程中根据本地语言特征对经文所作的修订。

虽然《巴比伦塔木德》手抄本通常包括《密释纳》，但单独的《密释纳》手抄本仍然具有不可替代的价值。其中最重要的手抄本是考夫曼手抄本。该手抄本为大卫·考夫曼（David Kaufman，1852～1899）的私人藏品，他去世后转藏于布达佩斯的匈牙利科学学术图书馆，并于 1929 年在耶路撒冷出版影印本。该手抄本年代不详，从语言风格来看应该是反映了以色列地的希伯来语风格，为以色列地《密释纳》版系的完整杰出代表，成为校订通行本《密释纳》的重要对照版本。例如：《阿伯特》1:3“服侍”一词，通行本作“hamishmashin”，考夫曼手抄本作“hamishmashim”，显示出以色列地希伯来语的发音特征。

其他重要的《密释纳》手抄本还有帕尔玛手抄本①、剑桥图书馆藏本、牛津图书馆藏本（包括迈蒙尼德注释）等。

---

① 意大利“帕尔玛藏品”所收藏的中古希伯来文手稿为世界最重要的此类收藏之一（其他还有牛津藏品、剑桥藏品、巴黎藏品、布拉格藏品、莫斯科藏品以及耶路撒冷藏品等）。该藏品中的大部分原属于乔瓦尼·波尔纳多·德·罗西（Giovanni Bernardo de Rossi）。这位在 1769～1834 年间出任帕尔玛大学东方语言教授的希伯来语学者在 1816 年将该藏品出售给了帕尔玛的女公爵玛丽亚·露依萨（Maria Louisa），后者在添加了她自己购置的部分藏品后将其捐献给了帕兰提纳（Palatina）图书馆，成为名为“帕兰提纳图书馆”（Biblioteca Palatina）的著名藏品。该藏品收集了 1600 件作品，为世界第五大希伯来语手稿收藏。

1.2.2 《密释纳》的印刷本

《密释纳》的印刷出版是15世纪以后从南欧的犹太社区开始的。目前已知的第一个版本是1485年的西班牙版，但该版本只有单页保存下来。1492年，意大利的桑其诺出版社[①]在出版了大量《密释纳》与《塔木德》单卷之后在拿波里出版了包括迈蒙尼德注释在内的《密释纳》全卷。这两个版本都以以色列的版系《密释纳》为基础。1614年，“佳节”利普曼·海勒尔（Yom Tov Lipmann Heller）[②]在布拉格出版了他的《佳节托萨福特》（Tosafot Yom Tov），随书同印的是以巴比伦版系为基础、以手抄本校勘的《密释纳》，该校勘本成为后世印刷版《密释纳》的标准版本。

1.2.3 《密释纳》的注解本

《密释纳》作为拉比犹太教“口传律法”的记录，具有一切口传文献的精练简约的特征。与此同时，拉比犹太教的“平行逻辑”原则又使得《密释纳》拥有兼容并收的特色。这两个特征的综合使得《密释纳》的注解成为使常人读懂的必要条件。《革玛拉》虽然在某种意义上可以被理解为对《密释纳》的某种解释，但由于《革玛拉》本身的对话辩驳性质，其使《密释纳》成为简明易用的律法书的功

---

① 桑其诺（Socino）本来是一个意大利的地名。犹太人以色列·拿单·本·撒母耳（Israel Nathan B. Samuel）于1483年在此创立希伯来语出版社后，即以地名命名，后来其家族也以此名为家族姓氏。该出版社出版了大量《密释纳》和《塔木德》经卷，并首次印刷出版了希伯来语《希伯来圣经》。该出版社的活动一直延续到16世纪。

② “佳节”利普曼·海勒尔（Yom Tov Lipmann Heller，1579～1654），匈牙利重要犹太哲学家、经学家、诗人。曾出任拉比，以曾受到基督教法庭的迫害，因宣扬《塔木德》教义而被定为死罪，后改判巨额罚金。

能有限，因此对《密释纳》的独立注解的价值仍然是不可忽视的。从现代学术角度来看，由于《密释纳》实质上是一部成书较早的独立著作，因此其独立的注解本也应该是不可或缺的。

因此，《密释纳》注解本的目的在于阐释经中意义不明的文句，解释冲突的律法之间的关系，解释风物典章。注解本的依据则是已存拉比犹太教经典以及前代注家的阐述。

早在“迦翁”时代，就有贤哲开始对《密释纳》进行独立的注解。萨阿迪亚迦翁和海伊迦翁据传都对《密释纳》作过注解，但因原文没有完整保留下来，其注解的范围与程度均不详。

《密释纳》的重要注解本如下：

1.2.3.1　迈蒙尼德注解本

摩西·迈蒙尼德（1138～1204）有感于当时即使是最有学问的拉比在被问到律法的明确答案时也往往感到茫然的情况，在1145年到1168年的七年间用阿拉伯语（1297年全书翻译为希伯来文）完成了对《密释纳》的注解，并以《明灯之书》为名单独成书。他的注解首次把《密释纳》当作一个独立的研究对象来加以阐述。虽然其注解本身仍然主要以《巴比伦塔木德》为依据（兼容西班牙犹太教经学家们的见解），但其将《密释纳》从《塔木德》文本中分离出来的做法是开创性的。

迈蒙尼德的注解致力于梳理《密释纳》矛盾律法之间的源流关系，并力图通过逻辑辩证化解平行逻辑带来的多元对抗、难以执行的问题，搜寻并确定原始的确定律法条文。在《明灯之书》的基础上，迈蒙尼德又完成了《密释托拉》一书，进行了一次拉比犹太教文献法典化的努力。从某种意义上说，迈蒙尼德的理性主义精神是对传统拉比犹太教平行逻辑的一种反叛。

此外,《明灯之书》的序言还介绍了“口传律法”的发展历史,这是第一次有人对相关主题进行系统的梳理,对后代对“口传律法”的叙述和理解起了某种决定性的作用。

1.2.3.2 巴提诺罗(Bertinoro)注解本

作者为巴提诺罗的拉比奥瓦迪亚(Rabbi Obadiah of Bertinoro,本名Ovadiah Ben Abraham Yare,1450~1516?)。他出生于意大利北部城镇巴提诺罗,早年在意大利、希腊、埃及等地进行过多次旅行,1488年抵达耶路撒冷并成为当地犹太社团首领。当地犹太社团在他的领导下获得了发展。1548年,他在威尼斯出版了他的注解本《密释纳》并以此名垂青史。他死后葬于耶路撒冷橄榄山。

该注解本以拉熹对《巴比伦塔木德》的注解为基础,对于没有《革玛拉》的卷目则采用迈蒙尼德的注解,同时兼收个别后代评说。注文简洁清晰,力求一语中的地分辨有效律法。因此,该注解本成为《密释纳》的标准注解,并在后代的大量印刷本中与经文共同出现。

巴提诺罗的《密释纳》注解有两个重要的补注:

(1)佳节利普曼·海勒尔在其出版的《佳节托萨福特》中对巴提诺罗的注解作了大量的补充评论,指出其矛盾之处,补充其不足之点。该评论没有形成独立的注解,但被很多版本收在巴提诺罗注解的后边。18世纪的犹太教拉比尤埃尔·海伊姆(Joel Hayyim)写作《马哈里亚原义》(*Hiddushei Mahariah*)一书,对这一补注进行了再补注。

(2)所罗门·本·约书亚-阿德尼(Solomon ben Joshua-Adeni,

1567～1624)生于也门,后移居以色列地,定居希伯仑。他写了《所罗门的劳作》(*Melekhet Shelomo*)一书,将巴提诺罗注解与《密释纳》原文进行对比,并大量引进其座师贝扎勒尔·阿什肯纳兹(Bezalel Ashkenazi)和约瑟·阿什肯纳兹(Joseph Ashkenazi)的观点。

1.2.3.3 《以色列之美》(Tif'eret Yisra'el)

作者以色列·本·以利以谢·利普舒伊茨(Israel Ben Eliezer Lipschuetz,1782～1861)是德国著名拉比,因卷入"克利夫斯离婚证书"事件[①]的争论而名声远扬。《以色列之美》一书为《密释纳》作了注解,其注解受"哈斯卡拉运动"的近代学术精神影响,强调语法和译读问题。

1.2.3.4 阿尔贝克注解本

希伯来语现代文学史上著名的诗人哈伊姆·比亚雷克(Haim Nachman Bialik)于1932年完成了对《密释纳》第一部《种子》的注解工作,却没能继续进行。比亚雷克研究所后来请著名学者哈诺赫·阿尔贝克(Hanoch Albeck)完成了这部全新的《密释纳》注解本,并于1957年出版。该注解本一方面融会了现代学术精神,力求探究《密释纳》文本的本义,另一方面在发音标注上下了苦功。由哈诺赫·雅龙(Hanoch Yalon)标注的元音参考了中古《密释纳》版本和现代希伯来语的发音习惯,对《密释纳》的发音作了全面整理。

---

① 1766年8月14日,德国犹太青年伊茨哈克在与妻子莱阿结婚的当晚携款逃走,被人找回后宣称在德国遭仇敌追杀,无法居住,将逃往英国,并与莱阿办理离婚手续。其父怀疑儿子被逼离婚,遂以儿子在签署离婚证书时头脑不清为由使另一家犹太法庭推翻离婚判决,此事引起了犹太法庭之间和犹太学者之间的大规模争论,最后以两人复婚而终结。

1.2.3.5 柯哈提注解本

平哈斯·柯哈提(Pinkhas Kehati,1910～1976)为以色列东方银行的职员。他在业余时间以每天两条密释经文的速度对《密释纳》进行了现代希伯来语通俗注解。他的注解本最初以小册子的形式向订户直接派送,后来结集成书出版,并被翻译成英文。柯哈提注解本以现代以色列人为读者对象,注解明晰易懂,成为以色列教、俗两界都接受的注解本。

1.2.4 《密释纳》的译本

1703年,《密释纳》的第一部完整拉丁语译本在阿姆斯特丹出版,译者为圭列尔姆斯·苏兰胡塞尤斯(Guilielmus Surenhusius)。该译本包括了迈蒙尼德与巴提诺罗的注解。1763年,第一部德文本由约翰·雅各·拉拜(Johann Jacob Rabe)翻译完成,并在奥诺兹巴赫(Onolzbach)出版。该译本为希德对照本,并包括注解。这两部著作标志着非希伯来语《密释纳》面世的开始。

从19世纪开始,《密释纳》的部分英译本陆续出版。[①] 第一个将《密释纳》全文翻译为英文的是赫尔伯特·丹碧(Herbert Danby,1889～1953)。该英译本出版于1933年,译文流畅通明,注释简单明了,序言中对《密释纳》的注解本和译本源流作了出色的概括。1953年,菲利普·布莱克曼(Philip Blackman)完成并出版了六卷本《密释纳》英文译注。该译本为英希对照,附有简单的注解,并在书末加入了大量实用的表格资料,对诸如《密释纳》时代的度量衡及货币制度等实际问题作了清晰明确的表述。从20世纪80年代

① 参见Herbert Danby译《密释纳》序言注4。

起，纽约美索拉（Mesorah）出版有限公司陆续出版了卷帙浩繁的“艺术卷轴”（Artscroll）《密释纳》系列。该系列由亚德·亚伯拉罕（Yad Abraham）主持注解，有大量学者参与，注解中广收史上各名注家的观点，从而成为事实上的集注本。

1.3 《密释纳》相关研究综述

古代犹太教徒对《密释纳》的研究主要在两个方面：一是对《密释纳》文句含义的解读，二是对《密释纳》律法体系的确认和阐述。迈蒙尼德可以说是这种古代研究方式的代表人物。在历史研究方面，古代犹太贤哲们相信口传律法自摩西受于西奈之后，虽然历经周折，但仍然完整地保存在《密释纳》之中。这方面的第一个学者是公元9世纪的舍理拉迦翁。①

有关《密释纳》的严肃的、独立的学术研究开始于19世纪。从此，学者们不再把《密释纳》看作是《塔木德》的一个附属品，而是看作一个有价值的独立研究对象。与此同时，《密释纳》本身也不再被看作是一部完美无缺、严丝合缝的律法典籍，而是被视为一部在长期历史发展过程中逐步成型、带有各个时代的痕迹与烙印的经典作品。因此，对《密释纳》的形成和发展的爬梳整理成为该项研究的一个重要组成部分。

1.3.1 扎卡拉伊斯·佛兰科尔（Zecharais Frankel，1801～1875）

佛兰科尔，德国犹太教研究学者。他是传统犹太教研究方式

① 参见 B. M. Lewin（ed.），*Iggeret Rav Sherira Ga'on*，Haifa：Publisher unknown，1921.

的过渡者，也是现代《密释纳》学术研究的奠基人。他一方面继承了很多传统犹太教有关《密释纳》的信条，比如《密释纳》是神的启示；另一方面却又把《密释纳》看作历史的和人的产物。1859 年他出版《密释纳之道》（*Darche HaMishnah*）一书。该书完整地重构并叙述了口传律法的历史。他认为，口传律法开始于波斯时代犹太文士对《希伯来圣经》律法的诠释，在亚历山大时代开始形成独立律法，以后持续发展，直到公元 3 世纪初编订成书。他的研究成果在随后的几十年间成为《密释纳》学术话语的权威表述，影响了包括大卫·霍夫曼（David Z. Hoffman）在内的大批学者。

1.3.2 雅各·那鸿·哈-利未·爱泼施坦（Jacob Nahum Ha-Levi Epstein，1878～1952）

爱泼施坦，以色列犹太学研究者，耶路撒冷希伯来大学塔木德系教授。他的两部《密释纳》研究代表著作为《密释纳文本导论》（1948）和《坦纳文献导论》（1957，在他死后由其学生整理出版）。他首开以《密释纳》文本批判为基础的《密释纳》历史研究，将该项研究提高到了一个全新的水平。他认为，在《密释纳》成型之前的第二圣殿时代就已经存在多种律法文集，比如拉比阿奇瓦编纂的律法文集。拉比犹大·哈-纳西的工作主要是把各个现存律法文集整理统一起来，并加入大量的个人见解。同时他相信，拉比犹大·哈-纳西编辑了不止一个版本的《密释纳》。在拉比犹大·哈-纳西编辑完成之后，仍然有多种版本的律法文集在流传，直到最后一个权威的《密释纳》版本被普遍接受。他认为《密释纳》存在着巴比伦版和以色列版两个不同的版系，并且认为坦纳之后的阿摩拉们对《密释纳》进行了修改，因此离《密释纳》时代越远的文本越靠不住。对于爱泼施坦来说，《密释纳》的研究主要是对文本进行历史批评，也就是辨别文本源流，理清律法条文的不同来历，并在某种程度上还原《密释纳》定型前各律法文集的面貌。

在《坦纳文献导论》中，爱泼施坦提出了《密释纳》研究的三个层次：

（1）初级批判：正确解读文本。

（2）辨析源流：通过文本的差异和矛盾辨析不同来源的文本。

（3）源流评判：从密得拉释、巴拉伊塔和托塞夫塔等同期拉比犹太教文献中收集资料，进行对比研究，试图确认各文本的原始作者。

爱泼施坦的“文本历史批判”研究方法在他对《节期部·节仪卷》1:8的批评中表现得极为突出。

> 有关解除誓约的律法飘浮空中，无可依托；有关安息日、节日祭祀、亵渎圣物的律法，如群山悬于一发，因其经中甚少而律法甚多；有关审判、圣殿服事、洁净与不洁、乱伦的律法，均有所依托，其为律法之基本。

爱泼施坦认定这一段的几组律法概念并不来自一个时代（比如第一组律法中的“物”与第三组律法中的“人”的用法差异），于是他在《托塞夫塔·节仪卷》1:9中找到了平行文本：

> [文句一] 有圣殿服事、洁净与玷污、乱伦的律法。

［文句二］ 加上圣物价值、捐献、圣殿财产和第二什一税的律法。

［文句三］ 这些都有大量《希伯来圣经》经文、解说以及律法的依据。

［文句四］ 阿巴·约西·本·哈南说：“《托拉》的这八个主题是基本律法。”

爱泼施坦认为，文句四是在计算了文句一和文句二的律法数目后说出来的，所以晚于这两个文句；而文句二中有“加上”一词，所以晚于文句一。按照爱泼施坦的理论，文句一为第一阶段，文句二、四各为第二、第三阶段，每个阶段至少相差一代贤哲，因此文句一至少比文句四早了两代贤哲的时间。又因为已知阿巴·约西是第二圣殿时期（公元70年以前）的人物，所以文句一和文句二出现的时间也可以大致推断。[①]

我们从这个例子中可以看到爱泼施坦“文本历史批评”的精微细致。虽然他的研究仍然缺少过硬的外部证据支持，因而在很大程度上属于假设推论范畴，但就今天我们所能得到的证据而言，爱泼施坦所还原的《密释纳》历史文本几乎是最可能接近原貌的。

1.3.3 哈诺赫·阿尔贝克（Hanoch Albeck，1890～1972）

阿尔贝克，以色列犹太学研究者，耶路撒冷希伯来大学塔木德系教授。主要代表作为上文所述的《密释纳》注解本（1952）以及《密

① J. N. Epstein, *Mevo'ot le-Sifrut ha-Tanna'im* (Hebrew), Jerusalem: Magnes Press, 1957, pp. 18-19, 46-49.

释纳导论》(1959)。他在很大程度上与爱泼施坦对立，在律法传承的问题上接受舍理拉迦翁的观点，认为律法形成于雅夫内时代到拉比犹大·哈-纳西时代之前。他认为，《密释纳》在拉比犹大·哈-纳西编辑成书前只存在过一些小律法文集，从而反对从佛兰科尔开始的、为大多数历史批评派学者所相信的拉比阿奇瓦整理编辑过一部《密释纳》类文献的说法，并认定大多数律法是以传统形式保存下来的。他相信拉比犹大·哈-纳西的工作主要是将已存律法编辑成书，而不是整理统一。他相信口传律法的传承是完整统一的。比如，他相信《损害部·证言卷》写作于雅夫内时代，因为这是《塔木德》的传统解释[①]；而爱泼施坦则倾向于通过研究来证明这一卷是由拉比阿奇瓦的弟子写作于乌沙。总体来说，阿尔贝克是拉比犹太教《密释纳》研究理论的现代衣钵传人，他的贡献在于将传统理论整理为现代语言。

1.3.4　雅各·纽斯内尔(Jacob Neusner，1932～　)

纽斯内尔，美国犹太教研究学者，以对拉比犹太教的历史批评为主要特色，以多产而著称。在《密释纳》研究方面，纽斯内尔基本上是爱泼施坦的衣钵传人，以“文本历史批评”为唯一研究手段，但在很大程度上拓展了《密释纳》研究的范畴。他有关《密释纳》的著作很多，但其中有三本特别值得注意：一本是荷兰莱顿出版社于1973年出版、由他编辑的《密释纳现代研究》，该书聚集了一批高水平研究者，对与《密释纳》相关的现代学术活动进行了一次历史

---

①　Hanoch Albeck, *Mavo LaMishnah* (Hebrew), Jerusalem: The Bialik Institute, 1959, p. 82.

性的学术总结，并为爱泼施坦的“文本历史批评”方法作出了恰当的学术定位；另外两本著作《密释纳导论》(1989)和《密释纳的经济》(1990)分别从哲学体系和经济活动两个方面拓展了《密释纳》的学术研究范围。他主持翻译的《密释纳新译本》则是最新的《密释纳》英译本之一。

总体来说，《密释纳》研究基本上有两条道路：一条是传统经典道路，也就是接受传统文献的传统解释，在这一框架内寻找历史研究的依据；另一条道路则是从根本上怀疑传统文本的可靠性，试图通过文本分析了解文本背后的故事，并以此为依据来描述文本的历史。总体来说，两种研究有一个共同的极限点，那就是外部历史文献的欠缺。

《密释纳》历史研究的外部文献大致有如下几类：

第一，约瑟福斯(约37～100)的著作。这位犹太民族的叛徒所留下的五部著作为那个时代的犹太民族史作了难得的见证，成为第二圣殿时期研究的重要史料。他的自传在很大程度上反映了那个时代犹太社会的人生状态，而他的《犹太战争》则是迄今为止有关第一次反罗马大起义前后犹太历史的唯一完整史料，今天有关这一段历史的很多事件的描述都是以这本书为依据的。不过他的作品也有一些无法弥补的缺陷，比如过多地受到罗马人的限制，很多有关罗马-犹太关系的叙述显然有错误和矛盾(如第二圣殿被毁的问题)，此外对贤哲社团的记述也相当有限。

第二，罗马历史学家们的相关记述。罗马帝国虽然在以色列地统治了几百年，却没留下系统的官方史料档案。由于当地政情的不稳定特征，罗马帝国大约未能在这里像在其他行省那样建立系统的文档资料机构，少有的几个档案库也由于各种原因而掩埋在历史的尘埃里。按照约瑟福斯的记载，耶路撒冷的罗马档案在公元66～70年的犹太大起义期间被摧毁了。另一个重要的以色列罗马官方档案——渠坡里档案虽然在当时存在，后来也下落不明。[①]

因此，罗马时代来自罗马一方的有关犹太人的史料基本上只剩下一些罗马史学家的私人记录。这些记录散见于他们的著述之中，非常稀少；记录人对犹太社区的情况显然不很了解，道听途说的成分较重；其中一部分（特别是后期作品）带有明显的民族偏见，甚至被称为反犹主义的鼻祖。罗马史学家庞培·特罗古斯的《腓力史》是这些史料中比较出色也比较有分量的一种，他对犹太人的偏见也相对淡一些，但即使如此，我们也可以看出作者对犹太民族的史料接触甚少，显然有不少错误，比如他宣称犹太人起源于大马士革，说雅各有十个儿子，等等。[②]

第三，与《密释纳》大致同期或相先后的其他犹太教文献，包括密得拉释、《塔木德》等。这些经典中记载了大量资料，特别是有关贤哲人物的生平与思想资料，除了这些经典之外，并无其他资料来源。一方面，这些资料传统上被看作信史，不少研究者据此研究特定贤哲人物的思想与生平；另一方面，以纽斯内尔为代表的一批现代学者则倾向于怀疑这些材料的真实历史价值，更注重其文本意

---

① Catherine Hezser, *Jewish Literacy in Roman Palestine*, Tubingen: Mohr Siebeck, 2001, pp. 151-155.

② 参见庞培·特罗古斯《腓力史》第36卷。

义。[1] 他们的依据是拉比犹太教的历史观念与现代历史观念不同，根据这种观点记录的历史不是现代意义上的历史。不过，由于这些材料实际上是拉比犹太教研究的唯一资料来源，完全否认其历史价值不仅不切实际，也不可能真正做到。

第四，考古发掘材料。以色列考古发掘的文字材料主要有两类：一类是各种铭文，包括古币、石棺或石碑上的铭文，这类铭文通常比较简略，主要是人名；另一类是古代文书资料，包括举世闻名的《死海古卷》，不过该古卷的内容比较局限于特定的昆兰社区的精神与社会生活，对于理解整个犹太社会特别是那个时代的拉比犹太教社会意义有限。另一批价值较高的是以色列著名考古学家伊格尔·亚丁（Yigael Yadin）1960年在昆兰以南25英里左右的亥外尔河“藏信洞”所发现的文档。这批文档包括公元2世纪前后的一些犹太家族所保留的经济与法律文件（主要是一名犹太女商人巴巴塔所保留的文件），一些犹太教经典片段，书信中则包括巴尔·科赫巴起义领袖巴尔·科赫巴本人的亲笔信。这些发现真实地再现了那个时代犹太社会生活的某些场景，具有极高的史料价值。[2] 这批文档至今尚未全部发表，但一个基本事实是：这种档次与规模的文献在考古发现中属于凤毛麟角，无论其本身价值多高，都无法完整提供当时的历史原貌。

---

① Jacob Neusner, *Rabbinic Judaism*, Minneapolis: Fortress Press, 1995, pp. 23-27.

② Catherine Hezser, *Jewish Literacy in Roman Palestine*, Tubingen: Mohr Siebeck, 2001, pp. 158-160; Richard A. Freund, *Secrets of the Cave of Letters: Rediscovering a Dead Sea Mystery*, Amherst, N. Y: Humanity Books, 2004, chap.1.

综上所述，由于这一时期有关犹太民族的系统官方史料的缺陷，有关《密释纳》的完全历史性的研究只能是一种难以圆满的学术理想，《密释纳》的学术研究的成功在很大程度上仍然取决于学者们在传统研究方法、研究资料与新的"文本历史批评"方法之间找到恰当的平衡点。

2.《密释纳》的传承与贤哲们的生活环境

在本章中，我们将讨论《密释纳》所产生的时代、那个时代中与其相关的人物和事件，并力图弄清这三者之间的关系。

2.1 《密释纳》时代

2.1.1 《密释纳》时代的概念

《密释纳》时代指的是《密释纳》贤哲们所生活的时代，也就是通常所说的"坦纳"时代。正如我们在上文所解释的那样，"坦纳"一词源自希伯来文 Shanna 的亚兰文变音，原本是在经学院中背诵口传律法、起活法典作用的专职人员，后来指律法方面的权威。传统上，在《密释纳》中被提到的大部分贤哲都被称为"坦纳"，因此，《密释纳》及其相关文献又可被称为"坦纳"文献，而《密释纳》时代则是理所当然的"坦纳"时代。

传统上，坦纳们被划分为五代人。第一代（73～90）以拉班约哈南·本·扎卡伊为代表，活动于第一次犹太大起义和犹太教第二圣殿被摧毁年代前后。第二代（90～130）以拉班迦玛列、拉比以利以谢为代表，以雅夫内经学院为主要活动中心。第三代以拉比阿奇瓦为代表，活动于巴尔·科赫巴大起义时期。第四代主要代表人物为拉比阿奇瓦的一批学生，如拉比梅伊尔、拉比犹大等。第五代以拉比犹大·哈-纳西为代表，活动中心为加利利的贝特施亚利姆和渠坡里等地，《密释纳》即在这一代“坦纳”手中成书。

从时间上说，《密释纳》时代开始于拉班约哈南·本·扎卡伊开始活动的时代，即公元20年前后，结束于拉比犹大·哈-纳西的去世，即公元220年前后。如果更严格一点的话，应该说《密释纳》时代开始于公元70年第二圣殿被毁，终结于公元200年《密释纳》在拉比犹大·哈-纳西手中编辑完成。

2.1.2 《密释纳》时代的重要历史变迁

2.1.2.1 第一次犹太大起义与第二圣殿被毁

《密释纳》时代是以一场大规模的战争及其灾难性的结局开端的，这场后来被命名为第一次犹太大起义的战争导致犹太教第二圣殿被烧毁，在很大程度上重新定义了犹太教的内涵，并开启了犹太教和犹太民族史上的一个全新的时代。

圣殿是《圣经》犹太教的核心建筑、最神圣的活动场所和最高宗教权威所在地。圣殿是这一时期的犹太教“上帝-祭司-民众”关系的枢纽，它不仅是人神交流的首要方式，而且是宗教领袖与普通民众之间联系的纽带。《圣经》犹太教在普通犹太民众中的生命在很大程度上是靠与圣殿有关的活动来维持的。通过献祭赎罪仪式、节日朝圣进贡仪式等一系列宗教仪式，犹太教深深扎根于普通民众的日常生活之中。与此同时，与圣殿活动相关的祭司与贵族阶层自然而然地成为民族与国家的政治与精神领袖集团，对于整个民族的生存都起着至关重要的作用。在第二圣殿时期，虽然犹太王国的王室——希律王朝成员并非血统意义上的犹太人，但他们基本上承认圣殿、精神领袖集团乃至犹太教的权威，王室与圣殿贵族集团的合作与斗争形成这一时期相对独立的犹太王国的政治生活特色。

公元 66 年，因为恺撒利亚的希腊人在罗马人庇护下亵渎当地的犹太会堂，大祭司之子以利以谢·本·哈纳尼亚宣布圣殿中将不再为罗马皇帝献祭和祈祷，由此拉开了第一次犹太反罗马大起义的序幕。在持续四年的战斗中，以激进势力——奋锐党人为主力的犹太起义者抵挡不住高度军事专业化的罗马军团的攻击，节节败退。公元 70 年 7 月底（犹太历阿夫月初九），罗马军团在统帅提多的指挥下攻破圣殿的防御，并放火焚烧了这座辉煌的庙堂。按照约瑟福斯的记载，在大火燃起之后，圣殿内的犹太人、耶路撒冷城内的犹太人甚至耶路撒冷近郊的犹太人中都同时回荡起撕心裂肺的凄惨呼喊。[1]

这种以焚烧圣殿的熊熊烈火为背景的呼喊标志着一种文明的沉沦，标志着一种崇拜方式的终结，标志着一个民族灾难记忆的震撼程度。具体来说，第二圣殿被毁对犹太民族产生了三个方面的影响。

从政治方面说，拥有较大自治权的犹太王国从此走向了末路，犹太王国变成了罗马帝国的犹太行省，这意味着犹太民族从此彻底失去了独立的政治权利，成为完全失去自由的被统治者，并失去

① 参见约瑟福斯《犹太战争》6.5.1。

了民族政治核心力量。

从宗教方面说，失去了圣殿，《圣经》犹太教便失去了生存的主要支柱，教徒们失去了进行宗教活动的不可替代的主要场所，宗教便就此失去了与神沟通的主要方式，也丧失了与民众的联系。因此，第二圣殿被毁标志着《圣经》犹太教的终结。与此同时，由于圣城耶路撒冷的经济生活主要是通过教徒们的捐税和朝圣来维持的，因此在这些活动中止之后，耶路撒冷很快便陷入贫困化的破落境地，逐步失去了现实意义上的圣地地位。与耶路撒冷一起没落的还有依靠圣殿活动支撑起社会地位的犹太祭司和犹太贵族阶层，他们对整个民族的影响力和凝聚力都随着圣殿一起消失了。

从民族意识方面说，圣殿的毁灭及其相关的政治、宗教后果造成了民族认同感的危机，凝聚整个民族的精神力量出现了真空状态。在圣殿屹立的年代里，一个犹太人即使住在海外，圣殿和与之相关的犹太教责任仍然对他有着不可抗拒的影响力；一个普通的犹太农民，即使他平时的生活起居与希腊、罗马人没有太大的不同，在前往圣殿履行其宗教责任时，他也会遵守所有有关洁净问题的律法规定，仿佛他本人就是祭司一般。如今，这一切都跟随圣殿灰飞烟灭了，犹太民族靠什么建立自己新的文化身份成了一个重大的问题，这是一个关系到犹太民族是否能够继续生存下去的问题。

面对这场生存危机，犹太民族的贤哲们为探求民族的出路，在四个方向上进行了探索。他们中的一部分人试图将圣殿被毁看作是弥赛亚即将到来、世界将进入末世的标志，以此解决宗教上的信仰困境，这条求索之路最终将犹太民族引上了第二次大起义的道路。另一部分人试图抛弃犹太教的原有内涵，创造一种全新的信仰和宗教仪式,以此取代已无法实行的圣殿宗教仪式。昆兰社团和早期基督教均属于这条求索之路上的代表性潮流,它们甚至在圣殿被毁之前就已经开始了与圣殿主流分道扬镳的尝试。还有一些贤哲则力图在犹太教框架之内寻求解脱之道,在不损害《圣经》犹太教基本教义的基础上发展出一种适应新形势的宗教形态,这便是拉比犹太教的发展。① 与此同时,拉比犹太教的贤哲们则进行了第四个方向上的探索,那就是通过新的宗教形态保持犹太民族独立的民族身份,创立一种类似文化民族主义的思维,既不把犹太民族的灾难看作世界性灾难的前导,也不试图改变犹太人的文化身份,而是在民族生存危难之际,创造一座精神圣殿来保持整个民族的凝聚力。②

在这四个探索方向中,真正为犹太民族进行了成功求索并创造了新的民族精神的是后两个方向,也就是拉比犹太教对这场民族生存危机所给出的解决方案。《密释纳》则正是这个解决方案的第一个里程碑,是这座精神圣殿的基本框架。

2.1.2.2　雅夫内犹太经学院的建立与发展

按照拉比犹太教的传统,拯救灾难中的犹太教与犹太民族的正确道路是由大贤哲约哈南·本·扎卡伊一手开创的。根据《塔木德·休书卷》的记载,主和派的约哈南·本·扎卡伊看到围城三

---

① Jocob Neusner, *Early Rabbinic Judaism: Historical Studies in Religion, Literature and Art*, Leiden: Brill Archive, 1975, pp. 34-49. Neusner 认为,圣殿被毁之后,犹太民族作出了四种反应,但他所说的第二种(昆兰社团)和第三种(基督教)实际上可以归结为一种,也就是寻求改变犹太民族文化身份的努力。

② David Aberbach, *Major Turning Points in Jewish Intellectual History*, New York: Palgrave Macmillan, 2003, pp. 31-44.

年的耶路撒冷即将弹尽粮绝，便在弟子们的帮助下潜出城外，见到了罗马军团统帅维斯帕先。在他关于维斯帕先即将成为罗马皇帝的预言验证之后，维斯帕先允许他提出要求。他提出的要求是："给我雅夫内及其贤哲们、拉班迦玛列的家族，并派一个医生去给拉比撒都该治病。"[①]

无论这个传奇故事的历史真实性如何，今天的学者一般都不对雅夫内犹太经学院的存在持否定态度。按照犹太教的传统，这座经学院对圣殿毁灭后犹太民族的重新定位与拉比犹太教的形成和发展都起到了决定性的作用。

雅夫内坐落于以色列西部沿海平原的中南部，在《约书亚记》中被称为"雅比聂"[②]，位于犹大支派领土的北部边界，是一座属于非利士人的城市。这座城市的犹太教法庭在战前就已具有相当规模，拥有二十多名律法权威。战争中该城又率先与罗马当局议和，退出了冲突。因此，该城的一般生活环境与宗教环境都是创建经学院的合适地点。就是在这里，在第二圣殿的熊熊烈火燃烧过后的七个星期之后，约哈南·本·扎卡伊不仅建立起了由幸存的贤哲们担任主讲的经学院，而且发布了第一批律法，这批律法主要是将一些过去局限在圣殿内进行的仪式性活动（例如吹羊角号）放到人们的日常生活中去，使人们在灾难性的历史突变面前仍然能够保持自己的传统信仰。[③] 这批律法的发布标志着一向生活在象牙塔内、关注自身律法问题的法利赛群体开始承担起民族精神领袖的

---

① 《巴比伦塔木德·妇女部·休书卷》56b。

② 《约书亚记》15:11。

③ 《巴比伦塔木德·节期部·岁首卷》29b～30a。

职责，为拯救危难之际的民族迈出了第一步。

雅夫内经学院的活动一直持续到公元132年的巴尔·科赫巴大起义。随着起义失败，罗马当局对犹太民族进行了残酷的迫害和镇压，犹太人口中心逐渐北移，雅夫内的撒玛利亚人逐渐取代犹太人而成为主体，经学院和犹太公会的重建都已不再可能。

在短短的六十二年中，雅夫内经学院在重建犹太教和犹太精神世界方面的成就大体可以归纳为以下几点：

首先，雅夫内经学院聚集并培养了一大批拉比犹太教贤哲，并通过他们的活动为犹太教定义了全新的内涵，由此结束了《圣经》犹太教的历史，开创了拉比犹太教的新时代。在这方面，约哈南·本·扎卡伊是一位承前启后的关键人物，作为希列长老的年幼弟子，他对圣殿时期犹太教的内容造诣极深，他的五大弟子大多成为雅夫内经学院的主力讲师，他们的弟子中则包括了第三代坦纳的核心成员，比如拉比阿奇瓦、拉比以实玛利等在拉比犹太教奠基过程中的关键人物。

这种新生的犹太教的基本特征可以从雅夫内经学院拉比们的口头禅中体现出来：

> 雅夫内的拉比们爱说的话是："我是一个人，我那不曾受教的朋友也是一个人。我在城内劳作，他在田间劳作。我早起操劳，他也早起操劳。他不干涉我的事务，我也不干涉他的事务。也许你会说：我做得多，他做得少。然而我们受教说：一个人可能做得多可能做得少，但只要心向上天，就都是一样的。"[1]

---

① 《巴比伦塔木德·祝祷卷》17a。

在这里，经典和律法的学习获得了至高无上的地位，一个人只要虔诚地学习，哪怕学习得不那么多，他在宗教上的地位也是跟那些学富五车的贤哲平起平坐的。由此，学习成为一种仪式性的宗教活动，取代了圣殿中那些宗教仪式活动的地位。每一个学习者都通过这种新生的仪式而获得救赎，而不再用献祭的方式进行赎罪。与此同时，这种学习的内容也具有拉比犹太教的特色，不是死记硬背的条文训练，而是充满创造力的逻辑思辨。“雅夫内一位勤奋的学生用一百五十个理由证明地上爬物是洁净的。”[①]但《希伯来圣经》明确规定有八种爬物是不洁净的[②]，即使有一百五十个理由，也不可能推翻《希伯来圣经》的律法。对于《圣经》犹太教来说，这种“找茬辩论”的读经方式是不可思议的。但对于拉比犹太教来说，这却是唯一正确的学习方式，因为学习本身已经仪式化，重要的是参与学习和思辨，而不在于你在这个仪式过程中到底说了些什么。

其次，雅夫内经学院重建了犹太公会。犹太公会是犹太教最高律法裁决机构，设有首席（纳西）一名，副首席（法庭之父）一名，另有六十九名正式成员。在第二圣殿时期，犹太公会在圣殿内的原石厅每日聚会，与大祭司、希律王室鼎足而立，构成犹太民族的领导机构。圣殿被毁之后，大祭司与王室贵族均失去了用武之地，唯独犹太公会还有可能继续发挥领导机构的作用，成为凝聚整个犹太民族的政治核心。因此，传奇中的约哈南·本·扎卡伊向维斯帕先提出的三条要求中的第二条便是把迦玛列家族交给他，因为

① 《巴比伦塔木德·节期部·移入纹卷》13b。

② 《利未记》11:29。

迦玛列家族是希列长老的后裔，而自希列长老起大议会的纳西一职就是由该家族世袭的。以有迦玛列家族为首领，在耶路撒冷解散的犹太公会在雅夫内重建就名正言顺了。

不过这个恢复起来的犹太公会与原来的公会有着相当大的差别。最关键的一点是这个公会不再是最高法院的角色，而是成为以色列犹太民族的政治、经济领导机构，在很大程度上取代了原来希律王室的职责。而真正属于原来的公会的律法裁决权力则落到了贤哲们的手中。[1] 当然，由于犹太教本身的变化，这种权力替代实际上是自然而然的事情。而犹太公会所起的却正是贤哲所无法直接承担的职责——对整个民族进行政治领导。事实上，犹太公会的这种领导角色一直持续到公元4世纪，对于犹太民族成功渡过生存和文化认同危机起到了决定性的作用。

第三，雅夫内经学院完成了一批犹太教重要文献的编订工作。

到目前为止，我们知道至少有两部重要的拉比犹太教文献是在雅夫内经学院编订的，这就是《十八祷文》与《密释纳·损害部·证言卷》。举世闻名的《希伯来圣经》也可能是在雅夫内编订的。

《十八祷文》是拉比犹太教的核心祷文，犹太教徒至今每天诵祷三次。虽然这部祷文的文本并不长，但在日常宗教生活中的重要程度和出现频率却压倒了几乎所有其他犹太教文献。根据《巴比伦塔木德》的记述，这部祷文是在雅夫内由西缅·哈-帕库利编订顺序，而小撒母耳则应拉班迦玛列的要求而创作了第十九段。拉比约书亚·本·列维认为，《十八祷文》就像一根脊梁骨，而这第

① Michael S. Berger, *Rabbinic Authority*, Oxford: Oxford University Press, 1998, pp. 40–51.

十九段就像脊梁骨下的一节小脊椎骨。[①] 在一些犹太学者看来，这一比喻极其恰当，因为“《十八祷文》的确是我们生存的脊梁骨，是我们向神传达我们的需求的工具，就像脊椎神经告诉大脑身体各部分的需求一样”[②]。当然，也有一些现代学者认为《塔木德》作为历史记录不足为凭，因此质疑《十八祷文》在雅夫内编订一事的历史真实性。[③]

《密释纳·损害部·证言卷》是《密释纳》中比较特别的一卷，该卷没有一个明确的主题，内容涉及多个互不相关的律法领域，且这些领域在《密释纳》其他篇目中都有更充分的讨论。这一切使得该卷与其他各卷有着明显的风格差异，容易被人看成是一种早期的简版《密释纳》。根据《巴比伦塔木德》的记载，拉班迦玛列因在与拉比约书亚的律法争执中态度傲慢，激怒了众贤哲，曾一度被撤销了纳西的职务，而《证言》卷便是在那一天编成的。[④] 自19世纪开始，便有犹太学研究者据此认定该卷是在雅夫内编订的。爱泼施坦通过文本分析，认定该卷并非单一文本，很可能是由乌沙时代拉比阿奇瓦的弟子们编成的。[⑤] 阿尔贝克则支持传统派的观点，并引用《托塞夫塔》加以支持。[⑥] 他认为，《证言》卷以贤哲为纲目的律

① 《巴比伦塔木德·祝祷卷》28b。

② Abba Zvi Naiman, *Landscapes of the Spirit: The Cities of Eretz Yisrael in Jewish Thought*, Jerusalem: Targum Press, 1996, pp. 133-134.

③ Lars Kierspel, *The Jews and the World in the Fourth Gospel: Parallelism, Function, and Context*, Tubingen: Mohr Siebeck, 2006, p. 169.

④ 《巴比伦塔木德·祝祷卷》28a。

⑤ Jacob Neusner(ed.), *The Modern Study of the Mishnah*, p. XIX.

⑥ Hanoch Albeck, *Mavo LaMishnah*(Hebrew), Jerusalem: The Bialik Institute, 1959, pp. 68, 82.

法汇集方法与《密释纳》以律法内容为依据的做法不同，因此不可能是拉比犹大·哈-纳西编辑的。批评者认为他未作文本分析，对主要论点亦未证明，但他的结论却有可能是正确的。[①]

关于雅夫内犹太经学院的一个宗教会议编订了《希伯来圣经》的理论曾一度盛行于学术界。最早提出类似观点的是斯宾诺莎，他根据对《希伯来圣经》篇章成书年代的推测认定，《希伯来圣经》的编订工作应该是在马卡比起义之后的第二圣殿时期由法利赛人完成的。德国犹太历史学者海因利希·格莱茨（Heinrich Graetz，1817～1891）更大胆地推断，这一工作是在公元1世纪末期在雅夫内由一个宗教会议完成的。这一理论后来发展成《希伯来圣经》成书的"三段论说"：摩西五经在以斯拉时代经典化，先知书在公元前2世纪初经典化，文集则于公元1世纪末在雅夫内经学院定型。[②]这种说法在很长一段时间内为学术界所接受。不过20世纪60年代之后，很多学者质疑这种大胆假设，指出这种理论缺乏直接证据支持，且有曲解拉比犹太教原始文献的嫌疑。[③] 一个典型的例子就是《密释纳·洁净部·双手卷》。这一卷中记载了拉班迦玛列被撤职的那一天贤哲们所做的各种律法裁决，其中包括对《雅歌》和《传道书》的经典地位的争论。正方学者据此推测《希伯来圣经》文集部分的经典地位就是在那天前后定下来的，反方学者则认为没有任何证据表明这种争论与《希伯来圣经》的地位有什么关系，而且

① Jacob Neusner (ed.), *The Modern Study of the Mishnah*, p. 217.

② H. E. Ryle, *The Canon of the Old Testament*, London: Macmillan 1892; G. F. Moore, *Judaism in the First Centuries of Christian Era*, New York: Meirdian, 1957.

③ 关于这一段学术公案的渊源，可参见 D. E. Aune, "On the Origins of the 'Council of Javneh' Myth", *Journal of Biblical Literature*, Vol. 110, No. 3 (Autumn, 1991).

也看不到文集中的其他篇目经过贤哲们讨论的记录。①

关于雅夫内经学院究竟编订了哪些犹太教文献的争议实际上反映了拉比犹太教研究中的一个中心疑难：拉比犹太教经典中的叙述究竟可不可以成为信史？完全否定这些叙述的历史价值将使得相关研究丧失一个重大资料来源；简单地将其作为信史则又面临一个贤哲们，也就是这些叙述的作者们的历史观念与常规历史观念完全不同的问题。如果试图将其中的信史和传奇材料区分开来的话，区分的标准又是一个难以解决的问题。无论如何，雅夫内经学院对于犹太教经典文献的形成与发展所起到的巨大作用仍然是毋庸置疑的。即使《希伯来圣经》不是在这里最后编订的，现代学者也承认雅夫内经学院在筛选淘汰传统经典文献方面所做的重要贡献。②

2.1.2.3 巴尔·科赫巴大起义（132～135）

在圣殿被毁之后，犹大地区仍然是犹太民族的主要聚居地。耶路撒冷虽然在很大程度上已经荒弃，但犹太民族重建圣殿，回到耶路撒冷的梦想却不曾破灭，他们的努力一直在持续，而且在民族的政治和宗教生活中都占据着相当重要的地位。这些梦想和努力在公元2世纪上半叶与罗马皇帝哈德良的文化帝国主义政策发生了正面冲突，这位试图把以色列地彻底罗马化的皇帝打算禁止犹太人施行作为民族标志的割礼，在耶路撒冷的废墟上建一座彻底

① J. P. Lewis, "What Do We Mean by Javneh", *Journal of Biblical Literature*, Vol. 32(1964), pp. 125-132.

② John Joseph Collins, *Seers, Sibyls, and Sages in Hellenistic-Roman Judaism*, Leiden: Brill, 2001, pp. 19-21.

罗马化的城市，包括在圣殿遗址上修建朱庇特的神庙，这种把犹太人逼入死角的文化政策正好与圣殿被毁后犹太人中流行的末世心态及其对救世主弥赛亚的盼望发生了强烈对抗，终于导致了犹太民族的第三次反罗马大起义。

起义的领导人巴尔·科赫巴虽然不是犹太教贤哲，却得到了包括拉比阿奇瓦在内的拉比犹太教领袖的支持，并在某种程度上被暗示为弥赛亚现身。尽管起义军以勤奋修筑的各处堡垒为依托，进行了艰苦卓绝的战斗，并让从不列颠赶来的最好的罗马军团蒙受了巨大损失，但起义还是没能摆脱从一开始就注定了的悲剧性结局。公元 135 年 8 月，起义重镇比塔尔城堡被攻陷，起义以失败告终。

起义的失败给犹大地区的犹太民族带来了灾难性的后果。耶路撒冷被重建为罗马城市，圣殿山被耕犁一遍，以示对犹太圣地的最大侮辱，犹太人被禁止进入新城——其实这条规定已属多余，因为犹大地区在五十八万犹太人被杀，近千座犹太村落被铲平，大批犹太人被掠卖为奴之后，已经没剩下多少犹太居民了。以色列的犹太社区由此彻底北移，形成了以加利利为中心的民族区域。起义失败后，犹太教遭受的打击同样沉重。包括拉比阿奇瓦在内的大批犹太教贤哲惨遭迫害乃至处决，犹太教在很长一段时间内被禁止活动。[①]

① 关于起义的过程，可参考 Steven T. Katz (ed.), *The Cambridge History of Judaism*, Vol. 4, Cambridge: Cambridge University Press, 2006, pp. 105–108; Martin Sicker, *Between Rome and Jerusalem: 300 Years of Roman-Judaean Relations*, New York: Praeger Publishers, 2001, chap. 20.

起义的失败给传统犹太精神带来的是一种彻底的绝望，然而这种绝望却对拉比犹太教的长期发展带来了一次出乎意料的契机。由于圣殿复兴的梦想变得彻底不可能，祭司阶层及其拥戴者从此彻底没落，使得法利赛人的老对手撒都该人不可能再卷土重来。在圣殿被毁后出现的等待弥赛亚的宗教潮流因为对巴尔·科赫巴的弥赛亚地位的误信而碰得头破血流，从此无法在犹太教思潮中争得一席之地。与此同时，基督教也在起义后与犹太教进一步分道扬镳。这一切使得以法利赛群体为主体的拉比犹太教在犹太教世界中一枝独秀，自然而然地获得了民族精神领袖的地位，取得了前所未有的发展空间。

起义失败后，犹太民族的民族精神发生了巨大的变化。指导两次反罗马大起义的宗教狂热和非理性政治态度随着狂热分子的牺牲而大幅度退潮，取而代之的是直面现实的政治理性精神与和平主义原则。《密得拉释大义篇·创世记卷》记载起义失败后罗马皇帝曾一度下令重建圣殿，引起大批犹太人回归。此事引起撒玛利亚人的猜忌，遂从中作梗，劝说罗马当局改变成命。消息传来，犹太人群情激愤，宣称要再度起义。危急关头，贤哲们用一个寓言来劝告他们：

> 一只野狮杀死了一只动物，但有一根骨头卡在了喉咙里。他宣布说："谁能把它取出来我就给他报酬。"一只长喙的埃及苍鹭过来把骨头取出并要求得到报酬。狮子说："难道你不能就此吹牛说我在狮口平安出入过吗？"我们跟这些（罗马）人平

安地打交道并平安离开，让我们就此满足吧。[①]

无论这个故事的历史真实性如何，但这个寓言表明了犹太教领导阶层对现实力量对比的清醒认识和对和平的重要性的正确理解。另一方面，犹太现实政治力量的消失也使得罗马当局逐步放松了对犹太人的戒心，政策有所宽松。这两种因素的共同作用使得公元2世纪后半叶以色列北方的犹太社区得以繁荣，为拉比犹太教的进一步发展提供了良好的物质基础。

在宗教方面，由于起义失败导致犹太教与政治权力和传统意识活动彻底脱节，因此宗教活动的中心自然而然地转移到了对经典、传统与律法的日常研讨和学习上来，新的犹太教经典的编纂也自然成为日程上的事情。与此同时，个人道德修养开始在教义中占据一席之地，犹太教修身名篇《阿伯特》的出现可能就与此有关。[②]

总之，巴尔·科赫巴大起义的失败给犹太民族带来了深重的灾难，但也给拉比犹太教的发展带来了新的契机。

2.1.2.4 犹太社区中心的北迁与繁荣

巴尔·科赫巴大起义失败后，犹太人在犹大地区失去了立足之地，北方的加利利地区成为新的民族区域中心。如上所述，由于此时的犹太民族精神的变化，犹太民族与罗马当局的关系有了极大改善，从大起义失败到《密释纳》时代结束的六十多年时间里，加利

① 《密得拉释大义篇·创世记卷》64:10。

② 关于起义失败后拉比犹太教的变化以及可能的斯多葛学派的哲学影响，可参见 David Aberbach, *Major Turning Points in Jewish Intellectual History*, New York: Palgrave Macmillan, 2003, pp. 45-52.

利犹太社区大多数时间生活在和平环境之中，经济状况明显好转，从而为拉比犹太教的发展和经典编纂创造了重要的物质条件。《密释纳》正是在这样一个环境中编纂完成的。

与大起义之前拉比犹太教贤哲稳定于雅夫内经学院的情况不同，拉比犹太教在加利利地区的学术中心曾多次随犹太公会搬迁，但每个中心都对宗教的发展和经典的形成发挥了自己的作用。《巴比伦塔木德·节期部·岁首卷》对这些搬迁地点进行了概括："从雅夫内回到乌沙，再从乌沙到雅夫内，从雅夫内回到乌沙，再从乌沙到沙法阿姆，从沙法阿姆到贝特沙里姆，从贝特沙里姆到渠坡里。"①

按照拉比犹太教的传统，位于下加利利的乌沙经学院是罗马当局对犹太教迫害期结束后(大约140年左右)贤哲们建立起来的第一个经学院，其发起人以拉比阿奇瓦的弟子们为主，包括拉比犹大、拉比尼希米、拉比梅伊尔、拉比约西、拉比西缅·本·约海伊等人。他们向加利利各地贤哲发出邀请："已学者，让他来教学；未学者，让他来求学。"②稍后，犹太公会在乌沙恢复，拉班西缅·本·迦玛列出任纳西，拉比纳坦·哈-巴富礼出任法庭之父，拉比梅伊尔出任新设的"贤哲"职位。乌沙犹太公会针对当时的具体情况发布了一批律法，在犹太经典中统称"乌沙律法"，今天所能看到的主要是一些跟家庭生活有关的律条。比如《耶路撒冷塔木德·妇

① 《巴比伦塔木德·节期部·岁首卷》31b。雅夫内与乌沙之间的反复搬迁可能发生于巴尔·科赫巴大起义之前，也可能发生在此之后。就是说，战后曾一度试图恢复雅夫内经学院，但未成功。

② 《密得拉释大义篇·雅歌卷》2:18。

女部·婚书卷》记载乌沙律法之一是“父亲必须抚养自己的孩子”[1]，这可能与战后家庭状况的混乱有关。

有关沙法阿姆经学院的材料不多，主要是《巴比伦塔木德》中有几处提到犹太公会从乌沙搬到此地，具体情况不详。

贝特沙里姆距离渠坡里非常近，在这两处建立犹太公会和经学院的原因只有一个，那就是拉比犹大·哈-纳西的家在当地。他的家原在贝特沙里姆，所以在他出任纳西之后，犹太公会与经学院便搬到了此地。后因健康原因，嫌贝特沙里姆地势较低，于是搬往地势较高的渠坡里，公会与经学院也随之搬迁。因此，这两个经学院均属于拉比·哈-纳西时代，其性质是一致的，特别是最后定址渠坡里的决定，在犹太教历史上是意味深长的。

拉比犹太教文献和约瑟福斯的著作中都多次提到渠坡里这座城市。从中我们可以知道，该城在哈斯蒙尼时代是加利利地区的首府，当时已经具有相当大的规模。该城居民与罗马当局一直保持着良好的关系，第一次犹太大起义时该城居民拒绝参加起义，与罗马当局合作，给维斯帕先借道攻打耶路撒冷。巴尔·科赫巴起义失败后，该城一度由异邦人管理，但很快就又回到犹太人手中。该城与犹太教亦渊源深厚。圣殿被毁后，大祭司耶达亚家族即定居于此。即使在拉比犹大·哈-纳西迁入之前，该城的犹太教力量就已经相当可观。在拉比犹大·哈-纳西时代之后，渠坡里的圣地犹太宗教学术中心地位又延续了数百年，直到《耶路撒冷塔木

① 《耶路撒冷塔木德·妇女部·婚书卷》4:8,28d。

德》编纂完成。[1]

从某种意义上说，渠坡里是一座与圣殿时期的耶路撒冷形成鲜明对照的城市。1931 年在渠坡里地区的考古发掘向我们展现了这座城市的繁荣富庶及其多元化与宽容的精神。这座城市拥有一座可容纳四五千名观众的罗马剧场，表明当时的城市人口之多、物质之繁荣与精神生活之活跃。城市中犹太建筑风格的大官邸内装饰着一幅巨大的希腊酒神的马赛克拼花地板，显示出这座城市的文化多元性与宽容性，所有这一切都与圣殿时代耶路撒冷对纯洁、严谨的追求和不惜一切代价卫教的牺牲精神形成鲜明的对照。再考虑到渠坡里市民在犹太大起义中的立场，几乎可以说渠坡里与耶路撒冷的区别在很大程度上象征着拉比犹太教与《圣经》犹太教之间的差异。

因此，渠坡里不只是为犹太教经典的创造提供了一个地点，而且为犹太教新的发展阶段提供了崭新的地域文化特征。以《密释纳》为基本大典的拉比犹太教本质上是一种比《圣经》犹太教更为宽容、更为开放的宗教。在这里，对宗教仪式的一丝不苟为“为上天而争辩”的平行逻辑所取代。与第一次罗马大起义时代耶路撒冷的奋锐党人对犹太异见人士大肆杀戮相比，拉比犹太教强调不同的律法观点在终极宗教地位方面并无不同，因此兼容并收，全部纳入了经典，“教内无异端”成为拉比犹太教最显著的宽容特征之一。这种新生的宽容与开放的态度与渠坡里的社会生活乃至城市

① Stuart S. Miller, *Studies in the History and Traditions of Sepphoris*, Leiden: Brill Archive, 1984, p. 4.

建筑风格都是一致的。

毋庸置疑,渠坡里繁荣的物质生活为大批贤哲的生存提供了良好的条件,其多元文化共存的特色为他们加强与不同文化的交流提供了良好的环境。这一切,加上渠坡里原有的犹太教根基和拉比犹大·哈-纳西的杰出领导,拉比犹太教三大经典中的两部在此成书也就是顺理成章的事情了。因此,李·列文(Lee I. Levine)在评价贝特沙里姆到渠坡里的这次历史性的迁徙时说:“虽然只是几里之遥,这场从一地到另一地的法庭搬迁却是极端重要的……渠坡里,从另一方面说,是加利利最重要的城市之一,以其庞大的人口、希腊化的机构(城邦组织与剧场)、政府机关以及小地方人从未见过的大都市气氛而傲视众城。”[①]

就在这座都市里,拉比犹太教的新生大典《密释纳》诞生了。犹太教在《密释纳》中找到了新的生命,正如犹太民族的主体在渠坡里找到了一种新的生存方式。

2.2 坦纳——与《密释纳》相关的主要贤哲

2.2.1 与贤哲相关的几个概念

上一节我们讨论了与《密释纳》相关的历史事件,本节我们将讨论一下与《密释纳》关系最密切的人群——坦纳们。在描述这群人的生活与思想之前,我们先来看看与这群人相关的几个概念,也就是与这群人相关的三个称号——法利赛人、贤哲、坦纳。

---

① Lee I. Levine, *The Rabbinic Class of Roman Palestine in Late Antiquity*, Jerusalem: Yad Izhak Ben-Zvi Press, 1989, p. 36.

2.2.1.1 法利赛人

与这群人相关的最著名的称号是"法利赛人"。由于《新约圣经》中对法利赛人的记述，这个称号比另外两个都更为世人所知，虽然这个群体从未用这个称号称呼过自己。此外，这个称号的使用似乎早于另外两个称号，因此相关的讨论也涉及《密释纳》贤哲群体的起源问题。

"法利赛人"的希伯来语是 Perushim，这个词的希伯来文和亚兰文词根的含义都有点类似于汉语的"解析"，兼有"分离""分解"与"解说"两重含义。"法利赛人"这个名称却是两个含义都用上了，外人看他们是分离主义者（与撒都该人及传统的祭司贵族阶层分离或者与不守律法者分离），他们却把自己看作经典的诠释者。[①]

按照约瑟福斯的记载，哈斯蒙尼王朝的国王兼大祭司约哈南·豪尔卡诺斯（公元前 134～前 104 年在位）原是法利赛人的学生并与其保持着良好的关系。某次众人欢宴时，一位法利赛人出言不逊，侮辱了豪尔卡诺斯的母亲，豪尔卡诺斯欲将其处死，法利赛人却坚持用鞭刑镣铐处罚。愤怒的豪尔卡诺斯就此与法利赛人绝交，废除了法利赛人制定的律法，并宣布对遵守这些律法的人进行处罚。[②]

按照约瑟福斯围绕这个故事对法利赛人的描述，我们大致可以看出这样几个特征：第一，法利赛人在执法方面以从宽为原则，反对严刑峻法。第二，法利赛人在写定的经典律法之外另有"大量

---

① *Encyclopaedia Judaica*, edited by Michael Berenbaum and Fred Skolnik, Vol. 16 (2nd edn), Detroit: Macmillan Reference USA, 2007, pp. 30-32.

② 约瑟福斯《犹太古事记》13。

从他们的父辈那里继承的守则”，他们自己遵守这些口传律法，同时也要求大众遵守。约瑟福斯特别说明这些律法构成了法利赛人与撒都该人的主要冲突，因为后者不承认书面经典之外另有传统。第三，法利赛人与普通民众关系良好，撒都该人则代表祭司与贵族阶层。①

由此基本上可以推断，约瑟福斯所描述的这批法利赛人与拉比犹太教经典所描述的贤哲们的特征基本一致。有关法利赛人的材料极其有限，研究成果却极其丰富，争议也极其繁杂，但在两个基本点上学者们的意见大体上是一致的：“（1）他们（法利赛人）特别珍视一套《希伯来圣经》之外的传统；（2）他们对拉比犹太教的形成做出了重大贡献。”②而这两点也恰恰是拉比犹太教贤哲们的基本特征。因此，法利赛人与拉比犹太教贤哲之间应该存在着某种承接关系。虽然圣殿被毁之前的贤哲（例如希列长老、沙玛伊长老、拉班约哈南·本·扎卡伊）通常被学者们认为是法利赛人的领袖人物，但在圣殿被摧毁后形成的贤哲阶层与法利赛人仍然有着实质性的区别——贤哲在某种意义上可以被看成是法利赛人的发展，但应该不是简单的延续关系。《密释纳》和两部《塔木德》在提及法利赛人时均使用第三者描述的语气，甚至还有一些贬义的用法，表明两者间的差异应该不只是时间上的先后，而是存在着文化与社会身份认同上的歧见。③

---

① 约瑟福斯《犹太古事记》13。

② Steve Mason, *Flavius Josephus on the Pharisees: A Composition-Critical Study*, Leiden: Brill, 2001, p. 3.

③ 关于拉比犹太教经典中对法利赛人的论述，可参见 Anthony J. Saldarini, James C. Vander Kam, *Pharisees, Scribes and Sadducees in Palestinian Society: A Sociological Approach*, Grand Rapids, Michigan: Wm. B. Eerdmans Publishing, 2001, pp. 221-235.

2.2.1.2 贤哲

从拉比犹太教经典文献来看,《密释纳》时代贤哲阶层内部的称呼中最常见的是"贤哲"。"贤哲"的希伯来语是 Chakham,本义是"智者"。关于贤哲的基本特征,据信属于拉比阿奇瓦学派作品的《塞弗里申命记》中有一番出色的解说。贤哲一词在《申命记》1:13 中是这样出现的:

> 你们要按着各支派选举有智慧(希伯来文为"贤哲")、有见识、为众人所认识的,我立他们为你们的首领。

《塞弗里申命记》第 13 节对此的解释如下:

> (1)阿里尤斯问拉比约西:"何谓贤哲?"他回答说:"任何保有其学问者。""那不是有见识者吗?"他回答说:"有见识者已经提过了。"
>
> (2)贤哲与有见识者之间区别何在?贤哲一如富有的货币兑换商,别人拿钱来给他鉴别时他就鉴别,没人拿钱来给他鉴别时他就取出自己的钱鉴别。有见识者则如贫穷的货币兑换商,别人拿钱来给他鉴别时他就鉴别,没人拿钱来给他鉴别时他就焦急地坐等。

由此可见,贤哲的特点大致有三个:第一,贤哲的基本标志是有学问,也就是精通律法。第二,贤哲的学问处于一种动态发展的状态,贤哲不仅把学问用于实用目的,而且不断修习发展这种学问。第三，贤哲们用自己的学问解答他人的疑难，并成为他人的精神领袖。[①]

乌尔巴赫（E. E. Urbach）在考察了拉比犹太教文献中有关贤哲阶层与先知、文士等《圣经》犹太教时代的民族领袖之间的承继关系后，对贤哲阶层的特点作出了一个类似的总结："无论他（贤哲）是否拥有官职，他都有指引及领导社区的义务。他的这种领导权首先来自其《托拉》的学问。"[②]

大体上说，贤哲阶层是在第二圣殿被毁之后，其他犹太领袖阶层或集团逐步没落之后，用《托拉》律法在精神上领导犹太民族的宗教学者阶层。这个阶层在对犹太教的理解和发展上与第二圣殿时期的法利赛人有相通之处，但他们远离政治权力斗争的处世精神和对异族统治的开放宽容态度又使他们与此前任何犹太集团有着显著的区别。[③] 他们的主要精力放在律法的研讨发展上，并通过其他职业维持自己的生计，而不是依靠攫取政治权力生存。

2.2.1.3 坦纳

正如我们在本章第一节开头所解释的那样，"坦纳"这个称呼特指那些与《密释纳》有关的贤哲，包括在《密释纳》中提到的大部分贤哲和其他生活于《密释纳》时代的贤哲。这一称呼使这批贤哲与他们的前辈（生活于公元20年以前的"长老"）及其后继者（活跃

① 关于这几段引文以及相关讨论，可参见 John G. Gammie, Leo G. Perdue, *The Sage in Israel and the Ancient Near East*, Winona Lake, Ind: Eisenbrauns, 1990, pp. 425-430.

② E. E. Urbach, *The Sages*, Jerusalem: Magnes Press, 2001, pp. 572-573.

③ 关于这种区别，可参见 Lee I. Levine, *The Rabbinic Class of Roman Palestine in Late Antiquity*, Jerusalem: Yad Izhak Ben-Zvi Press, 1989, pp. 13-14.

于公元200年之后的“阿摩拉”)得以区分开来。

“坦纳”这个称呼实际上是《塔木德》时代的阿摩拉们对《密释纳》的前辈们的称呼。阿摩拉们有时也用这个词称呼他们同时代的经堂中专司记诵法典者,不过这种称呼通常带有贬义色彩。“巫师们念念有词却不知道自己在说什么,一如坦纳背诵经文却不知所云。”①

“坦纳”一词的贬义用法在很大程度上更突出地反映了《密释纳》贤哲与《塔木德》贤哲之间的差异。构成“坦纳”学问核心的是口传律法的记忆和背诵,坦纳的学术权威来自他们对口传《托拉》的熟悉程度,在这里,熟知是第一位的,阐释是第二位的。相比之下,阿摩拉们更注重于运用逻辑能力对已知传统进行阐释和推导。与此相联系,坦纳们的杰作《密释纳》侧重于口传律法的记录,带有极强的“述而不作”的色彩;而《塔木德》则记录了众多阿摩拉对口传律法的挑战式探讨。因此,“坦纳”这个称呼虽然主要是对拉比犹太教贤哲进行时代划分的产物,但这个群体确实也拥有一些共同的职业与学术特征。

2.2.2 《密释纳》时代贤哲群体的一般生活状况

2.2.2.1 贤哲的社会地位与公众关系

《密释纳》时代贤哲们的社会地位具有来自民众又高于民众的双重性。一方面,贤哲们并非世袭的祭司或贵族阶层,他们大多来自普通民众,在研读《托拉》的同时从事着各种普通人的职业与工作以维持生计,这使得他们在很大程度上属于普通民众的一员,容

① 《巴比伦塔木德·妇女部·不贞卷》22a。

易建立一种与民众亲近的关系。另一方面，贤哲们自成一个阶层，有着自己特立独行的行为和生活方式，有着自己的活动圈子。这就使得他们有意无意地与普通民众脱节，在以其高深的学问修养获得民众高度尊崇的同时也不免与民众保持着距离，并特意疏远那些行为与教义不符的民众。

《巴比伦塔木德·节期部·斋戒卷》中关于拉比西缅的儿子拉比以利亚撒的故事在很大程度上对贤哲们的这种复杂地位作出了很好的说明。

> 我们的拉比教导说：人应该柔若芦苇，而永不硬如雪松。有一次，拉比西缅的儿子拉比以利亚撒从麦大迦得[①]其老师家中回来，他悠闲地在河边骑着毛驴，洋洋自得，因为他刚学了很多《托拉》的知识。
>
> 当时，他碰上了一个极其丑陋的人跟他打招呼说："祝你平安，先生！"他却没有回礼，反而对他说："天哪！你可真丑！你们那儿的人都像你一样丑陋吗？"那人回答说："我不知道，但是你该告诉那个创造我的匠人说：你创造的器皿是多么丑陋啊！"此时拉比以利亚撒知道自己错了，他从毛驴上下来，俯身在那人面前，对他说："我心悦诚服，你能原谅我吗？"那人回答说："除非你去告诉那个创造我的匠人说：你创造的器皿是多么丑陋啊！否则我不会原谅你。"他就跟在那人身后一直走到他所居住的城市。他的同城居民都出来迎接他，招呼他说："老师，

① 犹大地区的一个地名，参见《约书亚记》15:37。

大师，祝你平安！”那人问他们：“你们跟谁这样说话？”他们回答说：“就是那个跟在你后边走路的人。”于是那人说：“如果这个人是个老师的话，但愿以色列不再有像他这样的人。”人们问他为什么，那人就回答说他对我做了这样的事情。他们对他说：“尽管如此，还是原谅他吧。因为他是一位《托拉》大学者。”那人回答说：“看你们的面子，我就原谅他，只是他以后不得如此行事。”①

在这个故事里，民众对贤哲的尊敬是显而易见的。联系到约瑟福斯有关法利赛人与民众关系不错的说法，这种尊重的历史真实性应该是成立的。另一方面，贤哲们因为学富五车而洋洋自得的心态也同样跃然纸上，他们由此产生的倨傲之态以及由此与民众产生的距离感也清晰可辨。与此同时，贤哲们试图养成一种谦逊的态度，以此在与民众的距离远近之间找到一条折衷的道路。

这种距离感表明《密释纳》的贤哲们已经组成了一个相对独立的阶层。这一点在贝特沙里姆犹太墓穴的考古发掘中得到了一定程度的证实。贝特沙里姆有二十四个犹太公共墓穴，安放着公元3世纪到4世纪上半叶几百名犹太人的石棺。从石棺上的铭文看，二十六名刻有拉比头衔的石棺全部安放在第十四号和第二十号墓穴中，而且普通人石棺铭文以希腊文居多，拉比们的石棺铭文中希伯来文占了绝大多数，这一切都表明贤哲们在安葬方面也有自己独特的方式和相对独特的群体行为。②

---

① 《巴比伦塔木德·节期部·斋戒卷》20a～20b。

② Lee I. Levine, *The Rabbinic Class of Roman Palestine in Late Antiquity*, Jerusalem: Yad Izhak Ben-Zvi Press, 1989, pp. 49-51.

不仅如此，贤哲们自身的阶层意识也相当明确。贤哲因自身与《托拉》的特殊关系而在很大程度上倾向于相信他们应该成为犹太社会中的最高阶层，同时对他们认定的社会底层“不知经者”表示出极大的蔑视。在《巴比伦塔木德·节期部·逾越节卷》中，拉比们教导说：一个人即使倾家荡产也要娶贤哲的女儿为妻，如果实在娶不到，那么依次降格，可以娶伟人（政治、经济生活中的重要人物）、犹太教会堂首领、善款救济机构管理者、小学教师的女儿为妻。“但不得娶不知经者的女儿，因为他们面目可憎，他们的妻子是寄生虫。关于他们的女儿，《圣经》中说：与兽淫合的，必受咒诅。（《申命记》27：21）”[①]

不知经者，希伯来文为 Am Haaretz，意为“土地之民”。该词在《希伯来圣经》中就已多次出现，从中可以看出该词多用于指一般民众，但基本上没有什么贬义的用法。[②] 第二圣殿被毁后，这个词渐渐改变了原义，在拉比犹太教文献中成为称呼一批对抗贤哲们的律法和教诲的犹太人的专用名称。从拉比犹太教文献资料看，不知经者主要在四个方面无视贤哲们的教诲。在什一税律法方面，不知经者借圣殿被毁、祭司阶层地位式微之机逃税避税，而贤哲们则要求照常分留什一税。在第七年休耕律法方面，贤哲们制定了比《希伯来圣经》更多的规定，不知经者却因为心疼由此带来的损失而拒绝执行。在洁净律法方面，贤哲们要求把圣殿中的仪式性洁净要求应用于到日常饮食中，多少带有一点由此保留圣殿的习俗的意图，不知经者却对此毫不在乎，坚持以世俗的方式食用世俗

① 《巴比伦塔木德·节期部·逾越节卷》49b。
② 例如《申命记》28：10。

的饭食。在《托拉》律法方面，贤哲们苦心孤诣地创造、发展了一套完整的律法体系，并希望将其贯彻到日常生活中，不知经者则不但对此一无所知，而且没有丝毫的学习兴趣，自然更不用说遵守了。[①]

从某种意义上说，贤哲与不知经者的关系有点类似儒家思想中的君子与小人的关系。君子是一个相对界限清晰，自以为高高在上的阶层；小人则没有固定的身份或者集团从属，一个人是不是小人，主要以他对君子集团所制定的游戏规则的态度而定。小人并不自知是小人，是君子把他界定成了小人。君子看不起小人，却又离不开小人，小人固然难养，离开了小人君子则往往活不成。同样，不知经者并不主动抗拒《托拉》，他们以实际行动挑战贤哲们的权威，却并不是一种有意识、有组织的行为。贤哲们由此仇恨不知经者，但又离不开不知经者。不知经者中有大量的农民，贤哲们需要他们的农产品过日子。于是贤哲们便制定了一整套处理不知经者产品的律法(如得卖疑相关律法)，一边替不知经者补行他们所忽略的律法要求，一边咒骂不知经者不得好死。[②] 在很大程度上，贤哲阶层与不知经者之间这种复杂的关系可以看成是该阶层既要接近民众、引导民众又要脱离一般民众而独立门户的一个极端化的例子。用著名的阿摩拉阿巴耶的话说："一个贤哲如果被同城居民爱戴的话，那不是因为他的高明，而是因为他在精神生活方面训

① 关于不知经者的情况，可参见 A'haron Oppenheimer, I. H. Levine, *The am Ha-aretz: A Study in the Social History of the Jewish People in the Hellenistic-Roman Period*, Leiden: Brill Archive, 1977.

② 例如《巴比伦塔木德·节期部·逾越节卷》49b："拉比撒母耳·本·纳合曼尼以拉比约哈南的名义说：一个人可以像撕一条鱼那样撕碎不知经者！拉比撒母耳·本·以撒说：也就是沿着后背撕。"

斥得不够。”[①]

2.2.2.2 贤哲的经济地位与日常生活

尽管拉比犹太教要求贤哲们在《托拉》学业以外另寻职业养活自己[②]，但同时操持两门职业谈何容易，此外白面书生能在体力活中找到多少谋生手段也是个问题。因此，《密释纳》贤哲仍然不脱“穷书生”的本色，贫困是不少贤哲生活的主要状态。“求学《托拉》的道路是这样的：你将蘸盐吃面包，按制子喝水，过艰难的生活，同时还要苦学《托拉》。”[③]事实上，知识阶层的生存问题并非从贤哲们开始，《圣经》犹太教时代的祭司与利未人就需要靠什一税、举祭等宗教赋税的支持才能维持生存，贤哲阶层同样需要特别的社会经济支持才能保持自己的地位力量。

免税是贤哲阶层维持自身生存的第一个措施。给知识精英免税是罗马帝国自恺撒以来一贯实行的政策，从拉比犹太教文献看，至少从公元200年起，贤哲们就获得了这种待遇。获得这种待遇的资格由纳西决定，列入纳西名单的贤哲们可以免除罗马帝国的税赋和劳役。[④] 当然，这种特权的获得也不是一帆风顺的，贤哲们显然为此进行过顽强的呼吁乃至斗争。《阿伯特》3:6中的“凡承受《托拉》之轭于自身者，免其承受朝廷之轭及俗务之轭”当然是这种呼吁的集中体现。《巴比伦塔木德·损害部·末道门卷》8a记载拉比纳合曼·本·希斯达试图向贤哲们收取人头税（按照罗马帝国

① 《巴比伦塔木德·妇女部·婚书卷》105b。

② 参见《阿伯特》2:2：“最好是学习《托拉》能与一项脚踏实地的劳作一起进行。”

③ 《阿伯特》6:4。

④ Israel Shahak, *Jewish History, Jewish Religion: The Weight of Three Thousand Years*, Leiden: Pluto Press, 1994, pp. 54-55.

的规定，犹太公会有权向犹太人征税），遭到拉比纳合曼·本·以撒的严厉抨击，说他违背了《摩西五经》《先知书》和《圣著》的所有教义。

免税固然可以减轻贤哲们的经济负担，但对于很多一无所有、本来就收入微薄的贤哲来说仍然无济于事。因此，贤哲阶层试图发展一种全社会公认的价值观，把向贤哲们供应其日常所需当作一种道德责任，《巴比伦塔木德·祝祷卷》63b中拉比尼希米与拉比约西均引用《希伯来圣经》证明"在家中招待贤哲，给他们吃喝，让他们使用其财产"的人将获得来自上帝的丰厚报偿，便是建立这种价值观和道德责任感的一个实例。在这个基础上，拉比犹太教建立起一种维持贤哲阶层生存的社会经济支持体系。这一支持体系包括：贤哲内部相互支持，即富有的贤哲向贫穷的同道提供饭食；外部支持，包括一般富人向贤哲提供财政支持乃至把女儿嫁给贤哲，普通人招待贤哲及其门徒在家中用餐，等等。[①]

不过，这种带有慈善性质的社会经济支持毕竟不是固定收入来源。为了让贤哲们有稳定的经济收入，拉比犹太教至少在两方面作出了努力：一方面，拉比犹太教领导层试图通过自己所掌握的有限的自治权力，为贤哲们在公共机构安排带薪水的职位[②]；另一方面则试图将原本属于利未人的什一税收入转到贤哲手中。[③]

---

① Lee I. Levine, *The Rabbinic Class of Roman Palestine in Late Antiquity*, Jerusalem: Yad Izhak Ben-Zvi Press, 1989, pp. 69-70.

② E. E. Urbach, *The Sages*, Jerusalem: Magnes Press, 2001, pp. 600-603.

③ A'haron Oppenheimer, I. H. Levine, *The am Ha-aretz: A Study in the Social History of the Jewish People in the Hellenistic-Roman Period*, Leiden: Brill Archive, 1977, pp. 45-49.

所有这些经济支持措施对于维持贤哲阶层的生存起到了明显的效果，按照李·列文的估计，贤哲中真正吃不饱饭的是极少数，绝大部分贤哲都能维持一种虽不豪华但也决不贫困的生活状态。①

当然，贤哲们并不只是从社会获取经济支持和民众的尊敬，作为回报，他们也承担相应的社会责任。这些社会责任包括解答律法疑难问题，排解律法纠纷，主持社会公义，甚至救赎那些卖身给异族为奴的犹太人。② 与此同时，贤哲领导层也是民族的政治代表，除了管理日常事务之外，还代表犹太民族与罗马当局交涉。

2.2.2.3 贤哲的宗教学术活动

毫无疑问，贤哲们最重要的角色之一是为人师表，是他们的学术和教学活动。这种活动大致上是从三个方面展开的，首先是确立"学"的核心价值地位，其次是建立师生关系，其三是发展出一种以激辩为主要手段的学术发展体系。

经典的学习在拉比犹太教的价值体系中占据着至高无上的地位。学习《托拉》被看作是上帝造人的终极目的，"就算你学了很多《托拉》，也不要归功于己，因为你就是因此而被创造的"③。因此，一个不读经的人自然就失去了生存的价值，"不读经，毋宁死"④乃

---

① Lee I. Levine, *The Rabbinic Class of Roman Palestine in Late Antiquity*, Jerusalem: Yad Izhak Ben-Zvi Press, 1989, p. 69.

② Lee I. Levine, *The Rabbinic Class of Roman Palestine in Late Antiquity*, Jerusalem: Yad Izhak Ben-Zvi Press, 1989, chap. 3. 虽然该书所讲的主要是公元 3 世纪以后的贤哲阶层情况，但主要情况与《密释纳》时代应该是一致的，因为公元 200 年的断代是以《密释纳》的编纂完成为标志的，并不表示贤哲们的社会生活环境在此前后发生过历史性的剧变。

③ 《阿伯特》2:8。

④ 《阿伯特》1:13。

是天经地义的法则。就教义的发展看，拉比犹太教把学习《托拉》看作是与在圣殿举行献祭仪式具有同等价值的行为，拉比犹太教的"读经"实际上代替了圣殿在《圣经》犹太教中的地位，因此，如果贤哲们潜心研读的话，"上帝就认为他们在圣殿服事"，"上帝就认为圣殿在他们的时代因他们而建成"。[①]

拉比犹太教把经典的学习看作是一种集体行为，反对独自钻研。实现集体学习的手段有两个：找到良师指点你的学业，结交益友进行切磋——进行拉比犹太教特有的"激辩"。所以《阿伯特》说："为你自己延请一位良师，结识一位益友。"[②]

拉比犹太教中的师生关系不是一个简单的知识传递过程，而是一个把学生塑造为完美的贤哲的过程，因此师生关系的内涵远远超过"读经"的意义。与其他很多古代传统（如儒家传统）相似，拉比犹太教的师生关系是用另外两种关系来定义的：父子关系、神人关系。相对于学生来说，教师是《托拉》的化身，他的权威类似于西奈山上上帝对摩西的权威，因此学生对教师的敬畏也比照人类对神的敬畏，教师的一言一行都是学生的学习、仿效对象，不允许有任何不恭。在生活上，师生关系与父子关系类似，存在着一种彼此之间的爱护与关照。特别是对学生来说，在日常生活中服侍老师被看作是一种义务，学生被要求像奴隶服侍主人那样服侍自己的老师，唯一的区别在于他不用帮老师脱鞋。在现实中，由于很多学生异地求学，吃住困难，往往就住在老师家中，服侍杂役其实也顺理成章，因此，这种师生如父子的理念实际上促进了拉比犹太教

① 《巴比伦塔木德·圣职部·素祭卷》110a。

② 《阿伯特》1:6，类似的论述亦可参见1:16。

教育系统的发展。纵观整个《密释纳》时代，师生关系成为拉比犹太教发展、传承的纽带，保证了犹太教即使是在民族遭遇灭顶之灾的情况下仍然得以延续命脉，同时“弟子严守师训”的规则也使得律法教义的多样性得以完整保存，在很大程度上保持了拉比犹太教的活力。[①]

除了师生之间的教学相长之外，贤哲之间的交流与切磋成为拉比犹太教日常学术活动的主要内容，而“激辩”则是拉比犹太教的主要特色。“激辩”一词，希伯来文是 pilpul，词根本义是“调味品”，引申为观点之间的对话与对抗，本身具有一种在对抗中相辅相成的意味。“激辩”是《巴比伦塔木德》的主要思维方式，也就是一种追求对同一文本的不同解释的最大化效应，尽可能地寻找歧义，并对歧义之间的异同进行辨析。这种思维方式在《密释纳》时代已经蔚然成风，拉比梅伊尔、拉比以利以谢·本·豪尔卡诺斯等主要贤哲都是拉比犹太教文献中记载的激辩高手。《密释纳》之后，“激辩”思维随着时代的发展日趋普遍，在犹太教学术中的地位也日益增强。在第一代“阿摩拉”中，无争议律法与有争议律法之间的比例为二十二比一，到了第五代、第六代“阿摩拉”，这个比例最高达到了平均一点四比一，近一半的律法到了每条必争、每项必辩的地步。[②]

“激辩”的哲学基础是拉比犹太教特有的“平行逻辑”原则。这

---

① 关于拉比犹太教的师生关系及其与儒家思想的比较，可参见 Zhang Ping，*Bridging Between the Actual and the Ideal in Early Rabbinical and Confucian Literature*，Ph. D dissertation，Tel Aviv：Tel Aviv University，1999，chap. 3.

② David Charles Kraemer，*The Mind of the Talmud：An Intellectual History of the Bavli*，Oxford：Oxford University Press，1990，p. 31.

种逻辑原则在下述故事中表现得十分突出：

> 拉比阿巴以撒母耳的名义说：沙玛伊学派与希列学派争论了三年，前者说："律法与我们的观点一致"；后者争辩说："律法与我们的观点一致。"后来有神音宣布说："两派所说的都是真神的话语，但律法与希列学派的裁决相一致。"①

经典逻辑有一个"矛盾律"，亚里士多德的解释是："你不能同时声称某事物在同一方面既是又不是。"换句话说，对于任一命题P来说，P和非P不能同时为真，否则命题P为假。美国南北战争时期，林肯用《圣经》抨击奴隶制度时说：上帝不可能在同一时间同一地点既支持又反对同一件事情，这便是经典逻辑矛盾律的运用实例。然而在这个故事中，P和非P同时为真，命题P也为真，也就是说：上帝可以在同一时间同一地点既支持又反对同一件事情。大卫·查尔斯·克莱默（David Charles Kraemer）在描述这种现象时指出："他们（阿摩拉们）进行争辩的愿望可以从下述得到证明：他们承认对于某一具体问题或疑难，答案不是必需的或不言而喻的。恰恰相反，如果他们愿意就一个问题争辩的话，他们必须同意至少存在着两种答案或者解决方案。"②雅科夫·艾勒曼（Yaakov Elman）在该书的书评中则指出，克莱默所描述的这种现象在坦纳时代同样存在，"争辩在这一方面与坦纳文献所熟知的争辩形式没

① 《巴比伦塔木德·节期部·移入纹卷》13b。

② David Charles Kraemer, *The Mind of the Talmud: An Intellectual History of the Bavli*, Oxford: Oxford University Press, 1990, p. 102.

有任何不同……说到底，两个被认可的权威在同一事物上发生冲突，而双方的观点都有权得到记录”[①]。

平行逻辑在拉比犹太教哲学中存在的深层逻辑乃是人类的不完美性与神的完美性的对立。由于神的话语是完美的，而人的话语是不完美的，因此，“任何一个单一的阐释都只理解了真理的一部分，不同的阐释永远是需要的。因为任何一个阐释都可能包含了真理的一个颗粒，因此即使是那些由于实用原因而遭到拒绝的观点也应该得到保留并对其独特的智慧进行学习”[②]。

严格地说，“平行逻辑”并不是一种真的逻辑，因为你无法为它建立一个数学模型；“平行逻辑”也不是任何时候都适用，它适用于思与言，但不适用于行。准确地说，“平行逻辑”其实是一种鼓励争辩精神的方法和态度，也就是说不对争论双方作价值判断，而只作实用性判断（即哪个可以作为律法），以此鼓励一种“为争辩而争辩”的精神。在平行逻辑的环境中，人们可以最大限度地发挥智力水平，把所有的可能性都开列出来，从而使得选择最优方案成为可能。当然，争论本身时常会引起贤哲之间的紧张关系和矛盾冲突，毕竟大家都是血肉之躯，并非时时刻刻能把“对事不对人”的原则坚守得十全十美。但总体来说，平行逻辑所带来的宽容原则仍然得到了贤哲们的遵守。[③]

平行逻辑的发展是拉比犹太教枝繁叶茂、发展迅速的强大动

---

① Yaakov Elman, “Argument for the Sake of Heaven:‘The Mind of the Talmud’”, *The Jewish Quarterly Review*, New Series, Vol. 84, No. 2/3 (Oct. 1993-Jan. 1994).

② David Charles Kraemer, *The Mind of the Talmud: An Intellectual History of the Bavli*, Oxford: Oxford University Press US, 1990, p. 126.

③ E. E. Urbach, *The Sages*, Jerusalem: Magnes Press, 2001, pp. 620-630.

力和基础。在平行逻辑所创造的宽松环境里，拉比犹太教各学派迅速壮大，教义内容日新月异，编纂新的经典也就很快成为一种必需。应该指出的是，拉比犹太教经典的形成同样是平行逻辑的宽容精神的产物，有了不排斥异己的精神，各派的精彩教义才有被兼容并蓄地收入同一部经典的可能，而只有这种采纳了各派精华的经典才能真正被各派接受，成为真正的统一犹太教的典籍。

2.2.3 拉比犹太教文献记录的《密释纳》时代重要贤哲简介

拉比犹太教文献几乎是拉比犹太教早期贤哲的生平资料的唯一来源，长期以来一直被看作信史。虽然文献中从无特定贤哲的生平专著，但从这些文献中收集资料而写作贤哲生平却被看作一种可靠的历史叙述。不过，纽斯内尔的出现在很大程度上改变了学者们的看法。纽斯内尔证明，拉比犹太教的历史观念与被我们称为历史学的那种历史观念有着巨大的差别，因为拉比犹太教的时间观念并非一条直线，而是过去、现在与未来出现在同一坐标点上的。[①] 因此，这些文献所记述的历史是否可以被看作现代意义上的历史就成了问题。然而，另一方面，除了这些材料之外，我们实在没有其他资料可以使用；而且即使历史观念不同，这也并不表明拉比犹太教文献中记载的历史资料就是完全靠不住的。所以，任何试图叙述这段历史的人仍然只能依赖于这些资料，包括纽斯内尔本人早年为拉班约哈南·本·扎卡伊所写的传记也都用的是拉比文献的资料。[②] 最主要的是，任何人在介绍《密释纳》时代时，都

① Jacob Neusner, *The Idea of History in Rabbinic Judaism*, Leiden: Brill, 2004.

② Jacob Neusner, *A Life of Rabban Yohanan Ben Zakkai*, Leiden: Brill, 1962.

不可能逃避这些被认为是至关重要的贤哲人物。因此，我们要在“《密释纳》时代重要贤哲简介”这一题目前边加上“拉比犹太教文献记录的”这个帽子。这意味着我们所讨论的这一切未必是真实的历史，也并不意味着这就是绝对的传奇，而是一种传奇与历史的混合物，与我们所接触的大多数其他民族的古代历史一样。

《密释纳》时代的主要贤哲均记载于《阿伯特》之中。《阿伯特》前四章的内容编排显然有一种“口传律法凌烟阁”的意味，记录了从摩西开始到拉比犹大·哈-纳西之子拉班迦玛列为止的口传律法历史纲要，着重记录了希列长老之后的贤哲们的言行。从《阿伯特》看，《密释纳》时代的贤哲大体分为两个群体：一个是由希列长老及其后代构成的纳西家族贤哲群体，另一个是由拉班约哈南·本·扎卡伊及其门徒构成的平民贤哲群体。虽然这一时期也存在一些学术门派不甚清晰的其他贤哲，但最重要的贤哲人物均出自这两大群体。

2.2.3.1　希列长老

按照拉比犹太教的传统记述，希列长老活了一百二十岁。人们一般认为在第二圣殿被摧毁前，希列长老及其三代子孙共出任纳西一职一百年[①]（公元前30～后70年），而希列任职四十年[②]，因此他应该是在公元10年去世。这样推算下来，他的出生年份就成了公元前110年。

希列长老之所以在同代人中脱颖而出，是因为他对口传律法

---

① 《巴比伦塔木德·节期部·安息日卷》15a。

② 《塞弗里申命记》357。

的熟悉程度。他出生于巴比伦，四十岁时来到耶路撒冷，追随示玛雅与阿夫塔隆学习口传律法。经过四十年苦学，他在八十岁高龄时终于有机会一展才学，并让同时代的犹太学者们明白他们在口传律法方面是何等无知。据说当年的逾越节屠宰羔羊日（尼散月十四日）正好是禁止屠宰的安息日，主持仪式的巴提拉家族不知所措，结果希列长老依据《托拉》经文和逻辑推导解决了这个问题，因此当天便被任命为纳西。[①]

希列长老对律法的态度却不限于对传统的记忆，而是着重于"修正世界"，也就是注重律法的实用性及其现实效果，并由此补充制定了大量新律法。这方面的一个突出例子是他所制定的"补落资簿"律法。这条律法针对的是《希伯来圣经》所规定的第七年要免除他人债务的律法。由于这条《希伯来圣经》律法的存在，债主在接近第七年时常常不愿意出借财物而造成经济活动的困难。对此，希列长老建议拉比们作出补充规定，允许借贷活动发生时签署一个将债务转给拉比法庭的文件，由于公共债务不在第七年免除之列，因此债主的权利得到了保障，经济活动也就可以顺利进行了。

正如"补落资簿"律法所显示的那样，由于侧重律法的实用性，希列长老的律法制定原则比较灵活，律法通常从宽。这与当时的法庭之父沙玛伊长老一切从严的理念不合，因此双方时常发生争执。加上双方弟子捍卫师门的热情，便形成了"希列学派"和"沙玛伊学派"。这场争执据说最后由神音裁定，以希列学派的胜利而告

① 《巴比伦塔木德·节期部·逾越节卷》66a。

终。[①] 后代的拉比犹太教贤哲们几乎全部是希列学派的门徒，不过沙玛伊学派的不少观点仍然在经典中得到了记载。

从某种意义上说，希列长老是有记载的口传律法的第一位大力推行者，他的作用不仅仅在于让以色列人重新记起了口传律法，而且在于让他们明白律法不仅仅是用于学的，更重要的是要用于行。

2.2.3.2　拉班约哈南・本・扎卡伊

按照拉比犹太教的传统记载，拉班约哈南・本・扎卡伊也活了一百二十岁，其中四十年经商，四十年读经，四十年为以色列服务。[②] 当然，一百二十岁是个象征性的年龄，类似于一种荣誉称号，犹太历史上的十二位杰出人物都被赋予这个年龄。[③] 他是希列长老的学生，并在第二圣殿被毁后主持过雅夫内经学院。希列长老死于公元 10 年，想做他的学生，至少应该是公元前后出生的，而圣殿毁于公元 70 年。所以如果这些记载真实可信的话，那么他即使没有真活到一百二十岁，八九十岁是肯定有的，无论如何，在那个时代都属于长寿者。

他一生在三个方面对拉比犹太教的发展起到了举足轻重的作用：圣殿被毁前作为法利赛人的代表与撒都该人发生冲突，在犹太罗马战争期间挽救犹太民族的事迹，以及他一生的教学成就。

在耶路撒冷学有所成后，他曾经在下加利利的阿拉夫住了

---

① 《巴比伦塔木德・节期部・移入纹卷》13b。

② 《密得拉释大义篇・创世记卷》100：10。

③ 《密得拉释大义篇・创世记卷》100：10 中将这十二位人物分成六对：拉结、哥辖，利未、暗兰，约瑟、约书亚，摩西、希列长老，拉班约哈南・本・扎卡伊、拉比阿奇瓦。

十八年，期间门庭冷落，一共只裁决过两条律法，为此他对加利利人对《托拉》的冷漠深为不满。搬到耶路撒冷后，他开始在圣殿山下教授《托拉》，同时作为法利赛人的代表人物，与撒都该人进行了多次思想交锋。比如，他对祭司们自定逃避半舍客勒圣殿税的律法深为不满，遂改立法规，逼祭司们交纳该税。[①] 这些冲突表明，他在圣殿摧毁前就已在犹太文化精英中占据了相当高的地位。

他一生最富戏剧性的一幕是他在第一次反罗马大起义的过程中作为中流砥柱，挽狂澜于既倒。在战争前后，他始终属于主和派，试图通过与罗马人的和解来保护圣殿。在耶路撒冷城池将破、圣殿将毁，犹太民族的生存危在旦夕之际，他通过与罗马统帅维斯帕先的协议保存了犹太教贤哲与纳西家族，获得了在雅夫内建设犹太经学院的权利。他在战后建设并领导了雅夫内经学院，引导犹太教进入了新的发展阶段。所有这一切，都说明他在危急关头拯救了犹太民族的精神传统，使民族的精神命脉得以延续。

然而对于拉比犹太教来说，他一生最大的贡献则在于兴学立教，培育出一批出色的弟子。《阿伯特》所记载的五位大弟子中，有四位成为拉比犹太教发展中的重要人物[②]；由他们培养的再传弟子随后也成为犹太教中兴的关键人物。在某种意义上说，拉班约哈南·本·扎卡伊的学校及其问答式教学方法便是拉比犹太教诞生

---

① 参见《密释纳·节期部·舍客勒卷》1:4。半舍客勒为每个以色列人都须交纳的圣殿税，用于购买圣殿公共祭祀活动所需物品。2008年，以色列考古队在圣殿山土方过滤时找到了一枚马卡比时代圣殿铸造的半舍客勒银币。（参见 http://www.haaretz.com/hasen/spages/1048260.html，2009年3月30日浏览）

② 参见《阿伯特》2:8～14以及拙译《阿伯特——犹太智慧书》中的相关注解。

的摇篮。

作为拉比犹太教的继往开来者[1],拉班约哈南·本·扎卡伊的传奇成为拉比犹太精神的重要组成部分而被反复传诵,因而也成为拉比犹太教历史现代学术研究的一个重要突破点。[2]

2.2.3.3 拉班迦玛列(二世,雅夫内的拉班迦玛列)

拉班迦玛列是希列长老的四世孙,其父西缅·本·迦玛列为犹太大起义时的纳西,耶路撒冷城破后就义。他大约在公元80年拉班约哈南·本·扎卡伊死后继任纳西一职,使这一领袖职位再次回归纳西家族手中。

在圣殿被毁之后,以圣殿祭司阶层为核心的犹太民族权力机构也随之崩溃,纳西的职权显然也受到了影响。拉班约哈南·本·扎卡伊在雅夫内出任纳西,一方面恢复了这一职位的权力,另一方面也造成了贤哲权力与纳西职权之间的交叠。拉班迦玛列的主要贡献便是让纳西一职重新拥有了独立于贤哲之外的政治含义,使之成为一种民族领袖的象征,而不只是贤哲们股掌间的傀儡。为此他向雅夫内的贤哲权威们发起挑战,并成功地击败了贤哲们的反抗,为民族的生存建立起了一种新的有政治意味的权威象征。

这场权力斗争的反方主力是拉班约哈南五大弟子之一的拉比约书亚·本·哈纳尼亚。他在某年的年历确定问题上与拉班迦玛列公开对抗。为了确立纳西职位的权威,拉班迦玛列拒绝辩论,而

① 关于拉班约哈南·本·扎卡伊对《希伯来圣经》先知精神的继承,可参见 Jacob Neusner, *A Life of Rabban Yohanan Ben Zakkai*, Leiden: Brill Archive, 1962, chap.1.

② Jacob Neusner, *Development of a Legend*, Leiden: Brill, 1970. 这部著作通过对拉班约哈南·本·扎卡伊生平传奇的研究,揭示了拉比犹太教独特的历史概念,成为拉比犹太教研究中"历史批评"的突破口。

是直接使用纳西的权威命令拉比约书亚在其认定的赎罪日携带其追随者及其钱财来拜见自己。由于赎罪日禁止搬运钱财，所以这一命令事实上是要拉比约书亚用行动推翻自己的意见。拉比约书亚采纳了拉比阿奇瓦的劝告，以民族共同利益为重，虽然痛苦万分，但仍然遵从了拉班迦玛列的命令，以免无休无止的辩论摧毁拉比犹太教的基石。[①] 这一象征性的事件标志着民族分裂危机的结束，标志着民族统一权威——纳西职位的确立，在犹太教和犹太民族历史上都具有重大的意义。至今犹太赎罪日前的问候语中还有一句“签署完成平安”，指的就是这次律法争辩在纳西的权威下获得统一的事件。

不过，这次象征性的事件并未结束双方的争执，一年后，拉比约书亚因为晚祷仪式问题再次发布不同意见，受到拉班迦玛列的处罚，众贤哲认为拉班迦玛列侮辱了拉比约书亚，又扯上一年前的赎罪日事件，新账老账一起算，竟然免除了拉班迦玛列的职务。这场“政变”延续时间不长，拉班迦玛列很快与贤哲们达成妥协，得以复位。[②] 尽管如此，我们仍然可以看出他建立纳西权威这场斗争的艰难。

按照《巴比伦塔木德·中门卷》59b 的记载，拉班迦玛列因为在“蛇炉”事件中坚持对拉比以利以谢的严厉处罚而暴死。在此之前，当他在海上遇到了天怒的风暴而险些送命时，他申辩道：“宇宙之主啊！你完全知道我这样做既不是为了我的荣誉，也不是为

① 参见《密释纳·节期部·岁首卷》2:9。

② 参见《巴比伦塔木德·祝祷卷》27b～28a。

了我家族的荣誉，而是为了你的荣誉，为了让分歧不在以色列人中繁衍！”

如果说拉比犹太教贤哲们的争辩精神代表着犹太教中的某种离心力的话，那么拉班迦玛列就代表了一种向心力，一种无论如何也要把整个民族的精神力量联合起来、用一种类似权威的象征整合民族的领袖机构的努力。这种努力在后代纳西家族所享有的特殊权利及其对犹太文明所做的杰出贡献中清晰地表现出来，虽然拉班迦玛列明确表示他所做的这一切并不是为了家族的荣誉。

2.2.3.4　拉比以利以谢

拉比以利以谢·本·豪尔卡诺斯是拉班约哈南·本·扎卡伊的五大弟子之一，耶路撒冷城破前，他和另一位大弟子——拉比约书亚一起把拉班约哈南·本·扎卡伊装在棺材里偷运至城外，会见罗马统帅维斯帕先。他是雅夫内经学院的奠基人之一，也是雅夫内犹太公会成员，同时还在利达地区建立了自己的学校。

拉班约哈南·本·扎卡伊对拉比以利以谢的评价是：“要是以色列所有的贤哲都在天平的一端，而以利以谢·本·豪尔卡诺斯在另一端，他将重于他们全体。”[①] 从拉比犹太教的发展来看，这句评价并不算过分。雅夫内经学院初创时，拉班约哈南年事已高，活动时间不长，并无很多可考的律法贡献，而纳西家族的继承人拉班迦玛列还年轻。拉班约哈南五大弟子中唯一能与拉比以利以谢相比的是拉比约书亚，但他名下的律法数目明显少于拉比以利以谢。“所以，从拉比以利以谢这里我们开始研究拉比犹太教历史上雅夫

① 《阿伯特》2：8。

内时期的基石，也就是说，研究整个拉比犹太教的基石。”[①]

拉比以利以谢显然是同代学者中最博学的贤哲。拉班约哈南称他是“胶封的水槽，滴水不漏”[②]。他自己临终前也宣称“所有的海水为墨，所有的芦苇为笔，所有的人为文士，也写不完我所学习的《托拉》《密释纳》以及在经堂所受到的行为教诲”[③]。他的学识和自信都在这番话中表露无遗。

这种学识和自信，加上他对拉比犹太教“激辩”传统的忠实追随，造成了他后半生的悲剧性发展。这场悲剧的起点是“蛇炉之辩”，在这场辩论中，拉比以利以谢倚仗自己的学识和辩术，无视拉比犹太教“少数服从多数”的基本原则，试图借用神助奇迹的力量强迫大多数人接受他个人的意见，结果被驱逐出教门。尽管神音宣布“律法总是以他的话为准”，贤哲们还是废止了他的律法裁决。[④]

在拉比以利以谢郁郁不得志地去世之后，有关他的律法的禁令得以解除。他名下的律法构成了拉比犹太教律法实体的基石部分。他对拉比犹太教的另一大贡献是培养了以拉比阿奇瓦为首的一大批弟子，成功地完成了从《圣经》犹太教向拉比犹太教的转变。

2.2.3.5 拉比阿奇瓦

拉比阿奇瓦全名为阿奇瓦·本·约瑟。拉比犹太教的贤哲生卒年份通常较难确定，但阿奇瓦例外，大部分学者认为他生于公元50年，死于公元135年。与其他贤哲相比，他的一生显得丰富而多

---

① Jacob Neusner, *Eliezer ben Hyrcanus: The Tradition and the Man*, Leiden: Brill Archive, 1973, foreword, p. 15.

② 《阿伯特》2:8。

③ 《巴比伦塔木德·损害部·公会卷》68a。

④ 有关“蛇炉之辩”，可参见《巴比伦塔木德·损害部·中门卷》59b。

变。他早年曾经是不知经者，后来在出身富足的妻子的鼓励下献身《托拉》学业，投师拉比以利以谢门下，十三年后出师，成为一代众望所归的大师，据说门下弟子多达一万两千人。晚年他支持巴尔·科赫巴起义，并引用《箴言》24∶17的“有星要出于雅各，有杖要兴于以色列”，暗示起义领袖即众人期盼已久的弥赛亚。起义失败后，他抗拒罗马当局的禁令，因坚持教授律法而惨遭杀害。在拉比犹太教的传统中，阿奇瓦是一位兼具“不知经者”“贤哲”“政治家”“烈士”等多重身份的传奇人物。

对拉比犹太教来说，拉比阿奇瓦的贡献主要表现在两个方面：首先，他是犹太教律法的集大成者，其创造性的整理方式成为口传律法系统化的关键环节。其次，他的学校诞生了一大批重要贤哲，其中拉比梅伊尔、拉比犹大·本·伊莱依、拉比西缅·本·约哈伊等成为第四代贤哲的中坚力量，正是这些人带领拉比犹太教走出了起义失败的阴影，再次挽救了民族的精神力量。

一般说来，拉比阿奇瓦在整理口传《托拉》方面的贡献被看作是他最杰出的成就。按照某些学者的观点，将口传《托拉》区分为“密释纳”“密得拉释”与“律法”（哈拉哈）三大部分的方法是拉比阿奇瓦的首创。[①] 按照拉比约哈南的说法，拉比犹太教传统中的匿名密释、托塞夫塔、塞佛拉和塞佛里分别来自拉比梅伊尔、拉比尼希米、拉比犹大和拉比西缅，而这四人全部学自拉比阿奇瓦。[②] 今天我们所见到的拉比犹大·哈-纳西主持编纂的六部本《密释纳》

① Rabbinovicz, Raphael Nathan Nata, *Sefer Dikduke Sofrim: im hagahot ni ḳra'ot Divre sofrim*, New York: bi-Defus ṿe-Hotsa'at M. P. Press, 1976, p. 42.

② 《巴比伦塔木德·损害部·公会卷》86a。

应该是拉比犹大学自拉比梅伊尔，而其真正源头乃是拉比阿奇瓦。

对于他的这一成就，拉比犹太教传统有一个形象的总结：

> 拉比阿奇瓦像什么呢？他像一个带着篮子出行的劳作者。找到麦子，把它放进去；找到燕麦，把它放进去；找到豆子，把它放进去；找到小扁豆，把它放进去。回家后把麦子、燕麦、豆子、小扁豆都各按其种属分类。拉比阿奇瓦就这样将整部《托拉》分门别类。[1]

2.2.3.6 拉比梅伊尔

人们对拉比梅伊尔的身世不是很清楚，通常认为他是外邦人的后代，甚至有传说认定他是罗马皇帝尼禄的后代。[2] 由于血缘不明，他的名字也是个问题。与其他贤哲不同，他没有一个加上父名的全称，而“梅伊尔”（希伯来文原义为“照亮”）据说也不是他的本名，而是因为“他照亮了律法贤哲们的眼睛”而得到的称号。至于他的本名，《巴比伦塔木德》记载有“内胡拉伊”“尼希米”等多种说法，甚至有人说他其实就是拉班约哈南·本·扎卡伊失踪了的五大弟子之一——拉比以利亚撒·本·阿拉赫。[3] 他的另一个名字是梅伊尔·巴阿勒·哈内斯，意为“行奇迹的梅伊尔”，这个名字源于他在解救妻妹免于罗马人迫害时所行的奇迹。

---

① 《拉比纳坦阿伯特》A：18，34a。

② 《巴比伦塔木德·妇女部·休书卷》56a。

③ 《巴比伦塔木德·节期部·移入纹卷》13b。《阿伯特》记载拉比以利亚撒·本·阿拉赫求学时曾获得极高评价（2：8，2：9），但后来却毫无建树，成为拉比犹太教史上的未解之谜之一。

拉比梅伊尔是在巴尔·科赫巴起义失败后受罗马迫害期间得到拉比犹大·本·巴巴任命的阿奇瓦五大弟子之一。在"任命者杀,被任命者亦杀"的罗马高压政策下,他被迫逃亡国外。迫害期过后,他回到乌沙主持经学院。此时西缅·本·迦玛列出任纳西,拉比拿单出任法庭之父,拉比梅伊尔则出任一个前所未见的职位——贤哲。与雅夫内经学院的情况类似,巴尔·科赫巴起义失败后纳西家族的统治地位受到影响,因此乌沙经学院内贤哲与纳西家族的斗争也非常激烈。拉比梅伊尔本来就是个"激辩"力极强、锋芒毕露的人物,他时常一个人代表正、反两方辩论,有时故意站在自己的反方进行雄辩,以至于他的同时代贤哲搞不清他的真实意图,不敢接受他的观点。[①] 因此,他在这场斗争中自然冲在前边。他曾与拉比拿单合伙密谋废除西缅·本·迦玛列,失败后遭受处罚,规定任何律法都不得记在两人名下。[②] 从历史角度看,这一规定起到了完全相反的作用,后代贤哲们怀疑所有匿名的"密释"均为拉比梅伊尔的律法。

拉比梅伊尔在拉比犹太教历史上最重要的贡献在于他与《密释纳》的特殊关系。虽然在整部《巴比伦塔木德》中几乎只有一句"凡匿名密释均属于拉比梅伊尔"[③]披露过这种关系,但学者们普遍相信这一材料的真实性和重要性。他们认为,拉比梅伊尔接受并发展了拉比阿奇瓦的《密释纳》传统,而今天我所见到的拉比犹大·哈-纳西主持编纂的《密释纳》是以拉比梅伊尔《密释纳》为底

① 《巴比伦塔木德·节期部·移入纹卷》13b。
② 《巴比伦塔木德·损害部·裁决卷》13b。
③ 《巴比伦塔木德·损害部·公会卷》86a。

本整理而成的。[①]

2.2.3.7 拉比犹大·哈-纳西

按照《密得拉释》的传统说法，拉比犹大·哈-纳西出生于公元135年拉比阿奇瓦被罗马当局处死的那一天。[②] 赋予他这样一个不同寻常的生日暗示着他在拉比犹太教中不同寻常的地位。的确，就同时代人的推崇程度而言，《密释纳》时代的贤哲领袖们还没有一位享受过拉比犹大·哈-纳西这样崇高的地位。他的常用称号意为“那位纳西”，从而与其他所有纳西区别开来。他的另一个称号“我们神圣的拉比”使用了罕见的“神圣”称谓。而那个最简单的“拉比”称号简直就等于说，除他之外再也没有人配得上这个称呼。

作为希列长老的七世孙，拉比犹大·哈-纳西是传统“组阁对”制度的终结者。他的地位是如此崇高，以至于没有人能够成为与他分庭抗礼的“法庭之父”。拉比犹太教的律法裁决机构自希列长老时代起就由“纳西”与“法庭之父”分权而立，“纳西”的权威随着民族灾难的演进而不断受到打击，到巴尔·科赫巴起义失败后，更一度出现过“纳西”“法庭之父”与“贤哲”三权分立的局面。拉比犹大·哈-纳西的出现终于结束了这种制度性的权力斗争，形成了一个有效的权威领导职位。[③]

作为那个时代的犹太民族领袖，拉比犹大·哈-纳西的领导

① Morris Goldstein, *Thus Religion Grows—The Story of Judaism*, Ottawa: Read Books, 2007, pp. 149-150.

② 《密得拉释大义篇·创世记卷》58:2。

③ 《耶路撒冷塔木德·公会卷》1:3, 19a。

作用有两个鲜明的特色。第一，他与罗马统治当局保持着良好的合作关系。这种关系在一定程度上修补了罗马当局镇压两次犹太大起义而形成的紧张局面，为犹太民族恢复元气提供了有利的空间。与此相关，他在位期间的第二个特色是以加利利为中心的犹太社区的发展与繁荣。巴尔·科赫巴起义失败后，以色列地区犹太民族处境悲惨，不仅在政治上、宗教上遭受迫害，经济状况也每况愈下。为了让人民休养生息，拉比犹大·哈-纳西更新律法，免除了不少地区的什一税[①]，并试图解除第七年休耕的禁令，让人民能充分发展自己的经济潜力。[②] 在这个休养生息的过程中，拉比犹大·哈-纳西家族本身也成为一个超级富有的家族。

正是这种财富的增长使得拉比犹大·哈-纳西有实力发展他的犹太经学院，召集学者，并对拉比犹太教一百多年来的发展做出总结性的贡献。拉比犹大·哈-纳西在犹太教发展方面的杰出贡献是编订了《密释纳》。这一成就使他在拉比犹太教历史上获得了毋庸置疑的杰出地位。

《密释纳》本身并未提及谁是该书的编订者。有关拉比犹大·哈-纳西编订《密释纳》的说法最早出现于两部《塔木德》中。对阿摩拉们来说，拉比犹大·哈-纳西《密释纳》的编订者身份属于无可辩驳的事实。[③]《密释纳》文本本身所能提供的支持这一传统说法的证据包括：《密释纳》中几乎没有提到拉比犹大·哈-纳西的同时

① 《耶路撒冷塔木德·得卖疑卷》2：1，22c。

② 《耶路撒冷塔木德·斋戒卷》3：1，66b。

③ Hanoch Albeck, *Mavo LaMishnah*(Hebrew), Jerusalem: The Bialik Institute, 1959, p. 99.

代贤哲，也几乎没有提到其后的人物；《密释纳》中引用律法的数量和涵盖范围最突出的是拉比犹大·本·伊莱依，他是拉比犹大最重要的老师；《密释纳》中以“拉比”称呼拉比犹大·哈-纳西，表明他应该是《密释纳》整理过程中的主导者。[①]

毫无疑问，《密释纳》的编订是在前代贤哲们所整理的《密释纳》传统框架的基础上进行的。《巴比伦塔木德·洁净部·经期卷》记载，拉比犹大·哈-纳西参考了前人的十三种《密释纳》诠释。[②] 从《密释纳》文本也可以看出其兼容并蓄、海纳百川的气度和容量，是一个平行思维的典范文本。正因为如此，拉比犹大·哈-纳西版本的《密释纳》一问世，立即获得了正典的地位，成为犹太教殿堂里仅次于《希伯来圣经》的第二大典，而此前贤哲们留下的各种密释只能进入《巴拉伊塔》这类次典。

从希列长老开始的拉比犹太教近两百年的《密释纳》时代（坦纳时代），就这样随着《密释纳》大典的完成而落下了帷幕。在这一时期，以希列家族为代表的纳西贤哲群体与平民贤哲群体之间由学术争辩而形成的张力成为拉比犹太教发展的重要动力之一。从某种意义上说，纳西贤哲群体代表拉比犹太教中的一种“向心力量”，一种时时刻刻把犹太教以及犹太人民集合起来、形成统一整体的力量；而平民贤哲群体则代表着一种“离心力量”，一种时时刻刻向权威挑战、强调个性与自由的力量。就犹太教本身而言，这种“离心力量”推动了拉比犹太教的大规模发展，而“向心力量”则最

① Aharon Oppenheimer, *Rabbi Judah ha-Nasi* (Hebrew), Jerusalem: The Zalman Shazar Center, 2007, pp. 156-159.

② 《巴比伦塔木德·洁净部·经期卷》41a。

终完成了集大成的工作。

《密释纳》的编订标志着犹太民族走出了圣殿被毁而带来的精神危机，标志着拉比犹太教正式定型，最终脱离了《圣经》犹太教失去圣殿依托而造成的困境，并为今天我们所理解的“犹太性”奠定了坚实的民族精神基石。

2.3 口传律法与《密释纳》的传承与定型

2.3.1 口传律法的概念及其意义

要理解口传律法，首先要理解《托拉》的含义。在拉比犹太教中，“托拉”一词由狭义到广义至少有三种意义：最狭义的《托拉》指的是《摩西五经》，广义一点指的是《希伯来圣经》(《旧约圣经》)，这两种均属于书面《托拉》(即书面律法)；再广义一点的《托拉》则包括所谓的“口传《托拉》”(即口传律法)，也就是包括《密释纳》和《塔木德》。

拉比犹太教的根本信仰之一是：当年摩西在西奈山得上帝传授的《托拉》并非一部，而是两部。也就是一部书面《托拉》，一部口传《托拉》。[①] 如上所述，书面《托拉》便是《希伯来圣经》，而口传《托拉》则经过历代口头传承，在《密释纳》和《塔木德》中被写定下来。

由于书面《托拉》通过基督教的传播逐步为外部世界所了解，从而逐步丧失了其犹太人独有的精神财富的地位，所以拉比犹太教事实上更强调口传《托拉》的重要性。口传律法被认为更接近世界与人类的本性，因此口传律法不仅与书面律法共存，而且应该存

① 也有本来全部是口传《托拉》，后来摩西将其中一部分写下来的说法。

在于书面律法之前，因为书面《托拉》中的很多内容显然是以约定俗成的律法(即口传律法)为基础的。[①] 因此，在不少拉比犹太教文本中，“托拉”一词实际上直接被用来指“口传《托拉》”，而在很大程度上忽略了其“书面《托拉》”的含义。[②] 当然，由于口传材料特有的不确定性，口传《托拉》在很大程度上也成为拉比犹太教遭人猜疑、攻击的突破点。对于拉比犹太教来说，口传《托拉》或口传律法的存在至少有这样几个意义：

第一，口传律法为书面律法提供必要的解释。由于书面律法文字的有限性，很多律法的具体内涵含混不清，只能依靠口传律法提供。比如安息日不得工作，《出埃及记》中只有极其简单的指令：“无论何工都不可作。”[③]但何谓“作工”？却没有任何具体内容。如果没有口传律法规定“作工”的具体内涵，则书面律法将成为一纸空文。

第二，口传律法为书面律法提供必要的保护和规范。文字的歧义性是任何语言都无法绕开的问题，希伯来语也不例外。防止书面经典被人滥解、错解，是任何传统所要优先考虑的问题。在这方面，拉比犹太教采用了兼容并收的做法，也就是把公认错误的口传律法也收录进来，《密释纳》对此的解释是：

拉比犹大说：若如此，何必又收录与多数意见对立而不成

① *Encyclopaedia Judaica*, edited by Michael Berenbaum and Fred Skolnik, Vol. 16 (2nd edn), Detroit: Macmillan Reference USA, 2007, p. 455.

② 例如《阿伯特》1：1：“托拉，摩西受之于西奈。”其中的“托拉”显然指的是口传《托拉》。

③ 《出埃及记》20：10。

> 立的个人意见呢？是为了防止有人说："我得授这一传统。"他人即可回答说："你只是听到了某人的意见。"①

也就是说，由于被拒绝的律法在口传律法的体系中备案，任何人都无法再利用这些律法制造分歧，或对书面律法进行违背常规的解释。

第三，口传律法为书面律法的发展提供一个活动平台。书面律法，无论其来源何等神圣，总存在一个与社会现实是否相符合的问题。由于社会不断发展的动态特征和书面律法难以更改的静态特征，富于弹性的口传律法便可很好地承担起在历史变革和书面传统之间进行协调的作用。《密释纳》对此的表述是：

> 那么他们又何必收录与多数人相左的个人意见呢？律法不是只根据多数人的意见吗？这是为了让法庭能依靠个人意见，如果他们赞许这种意见的话。但一个法庭不能否决另一个法庭的意见，除非它在智慧和人数上都超过后者。如果它在智慧上而不是人数上超出，或者只在人数上而不是智慧上超出，都不能否决。只有在智慧和人数上都超出方可。②

也就是说，兼容并收各种相左的口传律法的意义不只是防止有人制造分歧，而且还有一个给未来的拉比法庭修改律法规定提供备选方案的作用。在条件满足的情况下，口传律法是可以修改的，连

① 《密释纳・损害部・证言卷》1:6。

② 《密释纳・损害部・证言卷》1:5。

带的含义是：书面律法的内容是可以随着时代的变化而发展的。

第四，为犹太教提供特别身份的标志。在拉比犹太教看来，书面《托拉》早晚会被异族学习，这是神早就预见到的一个问题。为此他特别传授了口传《托拉》，由于口传律法的私密性和多变性，很难被外人学去，因此其功用之一便是在未来确定犹太教徒和其他教徒之间的区别，从而保证犹太教在神心目中不可替代的特殊地位。按照拉比犹太教的传统，上帝之所以在西奈山不允许摩西把《密释纳》写下来，正是为了今后可以依据人们对《密释纳》的了解程度而确定谁是"神的孩子"。[①]

综上所述，我们可以明白口传律法实际上是拉比犹太教生存与发展的基本动力和主要内容，是整个拉比犹太教活动的中心内容。

2.3.2 口传律法的起源与传承

关于口传律法的起源与传承，《阿伯特》卷首提供了拉比犹太教的标准解释：

> 《托拉》，摩西受自西奈，传于约书亚，约书亚传众长老，众长老传众先知，众先知则传于大议会众成员。

这里的《托拉》指的便是口传《托拉》，其来源是西奈山上神给摩西的面授。这部《托拉》自摩西起代代口耳相传，当然不会终止

---

① 《坦胡玛密得拉释》Ki Tissa 卷第 34 节，Wa-year 卷第 5 节。转引自 E. E. Urbach, *The Sages*, Jerusalem: Magnes Press, 2001, p. 305.

于大议会众成员。事实上,《阿伯特》的前两章都是在续记这份口耳相传的历史名单,一直记录到拉比犹大·哈-纳西之子,也就是《密释纳》编订的时代前后。

这份口传《托拉》的传承名单显然是想证明口传《托拉》是直接来自神明的完美无缺的崇高经典,其完美性又在历代贤人志士的传承中得到了保存,因此其宗教权威地位是毋庸置疑的。然而,口传律法特有的不确定性和包容、接受新内容的弹性特征使其"代代增加,不断扩充"的活动成为一种无法掩盖的事实,即使是拉比犹太教经典自身也不否认这一点:

> 新品,在任何地方都为《托拉》所禁;未净品为律法;禁混种则来自文士的言辞。[1]

这里所讲的是《密释纳》里的三种重要律法,即有关初熟贡(新品)、未净品、禁混种的律法。《密释纳》明确说明三种律法的来源是不同的,初熟贡的律法来自书面《托拉》;未净品的律法来自"摩西在西奈山所得律法",即那些在书面《托拉》和权威解经中找不到出处的律法条文;而禁混种的律法则来自拉比们的教诲,这些教诲虽然在两部《托拉》中都找不到踪影,但是与两部《托拉》中的言辞都有着逻辑上的联系。

从教义上说,口传律法的根本问题在于其可靠性。"口说无凭"的猜疑不仅可以针对后代添加的这些人造律法,同样也可以针对

① 《密释纳·种子部·未净卷》3:9。

其根本来源，也就是摩西在西奈山是否真的接受了一部与书面《托拉》完全不同的口传《托拉》，或者这部《托拉》在一代代口耳相传的过程中是否准确保持了当初的原貌。而后代添加的“人造律法”的明显存在则在很大程度上为这种猜疑提供了基础。这种猜疑不仅来自外部世界，更来自犹太教自身。

公元986年，北非克鲁旺地区的犹太社区的宗教领袖，大概是由于在与原教旨主义的犹太教卡拉派[①]的争论中感到难以解释口传《托拉》的权威性，写信向巴比伦地区的大贤哲舍理拉迦翁[②]求助，信中问及《密释纳》的编纂缘由、编纂过程、结构原理，《密释纳》与《托塞夫塔》《巴拉伊塔》等经典的关系等一系列根本性问题。舍理拉迦翁对此作了一个很长的答复，这封回信不仅包括《阿伯特》所记录的口传《托拉》的传承名单，而且详细记录了《密释纳》之后的贤哲阿摩拉们和塞弗里们的活动情况以及口传律法的发展情况，从而成为有关口传律法的第一个权威性叙述，成为后代研究者普遍尊重的基本史料来源。

舍理拉迦翁利用《塔木德》中的资料叙述了一份完整的口传《托拉》历史。他认为，口传律法本来是通过从摩西起的师生关系而一代代口耳相传、准确记录的。在圣殿被毁之后，学者之间的分歧日渐加深，生存环境恶化，人民(连带学者们)流离分散，传统生活不再那么规则，导致口传《托拉》不仅可能出现错误，而且可能丢失遗

---

① 犹太教卡拉派为犹太教原教旨主义派，只承认《希伯来圣经》为经典，并且只承认最直接的解经方法；完全不承认口传《托拉》的存在，当然也就不承认《密释纳》《塔木德》的经典地位。该教派作为拉比犹太教的对立面而出现，至今仍有数万信徒。

② 舍理拉迦翁(约公元900～1000年)，巴比伦蓬比贝塔地区犹太经学院的领袖，其最著名的作品是此处提及的《舍理拉迦翁回信》(*Iggeret d'Rav Sherira Gaon*)。

忘，在这种情况下，拉比犹大·哈-纳西对口传《托拉》进行了编辑整理，并将其记录为新的经典，以此保证各地的犹太人都能看到原始的、完整的口传《托拉》。在舍理拉迦翁看来，口传《托拉》是被完整记忆的，而完成的《密释纳》"并没有重大文本问题"[①]，因此也就是口传《托拉》本体，而以历代贤哲名义叙述的律法不过是他们从自己的老师那里学来的原始律法而已，并无新创。[②]

舍理拉迦翁之后，对口传律法的概念与历史进行总结的重要学者是迈蒙尼德。他的总结显然受到《密释纳》和舍理拉迦翁传统的双重影响。他在《密释托拉》一书的导言中引用《出埃及记》24：12的"我要将石版并我所写的律法和诫命赐给你，使你可以教训百姓"，并认为此中的"律法"便是书面《托拉》，而"诫命"便是口传《托拉》，并据此认定"摩西在西奈山所接受的每条律法，都是与其诠释一起传授的"，而这些诠释的诫命没有被摩西书写下来，于是成为口传律法。摩西将口传律法传授给了约书亚并责成他代代相传。

与《密释纳》一样，迈蒙尼德并不否认口传《托拉》其实包含"人造"部分，并非全部来自上苍。他解释说，犹太教的历代师生虽然不把口传律法编纂成书，但都会做些记录，以备个人参考使用。这些记录包括对《托拉》及其律法的阐释，以及"未收入传统之中的，每一代演变出来的新东西"。不过，迈蒙尼德为这些"新东西"规定

① 关于舍理拉迦翁对《密释纳》作为口传《托拉》的完美性的观念，可参见 Jacob Neusner, *The Modern Study of the Mishnah*, Leiden: Brill, 1973, pp. xii-xiv.

② 关于舍理拉迦翁原信的内容，可参见 N. D. Rabinowich, *The Iggeres of Rav Sh-erira Gaon*, Jeruslaem: Moznaim, 1988.

了两个条件:第一,这些“新东西”是根据拉比犹太教的解经十三原则从原典中推导出来的;第二,这些新法则已经得到最高律法裁决机构认可并采用。对于这些人造律法的地位,迈蒙尼德认为它们是口传律法的一部分,其地位并不低于摩西直接传自上帝的原始《托拉》。他引用《申命记》17:11“要按他们所指教你的律法,照他们所断定的去行。他们所指示你的判语,你不可偏离左右”,证明律法裁决者们的裁断具有同样不可违背的性质,为人造律法的神圣地位提供了有力的经典依据。[①]

这种站在拉比犹太教正统立场上解释《密释纳》本质的舍理拉-迈蒙尼德传统在很大程度上构成了犹太学者们的研究和阐释基础,这种基础有两个基本内涵:其一,相信《密释纳》是从摩西开始的口传律法的直接结晶;其二,相信《密释纳》与《塔木德》传统中的历史是真实可信的历史,因而由此构建的口传律法历史也是真实可信的。按照纽斯内尔的看法,即使是佛兰科尔、阿尔贝克这样现代重要的《密释纳》学者,实际上也没有完全摆脱这种传统的影响。在他看来,实际上只有他自己和爱泼施坦跳出了这个陷阱,并建立了一种新的文本历史批评方法。[②] 在这种批评方法看来,所谓“摩西在西奈山接受了两部《托拉》”的说法被或多或少地看作是一种神话[③],而《密释纳》的多文本来源则被看作是真正的口传律法的

---

① 参见迈蒙尼德《密释托拉·导言》, Isadore Twersky, *Maimonides Reader*, Springfield, NJ: Behrman House, Inc., 1972, pp. 35-38.

② Jacob Neusner, *The Modern Study of the Mishnah*, Leiden: Brill, 1973, introduction.

③ Joel H. Zaiman, “The Traditional Study of the Mishnah”, Jacob Neusner, *The Modern Study of the Mishnah*, Leiden: Brill, 1973, p. 1.

历史。然而如前所述，由于种种原因的限制，这种新批评方法所构建起来的《密释纳》或口传律法历史至今仍然非常有限。关键问题是，历史不仅是对已经发生的事件的叙述，更是我们叙述事件的愿望和责任，特别是对于与某种价值观体系（比如宗教）相关的历史的叙述就更是如此。因此，当发生的事件不能被那么清晰地叙述时，我们的叙述责任和愿望便会占据主流地位，我们所要叙述的历史将取代实际发生过的历史。这不仅是一种无可奈何的情境，而且是具有现实意义的选择。从这一点上说，口传律法的传统历史叙述仍将伴随着《密释纳》存在，除非"文本历史"能够提供一部清晰的叙述文本。

2.3.3　口传律法的整理与《密释纳》的编订

由于口传《托拉》是神口授摩西的，因此其口传的性质本来带有某种神圣意味，不应该有任何变化。问题在于，口传律法特有的不稳定性、易忘性给这种性质的维护者造成了相当大的难题：或者保持律法的口传特征而任其毁坏，或者记录这些律法而破坏其口传特征。《巴比伦塔木德·圣职部·更换卷》14b对这种困境作出了生动的描述：

> 如果他确实找到了一个人，他可以写这封信吗？[1] 难道拉比海亚·本·阿巴的儿子拉比阿巴没有以拉比约哈南的名义

[1] 此前的故事是：拉比迪米从巴比伦来到以色列，从拉比耶利米处学到一条口传律法，因为他在巴比伦的同事拉比约瑟对这条律法的理解完全是错误的，于是他说："如果我能找到个信使，我就把这条律法写在一封信里，寄给拉比约瑟。"

> 说“书写传统者一如焚烧《托拉》者，以此学习者得不到报偿”吗？雷实·拉齐实的口译者拉比犹大·本·纳合曼给出如下解释：经文说：“你要将这些话写上。”[①]然后又说：“按这话。”[②]这就教导你说：学到的口传律法不得写下来记诵，而书面律法则不得根据记忆诵读。拉比以实玛利学校的一位坦纳在教授《希伯来圣经》时说：“你要将这些话写上。也就是说，你把这些话写下来，但不能写下传统律法。”答案是：如果有了一个新解释，那情况就可能不同。因为拉比约哈南和雷实·拉齐实习惯于熟读传奇书或者安息日书，并如此解释他们的行为：“这是耶和华行动的时候，因人废了你的律法。”[③]解释是：宁可《托拉》的某个字被根除，不可使整部《托拉》被忘记。

这段文字准确地描述了口传律法、写下来的口传律法与书面律法之间的微妙关系，其中透露了几个有关口传律法发展与定型的重要信息。

首先，我们可以看到拉比犹太教贤哲内部在口传律法书面化问题上的冲突。一方面，的确存在着一个严格区分书面律法与口传律法的传统，而且这一传统的支持者为此发布了严厉的禁令，但另一方面，突破传统界限，支持口传律法书面化者则自行其是，使用已经整理成书的口传律法。

其次，我们可以看到《密释纳》时代口传律法的整理情况。“因

---

① 《出埃及记》34:27。

② 《出埃及记》34:27。

③ 《诗篇》119:126。

为拉比约哈南和雷实·拉齐实习惯于熟读传奇书或者安息日书”的描述表明这一阶段的口传律法是按主题和文体来加以整理的，而且整理出来的口传律法书籍已经突破禁律，在拉比犹太教学者之间流传使用了。

第三，我们可以看到整理或使用口传律法书的根本原因。一是因为犹太人开始流散而造成的地理距离的扩大所引起的律法理解分歧，由于交通不便，这种分歧很难用口传的方式加以解决。二是因为口传的不稳定性导致律法有被遗忘的可能性，并最终威胁到整部《托拉》的地位。由于这两种情况的影响，学者们都迫切感觉到将口传律法书面化的必要性。

第四，我们可以看到口传律法书面化的合法性也可能存在一个发展的过程。从“如果有了一个新解释，那情况就可能不同”到“宁可《托拉》的某个字被根除，不可使整部《托拉》被忘记”，口传律法书面化的合法性从特别情况下的例外扩展为一般情况下的普遍许可，表明有关书面化的禁条很可能是逐步被突破的。

在口传律法的书面化以及《密释纳》的最终编订方面，舍理拉迦翁和迈蒙尼德的看法大体一致，与《塔木德》的阐释也互为表里。迈蒙尼德认为，口传律法最初确实是口耳相传的，不过后来每一代的领袖人物和先知们常常把他们学到的律法写下来，但只是作为私人使用，他们的学生也照此办理，于是便出现了大量口传律法的书写本，其中包括那些并非传自摩西的新的律法。到了拉比犹大·哈-纳西手中，他便将所有这些口头传统整理起来，编纂成书，分送各地人民，“以使口传律法不至于在以色列被忘记”[①]。随后，

---

① 迈蒙尼德《密释托拉·导言》，Isadore Twersky，*Maimonides Reader*，Springfield，NJ：Behrman House，Inc.，1972，p. 36.

迈蒙尼德提出并解答了一个尖锐的问题：

> 为什么我们的先师贤哲要这样做，而不是听凭一切保留原状呢？因为他观察到门徒的数目在减少，新的灾难在不断发生，邪恶的政府正在扩充其统治、增强其实力，而以色列人正流散移居到远方的国家去，于是他便编纂了这部著作，使之成为大家的手册，使人们可以快速学习其内容而不至于将其忘记。①

后代尊重犹太教传统的学者们大致继承了这一"《塔木德》-舍理拉迦翁-迈蒙尼德"的观点，认为口传律法的书面化大致经历了三个阶段：

第一阶段即早期的口传律法口授阶段，主要是从摩西到众长老的传承过程。

第二阶段即中期的口传律法整理阶段，贤哲们开始记录并整理口传律法。整理的基本方式是将散乱的律法按主题分门别类地整理成卷，在这方面作出特殊贡献的贤哲包括我们上文提到的拉比以利以谢、拉比阿奇瓦、拉比梅伊尔和拉比犹大。

第三阶段即拉比犹大·哈-纳西在前代学者们整理的基础上进一步收集编纂，并最后使《密释纳》定型成书的过程。

现代学者中，以纽斯内尔为首的"反传统派"则认定对于《密释纳》这样的匿名文本，不该使用文本以外的资料来论证其成书过

① 迈蒙尼德《密释托拉·导言》，Isadore Twersky, *Maimonides Reader*, Springfield, NJ: Behrman House, Inc., 1972, p. 36.

程，而只能依据对文本本身的分析来建立文本的历史，因此纽斯内尔拒绝使用“编纂”(redaction)一词来描述《密释纳》的定型过程，而坚持使用“成型”(formation)一词，因为这个词“构成尽可能的中性类型”，而最重要的是，“当我说成型时，我没有作出关于文本形成的过程与阶段的承诺”。而不愿意作出这种承诺的原因在于，文本分析所能得出的历史信息有限，很难构成一个口传律法与《密释纳》发展定型的过程，大体上只能探讨文本中存在的几种模式。[①]

3.《密释纳》文本概述

在讨论了与《密释纳》相关的历史文化环境之后，我们在本章中将讨论《密释纳》文本自身，即《密释纳》的内容、结构、特征、性质以及其在犹太教历史上的地位。我们将试图通过这些要素勾画出《密释纳》的面貌轮廓。

3.1 《密释纳》的内容与结构

3.1.1 《密释纳》的内容

概括《密释纳》的内容不是一件容易的事情，原因在于《密释纳》本身显然不是一部以内容为基础而形成的著作，实际上，《密释纳》成型的基础问题至今仍是一个未解之谜。如果我们从一般意义上去介绍《密释纳》的内容的话，我们会发现自己掉进了一个巨大的

---

① Jacob Neusner, “Redaction, Formulation, and Form: The Case of Mishnah”, *The Jewish Quarterly Review*, New Series, Vol.70, No.3(Jan., 1980).

迷宫——我们不明白为什么某些部分巨细无遗地罗列其中，而其他内容却悄然无踪。你或许可以说《密释纳》有点像是一部公元后两三个世纪的犹太生活百科全书，从农业生产到商业活动，从天文地理到妇女经期与生产，从伦理道德到圣殿祭祀，《密释纳》几乎无所不包，包括从公元70年起就已不再存在的圣殿及其祭祀活动都有详细的叙述。但另一方面，某些重要的领域几乎完全不存在[①]，而已经存在的生活领域也大多是以一种零碎分散的面貌出现的，也就是说，《密释纳》中这些内容的存在并不是为了解释内容本身，而是为了其他仅属于《密释纳》本身的目的而存在的。

现代学者对《密释纳》的研究领域的多样性也在很大程度上表明了《密释纳》文本内容的庞杂性。除了传统的从法律学、宗教学、文学、语言学角度探讨《密释纳》之外，现代学者特别是纽斯内尔还开拓了《密释纳》中的哲学、经济学、社会学、历史学、政治学[②]等一系列研究领域。《密释纳》在很大程度上不大像是生活的归纳和写照，而有点像是生活本身，并没有绝对的界定，任何观察者都可以从自己的角度追加其内容的定位。

这种对《密释纳》内容进行外部定义的研究方法在很大程度上拓展了人们观察《密释纳》的角度和思路，但却很难说是对《密释纳》

① 即使是拉比犹太教本身的某些重要活动，《密释纳》中也未提及，比如光明节的问题、《托拉》经卷的缮写问题，等等。

② Jacob Neusner, *The Mishnah: Social Perspectives*, Leiden: Brill, 1999; Rabbinic Political Theory: Religion and Politics in the Mishnah, Chicago: University of Chicago Press, 1991; *Judaism as Philosophy: The Method and Message of the Mishnah*, Columbia: University of South Carolina Press, 1991; *The Economics of the Mishnah*, Chicago: University of Chicago Press, 1990.

原始文本内容的准确概括。尽管你可以拿《密释纳》文本与哲学著作进行比较并找出共同点，却很难令人信服地证明《密释纳》是为哲学而编纂的。因此，更接近本相的《密释纳》内容概括还是需要从《密释纳》本身去寻找线索。我们不妨看一下《密释纳》第1卷即《祝祷》卷的第1章，这一章被不少介绍者用作介绍《密释纳》的首选实例：

1. 自何时起诵读晚间的祷文《听》呢？自祭司们入室食用其举祭那一时起，至一更结束时止。此为拉比以利以谢之言。贤哲们说：至半夜为止。拉班迦玛列说：至晨曦浮现为止。某次其数子自酒宴归，对他说："我们没诵读祷文《听》。"他对他们说："若晨曦尚未浮现，则你们必须诵读。"不仅如此，凡贤哲们说"至半夜为止"之处，其诫命都至晨曦浮现为止：燔烧油脂与肢体，其诫命至晨曦浮现为止；当日食用的祭品，其诫命至晨曦浮现为止。既然如此，为何贤哲们说"至半夜为止"呢？是为了让人远离过犯。

2. 自何时起诵读晨间的祷文《听》呢？自可分辨天蓝与白色时起。拉比以利以谢说：分辨天蓝与韭绿，并至日出时其诵读终止。拉比约书亚说：至第三个时辰，因为王子们在第三个时辰起身。自此时之后，诵读者为《托拉》之诵读者，亦无所损。

3. 沙玛伊学派说：晚上每个人都应斜倚而诵读，早晨则站立，因《圣经》说："你躺下，你起来。"希列学派说：每个人都应各从其道而诵读，因《圣经》说："行在路上。"若是如此，那为何又说"你躺下，你起来"呢？是人躺下之时与人起来之时。拉比特尔封说：我曾行于路途，依沙玛伊学派之言斜倚而诵读，而使自己冒盗贼侵害之险。他们对他说：你当承担一切后果，因你违犯希列学派之言。

4. 清晨，在此前祝祷两段，此后一段；晚上，此前两段，此后两段，一段长，一段短。告知延长之处，不可缩短；缩短之处，不可延长。封尾之处，不可不封尾；不封尾之处，不可封尾。

5. 夜间，当记诵出埃及之事。拉比以利亚撒·本·亚撒利雅说：我好像七十岁的人，却未得悟为何在夜间当记诵出埃及之事，直到本·左玛将其阐释为：《圣经》说："要叫你一生所有的日子都记念你从埃及地出来的日子。""一生的日子"即白昼，"一生所有的日子"则亦含黑夜。贤哲们说："一生的日子"即今世，"一生所有的日子"则亦带入弥赛亚时代。

如果我们对这一章进行一下归纳的话，我们大体上可以说《密释纳》包含了以下几个方面的内容：

第一，律法条文(哈拉哈)。律法条文指那些相对明确的有关行为准则的规定，上述第4节是律法条文的一个例子，其中就诵读的段落和长短问题作出了明确的规定，没有争议，也没有实例，是一种明晰确定的律法。

第二，与律法相关的讨论以及律法逻辑原则。在这里，律法并非简单明确的规定，而是一种讨论乃至争辩的内容，因此，除了多条相互冲突的律法条文本身之外，还需要给出相关律法背后的逻辑与推导思路。上述第1节是律法讨论的一个极好例子，其中作者就"自何时起诵读晚间的祷文《听》呢？"这一问题开列了三种意见：拉比以利以谢认为允许诵读的时间是“自祭司们入室食用其举祭那一时起，至一更结束时止”。对于“何时起”的问题，《密释纳》没记录任何不同看法，但在“何时止”的问题上，则出现了另外两种看法，也就是贤哲们的“至半夜为止”和拉班迦玛列的“至晨曦浮现为止”。这一段讨论的结果却不是“究竟到何时为止”，而是推导出了一条律法背后的一般逻辑：“凡贤哲们说‘至半夜为止’之处，其诫命都至晨曦浮现为止。”

第三，传奇（阿嘎达）。《密释纳》本身的传奇内容并不十分突出，分量也比《密得拉释》等其他经典小得多。这些传奇通常不会独立存在，而是作为律法讨论或证明的实例而被列举出来的。上述第 1 节与第 3 节中都出现了短小的传奇段落，分别叙述了拉班迦玛列与儿子们有关祷文《听》诵读截止时间的对话，以及拉比特尔封遵从沙玛伊学派的观点，在旅途中斜躺诵读祷文《听》而遭遇生命危险的故事。总之，《密释纳》的传奇大多比较简短，由于目的不在故事本身，因此也比较简练，相对《塔木德》中的传奇来说显得缺少情节发展和细节描述。除了故事性的传奇之外，道德训诫类传奇在《密释纳》中也有相当的地位，《阿伯特》便是这种传奇的代表作。

第四，《希伯来圣经》经文解读（密得拉释）。这是一种解读《希伯来圣经》经文“言外之意”，从而用于律法讨论的独特解经方法。这种解经方法出现在上述第 5 节，其中，本・佐玛与众贤哲对《希伯来圣经》中“一生所有的日子”一句进行了“密得拉释”式的解读，从经文的“日”中体味出了“夜”的含义。

总体来说，《密释纳》开卷第 1 章的这四类内容大体上概括了整部《密释纳》的主要内容，其中有关律法的讨论占据了《密释纳》内容的主体，律法是讨论的结果，律法逻辑和传奇都是讨论的工具，而《希伯来圣经》经文解读则为所有这些讨论提供了历史和传统的连接方式。

3.1.2 《密释纳》的结构

由于《密释纳》内容庞杂，《密释纳》的结构也是一个难以下定论的题目。《密释纳》的编纂者们究竟依据何种原则编排了这些分散、独立的律法条目章节，至今仍无确定的结论。总的来说，可以从三个层面上来探讨《密释纳》的基本构造。

3.1.2.1 全书编排——《密释纳》的宏观结构

《密释纳》全书共分六部，每部最少七卷，最多十二卷，总共六十三卷。这六部是：种子部、节期部、妇女部、损害部、圣职部和洁净部。[①] 这些名称大体上反映了各部所突出的律法主题，也就是说，每部中的大部分卷帙是与该部的主题相关的，各卷的情况同样如此，基本上每卷的主题也是每卷的主要内容。因此，《密释纳》的宏观结构基本上是以律法内容的分类为主干，这与拉比犹太教传统所记述的口传律法分类整理的说法是一致的。

事实上，说《密释纳》按照律法内容归类进行总体编排，这里的“内容”至少包括了四方面的含义。首先，有关同一事物的律法被看作是同一类律法，这个“事物”的概念范围可大可小。比如《洁净

---

① 本书所论述的六部的顺序以《密释纳》和《塔木德》为准。在某些犹太典籍资料中，《密释纳》六部确实有过不同的排列方法，比如《密得拉释大义篇·出埃及记卷》13：15 便将《种子部》列为第 2 部，而以《节期部》开篇。

部·器皿卷》包含了几乎所有家用器皿的洁净问题，而《洁净部·母牛卷》则只讨论一种洁净用品——小红母牛灰。其次，有关同一类型事物的律法被看作是同一类律法，比如《洁净部·田角捐卷》主要讨论收获时在田角留给穷人的济贫收获物问题，但同时也就把其他有关济贫的捐税罗列其中，包括遗落品、忘收品等等。其他如《节期部·经卷卷》在讨论普珥节诵读《以斯帖记》时把其他节日要诵读的其他经典问题也一并收录，《妇女部·拿细耳人卷》在讨论拿细耳人的誓言时将妇女的誓言问题也一并收录，等等。第三，在某些情况下，同一权威人物所说的律法被看作是同一类律法，这种情况在《损害部·证言卷》里比较普遍。第四，拥有某种相似逻辑关系的律法也被看作是同一类律法，比如上文所列的《种子部·祝祷卷》1:1中讨论诵读祷文《听》时加入有关燔祭和食用祭品的律法，原因在于这些律法都符合"凡贤哲们说'至半夜为止'之处，其诫命都至晨曦浮现为止"的律法逻辑原则；同样，《种子部·举祭卷》第8章在讨论举祭的洁净问题时在第12节却插入了一条有关异教徒侵犯犹太妇女问题的律法，原因在于这条律法跟有关异教徒玷污举祭圣品的律法逻辑是一致的，即犹太人不得帮助异教徒破坏拉比犹太教的洁净原则。有时被编排在一起的律法属于一批而不是一个逻辑原则，这些逻辑原则往往包含在一个特定的句型里，看起来好像是同类原则。[①]

---

① 纽斯内尔认为有四类内容：(1)按照主题；(2)按照权威人物；(3)按照某一律法逻辑原则；(4)按照多条律法逻辑原则。可参见 Jacob Neusner, "Redaction, Formulation, and Form: The Case of Mishnah", *The Jewish Quarterly Review*, New Series, Vol. 70, No. 3(Jan., 1980).

总的来说，如果用这四条归类原则检视《密释纳》的宏观编排的话，那么基本上可以说《密释纳》的宏观编排体系是严谨而绵密的。

至于这六部的先后顺序，很早就有人注意到了这个问题。《巴比伦塔木德·安息日卷》31a记载了如下理论：

> 雷实·拉齐实说："你必得信念，在你的一生；且有力量、救恩、智慧和知识。"[①]此句经文何解？"信念"即《种子部》，"一生"即《节期部》，"力量"即《妇女部》，"救恩"即《损害部》，"智慧"即《圣职部》，"知识"即《洁净部》。

在这里，雷实·拉齐实用一种密得拉释的方式将《密释纳》六部的排列顺序解释为是由《希伯来圣经》的文句确定的。

当雷实·拉齐实将"信念"与《种子部》联系起来时，我们自然会想到他实际上是把《种子部》的第1卷《祝祷》卷看成该部的重要代表。的确，如果审查一下该部的内容，就会发现这一卷其实是该部中唯一与农业活动没有直接关系的一卷。虽然该卷后半部有关饭食祷告的内容可以勉强算是与农业有关系，但该卷的主要内容显然是犹太人每日诵祷两次的祷文《听》，而祷文《听》则差不多是整部《密释纳》中唯一一个正面宣讲犹太教徒对神的信仰的主题。将这样一个主题放在内容不相干的《种子部》中，并将其置于全书第1卷的位置，很难说编者在这里不是有意安排的。与这个情况

① 《以赛亚书》33：6。

相类似的还有《证言》卷与《阿伯特》卷的收录，这两卷被放在了内容不相关的《损害部》里，而不是放在卷帙更少的《妇女部》里。

当然，雷实·拉齐实的解释更多地是一种文学性的发挥，而很少被看作是对《密释纳》的真正分析。迈蒙尼德在这方面则迈出了重要的一步。在其《密释纳注解导言》中，迈蒙尼德解释了《密释纳》六部的排序原则：

《种子部》排在第一是因为“民以食为天”，“因为一个人不吃饭就无法存活，因而也就不可能以任何形式服事神”。

《节期部》排在《种子部》后边是因为《出埃及记》23：10～11“六年你要耕种田地，收藏土产，只是第七年要叫地歇息，不耕不种”，以及23：14“六日你要作工，第七日要安息”。

排在第三、第四的《妇女部》《损害部》的先后顺序也是由《希伯来圣经》经文决定的，其依据是《出埃及记》21：7“人若卖女儿作婢女”，而21：22则说“人若彼此争斗，伤害有孕的妇人”，也就是妇女问题在先，损害问题在后。

《圣职部》和《洁净部》之所以排在最后，是因为这两部的相关律法在《希伯来圣经》中出现在《利未记》中，而在《希伯来圣经》中《利未记》则排在与上两部相关的《出埃及记》的后边。这两部的第五、第六位的排序则是因为有关祭祀的圣职的律法记载在《利未记》的前八章里，而洁净问题则只是在第九章才被提到。[1]

迈蒙尼德与雷实·拉齐实有一点是一致的：他们都相信《密释纳》六部的编排顺序是以某种方式由《希伯来圣经》经文决定的。

---

① Fred Rosner, *Maimoneides' Introduction to His Commentary on the Mishnah*, New Jersey: Jason Aronson, Inc., 1995, pp. 56-59.

3.1.2.2 卷帙编排——《密释纳》的中层结构

《密释纳》每部有十卷左右，各卷的排序有一个显而易见的原则，那就是按照每卷所含篇章数目从多到少排列。[①] 不过这一原则也有明显的例外，在《种子部》《损害部》和《圣职部》中，虽然大部分卷帙是按篇章数目排列的，但某些卷帙却越级排在了前边，比如《种子部》的前三卷比第4～6卷的篇目少，《损害部·鞭笞卷》只有三章，本该排在第九或第十位，结果却排在了第五位。

这些情况表明，除了篇章数目之外，《密释纳》每部各卷之间的编排显然还存在着其他的结构规则。迈蒙尼德在《密释纳注解导言》中对这一潜在结构规则进行了探讨。他认为，拉比犹大·哈-纳西在构建《密释纳》文本时首先将所有的律法分成六个大类，再将各部分卷，然后将各卷分章，最后将各章分节，一节便是一条律法，而所有这些分节的逻辑原则只有一个，那就是内容主题。在排序方面，他将《种子部》列在第一，因为"当一个有经验的医生保持一个健康的人的健康状态时，他首先将其饮食看作首选良方"[②]。而《种子部》内各卷的排列顺序则是这样确定的：

《祝祷》卷排列第一是因为"除非诵读了食物的祝祷文，否则任何想要吃饭的人都不得开始"。

《田角捐》卷排列第二是因为"所有其他在收获物方面所需交纳的捐税都是在收割之后必须进行的，但田角捐的责任则是在收获物还在地里的时候就存在的"。

---

① 参见本书附录1：《密释纳》总目及其与拉比犹太教其他经典关系一览表。

② Fred Rosner, *Maimoneides' Introduction to His Commentary on the Mishnah*, New Jersey: Jason Aronson, Inc., 1995, pp. 59-62.

《得卖疑》卷排列第三是因为“与田角捐一样，穷人在这方面有优先权”。

《禁混种》卷排列第四是因为在《利未记》中，有关田角捐的律法在第9节，而有关禁混种的律法则出于第19节，因此《禁混种》被排在《田角捐》的后边。

《第七年》卷排列在《禁混种》卷的后边实际上是抢占了《未净》卷的位置，因为按照《希伯来圣经》经文的顺序，《禁混种》卷之后应该是《未净》卷，但因为《未净》卷讲的是果树问题，并非人人都种果树，因此这部分律法只跟一部分人有关系，而“第七年”休耕的律法则跟人人都有关系，因此《第七年》卷被排在了第五。

《举祭》《第一什一税》《第二什一税》《举祭饼》各卷都是关于宗教捐税的，其排列则按照这些捐税的分留顺序，《举祭饼》排列最后是因为只有在分留了前三项捐税之后，收获者才可以磨面、揉面，才可以从面团中分留举祭饼。

《未净》卷排列在上述卷帙之后是因为前面讲的主要是田间收获品，而《未净》卷讲的是果树。

最后一卷《初熟》卷排列在《未净》卷之后，依据的是其在《希伯来圣经》出现的顺序，“未净”出现在《利未记》19:23，而“初熟”则出现在《申命记》26:11。[①]

在“导言”中，迈蒙尼德用类似的分析手段给《密释纳》的每一部、每一卷都找到了排序的理由，在他看来，《密释纳》各部中各卷排序的基本原则有两个：其一，相关律法在《希伯来圣经》经文中的

---

① 参见迈蒙尼德《密释托拉·导言》。

次序；其二，律法的重要性。由此，迈蒙尼德认为，《密释纳》是一部编排绵密、结构严谨的鸿篇巨制。

不过，对《密释纳》结构持混乱无序观的学者也同样大有人在。早在迈蒙尼德之前，舍理拉迦翁便指出《密释纳》各卷的编排顺序并无内在规则，拉比犹大·哈-纳西在编排时并未考虑卷帙之间的顺序，而是只考虑了每卷本身。[①] 现代学者对这一问题更是以否定者居多。阿尔贝克根据《密释纳》各版本的编排顺序的不一致性，认为《密释纳》卷帙的顺序并无道理可言。[②] 另一位学者乔治·罗宾逊（George Robinson）干脆认为"尽管存在着某种系统化整理的意图，但此书的结构不只是一点点的随心所欲"，并认为这是由于拉比犹大·哈-纳西在编纂时努力将前人律法按作者而不是按主题收集的结果，不过，他也承认这些混乱实际上在另一方面反映出拉比犹太教贤哲们的思维特征，就是说仍然是有规律可循的。[③] 事实上，这也反映出两派学者间的共同特征，也就是无论如何，大家都还是认为《密释纳》的编排是有一定规则的，双方的差异主要在于《密释纳》中是否存在一些潜在的、近乎神秘的逻辑规则，以及这些规则在多大程度上发挥了作用。

3.1.2.3 单元构建——《密释纳》的微观结构

《密释纳》每卷内部分出了章节，总体来说，每章的分立还是有一定的内容主题依据的。不过，很多篇章中显然加入了许多与该

---

① 参见《舍理拉迦翁回信》第 32 页。

② 阿尔贝克：《密释纳六部》第 1 部《种子》，比亚雷克出版社 1988 年版，第 3 页。

③ George Robinson, *Essential Judaism: A Complete Guide to Beliefs, Customs, and Rituals*, New York: Simon & Schuster, 2001, p. 328.

章主题不尽相符的内容，而且篇章的混乱程度实际上要大于六部及其各卷。

不过，即使是在这样明显混乱的情况下，仍然有学者认为《密释纳》各章节的微观结构中，除了显而易见的不大精确的内容分类外，还存在着其他的潜在编排逻辑规则。

现代学者中，纽斯内尔是探索《密释纳》微观结构方面比较活跃的一位。在他看来，《密释纳》的章节结构其实更多地反映了后代诠释者的观点，而并非原始编纂者的意图。真正有可能反映原始编纂者的构建意图的是《密释纳》的“单元”形态。所谓“单元”，其实就是通常所说的“节”，也就是传统上说的“密释”，或“律法”。这些“单元”是按照几种固定的句法结构组建的，而这些句法结构与单元的内容之间有着直接的联系。因此，《密释纳》每卷内部的文本结构实际上是由这些句法结构构建起来的。换句话说，纽斯内尔认为，《密释纳》的作者们无论要说什么，都是使用下列五种句法之一说出来的。这五种句法是：

（1）简单陈述句，使用常见的主谓宾结构。

（2）复述句，一个含义重复两遍，句型是：“他如此行事，看，他是这样的。”

（3）主谓分离句，主语由一个谓语从句形容，但在句子的延续部分从句里的宾语或动名词变成了主语，结果该句的谓语与最初的主语脱离了关系。句型是：“做此事以及……者，此事如此。”

（4）主谓扩展分离句，基本上还是第三种句型，只是“此事如此”不是一句，而是多个句子。

（5）对比句，两个或多个具有对比含义的平行句式。句型是：

“做此事者如此，不做此事者如彼。”[①]

在纽斯内尔看来，《密释纳》存在一些“偶然而随机”的句式，但与此同时，对这五种句型的运用则体现了“深思熟虑的、训练有素的、通行的、反复出现的句法结构”[②]。一般说来，《密释纳》在陈述规则时采用第一种句式，在一个或几个这样的句式之后，如果出现内容或文字性质的变化（如从陈述转向争议）时，《密释纳》会改变句式，使用其余四种句法结构。作为对比，纽斯内尔注意到《密释纳》的补遗之作《托塞夫塔》中便没有这样明显的句式结构，因此表明句式结构在《密释纳》中确实是文本结构的特征之一。[③]

到目前为止，纽斯内尔的理论在《密释纳》文本的微观结构方面是走得最远的，对他的批评也从未断绝过，不仅有关于句式的具体争论[④]，而且有针对其文本研究方法根本价值的质疑[⑤]。纽斯内尔从批判传统《密释纳》学者们对《密释纳》神源传统及其完美性的迷信入手，发展到相信文本本身存在着一个无所不在的完美的句

① 关于这五种句型，可参见 Jacob Neusner, “Redaction, Formulation, and Form: The Case of Mishnah”, *The Jewish Quarterly Review*, New Series, Vol. 70, No. 3(Jan., 1980); Alan Jeffery Avery-Peck, Jacob Neusner, *The Mishnah in Contemporary Perspective*, Leiden: Brill, 2002. p. 10.

② Jacob Neusner. “Redaction, Formulation, and Form: The Case of Mishnah”, *The Jewish Quarterly Review*, New Series, Vol. 70, No. 3(Jan., 1980).

③ Alan Jeffery Avery-Peck, Jacob Neusner, *The Mishnah in Contemporary Perspective*, Leiden: Brill, 2002. pp. 11-13.

④ Richard S. Sarason. “[Redaction, Formulation, and Form: The Case of Mishnah]: Comments”, *The Jewish Quarterly Review*, New Series, Vol. 70, No. 3 (Jan., 1980).

⑤ John C. Poirier, “Jacob Neusner, the Mishnah, and Ventriloquism”, *The Jewish Quarterly Review*, New Series, Vol. 87, No. 1/2 (Jul. - Oct., 1996).

式结构，这在很大程度上说明了《密释纳》的神秘魅力——相信《密释纳》文字背后存在着不为人知的秘密，这是一件不那么困难的事情。这也从一个方面向我们展现出《密释纳》文本与众不同的特征与性质。

3.2 《密释纳》文本的特征与性质

3.2.1 《密释纳》文本的特征

《密释纳》是一种自成一体、空前绝后的独特文本，与犹太教的上一本经典《希伯来圣经》在内容和风格上都天差地别，与其后继者即两部《塔木德》也同样面貌迥异。清人赵执信在《谈龙录》里论诗说："诗如神龙，见其首不见其尾，或云中露一爪一鳞而已。"《密释纳》的文本就很有点像这种神龙，不仅文字本身云遮雾罩，看得见的只是一鳞半爪，而且就其历史承接关系来说，也可以说是首尾俱不见，横空出世，让人惊异这个《希伯来圣经》的"后裔"怎么可能长出这么一个全然陌生的面貌来。实际上，《密释纳》文本在世界文化的范围内也很难找出任何相似的"近亲"来。正因为如此，关于《密释纳》文本特征及其性质的讨论就成了不可避免的议题。总体来说，《密释纳》的文本特征大体可以概括为三点，即专业性、多元性和开放性。

3.2.1.1 专业性

所谓专业性，指的是《密释纳》文本通常不包含任何普及性内容，其读者对象仿佛锁定在一群对论题早有深入了解的犹太教学者身上，而完全不去考虑普通读者看不看得懂这本著作。这种特性在现代学术论著中比较常见，在古代文本中则可以说是凤毛麟角，在通常以说教为目标的宗教文本中更是极为罕见。

比如，《种子部·得卖疑卷》开篇第1节是：

> 在得卖疑方面宽松的是：野无花果、野枣、花楸果、白榕果、小无花果、落椰枣、晚生葡萄、刺山柑。而在犹大则是：漆树果、犹大的醋以及芫荽。拉比犹大说：所有的野无花果都得宽免，一年两熟者除外；所有的枣子都得宽免，希克牟纳的枣子除外；所有的小无花果都得宽免，熟裂者除外。

要读懂这一段，读者预先要知道什么是得卖疑，"宽松""宽免"是什么意思，"宽松"的原因是什么，这些果子跟那些未得"宽松"的果品又有什么不同。所有这些基础知识，《密释纳》本身并不提供。从律法执行的角度看，读者还需要事先明白如何从经文中辨析律法规则，因为经文本身并未明说。这样的读者自然不会是普通读者，而是受过专业训练甚至是亲身参加这类讨论的拉比犹太教学者。因此，读懂无注解的《密释纳》，对于一般读者来说是完全不可想象的事情。实际上，《密释纳》从某种程度上说比现代学术著作还难懂，因为现代学术著作通常有一个完整的论述过程，而《密释纳》所展现的则往往是论述的片断，无头无尾；若无解说，则常常让人摸不着头脑。

此外，《密释纳》的专业性也体现在其语言的运用上。在《密释纳》时代，以色列地区的犹太人已经普遍使用亚兰文，希伯来语已经不是常人所能理解的，即使是拉比们也时时感到困难。据《巴比伦塔木德》记载，拉比们甚至要向拉比犹大·哈－纳西家的女仆学习希伯来文[1]，这大概是因为拉比犹大·哈－纳西在家中奉行只说希伯来语的家规，而其他拉比是做不到这一点的。可见，使用希伯来语表明《密释纳》将其读者对象限定在拉比犹太教学者的圈子里，因此也就没必要去解释圈子里那些尽人皆知的概念。

《密释纳》文本的专业性有可能与口传律法的口头性有关。由于《密释纳》的相关律法本来是通过背诵记忆的，因此理所当然地会缺少一些特定听众对象已然了解的介绍性的段落，以此减轻背诵者的压力。而《密释纳》编订的原因之一是学者们渐渐忘记了口传律法，因此《密释纳》本身具有一种存档备查的性质，所以也就没必要求全责备，没必要收入那些尽人皆知的内容。

3.2.1.2 歧义性

歧义性指的是《密释纳》对不同观点所采取的兼容并收的原则，也就是我们上文所说的“平行逻辑原则”。收容不同的观点原本不是《密释纳》所独有的，即使是在《希伯来圣经》中我们也能看到对同一事件的不同版本的叙述。但是《密释纳》的独特之处，在于歧义性成为文本的一种标准特征。这种标准特征可以从三个方面看出来：

首先是数量大。《密释纳》虽然不是每节都收入有分歧的观点，但每过三四节即出现歧义段落则是常见的事情。歧义出现的频率是如此之高，以至于“歧义”成为《密释纳》文本的必要配置，完全不出现歧义或歧义极少的篇章（如《阿伯特》）反倒成为《密释纳》中

① 《巴比伦塔木德·节期部·岁首卷》26b。

的特例，需要专门的解释。

其次是目的性。《密释纳》的歧义篇章不是因为编排时的疏忽而造成的错误，也不是材料本身的歧义而造成的编者的无可奈何的选择，而是编纂者有目的、有意识的编纂方式。这一点与《希伯来圣经》中的歧义段落形成清晰的对照。相对于整部文本来说，《希伯来圣经》中的歧义段落数量并不大，而且大多散落在不同部分，比如亚伯拉罕夺妻的故事，三个有差异的版本分别出现在《创世记》的第12章、第20章和第26章，不仅相隔较远，而且各自有其特定的叙事环境，可以被看作是不同文本拼接所留下的缝隙。《密释纳》则是有意识地把不同意见放在同一节中，且不收上下文，只是极其简练地把观点不同的一两个句子乃至一两个词汇并列出来，给人一种专门去放大差别的印象。

其三是无条件性。《密释纳》的编纂者在选择收入经典的观点时应该有一个取舍标准，但这个标准在《密释纳》中却没有得到任何叙述或表达。因此，《密释纳》在开列不同观点时不必解释不同观点的重要性，不必解释哪些权威的观点是值得重视的，也不必开列每种观点的依据，而只是把观点排列出来，表现出一种无条件支持多元思维的平行逻辑原则。

《种子部·第七年》1:8可以看作是《密释纳》文本歧义性的一个典型例子：

> 到何时为止被称作树苗？拉比以利亚撒·本·亚撒利雅说：到其成为俗品之时。拉比约书亚说：七岁时。拉比阿奇瓦说：树苗如其名。树木被砍倒后发出新芽——一掌之下为树苗，

一掌之上为树木。此为拉比西缅之言。

在这里，编纂者的目的显然在于开列不同的观点，所有与此无关的内容都被省略了。比如，拉比阿奇瓦所说的“树苗如其名”，原来的口传传统中应该不会只有这一句，应该有上下文解释他这句话的具体含义，但对《密释纳》的编纂者来说，这些上下文并没有多少意义，真正有意义的是：拉比阿奇瓦在这里表达了不同的看法，而这种“不同”才是记录下来的真正价值。

《密释纳》文本这些奇特的歧义性特征也可能与其专业性特征有着共同的根源——律法的口传特性。由于口传律法在不同贤哲的学校里发展出了不同的观点，《密释纳》作为集大成的经典不得不收录所有流派的观点。而由于最初编纂《密释纳》的目的仍然在于方便学者口头记忆，因此文本必须从略从简。

3.2.1.3 开放性

《密释纳》文本的开放性指的是《密释纳》对待歧义文本的无头无尾的态度——不仅不解释这些争论的来源，而且不讨论争论的结果，很少给出表明正误的判断，而只是用一种宣示的态度，把不同观点罗列出来。这样一种特征使得《密释纳》文本具有一种独特的开放性，一种对参加讨论的积极邀请精神——不仅邀请你来探讨各种观点的优劣，也邀请你探寻各个观点内在的逻辑，以及每场争论背后的故事。这种文本的开放性特征为后代《塔木德》的发展提供了优厚的条件。从这个方面说，《塔木德》封闭了《密释纳》一部分的开放性，也就是加上了对各种观点的内在逻辑的分析，记录了不同观点发生争执时的对话，但《塔木德》同样没有去替律法收尾——没有去判断哪些是“正确的”,哪些是“错误的”。

《密释纳》文本的这种开放性特征即使在犹太教典籍中也是别具一格的。大卫·哈里夫尼(David Weiss Halivni)曾指出,《密释纳》在犹太教文献中属于“违规”经典。其“违规”的主要表现在于:犹太教文献均致力于证明律法的“正当性”。在《希伯来圣经》中,律法的正当性来自律法与神的关系;在《塔木德》中,律法的正当性基于律法与律法逻辑的联系;在《密得拉释》中,律法的正当性来自律法与《希伯来圣经》文本间的逻辑联系。唯独在《密释纳》中,律法是不需要解释,不需要提供正当性依据的。在哈里夫尼看来,《密释纳》的这种特性在很大程度上是一种时代特征,也就是在第二圣殿被毁、犹太民族及其传统处于生死存亡的紧急关头为抢救民族精神财富而出的下策。[①] 哈里夫尼对此多少持一些负面的看法,但事实上,正是这种“不解释”或“不暇解释”的特性造就了《密释纳》文本独步天下的开放性。

为这种开放性提供前提条件的是《密释纳》文本的匿名性。虽然拉比犹太教传统相信拉比犹大·哈-纳西是《密释纳》的编纂者,但《密释纳》文本自身却从未提及,最重要的是,《密释纳》的编纂者从未以任何身份在《密释纳》中就文本的性质、目的、意义以及文本的使用方法提供任何说明或解释,因此,后代读者在《密释纳》文本解读的自由度方面享受着极大的选择权,以至于编纂者的本意在这里反倒成为一个无关宏旨的问题,结果是文本全方位开放,几乎

① David Halivni, *Midrash, Mishnah, and Gemara: The Jewish Predilection for Justified Law*, Cambridge MASS: Harvard University Press, 1986.

完全不受编纂者意图的引导。

3.2.2 《密释纳》文本的性质

正是由于《密释纳》文本这些独具一格的特性，为《密释纳》归类成为一件令历代学者们头疼不已的事情。正如上文所说，《密释纳》就好像生活自身，包含了很多事物，却很难将其简单地归结为某种事物。但因为学术的目的在于分析文本，因此为《密释纳》归类的努力自古至今也没有中断过。总的来说，在《密释纳》文本归类方面至今有四种较具影响力的理论，即法典说、课本说、贤哲文集说、哲学文本说。

在所有这些说法中，"法典说"是历史最长、影响最广的说法。早期的犹太教学者如迈蒙尼德等人，实际上都是把《密释纳》当作法典来看待的，并认为当初的编纂者的目的也是为了收集整理律法条文。这种看法同样被不少现代学者所接受，爱泼施坦便是其中之一。[①] 但这一说法其实从一开始就受到有形或无形的怀疑。迈蒙尼德的《密释托拉》便将《密释纳》的编排次序完全打乱，按照自己拟定的律法主题次序而重新编定了律法，而重新排序的目的就是为了形成一部真正有实用功能的法典。[②] 可以想见，如果迈蒙尼德真的相信《密释纳》是一部有实用目的的法典的话，他就没必要多费这番手脚了。大卫·克莱默在《剑桥犹太教史》中针对"法典说"总结了两点质疑：其一，"如果《密释纳》是法典，那为什么它包含了如此多的没

---

① J. N. Epstein, *Mevo'ot le-Sifrut ha-Tanna'im*(Hebrew), Jerusalem: Magnes Press, 1957, pp. 224-226.

② Isadore Twersky, *Maimonides Reader*, Springfield, NJ: Behrman House, Inc., 1972, pp. 16-17.

有结论的争论？”其二，“如果《密释纳》是法典，那为什么它忽略了如此多的犹太教信仰实践领域？”[①]纽斯内尔则提出质疑：既然《密释纳》是一部法典，那么为什么书中没有谈到惩罚的问题？[②] 这些疑问加上迈蒙尼德对《密释纳》是否具有法典性质的编排顺序的实际质疑，为《密释纳》的“法典说”理论投下了重重的阴影。

“课本说”认为《密释纳》是一种教学材料，是给贤哲门徒们学习律法使用的。有的极端人物甚至认为，《密释纳》是拉比犹太教贤哲教育的科学记录。[③] 这一说法在某种程度上有传统的口传历史理论的支持。由于传统上相信，之所以编纂《密释纳》，是因为各学校发展出不同的律法，并且口传律法容易被遗忘，所以设想《密释纳》是一种课本是有一定依据的。当然，这种说法仍然存在着很多疑点，其中最主要的疑点有两个：其一，如果是拉比犹太教的教学课本，为什么其中忽略了有关教义的很多内容？一部教义不全的书籍不太可能成为教育犹太教徒的根本经典。其二，《密释纳》本身缺少任何有关教学、课堂、教学过程等可以被看作教育材料的描述或暗示。也就是说，《密释纳》本身没有提供有关教育的任何内证材料。

“贤哲文集说”同样是从口传律法的历史传统中获取的基本视点，但这种说法巧妙地避开了前两种说法的目的性内容，只是描述

---

① Steven T. Katz (ed.), *The Cambridge History of Judaism*, Cambridge: Cambridge University Press, 2006, Vol. 4, p. 312.

② Jacob Neusner, *The Mishnah: Religious Perspetives*, Leiden: Brill, 1999, p. 236.

③ Hanoch Albeck, *Mavo LaMishnah* (Hebrew), Jerusalem: The Bialik Institute, 1959, pp. 105-107.

性地宣称《密释纳》的编纂只是为了保存权威贤哲们的教诲和事迹，而不具有其他更多的目的，从而省去了证明《密释纳》本身未曾宣称的各种目的的困难。不过，这种说法与《密释纳》的匿名性特征之间存在着无法调和的冲突。如果《密释纳》真是为了保存拉比们的教诲，大量匿名密释的出现便难以解释——即使这些密释的始作俑者无处可查，至少可以说明持有这些律法的学派的名称。此外，《密释纳》的编纂者们同样是地位崇高的贤哲，他们在整部著作中的匿名态度也说明这部经典不应该是以保存权威理论为其目的。

“哲学文本说”几乎是纽斯内尔一个人发出的一家之言。由于这个理论过于新奇且遭到不少学者的质疑和批评[1]，纽斯内尔对其进行了解释。他辩解说，他的说法并不是说《密释纳》是符合现代一般意义上的一个哲学概念的哲学文本，而是说按照《密释纳》时代人们对“哲学”概念的理解，具有哲学文本的性质而已。而这里所说的“哲学”主要指的是亚里士多德的自然哲学分类法。也就是说，《密释纳》内容的编排分类不仅仅是对律法的分类，更是对客观世界的分类，因此《密释纳》也就不只是指导我们认识律法，更是引导我们认识社会和自然。[2]

纽斯内尔的“哲学文本说”说穿了其实就是说《密释纳》不是

① Craig A. Evans, “Mishna and Messiah ‘In Context’: Some Comments on Jacob Neusner’s Proposals”, *Journal of Biblical Literature*, Vol. 112, No. 2 (Summer, 1993).

② Jacob Neusner, “The Mishna in Philosophical Context and out of Canonical Bounds”, *Journal of Biblical Literature*, Vol. 112, No. 2 (Summer, 1993); Jacob Neusner, *Judaism as Philosophy*, Columbia: University of South Carolina Press, 1991.

在创造一个文本，而是在创造一个世界，一个理想的、按照拉比犹太教的标准来说完美无缺的世界。在这个理想世界里，以色列地是事件发生的地点，因此所有相关律法，包括那些只通行于以色列地的农业律法都得以完美实行。在现实世界里，圣殿已经无可挽回地被摧毁了，然而在这个理想虚拟世界里，圣殿依旧巍然矗立，每一道门、每一堵墙、每一座殿堂都以其准确无误的尺寸、形状、色彩存在着，圣殿里所应进行的一切祭祀典礼都在照常进行，那些在现实世界中已经失去了作用的祭司们仍然兢兢业业、一丝不苟地坚守着他们的圣职。最后，在现实世界里，人们在不断地破坏律法，而在这里，律法最细致的条文都得到了最充分的注意。纽斯内尔由此宣称，《密释纳》实际上是一种“想象与幻觉的文件”，认为它所创造的是一个已经不存在的世界[①]；而大卫·克莱默则称《密释纳》是“弥赛亚式的”，也就是说是在描述一个救世主到来之后的得到拯救的理想世界。[②] 两个人都指出了《密释纳》的一个重要特性——一种脱俗离尘的“不属于这个世界”的精神。《密释纳》记录的律法中有相当一部分是早已不合实际的律法条文（比如与圣殿相关的律法），这些条文的大量存在表明，《密释纳》的编纂者并没有让他们的目光受到他们所处的那个特定时间与空间的限制。

总之，迄今为止所有有关《密释纳》文本性质的定义都存在着这样或那样的问题，都不能完全令人信服地描述《密释纳》的属性。

---

① Alan Jeffery Avery-Peck, Jacob Neusner, *The Mishnah in Contemporary Perspective*, Leiden: Brill, 2002, p. 8.

② Steven T. Katz (ed.), *The Cambridge History of Judaism*. Cambridge: Cambridge University Press. 2006, Vol. 4, p. 313.

也许我们应该采纳大卫·克莱默的豁达态度,接受《密释纳》"自成一体"[1]、不可能被任何其他标签所描述的事实。或者也许我们应该像拉比犹太教传统所信仰的那样认识《密释纳》,明白"《托拉》就是生命",明白这部浩瀚的典籍之所以没有定义、没有目标、没有界限、没有属性,就是因为它是一个活生生的生命体。这里生命的意思就是:它从母体中获得活力,但却保持了自我发展、自我生长的权利和选择。《密释纳》的编纂者们退隐台后,给这部文本留下了超级开放性的一个重要结果是:我们在随后的几个世纪里看到了这部文本的生长,它生长成了两部《塔木德》那样的"庞然大物",并在后续的犹太教发展中仍然不断生长,永远保持着它自身的活力。

3.3 《密释纳》的地位

《密释纳》的出现,使危机中的犹太教发生了革命性的变化,使犹太民族的精神实体得以延续发展,使犹太民族独特的思维方式开始了自己辉煌的旅程。

可以说,形成《密释纳》的近两百年,是犹太教起死回生的两百年,在很大程度上也是犹太民族起死回生的两百年。而《密释纳》则既是这种起死回生的努力的结果,又是造成起死回生这一奇迹的秘方。

从犹太古籍所描述的情况看,犹太教在这两百年间所面临的挑战大致有三个:

首先,第二圣殿被毁使传统的《圣经》犹太教的基础遭到了不

① Steven T. Katz(ed.), *The Cambridge History of Judaism*, Cambridge: Cambridge University Press, 2006, Vol. 4, p. 313.

可逆转的动摇。《圣经》犹太教的教义基础是人与神的直接交流，这种交流一方面通过先知等神秘人物以一种直接的方式发生，另一方面则通过圣殿祭祀活动以祭司、祭坛等中介而间接发生。到第二圣殿时期，传统的在野先知逐步消失，先知的部分角色由圣殿中的利未人代行，《圣经》犹太教的两个人神交流的途径实际上已经合而为一。因此，当第二圣殿在罗马人的熊熊大火中坍塌后，《圣经》犹太教的人神交流途径也就被彻底切断，犹太教不仅丧失了最高崇拜场所，而且失去了与最高宗教权威的联系，也就失去了自己生存的根基。

其次，惨遭迫害的犹太民族丧失土地，流落他乡，使得犹太教的地域概念遭受严重破坏。《圣经》犹太教是一种有着严格地域限制的宗教。这种宗教赖以生存的土地——以色列地，不仅是神给亚伯拉罕的“应许之地”，而且犹太教的大量律法也是以以色列地为其有效界限的。土地的丧失和犹太民族逐步移居他乡的现实使得传统宗教的概念和概念的实行都遭到了根本性的挑战。

第三，罗马当局对犹太教贤哲的迫害使得探索中的新犹太教举步维艰。特别是巴尔·科赫巴起义失败后，犹太教学者们惨遭杀害，学校被强行关闭，在很大程度上暂时切断了师生相传的学术链条，导致很多口传律法被遗忘，幸存下来的也受到歧义解说的困扰，所有这一切，都对以口传律法为基础的新犹太教构成了沉重的打击。

在这些挑战面前，《密释纳》必须解决两个基本的问题：首先，它必须明确保持与《希伯来圣经》的基本联系，以此保持犹太教的基本传承链条不被斩断，犹太教不会变成其他宗教，犹太民族不会变成其他民族。其次，它必须从根本上变革《圣经》犹太教的教义，寻找新的崇拜方式、崇拜场所、崇拜程序，在没有圣殿的情况下重建人与神的交流关系。这里的关键是在《密释纳》与《希伯来圣经》之间建立一种创造性的张力，这种张力将既保持两者间的联系，又给新教义的发展留出足够的空间。正是对这两个问题的成功解决造就了《密释纳》的成就和地位。

3.3.1 《密释纳》与《希伯来圣经》之间的创造性张力

对于《密释纳》与《希伯来圣经》之间的关系，《密释纳》本身就有一个非常生动形象的说明：

> 有关解除誓约的律法飘浮空中，无可依托；有关安息日、节日祭祀、亵渎圣物的律法，如群山悬于一发，因其经中甚少而律法甚多；有关审判、圣殿服事、洁净与不洁、乱伦的律法，均有所依托，其为律法之基本。[①]

《密释纳》在此把《希伯来圣经》看作是新宗教教义的依托，把缺乏这种依托的新律法看作是空中飘浮、无根无基的东西，同时明确宣示《希伯来圣经》的律法乃是“律法之基本”。由此确立了新经典与旧传统之间的传承关系。但这一段同时又给予新律法无可置疑的权威地位，尽管这种地位看起来不像旧律法那样稳固，但依然是有效的裁决依据。从这一点上说，“群山悬于一线”更像是一个双重象征，一方面象征《希伯来圣经》律法不可忽视的地位，另一方

① 《密释纳·节期部·节仪卷》1∶8。

面也显示出新律法的强大以及与传统律法之间一种若即若离、一挣即断的紧张关系。

以《密释纳》的这种自我表白为基础，纽斯内尔将《密释纳》与《希伯来圣经》的关系概括为三种情况：在第一种情况中，《密释纳》“只是用它自己的语言简单重复《希伯来圣经》所要说的话”，也就是《密释纳》所说的“有所依托”的那些卷帙。在第二种情况中，《密释纳》“引用《希伯来圣经》里的事实，但其引申的方式则是这些《希伯来圣经》事实所不曾引导我们去预见的”，也就是《密释纳》所讲的“群山悬于一发”的那些卷帙。在第三种情况中，《密释纳》“或者以一种《希伯来圣经》决不会提出的方式处理问题，或者从一种与《希伯来圣经》事实绝少相关的事实中引申出来”[①]，也就是《密释纳》所说的“无可依托”的那些卷帙。

不过，纽斯内尔的理论与《密释纳》的说法之间有一个很大的差别，就是在第二种情况中，《密释纳》所说的“群山悬于一发”只是一个数量上的不同，也就是“经中甚少而律法甚多”的情况；而纽斯内尔则认为这不仅仅是数量上的差别，即使是那一点极少的联系也是被《密释纳》按照自己的、《希伯来圣经》经文所不可能自然推导出来的方式而加以解释了的。换句话说，在《密释纳》与《希伯来圣经》联系的三种情况中，至少有两种情况是贤哲们主导《希伯来圣经》，而不是《希伯来圣经》在主导贤哲。因此，《密释纳》贤哲们对待《希伯来圣经》的态度也是双重、平行的，一方面，《希伯来

---

① Jacob Neusner, *Judaism, The Evidence of the Mishnah*, Chicago: University of Chicago Press, 1981, pp. 221–222.

圣经》被看作是终极权威；另一方面，通过对《希伯来圣经》经文的解释权威和创造自由，《密释纳》贤哲们形成了一个新的独立的权威体系，而且在实际运用中远远压倒了《希伯来圣经》的权威地位。

纽斯内尔对《密释纳》与《希伯来圣经》之间这种创造性张力关系的描述基本上反映了两者间的实际情况，在很大程度上也是《密释纳》贤哲们自己的理解。很多现代学者也直接引用他的观点来说明这种关系。[①]

3.3.2 《密释纳》的成就与影响

从犹太教与犹太民族文化历史的发展来看，《密释纳》的成就与影响大体上可以归纳为以下三点：

首先，《密释纳》完满回答了《希伯来圣经》之后、在艰难困苦的环境中犹太教"何以为继"的根本问题，通过全新的解经方式的运用，构架了犹太教通向未来的桥梁。

正如上文所言，《密释纳》的基本任务是在保持《希伯来圣经》受尊崇的神圣地位的同时为变革和发展开辟空间。由于拉比犹太教以遵守律法为基本教义，而律法大量来源于《希伯来圣经》，且传统上律法的权威亦来源于《希伯来圣经》，因此《密释纳》对《希伯来圣经》的尊崇不能停留在名义上，而不可避免地与之建立大量的文本联系。这就大大增加了创新的难度。

《种子部·田角捐卷》8:9向我们提供了《密释纳》与《希伯来

① David Charles Kraemer, *The Mind of the Talmud: An Intellectual History of the Bavli*, Oxford: Oxford University Press US, 1990, P. 13; Steven T. Katz (ed.), *The Cambridge History of Judaism*, Cambridge: Cambridge University Press. 2006, Vol. 4, P. 306.

圣经》关系的一个经典例子：

> 任何应该领取却未领取者，不到他人仰赖他以为生计之地步，不会因年老而死去。对此《圣经》说："倚靠耶和华，以耶和华为倚靠的，那人有福了。"[1]

这一段讲的是如果一个穷人不去领取他分所应得的济贫捐税，比如田角捐、遗落品等，《密释纳》相信这样的穷人可以得福，从受施者转变为施舍者，并用了《希伯来圣经》经文作依据。问题在于，翻遍了《耶利米书》的上下文，你也找不出这句话跟田角捐有什么关系，而且经文中"倚靠耶和华"与"以耶和华为倚靠的"两句本来是一个意思，是《希伯来圣经》中常见的平行句法。但《密释纳》显然把第二句解释成了"耶和华成为他的倚靠"，而且把这种"倚靠"解释成了钱财。

亚历山大·萨姆雷（Alexander Samely）在《〈密释纳〉中〈圣经〉经文的拉比诠释》一书中以上述实例为起始点[2]，向我们系统地揭示出《密释纳》突破《希伯来圣经》制约框架的诠释体系。按照他的研究，这个体系的根基在于把《希伯来圣经》经文碎拆下来。在《密释纳》中，你见不到成段落的《希伯来圣经》引文，而只有最多一两句话的只言片语，有时甚至只有半句话或者一两个词。这种碎拆经文的做法只有一个目的：削弱《希伯来圣经》经文与《希伯来圣经》

---

① 《耶利米书》17：7。

② Alexander Samely, *Rabbinic Interpretation of Scripture in the Mishnah*, Oxford: Oxford University Press, 2002, pp. 7-8.

文本之间的上下文联系，使得被引用的经文孤零零地淹没在《密释纳》的文本海洋之中，成为无处追寻其原始本义的“孤岛”。当然，由于《希伯来圣经》文本本身是公开的，而且《密释纳》必须体现出对《希伯来圣经》的尊重，因此虽然《密释纳》已经可以按照自己的需要来解释这些孤立的、失去了原始文本环境的经文片断，但这种解释并不是随心所欲的。在这里，《密释纳》所遵循的基本原则是：在大多数情况下，经文的新含义与经文的原始含义之间保持某种联系，比如截取该片断在原始经文中的完整含义的一部分，而弃经文的原始完整含义于不顾。[①] 在这个原则基础上，《密释纳》运用了大量解经技巧，以期破除《希伯来圣经》经文的制约，为新生教义的发展开辟空间。按照萨姆雷的研究，《密释纳》的创造性解经技法可以被归纳为十八个大类两百零八种技巧[②]，从简单的类比到复杂的逻辑推理，这些技法向我们展现的是《密释纳》贤哲们在传统与现实之间探索出路的苦心孤诣的追求。

有证据显示，贤哲们进行这种《希伯来圣经》新解时是有意识地运用上述各种方法来达到其创造性的目的的。虽然《密释纳》本身未讨论这些解经法则，但是与《密释纳》几乎同时代的其他拉比犹太教文献记录了三套法则，包括《塞弗拉》卷首部分的巴拉伊

---

① Alexander Samely, *Rabbinic Interpretation of Scripture in the Mishnah*, Oxford: Oxford University Press, 2002, pp. 31-59.

② Alexander Samely, *Rabbinic Interpretation of Scripture in the Mishnah*, Oxford: Oxford University Press, 2002. 他后来在该书附录1的基础上又增加了几项新发明的技法。“Techniques of interpretation as used in the codes of the Database of Midrashic Units in the Mishnah”, http://mishnah.llc.manchester.ac.uk/docs/definitions.pdf.（2009年7月18日浏览）

塔记录的希列长老的解经七法则、拉比以实玛利的解经十三法则以及晚些时候以独立巴拉伊塔形式出现的拉比以利以谢·本·约西·哈-加利利的解经三十二法则。这些法则显然不仅存在着严重的不完整的情况,而且它们与《密释纳》《塔木德》等经典文献的历史关系也不甚清楚。但它们的出现以及它们与《密释纳》等经典在解经方式上的相同之处表明,《密释纳》时代的犹太教贤哲不但有意识地利用解经法则进行创造性的工作,而且有人对这些解经法则进行了理论上的探讨。

按照萨姆雷的统计,整部《密释纳》的独立解经部分不过600处左右而已[①],相对于《密释纳》的篇幅来说,这个数字确实不多,然而,《密释纳》所包含的解经法则种类却多得惊人,而且几乎包括了后代《塔木德》《密得拉释》等经典所采用的全部主要解经法则种类。[②] 这表明,《密释纳》所开创的道路成功地为拉比犹太教的发展壮大奠定了良好的基础,完成了它作为历史桥梁的使命。

从另一个角度看,独立解经部分相对较少表明了《密释纳》对《希伯来圣经》态度的另外一个特点——拒绝给予《希伯来圣经》过度的权威,而把真正的权威牢牢掌握在贤哲们自己的手中。在这一点上,《密释纳》与《密得拉释》形成了鲜明的对比。当《密得拉释》为每一条文字搜寻《希伯来圣经》依据时,《密释纳》却可以在大多数情况下坦然接受没有《希伯来圣经》支撑的律法,显示出对新传

---

① Alexander Samely, *Rabbinic Interpretation of Scripture in the Mishnah*, Oxford: Oxford University Press, 2002, p. 18.

② Alexander Samely, *Rabbinic Interpretation of Scripture in the Mishnah*, Oxford: Oxford University Press, 2002, p. 1.

统的宽容度和信心，而这种宽容度和信心也是拉比犹太教在后代大规模发展的主要动力之一。

其次，《密释纳》开启了犹太教新典籍创造的大门，直接衍生出一批拉比犹太教的根本经典。

从《密释纳》直接产生出来的拉比犹太教经典有三部：《巴比伦塔木德》《耶路撒冷塔木德》《巴拉伊塔》。其中，两部《塔木德》是对《密释纳》的注解，《巴拉伊塔》则是对《密释纳》的补充。

《密释纳》与后代拉比犹太教经典的关系不是一种简单的影响或继承，而是一种类似于种子与树木的关系——拉比犹太教最重要的经典是以注解《密释纳》的方式，从《密释纳》文本直接扩展而成的。两部《塔木德》都直接包括了相关的《密释纳》经文，阐释《密释纳》的思想成为两部《塔木德》首先关注的议题。因此，任何受到《塔木德》影响的后代拉比犹太教著作都首先受到《密释纳》的影响。

《密释纳》是犹太教历史上第一次把口传律法经典化的成功尝试。这种成功为后代拉比犹太教的发展开辟了一条新的道路。从《密释纳》开始，宗教经典不必再是直接来自神的话语，也不必再是那些具有与神直接沟通能力的先知的言论或事迹，更不必再是祭司这类宗教特权阶层人士的言行准则。《密释纳》提供了一个被称为"口传律法"的新框架，在这个框架下，普通拉比犹太教学者乃至普通的宗教学生都拥有提出疑问和看法的权利，而且这些疑问和看法可以经过筛选后直接进入经典，成为神圣《托拉》的一部分。这个框架直接扩大了拉比犹太教经典的创作来源和内容范畴。

与这个框架相联系的是《密释纳》罗列多种观点的平行结构，这种结构虽然还不是《塔木德》式的对话，但已然开了对话的先河。

由此,拉比犹太教学者们的对话经过整理与编辑,就可以直接收入经典,而无须经过《希伯来圣经》那样的复杂创作过程。这种简便的经典编纂方法使得拉比犹太教大型经典的形成成为一种相对容易的过程,无疑促进了后代犹太教经典的创作。与此同时,平行结构所创造的自由宽松的气氛也为拉比犹太教的创造力的发挥提供了必要条件。

再次,《密释纳》从教义上对《圣经》犹太教进行了创造性的变革,使新生的拉比犹太教获得了生存与发展的活力与智慧。

在圣殿被毁,《圣经》犹太教所赖以存在的通过圣殿活动而建立起来的人神关系被切断的情况下,《密释纳》的首要任务在于把拉比犹太教的视野从天堂转向人间,从神明转向世俗,也就是把人的活动看成宗教的核心内容,而不再将人与神的交流当作宗教存在的基石。

为了保证这种转换的成功,《密释纳》首先让自己与《希伯来圣经》划清了界限。在语言上,《密释纳》使用一种变异的希伯来语,以适合当时的语言情况,而不是去伪装《希伯来圣经》的腔调。在口吻上,《密释纳》让贤哲们以平常人的身份出现,而不再假借神明或先知的口吻以获得权威。在内容上,《密释纳》不再专注于神明及其代理人在世界上所行的各种奇迹,也不再把任何神圣的事物当作焦点,而是把全部精力投入到日常物品、凡人小事上去。在《密释纳》里,你看不到摩西在上帝引领下率犹太民族出埃及的宏伟场面,你看到的是收获时分留各种税赋的烦琐程序,节日的每件事物的安排,婚礼上一切细节的描述,都是一些平常得不能再平常的人、琐碎得不能再琐碎的事。与通常的宗教经典不同,《密释纳》甚至不把自己的权威绝对化，而是用平行结构包容不同的观点、各方的争论，这同样体现出其凡人化的特征。

《密释纳》的出现表明，犹太教已经超越了《圣经》犹太教的范围，成熟地进入了一个全新的阶段。虽然这种新的宗教还会在以后的时代不断发展和改进，但拉比犹太教的基本方向在《密释纳》中已经大致确定下来。正如上文所说，《密释纳》仿佛是一把种子，虽然以后长成的茂密森林看起来有天壤之别，但基本的性质已经在种子的基因里孕育完成。

综合来看，《密释纳》主要在四个方面确定了拉比犹太教发展的基本方向：宗教权威、律法地位、行动性、教育方式。

《圣经》犹太教的宗教权威是上帝，上帝的言语则通过其在人间的代理人传达给信众，因此真正的宗教权威是一批带有神秘色彩的、与神有特殊交流关系的人物，包括民族的远祖贤人、历代先知、圣殿祭司等。拉比犹太教的权威是文本。在拉比犹太教看来，第二圣殿被毁之后，神明已经远离世界，留在世界上的唯一能代表神明力量的就是宗教文本，也就是神当年在西奈山上传授给摩西的两部《托拉》。由于贤哲们是解读这些《托拉》文本的最高权威，因此拉比犹太教的宗教权威几乎全部落在了拉比们手中。不仅如此，拉比们通过口传《托拉》，实际上参与了神化典籍的创造。在拉比犹太教中，有关律法的讨论具有与神的语言同等效力的地位，参加讨论的贤哲们的言辞被看作“口传《托拉》”的一部分，实际上与神的语言平起平坐，因此，这种讨论的结果不仅被看作律法，而且一旦按照规则通过，甚至上帝本人也无权加以干涉。《密释纳》是拉比宗教权威得以树立的第一部犹太教经典，在这部经典中，拉比们自己的律法自然出自拉比之口，对《希伯来圣经》经文的解释也出自拉比们的思考，而《希伯来圣经》律法的选择也由拉比们决定。在《密释纳》中，拉比们已经是实际上的最高权威，无论是《希伯来圣经》还是上帝都不具有事实上的更高权威。

律法在《圣经》犹太教时代就已经存在，但是《圣经》犹太教时代的律法只是教义的一个方面，而且大量的律法（特别是有关洁净问题的律法）只是针对祭司阶层等神职人员，与普通人的生活关系不大。拉比犹太教在很大程度上继承了法利赛人的传统，把律法的遵行当作生活中的第一件大事，而且对于很多本来只与祭司阶层有关的律法也照行不误。《密释纳》是犹太教历史上第一部以律法为中心的经典。这是一部除了律法之外几乎什么都不谈的经典，即使谈论圣殿、祭司等《圣经》犹太教的象征物，也是从律法角度加以叙述。因此，可以说是从《密释纳》起，律法成为犹太教的核心内容。与《希伯来圣经》相比，《密释纳》律法的另一个特色是律法讨论。《希伯来圣经》的律法都是以确定不移的方式发布给人们的，《密释纳》则将律法的整个讨论过程展现出来，而且在大多数情况下定格在讨论阶段，并不公布结果。因此，《密释纳》不仅将律法提升为教义的核心内容，而且把律法讨论定位为拉比犹太教的主要宗教活动，事实上成为被焚毁的圣殿的替代物，使拉比犹太教成为一种完整的、可以实行的新的宗教。

《密释纳》律法的另一个基本特征是侧重凡人的日常生活。在《密释纳》中，你很少看到对教义的抽象解说或道德训诫，以至于《阿伯特》这样的道德卷帙在《密释纳》中成为一个明显的例外。《密释纳》的律法也很少有关于信仰准则的内容。在这里，最重要的律法都是关于日常生活中普通人衣食住行的规则和程序，所侧重的是那些人们常常要做或定期要做的生活琐事，由此把教义贯彻到日常生活的大量细节中去。因此，拉比犹太教的基本要义是问你做什么，而不像其他宗教（比如基督教）那样首先问你信什么。在拉比犹太教中，除了在日常生活中认真履行律法，按照律法的要求去做每一件事情之外，几乎没有其他的崇拜方式。这样一种宗教构架使得拉比犹太教强化了马丁·布伯所探讨的那种“行动的观念”。马丁·布伯认为，“行动的观念”是犹太教民族的特性，是从《圣经》时代起就存在于犹太教内部的三大特征之一。犹太教的行动特征是“每一个行动，都在以某种方式适应于上帝”，这种行动与上帝的关系产生了律法。在布伯那里，虽然律法是行动的产物，但行动与律法是对立的，因为行动代表着自由和创造力，而律法则代表着约束和脱离生活。[①] 布伯所指出的关于行动与律法的矛盾关系大体上是准确的，但由于布伯的犹太教哲学基本上以哈西德教派为基础，对拉比犹太教有一种近乎本能的敌意，因此他对于律法的作用的总结未免失之偏颇。律法确实有脱离生活、僵化教条的一面，但这并不是律法的全部，更不是律法与行动关系的全部。事实上，律法与行动是互为目标的，律法的设定既有限制人行动的一面，也有鼓励人行动的一面，而行动的目的则几乎无一例外地是为了成为律法，即使是布伯所推崇的早期基督教与哈西德教派对律法的反叛其实也是在律法大旗的引领下进行的。因此律法与行动应该更

---

① 参见马丁·布伯《论犹太教》，刘杰等译，山东大学出版社2002年版，第40～44页。

多地被看作是一个事物互为表里的两个方面，而不是绝对非此即彼的死敌。具体到《密释纳》来说，由于律法本身也是在开放的文本环境下演变发展的，所以律法与行动的统一在这里表现得更为突出。

无论《密释纳》的最初性质是不是属于教学课本，在《密释纳》诞生之后，《密释纳》毫无疑义地成为拉比犹太教学校里最重要的教材之一。因此，《密释纳》所提倡的、所暗示的讨论式学习方法在很大程度上影响了犹太教教学方式，也在很大程度上影响了犹太民族的传统教育方式。由于犹太民族崇拜圣书的传统，一旦一部宗教经典成为传统教育的重点，它的意义就不再局限于宗教的范畴之内，“它将不只决定人们应该做什么，而且决定如何思考，如何看待世界，以及选择何种事物来思索”①。因此，从这个意义上说，《密释纳》对于犹太民族独特思维方式的构成也起了重大作用。

伊丽莎白·亚历山大（Elizabeth Shanks Alexander）在《传播密释纳》一书中为我们提供了一个《密释纳》成为《巴比伦塔木德》教学活动中心内容且直接影响到《塔木德》的教学方式的一个出色的例子。按照她的研究，《密释纳》贤哲们在辨析一些律法条文时，不是局限于使用事实清楚的事例阐明律法的含义，而是倾向于使用处于临界状态的不清晰事例进行分析，以此来培训学生们的思辨分析能力。比如《损害部·誓言卷》7:4谈到一方起诉另一方欠债的案例，规定如果起诉方信誉可靠的话，那么他只要发誓这笔债

① Moshe Halbertal, *People of the Book: Canon, Meaning, and Authority*, Cambridge MASS: Harvard University Press, 1997, p. 100. 原书讲的是《塔木德》，但《塔木德》的核心是《密释纳》，因此也同样适用。

务的确存在，法庭就可以判决被告还钱，对此拉比们并无异议。但《密释纳》随后立即提出一个临界状态的情况：如果原被告双方的信誉都不可靠怎么办？对此拉比们发生了意见纠纷，拉比约西认为法庭应判决原告被诉，拉比梅伊尔则认为所诉数额应在原被告之间平分。伊丽莎白·亚历山大认为，这种临界状态事例的运用是为了培养学生的分析能力①，而且这种教学方法在《巴比伦塔木德》中得到了进一步的使用和发挥。②

《密释纳》至今仍然是世界各地犹太学校里的重要教育内容，特别是在宗教学校里，《密释纳》是女生必修的主课，男生则要学习由《密释纳》扩展后形成的《塔木德》。因此，《密释纳》的教育功能可以说是长盛不衰，至今仍然在犹太民族的思维形成中起着难以替代的作用。

4.《密释纳》思维方式的独特性

2006 年，我在山东大学讲授《密释纳》课程，带着学生读《种子部·田角捐卷》，不止一个学生问我："这些烦琐的律法只与犹太人有关系，我们读它有什么实际意义吗？"这个问题看似简单，实际上则恰如其分地表现出拉比犹太教与中国儒家传统之间在思维方式上的根本性差别，因此，有必要在这里作一个简单的比较，以便

---

① Elizabeth Shanks Alexander, *Transmitting Mishnah: The Shaping Influence of Oral Tradition*, Cambridge: Cambridge University Press, 2006, pp. 155-159.

② Elizabeth Shanks Alexander. *Transmitting Mishnah: The Shaping Influence of Oral Tradition*, Cambridge: Cambridge University Press, 2006, pp. 197-219.

更加清晰地展示拉比犹太教思维方式的独特之处。

《田角捐》卷是《密释纳》中讨论济贫问题的一卷。济贫问题是任何一种宗教或传统所无法忽视的问题，儒家也不例外，因此我们的比较就围绕《田角捐》卷与早期儒家有关济贫问题的论述而展开。

《田角捐》卷的《希伯来圣经》依据来自《利未记》《申命记》的相关段落。在主要讨论田角捐的相关问题的同时，还讨论了其他的济贫措施，一共有六种，包括：

（1）田角捐：收割时留于地角的作物及其果实。

（2）遗落品：收割时掉落的果实。

（3）忘收品：忘记收获的果实。

（4）掉落品：掉落的葡萄。

（5）葡萄幼串：未发育好的葡萄。

（6）穷人什一税：第三年和第六年的第二什一税归穷人所有。

以上六种均属于物主在收获时需要留给穷人的济贫捐税。此外，这一卷还提到了其他两种济贫措施：一种是济贫盘，这是《密释纳》时代救济过境穷人的犹太慈善机构。他们用盘子在各家轮流收取做熟的食物，用以向过境穷人提供当天的伙食。另一种是善款柜，这是当时救济本地穷人的犹太慈善机构。他们每周五向各家按其收入情况收取固定款额，并在当天向本地穷人发放相当于一周食物的善款。

这一卷共八章，前四章主要讨论田角捐的相关问题。第 1 章讨论田角捐的数量、应该交纳田角捐的作物种类，以及分留田角捐的地点和时机。第 2 章讨论分留田角捐的土地单位分界，以及出现多次收获的情况时如何分留田角捐的问题。第 3 章讨论不完全收获的土地的田角捐，以及需要交纳田角捐的最小土地单位问题，并连带讨论了赠送财产的问题。第 4 章先讨论穷人前往领取田角捐时的各种问题，最后两节讨论遗落品的问题。第 5 章讨论遗落品、穷人什一税和忘收品的问题。第 6 章讨论构成忘收品的必要条件。第 7 章讨论橄榄与葡萄的济贫捐税问题。第 8 章讨论与济贫问题相关的其他问题，包括不知经者与济贫捐税的关系、穷人的定义、领取济贫品的奖惩问题等。

从《田角捐》卷来看，《密释纳》时代的济贫措施不仅非常完整，来源多样，而且对于济贫措施的执行的规定也非常详细，非常周到。

在早期儒家思想中，对济贫思想论述最完整的是《礼记·礼运》，其中记载了孔子的一段话：

> 大道之行也，天下为公。选贤与能，讲信修睦，故人不独亲其亲，不独子其子，使老有所终，壮有所用，幼有所长，矜寡孤独废疾者，皆有所养。男有分，女有归。货恶其弃于地也，不必藏于己；力恶其不出于身也，不必为己。是故谋闭而不兴，盗窃乱贼而不作，故外户而不闭，是谓大同。

这段话与《孟子》的“老吾老，以及人之老；幼吾幼，以及人之幼”如出一辙，都是以儒家“以己推人”的道德原则为基础的济贫扶弱思想。

在制度方面，《周礼·地官司徒》记载：

乡里之委积，以恤民之阨；门关之委积，以养老孤；郊里之委积，以待宾客；野鄙之委积，以待羁旅；县都之委积，以待凶荒。凡宾客、会同、师役，掌其道路之委积。凡国野之道，十里有庐，庐有饮食；三十里有宿，宿有路室，路室有委；五十里有市，市有候馆，候馆有积。

这些用来备荒济贫的"委积"后来发展成历代仓廪制度，这些仓廪的储备主要用来救荒，但其中有些也用于济贫，比如宋代的广惠仓。

应该说，两者在很多方面的相似性还是不容否认的。首先，在基本理论上，两者都把济贫行为看作是其社会体系的重要环节。《密释纳》把《田角捐》卷列为全书的第2卷，仅次于《祝祷》卷，应该说显示出编纂者对这个问题的重视。早期儒家则把这个问题列为理想社会的主要标志，是"大道之行"的重要结果。其次，两者在济贫对象上也有相似之处，都强调对鳏寡孤独的照顾，《希伯来圣经》更直接把"孤儿寡妇"当作"穷人"的代名词。[1] 此外，双方都把旅行者列入济贫的范围，《周礼》设置"野鄙之委积，以待羁旅"；而《田角捐》卷则明确规定："对从一地到另一地去的穷人，不可给他们少于价值一蓬地庯的面包，如果四细亚卖一塞拉的话。欲夜宿，则当给他夜宿之资。欲过安息日，则当给他三顿饭的食物。"[2] 最后，两者的济贫方式中也有某些非常相似的地方，比如孔子提到"货恶其弃于地也，不必藏于己"，这一说法让人想到犹太教里的"遗落品"

① 如《申命记》24：19～22。

② 《田角捐卷》8：7。

或“忘收品”。

相对于这些相似之处来说，两者的不同似乎更为明显，因为两者的相似来自思维的内容，而差别则来自思维的方式，最终也引起内容中更根本的部分的差异。为了说明这一点，我们不妨来看看《田角捐》卷最初几节的内容：

> 1. 以下这些为额度未定之事：田角捐、初熟贡、朝圣、义举以及读经。以下这些为人在今世食用其果实，其资本将为其留至来世之事：孝敬父母、义举、给他人及其同伴带来和平，而读经则与所有这一切相匹敌。
>
> 2. 田角捐不得少于六十分之一。虽然他们说：田角捐无定额，但一切都取决于田地的大小，取决于穷人的众寡，取决于收获的多少。
>
> 3. 允许从地头以及地中留取田角捐。拉比西缅说：“除非是在地尾按定额交纳了。”拉比犹大说：“若留下了一穗，即可连属为田角捐。否则即未交纳，而为遗弃品。”
>
> 4. 他们说定田角捐法规：举凡食物、被保有的、生长自土地的、一次性收获的、存入仓储的，都须纳田角捐。此法规包括五麦与豆类。
>
> 5. 至于树木，漆树、角豆树、核桃树、杏仁树、葡萄树、石榴树、橄榄树和椰枣树，都须纳田角捐。

两者的首要差别在于文本的根基和地位。对于《密释纳》来说，文本（包括《密释纳》和处于背景之中的《希伯来圣经》文本）就是终极权威，就是其自身存在的充足条件，文本的权威不需要其他权威来证明其合法性，不需要国王，不需要民众，不需要上帝，也不需要任何形式的以道德或其他价值观为基础的论证。因此，《密释纳》(包括《希伯来圣经》)并不解释为什么要这样做，这样做对谁有好处，这样做的意义何在，等等，而是直接切入细节讨论，告知你应该怎样做，做什么。

早期儒家的情况显然不同，孔子提倡“人不独亲其亲，不独子其子”的济贫精神，但他的话语或文本却缺少《密释纳》那样的独立性和充分权威性，因此他必须论证他的观点的合理性，而论证的出发点则是政治的和社会的：“是故谋闭而不兴，盗窃乱贼而不作，故外户而不闭，是谓大同。”济贫可以造就一个理想的大同社会，对于统治权的稳固有着不可估量的作用，因此是值得提倡的。由此孔子为自己在文本之外找到了一个保护的权威，文本也就可以站得住脚了。

这种文本权威性和自足性方面的差异实际上反映出儒家传统与拉比犹太教传统的一个根本性差异：儒家缺少一个作为传统总根源、总权威的神明。即使是在拉比犹太教大大缩小了上帝的权力范围之后，上帝的存在和上帝在西奈山向摩西传授《托拉》的事迹就给了拉比犹太教足够的文本权威，而无须再求助于外力。因此在第 1 节谈到各种行为的报偿时，田角捐不属于那些会获得报偿的行为之列。但这并不妨碍这段内容被列在该卷首位，因为“田角捐”的诫命来自文本，而文本有足够的权威，无须借助该行为所带来的好处而获得其合理性。相比之下，孔子的道的来源从一开始就受到质疑[①],以至于"大道之行"都不能成为足够的权威本身,而需要论证"大道之行"为社会政治带来的好处才行。

回到我们在本章开头学生们所提出的问题,我们可以看出这个问题的传统渊源。对于受中国儒家传统熏陶的人来说,文本的存在远不是学习文本的理由,学习文本的理由只能是在文本之外,而最常见的理由就是文本的"实用性":有什么用?有什么价值?有什么实际意义?都是同一问题的变形反复,都是对孔子非"外户不闭"不能证明"不独亲其亲,不独子其子"的存在价值的话语的复述。相比之下,对拉比犹太教来说,文本本身就是其存在和学习的充分条件,"有什么用"是个毫无价值的问题。

由于权威来源的不同,拉比犹太教与早期儒家在济贫行为的定性上也不相同。对于《密释纳》来说,济贫是一种人与文本之间的关系,在文本的另一头当然有上帝的存在,但上帝的作用事实上仅限于授予文本权威,因此济贫行为是一种遵从诫命的行为。早期儒家需要用政治和社会作用来论证济贫行为的合理性,因此只能把济贫定义为人与人之间的关系,从而将其定位在伦理道德领域:我济贫,是因为我把对亲人的爱推广到了他人头上。但这正是拉比犹太教所禁止的,拉比犹太教反对把济贫行为看作人与人之间的关系,换句话说,我济贫,并不是因为我爱穷人,而是因为律法告诉我这样做,因此,我济贫,是对律法负责,而不是对穷人负责,因此我也不接受穷人的感激,而事实上穷人也不会感激我。

---

① 《论语·子张》:"卫公孙朝问于子贡曰:'仲尼焉学?'子贡曰:'文武之道,未坠于地,在人。贤者识其大者,不贤者识其小者,莫不有文武之道焉。夫子焉不学?而亦何常师之有?'"子贡虽然作出了回答,但这答复远不够完美。

这种权威来源的不同还直接导致了济贫方式的差别。对于拉比犹太教来说，济贫者遵从文本的律法而留下救济品，穷人则按照文本的律法获取救济品，济贫与接受救济是一种“井水不犯河水”的个体行为，因此双方之间没有直接关系，也就不需要中介机构提供服务。而早期儒家因为需要把济贫行为和政治上的好处绑在一起，因此政府就成了主持济贫行为的最佳选择，中国几千年历史上的情形正是如此。

这种权威来源的不同还造成了双方关注重点的差别。《密释纳》因为在权威性上没有危机，因此其关注重点在于济贫行为的实施细节。《田角捐》卷从头到尾都是在不厌其烦地解释分留和领取救济品的具体实施过程、各个名词的定义等等。而早期儒家文本的侧重点在于论证济贫行为的合理性，建立支持文本的权威。由于这一权威被交到了政府手里，因此具体实施细则也就成了政府的事情，儒家文本本身可以对此不加过问。

最后，双方文本的开放性的不同其实也来自文本的权威性问题。对于《密释纳》来说，文本的自足使编纂者拥有较强的自信，因此可以毫不犹豫地容纳相互冲突的观点，而且不加评判，留给学生们作为培养分析能力的课本。相比之下，早期儒家的文本显得小心翼翼，尽量追求滴水不漏，防止文本的权威性受到质疑，平行逻辑自然是很难接受的。相比《密释纳》文本来说，早期儒家文本侧重于让学生接受一种观点，而不是启发学生在不同的观点之间进行分析批判。从这种教学训练的意义上来说，《密释纳》犹如思维的起点，而儒家文本似乎更愿意扮演思维的终结者的角色。

总之，文本的权威性是《密释纳》特有的思维方式的核心部分，与世界上大多数宗教传统不同，甚至与《希伯来圣经》也不同，在这里，文本成为“传统的核心运作概念，就好像‘神’或‘以色列’一样”[①]。由于这种情况，《密释纳》的思维特性本身也有一种平行的性质，这种思维既是神圣高洁的，又是脚踏实地的；既是思辨细微的，又是简明实用的；既是逻辑严谨的，又是充满矛盾与冲突的。

回想当年在山东大学面对那些学生的问题时，我竟然想不起来当时我的答案是什么。也许根本就没有回答吧，因为就是现在想想，也还是想不出应该回答什么。我不可能说：“没用也要念。”因为这等于是把中国学生赶走。我更不可能开列出念这本书的一二三四条好处，需要这种好处清单才去读的人读不懂《密释纳》，也不可能领会读《密释纳》的乐趣。简单地说，想得到实用好处才肯读书的人没必要来读《密释纳》，因为《密释纳》不是为这种人准备的。思来想去，觉得摩西·哈尔伯塔尔（Moshe Halbertal）在《书本民族》开卷时所讲述的一个故事也许是对这个问题的最好答复，虽然这个故事讲的是《塔木德》，现抄录于此，作为这篇导言的结束语：

> 很多年以前，我的一位老师向我介绍了一种新的天堂地狱的观念：“别以为地狱就是人们为他们的罪孽而忍受火刑，而天堂就是人们为他们的虔诚而得到快乐回报的地方。真正要发生的是，上帝把每个人都集中在一个大堂里，然后他给每个

---

① Moshe Halbertal, *People of the Book: Canon, Meaning, and Authority*, Cambridge: Harvard University Press, 1997, p. 2.

人一部《塔木德》并命令他们开始学习。对于恶人来说，学习《塔木德》就是地狱；而对虔敬者来说，学习《塔木德》就是天堂。”[1]

张 平

2009年7月20日于特拉维夫

① Moshe Halbertal, *People of the Book*: *Canon*, *Meaning*, *and Authority*, Cambridge: Harvard University Press, 1997, p. 1.

第 1 部　种子

第 1 卷

祝 祷[1]

Berachoth

① 这是本部中唯一与农业活动无关的一卷。因此也有人认为，因本卷入选本部，故本部被列为六部之首。

提 要

虽然《密释纳》的整体卷次安排背后的动机至今仍然是个谜，但对于《祝祷》卷的次序安排，学者们的看法大体上是一致的：这部以拉比犹太教祝祷问题为主体的经卷被放在整部《密释纳》之首，混在了与其主题完全无关的《种子部》里，显然是经过了深思熟虑的。

“祝祷”，就是犹太教徒在各种生活场合所诵念的为这些场合量身定做的颂祷辞。这些颂祷辞的主要内容是将现实生活场景与神能神工联系起来，并表达对神的感激、赞美之情。祈祷或颂祷本来是宗教中常见的活动，但像拉比犹太教这样把个人祝祷文全部经典化，教徒用背诵的办法来祝祷的并不多见。拉比犹太教传统认为，大部分祝祷词是以斯拉及其追随者们撰写的，《谢饭祷》则由摩西和约书亚各自撰写了一部分。

在第二圣殿被焚毁之后，《圣经》犹太教所赖以生存的圣殿祭祀仪式已不复存在，“祝祷”就成为拉比犹太教徒日常生活中最具有仪式意义的活动。会堂活动通常按周进行，读经活动基本上以学者们为主，只有祝祷能够在最普通的犹太教徒最平常的生活中时时维系他与宗教、传统和神的关系。拉比犹太教的这一传统持续了两千年，至今不衰。祝祷文被收集为一本名为《祷文系列》的祝祷文集，教徒们将这种袖珍版的文集随身携带，随时进行祝祷活动。

在拉比犹太教所有的祝祷文中，祷文《听》是一切的核心，这段集《希伯来圣经》段落而成的核心祷文精练而集中地概括了犹太民族与神的关系以及日常维系这种关系的办法，因此成为宣言书式的教义总纲。因此，毫不奇怪，祷文《听》也是本卷最重要的内容，本卷前三章均讨论与祷文《听》相关的内容。第4章、第5章讨论另一个每天三次诵读的重要祷文——《十八祷文》（又称《立祷》）。第6章、第7章讨论《谢饭祷》以及其他相关的祷文。第8章讨论吃饭时的各种规矩。第9章则讨论与饮食无关的祷文问题。

相关《希伯来圣经》段落

1.《申命记》

6:4　以色列啊，你要听。耶和华我们神是独一的主。

6:5　你要尽心，尽性，尽力爱耶和华你的神。

6:6　我今日所吩咐你的话都要记在心上，

6:7　也要殷勤教训你的儿女。无论你坐在家里，行在路上，躺下，起来，都要谈论。

6:8　也要系在手上为记号，戴在额上为经文。

6:9　又要写在你房屋的门框上，并你的城门上。

2.《申命记》

11:13　你们若留意听从我今日所吩咐的诫命，爱耶和华你们的神，尽心尽性侍奉他，

11:14　他（原文作我）必按时降秋雨春雨在你们的地上，使你们可以收藏五谷、新酒和油。

11:15　也必使你吃得饱足，并使田野为你的牲畜长草。

11:16　你们要谨慎，免得心中受迷惑，就偏离正路，去侍奉敬拜别神。

11:17　耶和华的怒气向你们发作，就使天闭塞不下雨，地也不出产，使你们在耶和华所赐给你们的美地上速速灭亡。

11:18　你们要将我这话存在心内，留在意中，系在手上为记

号，戴在额上为经文。

11:19　也要教训你们的儿女，无论坐在家里，行在路上，躺下，起来，都要谈论。

11:20　又要写在房屋的门框上，并城门上，

11:21　使你们和你们子孙的日子在耶和华向你们列祖起誓，应许给他们的地上得以增多，如天覆地的日子那样多。

3.《民数记》

15:37　耶和华晓谕摩西说，

15:38　你吩咐以色列人，叫他们世世代代在衣服边上作穗带，又在底边的穗带上钉一根蓝细带子。

15:39　你们佩带这穗带，好叫你们看见就记念遵行耶和华一切的命令，不随从自己的心意，眼目行邪淫，像你们素常一样。

15:40　使你们记念遵行我一切的命令，成为圣洁，归与你们的神。

15:41　我是耶和华你们的神，曾把你们从埃及地领出来，要作你们的神。我是耶和华你们的神。

4.《诗篇》

55:17　我要晚上，早晨，晌午，哀声悲叹。他也必听我的声音。

5.《但以理书》

6:10　但以理知道这禁令盖了玉玺，就到自己家里(他楼上的窗户开向耶路撒冷)，一日三次，双膝跪在他神面前，祷告感谢，与素常一样。

6.《申命记》

8:10　你吃得饱足，就要称颂耶和华你的神，因他将那美地赐给你了。

第1章

1. 自何时起诵读晚间的祷文《听》[①]呢？自祭司们入室食用其举祭[②]那一时起[③]，至一更[④]结束时止。此为拉比以利以谢之言。贤哲们说：至半夜为止。拉班迦玛列说：至晨曦[⑤]浮现为止。某次其数子自酒宴[⑥]归，对他说："我们没诵读祷文《听》。"他对他们说："若晨曦尚未浮现，则你们必须诵读。"不仅如此，凡贤哲们说"至半夜为止"之处，其诫命都至晨曦浮现为止：燔烧油脂[⑦]与肢体[⑧]，

---

① 祷文《听》是犹太教最重要的祷文之一，由《申命记》6:4～9、11:13～21以及《民数记》15:37～41等《希伯来圣经》章节组成，应每天早晚诵读。

② 举祭：原文为"捐献品"，指农民交纳神但由祭司们管理享用的税，一般为除"穷人税"（犹太教规定应留给穷人的产物，如特定地角的庄稼、收获时被遗忘的果实、自己掉落的果实等）之外的收获物的五十分之一。交过"举祭"以后才交什一税。参见《民数记》18:8。

③ 祭司们只有洁净时才能食用圣物。如果祭司们沾染了不洁之物，则必须用水洗身，并等到日落以后才能食用。由于有时接触不洁之物而没有察觉，所以为防止过犯，祭司们都习惯于洗身后在日落后进食圣物。（参见《利未记》22:3～7）传统上对此处不明言"三星出现"（从太阳完全落入地平线到三星出现有一段时间，这段时间的归属有争议。迈蒙尼德确定以三星出现为晚间开始的标志）以标明时间，而以"祭司进食"为时间标志。对此有多种解释，有人认为"三星出现"不见载于《希伯来圣经》，因而不足为凭；也有人认为，此处的目的只是为了多讨论一项律法。

④ 犹太教把一夜分为三更（每更约四个时辰）或四更（每更约三个时辰）。

⑤ 晨曦：原文为"凌晨的光柱"，注家认为指从凌晨东方出现的第一道光开始至日出的一小时左右的时间，也有将日出包括在内的。

⑥ 柯哈提认为此处指婚礼酒宴。

⑦ 用于祭祀的动物油脂应于当天在祭坛燔烧，参见《利未记》第6章、第7章。

⑧ 用于燔祭的动物肢体器官也应于当天在祭坛燔烧，参见《利未记》第6章、第7章。

其诫命至晨曦浮现为止;当日食用的祭品[①],其诫命至晨曦浮现为止。既然如此,为何贤哲们说"至半夜为止"呢?是为了让人远离过犯[②]。

2. 自何时起诵读晨间的祷文《听》呢?自可分辨天蓝与白色[③]时起。拉比以利以谢说:分辨天蓝与韭绿[④],并至日出[⑤]时其诵读终止[⑥]。拉比约书亚说:至第三个时辰[⑦],因为王子们[⑧]在第三个时辰起身[⑨]。自此时之后,诵读者为《托拉》之诵读者,亦无所损[⑩]。

3. 沙玛伊学派说:晚上每个人都应斜倚而诵读,早晨则站立[⑪],因《圣经》说:"你躺下,你起来。"[⑫]希列学派说:每个人都应各从其

---

① 某些祭祀用的祭品可以被祭司或当事人于当天食用,参见《利未记》7:15以及《密释纳·圣职部·牺牲卷》5:3～7。

② 把时间说得早一点,使人不至于因拖到最后一刻而耽误了遵守律法。

③ 天蓝与白色:各本均认为是指犹太教祷巾穗带上的两种颜色,参见《民数记》15:38:"你吩咐以色列人,叫他们世世代代在衣服边上作穗带,又在底边的穗带上钉一根蓝细带子。"祷巾穗带是教徒的标准服饰之一,睡觉时也会放在伸手可及之处,用以确定天亮程度最为方便。另一说则认为是指白色羊毛线被染成天蓝色的部分与未着色部分的颜色差别。

④ 从能将天色与韭菜的绿色(参见《民数记》11:5)分辨开的时候起。通常认为这一时间晚于能分辨天蓝色与白色的时间。

⑤ 日出:原文为"太阳耀眼",指天边山头露出耀眼阳光之时。

⑥ 在此时之前都可以开始诵读祷文《听》。一本无"终止"一词。

⑦ 犹太教将一天划分为二十四个时辰,日夜各十二个。由于各季日夜长短不同,故与通行时间的二十四个小时不一致。第三个时辰,即白天的四分之一。

⑧ 一本作"国王们"。

⑨ 晨间诵读祷文《听》的时段应包括所有人起床的时间。王子们起床最晚,为第三个时辰,故以此为结束时间。

⑩ 在晨间诵读祷文《听》的时段结束后仍可诵读,不过不再能得到相关报偿,但仍可得到诵读《托拉》的报偿,所以说"亦无所损"。

⑪ 晚上躺着诵读祷文《听》,早上站着诵读。

⑫ 《申命记》6:7:"也要殷勤教训你的儿女。无论你坐在家里,行在路上,躺下,起来,都要谈论。"属祷文《听》的一部分。

道而诵读，因《圣经》说："行在路上。"[①]若是如此，那为何又说"你躺下，你起来"呢？是人躺下之时与人起来之时。[②] 拉比特尔封说：我曾行于路途，依沙玛伊学派之言斜倚而诵读，而使自己冒盗贼侵害之险。[③] 他们[④]对他说：你当承担一切后果[⑤]，因你违犯希列学派之言。

4. 清晨，在此前[⑥]祝祷[⑦]两段，此后一段；晚上，此前两段，此后两段，一段长，一段短。[⑧] 告知延长之处[⑨]，不可缩短；缩短之处，不可延长。封尾[⑩]之处，不可不封尾；不封尾之处，不可封尾。

5. 夜间，当记诵出埃及之事[⑪]。拉比以利亚撒·本·亚撒利雅

---

① 《申命记》6:7。"路"在希伯来文中亦有"方式"的意思，故希列学派将此句解释为"各行其道地诵读"。

② 希列学派将此句解释为单纯时间概念，与沙玛伊学派将"躺下"这一动作也包括在内不同。

③ 在旅途中下驴躺卧而诵读祷文《听》，附近却有盗贼在活动。

④ 众贤哲。

⑤ 意为"你甚至应当死去"。

⑥ 诵读祷文《听》之前。

⑦ 祝祷为拉比犹太教格式固定的赞美上帝的祷文，通常以"赞美你，我们的主"开始（有的还加上"我们的神，世界之王"）。

⑧ 祝祷通常分为三种格式，即短祝祷、长祝祷和系列祝祷。短祝祷以格式固定的赞语开始，加以简短的特定事项祷文。长祝祷以格式固定的赞语开始，中间有较长的特定事项祷文，然后必须以格式固定的赞语封尾。系列祝祷由一系列祷文组成，只在该系列的开头和结尾有格式固定的赞语，系列中各段祷文的赞语一概省略。本处的长祝祷指以"这一切都真实可信"句开头的祝祷段，短祝祷指以"我主我神让我平安躺卧"一句开头的一段。

⑨ 贤哲们定为长祝祷的段落。

⑩ 封尾：指长祝祷的结尾赞语。

⑪ 《民数记》15:37～41为祷文《听》的一部分，由于主要是讲祷巾穗带之事，本不必在晚间诵读（穗带只应在白天佩戴）。但因为最后一节"我是耶和华你们的神，曾把你们从埃及地领出来，要作你们的神，我是耶和华你们的神"提到出埃及一事，所以还是要诵读。

说：我好像七十岁的人[①]，却未得悟为何在夜间当记诵出埃及之事，直到本·左玛将其阐释为：《圣经》说："要叫你一生所有的日子都记念你从埃及地出来的日子。"[②]"一生的日子"即白昼，"一生所有的日子"则亦含黑夜。贤哲们说："一生的日子"即今世，"一生所有的日子"则亦带入弥赛亚的时代[③]。

① 按《革玛拉》的说法，拉比以利亚撒·本·亚撒利雅在十八岁时被选为"纳西"，却因太年轻无法就任，于是奇迹发生，他在那一天头发变白，看起来像是七十岁的老人，所以他自称"好像七十岁的人"。

② 《申命记》16：3。

③ 即使救世主到来，也还是要黑夜记诵出埃及之事。

第 2 章

1. 读经[①]中，诵读时辰[②]已到，若其心加意，则已行礼[③]；若非如此，则未行礼。在段落之间[④]可出于尊敬[⑤]而问候及答礼，在段落之中则可出于畏惧[⑥]而问候及答礼。此为拉比梅伊尔之言。拉比犹大说：在段落之中可出于畏惧而问候及出于尊敬而答礼。在段落之间则可出于尊敬而问候及答复任何人的问安。

2. 以下为段落之间：第一祝祷与第二祝祷之间；第二祝祷与"听"[⑦]之间；"听"与"你们若留意听"[⑧]之间；"你们若留意听"与"耶和华晓谕"[⑨]之间；"耶和华晓谕"与"真实确定"[⑩]之间。拉比犹大说：在"耶和华晓谕"与"真实确定"之间不得停顿[⑪]。拉比约书

---

① 经：原文为《托拉》。此处指读到《希伯来圣经》祷文《听》的段落。

② 指诵读祷文《听》的时辰。

③ 此时不必停止，只需在读经时心存履行诵读祷文《听》之礼的意念，就等于行了此礼。

④ 正好读到祷文《听》的段落之间。

⑤ 指对师长或长辈等的问候。

⑥ 指有权对不问候者进行惩罚的人物，如总督、国王等。

⑦ 《申命记》6:4"以色列啊，你要听"，原文以"听"开端。

⑧ 《申命记》11:13 的开始句。

⑨ 《民数记》15:37 的开始句。

⑩ 为晨祷文中紧接着祷文《听》的段落的开始句。

⑪ 祷文《听》的最后一句为："我是耶和华你们的神。"而此后的晨祷段落以"真实确定"开始。《耶利米书》10:10 有"惟耶和华是真神"一句，因此拉比犹大认为"神"与"真实"之间不应停顿。

亚·本·卡尔哈说:为何“听”先于“你们若留意听”呢?为的是使人首先身受天国之轭[①],然后身受诫命之轭。为何“你们若留意听”又先于“耶和华晓谕”呢?因“你们若留意听”[②]贯彻日夜,而“耶和华晓谕”[③]只贯彻于白昼。

3. 诵读祷文《听》而未能耳闻者[④],已行礼。拉比约西说:未行礼。诵读而未吐清其字母者[⑤],拉比约西说:已行礼。拉比犹大说:未行礼。读错句序者[⑥],未行礼;如诵读有误则回到有误之处[⑦]。

4. 工匠可在树梢或墙头[⑧]诵读[⑨],《立祷》则不得如此行事[⑩]。

5. 新郎在第一夜免其诵读祷文《听》。[⑪] 若未行房,则免除至安息日结束[⑫]。拉班迦玛列的一个事迹是:他在新婚第一夜诵读,其门徒对他说:“我们的老师,你未曾[⑬]教导我们新郎第一夜免于

① 先承认神的权威,然后再谈诫命的问题。

② 该段中有“无论坐在家里,行在路上,躺下,起来,都要谈论”,表明该段应日夜遵循。

③ 该段中有关于衣服穗带的诫命,只在白天有效。

④ 指不出声地默诵。

⑤ 指将词与词之间两个相邻的相同字母连读为一个。

⑥ 指段落中句子的顺序,如果读错了段落的顺序则仍算已行礼。

⑦ 句中有误则回到句首,段中有误则回到段首。

⑧ 或解释为脚手架,或是砌好的石堆。

⑨ 指诵读祷文《听》。除第一句以外,诵读祷文《听》无须特别集中注意力,所以不必专门从工作的地方下来。

⑩ 《立祷》又称《十八祷文》,共十八段,诵读时要求全神贯注,站立不动,故不适合在有危险的场合进行。

⑪ 照顾他因新婚而带来的兴奋和焦虑。

⑫ 婚礼通常在星期三举行。

⑬ 某些版本无“未曾”一词,因而是肯定句,而不是反义疑问句。下两段的“未曾”句同。

诵读祷文《听》吗?”他对他们说:“我不会听从你们而自己荒废天国[①],即使是一时。”

6. 他[②]在其妻子去世的第一夜洗浴。其门徒对他说:“我们的老师,你未曾教导我们丧主禁止洗浴[③]吗?”他对他们说:“我与所有[④]其他人不同,我很敏感。”[⑤]

7. 其奴仆塔比去世时,他为其接受吊慰[⑥]。其门徒对他说:“我们的老师,你未曾教导我们不为奴仆[⑦]接受吊慰吗?”他对他们说:“我的奴仆塔比与其他所有奴仆不同,他是正人。”[⑧]

8. 新郎若想在第一夜[⑨]诵读祷文《听》,可以诵读。拉班西缅·本·迦玛列说:“并非所有想沾得名誉者都将获得。”[⑩]

---

① 柯哈提解释为:从天国之轭中解脱。

② 指拉班迦玛列,下节同。

③ 根据律法,丧主在守丧期间不得洗浴。

④ 某些版本无“所有”一词。

⑤ 他的洗浴是出于健康原因,而非享乐。

⑥ 指葬礼完成回家之后,在家中接受别人列队吊慰(亲友列为数行,丧主穿过行列,接受吊慰)。

⑦ 指迦南奴仆,禁止为迦南奴仆接受吊慰是为了防止这些奴仆被误认为自由人。

⑧ 指其遵守犹太教律法而为人正直,也有人认为塔比实际上也是贤哲门徒。

⑨ 新婚第一夜。

⑩ 如果他以拉班迦玛列为先例而一定要打破常规诵读的话,那么就未免有捞取名声的嫌疑。而由于常人不能像贤哲那样谨守律法,因此极可能出现失误,从而捞不到名声。

第 3 章

1. 其死者停灵于其面前者[①]，免于诵读祷文《听》、免于《立祷》、免于经匣[②]。抬灵床者[③]、其换班者、其再换班者、在灵床之前者、在灵床之后者[④]、其为灵床所需要者，都得免除。其不为灵床所需要者，则必须诵读[⑤]。所有这些人都免于《立祷》[⑥]。

2. 葬毕死者而归，若开始诵读[⑦]后能在未到吊慰行列前完成，则开始；若不能，则勿开始。立于吊慰行列中者：内列[⑧]免于诵读；外列必须诵读。

3. 妇女[⑨]、奴仆[⑩]、孩童[⑪]免于诵读祷文《听》，免于经匣；但必

---

① 死者为其所必须服丧的亲戚，且尚未入葬。依照犹太教律法，此时丧主可被免除所有诫命。

② 因不必祷告，所以也不必佩戴经匣。《革玛拉》中此后尚有“免于一切《托拉》所言之诫命”一句。

③ 指葬礼上抬灵床的人。

④ 无论是在前面抬还是在后面抬。

⑤ 诵读祷文《听》。

⑥ 即使不抬灵床，也不必诵读《立祷》，因为《立祷》需全神贯注且站立不动。

⑦ 诵读祷文《听》。

⑧ 内列指站在前排可以看见丧主面孔的吊慰者，外列则指站在后排看不见者。

⑨ 妇女因需操持家务，故不必遵守所有需在固定时间里完成的诫命。下文所说的“祷文《听》”和“经匣”诫命都是有固定时间的。

⑩ 迦南奴仆如已行割礼和洗礼，其对诫命的遵行比照对犹太妇女的规定。

⑪ 指九岁以下的儿童。拉熹认为也包括超过这一年龄的儿童。

须诵读《立祷》、守门柱经匣[①]之则，且诵读《谢饭祷》[②]。

4. 失精者[③]在心里默诵[④]，且不做祝祷[⑤]，不在诵读前，亦不在诵读后。对于食物则在其后祝祷[⑥]，而不在之前祝祷[⑦]。拉比犹大说："在这些[⑧]之前和之后都做祝祷。"

5. 若立诵《立祷》之时记起本人为失精者，勿停顿，而是缩短[⑨]。若行浸礼者[⑩]到日出前能起身、着装并诵读[⑪]，则当起身、着装并诵读；若不能，则以水覆体[⑫]而诵读；但勿以污水[⑬]或废水[⑭]覆体，直到向其中冲水[⑮]。当离这些[⑯]和大便[⑰]多远呢？四肘[⑱]。

---

① 门柱经匣为犹太教标志之一，为一固定于右方门框上的柱形小匣，内装抄有《申命记》6:4～9以及11:13～21的小经卷。犹太教徒出入需用手指向其传吻，以得到出入平安。其依据为《申命记》6:9："又要写在你房屋的门框上，并你的城门上。"

② 饭后所诵读的祝祷。其依据为《申命记》8:10："你吃得饱足，就要称颂耶和华你的神，因他将那美地赐给你了。"

③ 指无论何种原因而在前一晚射精的男子，该男子第二天全天都被认为是不洁净的，需浸泡洁净。参见《利未记》15:16～18。

④ 诵读祷文《听》。

⑤ 诵读祷文《听》前后所需加诵的祝祷。

⑥ 饭后默祷《谢饭祷》。

⑦ 指饭前的简单祝祷："赞美你，我们的神，世界之王，从土地中造出面包。"此祝祷为文士所做，无《希伯来圣经》依据。

⑧ 指上述的诵读祷文《听》和《谢饭祷》两件事情。

⑨ 指祝祷，只诵读开头和结尾。

⑩ 夜晚失精者需在第二天浸泡洁净。

⑪ 指诵读祷文《听》。

⑫ 不得裸体诵读，所以以水代衣。

⑬ 脏水或有尿液的水。

⑭ 浸泡过亚麻的水，有不好的气味。

⑮ 指用洁净的水将其冲洗。《革玛拉》认为此处仅指有尿液的水。

⑯ 指尿液，在无水冲洗的情况下只好远离。

⑰ 指大便在身后或侧面，若在正面，则需退至看不见的地方。

⑱ 肘部至中指尖的距离，一般为18～22英寸。

6. 经历失精的漏症患者[①],其经血冲出精液之经期女性,行房时见经期来临的女性[②],都需行浸礼[③];而拉比犹大予以免除。

① 参见《利未记》15:1～15。

② 参见《利未记》15:19～24。

③ 指在诵读《立祷》之前。

第 4 章

1. 晨祷[①]至正午为止；拉比犹大说："至第四个时辰。"[②]午后祷至傍晚为止[③]；拉比犹大说："至小午后的一半。"[④]晚祷无固定时间[⑤]。附祷[⑥]的时间为全天；拉比犹大说："至第七个时辰为止。"

2. 拉比内胡尼亚·本·哈卡内进入经堂[⑦]与出来时均做简短的祈祷。他们[⑧]对他说："这祈祷的地位是什么呢？"他对他们说："进入时我祈祷不要因我而发生滞碍[⑨]。出来时我为我的席位[⑩]而献上感激。"

3. 拉班迦玛列说："人每天都应诵祷《十八祷文》[⑪]。"拉比约书

---

① 早晨诵读《立祷》。

② 参见本卷 1:2 相关注解。

③ 午后祷又分为大午后祷和小午后祷。大午后祷的诵读时间为正午过后半个时辰。小午后祷的时间为日落（以三颗分散的星星出现在天空为准）前两个半时辰。这里是说从正午过后半个时辰直到三星出现都可以做午后祷。

④ 也就是三星出现前的一又四分之一时辰。

⑤ 三星出现后通宵均可。

⑥ 附祷：指在《立祷》中因时令变化及其他原因而附加的祷文。

⑦ 由于祷告是在会堂进行的，所以此节的安排可能寓有会堂散后当去经堂的含义。

⑧ 指其门徒。

⑨ 不要发生律法制定方面的错误。

⑩ 在经堂中有一席之地，参与讨论制定律法。

⑪ 即《立祷》，原由十八段祈祷文组成，因而得名《十八祷文》。按照拉比犹太教传统，《十八祷文》是以斯拉时代的大议会众成员所作，后来拉班迦玛列又加了一段请求神摧毁威胁犹太民族的异教徒的祷文，所以今天的《十八祷文》实际上有十九段，但仍然保留原名。

亚说："《十八祷文精要》。"[1]拉比阿奇瓦说："若能嘴中流利诵祷，则诵祷《十八祷文》；若不能，则诵祷《十八祷文精要》。"

4. 拉比以利以谢说："以其祷告为应卯者，其祷告中并无祈求[2]。"拉比约书亚说："行走于险境者，应诵祷一个简短祷文，说：'神哪，请拯救你的子民，以色列的遗民；在每一个越轨之地[3]都让他们的需求陈献在你面前；赞美你，上帝，你聆听祷告。'"

5. 正骑在驴上者，下驴[4]；若不能下驴，则转脸[5]；若不能转脸，则将其心朝向万圣之圣殿[6]。

6. 正坐在船上、车中或筏上者，其心朝向万圣之圣殿[7]。

7. 拉比以利亚撒·本·亚撒利雅说："不必诵读附祷，除非是在会众中。"[8]但众贤哲说："无论是在会众中还是不在会众中。"[9]拉比犹大奉其名[10]说："在所有有会众之处，个人免于诵读附祷。"[11]

---

① 《十八祷文精要》为《立祷》的缩略版，在《革玛拉》中有记载。

② 祈求：原文亦有"仁慈"之义，意思是这样的祈祷不算数。

③ 越轨之地有两种解释：一是穿越道路的时候，也就是比较危险的时候；二是即将越轨的时候。

④ 立祷时间已到，还骑在驴上的人应下驴站好，面朝耶路撒冷的方向。

⑤ 脸应转向耶路撒冷的方向。

⑥ 指耶路撒冷的圣殿。

⑦ 这些人没法下来，做转向则可能有掉落的危险（比如在海中的小舟上）。

⑧ 意即附祷只能当众诵读。

⑨ 无论有没有会众，都要诵读附祷。

⑩ 奉拉比以利亚撒·本·亚撒利雅之名。

⑪ 本节律法以众贤哲观点为准。

第 5 章

1. 除非头脑中郑重其事，否则不得站立而祷[①]。先贤们常耽延一个时辰[②]再祈祷，以使其心向往全在之神[③]。即使国王向其问安也不回答，即使毒蛇盘绕于其脚跟也不中断。[④]

2. 当在“起死回生”段[⑤]中提及“雨之丰沛”[⑥]。在“年景祝福”段[⑦]中提及“求雨”。在“知识恩赐”[⑧]段中提及“区分”[⑨]。拉比阿

---

① 指做《立祷》。诵读《立祷》时必须站立不动，除非身陷险境，否则不得中断。中断则要从头再做。

② 先贤：原文为“第一代仁者”（哈西德）。他们到达祈祷地点后总要等一个时辰再开始祈祷。有些注家认为，此处可能指艾赛尼教派的某些分支。

③ 原文为“大地”，指全在的神。

④ 《革玛拉》认为，此处的两条都指没有生命危险的时候。“国王”指的是懂得并尊重犹太教传统的犹太国王；“毒蛇”则是因为蛇不咬静止之物，若遇到对静止之物也攻击的其他动物，就应中断诵读，设法自救。

⑤ 指《立祷》的第二段，其中说道：“我主你是永世的力量，你起死回生，你有拯救之能。”

⑥ 指祷文“让风吹，让雨落”。逾越节第一天诵读《立祷》时将此句加在“你有拯救之能”句的后面。

⑦ 指《立祷》第九段。从每年的逾越节到 12 月 4 日，这一段中要说“给大地之表以祝福，用你的善意满足我们”。从 12 月 4 日到逾越节（大致相当于以色列的雨季），这一段要改成“给大地之表以露水和雨水的祝福，用你的善意满足我们”。“露水和雨水的祝福”便是下文所说的“求雨”。

⑧ 指《立祷》第四段，其中说道：“你以知识恩赐人类，教人类以理解。”

⑨ 在安息日和节日结束诵读《立祷》时要加入的祷文，其中说道：“你以《托拉》的知识恩赐我们……上帝我们的神区分神圣与凡俗。”

奇瓦说："诵读此段为自立的第四段祝祷[①]。"拉比以利以谢说："在'谢祷'中提及。"[②]

3. 凡说"你的慈悲远及鸟巢"[③]、"因恩赐而记住你的圣名"[④]、"感谢感谢"[⑤]者，要使之缄口[⑥]。在约柜[⑦]前领祷者出错，则别人将取而代之，此时不可推却[⑧]。他从何处开始呢？从出错的祝祷文起首处开始[⑨]。

4. 约柜前的领祷者不当跟随祭司之后应答"阿门"，因为可能混淆[⑩]。即使除他以外别无祭司，亦不当举起手掌[⑪]。但若他确信举起手掌后能回到祷文，则允许。

5. 祈祷者出错——对他是不祥之兆。领祷者出错——对任命

---

① 而不是作为第四段祷文的附祷。

② 指《立祷》的第八段。

③ 原祷文的意思是援引《申命记》22：6～7"你若路上遇见鸟窝，或在树上或在地上，里头有雏或有蛋，母鸟伏在雏上或在蛋上，你不可连母带雏一并取去"，请求神将这种仁慈施行在人的身上。但拉比犹太教认为这条诫命的基础是律法，而不是仁慈，因此反对做这样的祈祷。

④ 无论是恩赐还是处罚，都应记住圣名。不能只因为恩赐而记住。

⑤ 《立祷》以"感谢"一词开头，但不得将此词重复两次，以免多神的嫌疑。

⑥ 某些版本在此处尚有"说'善人赞美你'者，行错误之道"。因为所有的人都该赞美上帝，而不仅仅是善人。

⑦ 犹太教会堂中藏有经卷的圣柜。通常约柜前有诵经台，为领祷者所立之地。

⑧ 被指定为领祷者时，应推却以示谦逊，这被认为是能胜任领祷者的美德之一。但如果出现此段所说的情况，则应立即替换，不得推却。

⑨ 指前一领祷者出错的祝祷文。

⑩ 领祷者在做立祷至某特定处时，祭司们应举手祝福大众。此后领祷人将领诵《祭司祷》三段，每段结束时祭司们应说"阿门"，大众则以"阿门"应答。领祷人则不应答，以免分心而不能正确完成《祭司祷》。

⑪ 举手掌之礼，参见上注。无祭司时，领祷人（本人未必是祭司）应代替祭司祝福大众。这里同样是怕领祷人因举手掌分心而不能继续正确领诵《立祷》。

他的大众是不祥之兆，因为选人如选己。据说拉比哈尼纳·本·多撒曾为病人祈祷，并说："这个活了，那个要死了。"人们对他说："你何从得知？"他对他们说："要是祈祷在我嘴中流畅，我就知道这祈求被接受了[1]；否则我就知道它被拒绝了。"

[1] 一说病人被接受，而非祷文（意思是一样的，也就是这个病人活了）。下句同。

第 6 章

1. 如何为果实祝祷呢？对于树上的果实，要说“创造了树上[1]的果实”[2]，而酒除外；对于酒，要说“创造了葡萄树上的果实”[3]。对于大地的果实，要说“创造了土地的果实”，而面包除外；对于面包，要说“从大地中产出面包”[4]；对于蔬菜，要说“创造了土地的果实”。拉比犹大说：“创造了各种食用叶植物。”[5]

2. 祝祷树上的果实时说了“创造了土地的果实”，已行[6]；祝祷大地的果实时说了“创造了树上的果实”，未行。对于这一切[7]，如果说了“一切都依他的言词而存在”，则已行[8]。

3. 对于不是生长于大地的东西[9]，要说“一切”[10]。对于醋、生

---

① 按《革玛拉》的定义，“树上的果实”指第二年还在同一枝条上结果的植物。对于其他树木（如香蕉），则要说给土地果实的祝祷。

② 祝祷全文应为：“赞美你我主我神世界之王创造了树上的果实。”由于“赞美你我主我神世界之王”为祝祷中的通用句式，所以《密释纳》引用祝祷文时常加以省略。下同。

③ 酒和面包在宗教上有特殊意义。

④ 其他面食的祝祷为“创造了各种食物”。

⑤ 拉比犹大试图将叶类蔬菜和果类蔬菜区分开来，但他的观点不是律法。

⑥ 也就是已经通过自己的行为完成了祝祷的要求，无须再做。树上的果实说到底也生长自土地，所以被看作“已行”，反之则为“未行”。

⑦ 即本章第 1 节所说的全部食物。

⑧ 指在祝祷出错或不清楚该说哪种祝祷时可以用这一句代替。在开始时还是要说各相关祝祷，而不可用这一句包揽。

⑨ 指鱼类、肉类、真菌类等食物。

⑩ 指祝祷文“赞美你我主我神世界之王一切都依他的言词而存在”。下同。

果[1]和蝗虫[2]，要说"一切"。对于牛奶、奶酪和鸡蛋，要说"一切"。拉比犹大说："一切变质而生的食物，不必对此祝祷。"[3]

4. 若某人面前食物种类繁多，拉比犹大说："若其中有七味[4]之食，则对其祝祷。"贤哲们说："祝祷其中任何一种他想要的。"[5]

5. 饭前对酒祝祷者，饭后免于对酒祝祷。饭前对点心祝祷者，饭后免于对点心祝祷[6]。对面包祝祷者，免于点心；对点心祝祷者，不得免于面包。沙玛伊学派说："亦不得免于锅中烹煮的食物。"[7]

6. 坐而食，各人自为祝祷；侧卧则一人为全体祝祷。[8] 饭中上酒，各人自为祝祷；饭后则一人为全体祝祷。[9] 此人亦对香料祝祷，虽然香料宴后才上[10]。

7. 开饭时某人面前上了咸食[11]连同面包，当对咸食祝祷，免于

---

① 未成熟即自己掉落的果实。

② 蝗虫为犹太教可食食物，其依据为《利未记》11：22。

③ 如醋、生果等。拉比犹大的观点不是律法。

④ 七味：指小麦、大麦、葡萄、无花果、石榴、橄榄、蜂蜜，是以色列的主要食用产品，参见《申命记》8：8。

⑤ 即想要先吃的，不必再祝祷其他食品。

⑥ 饭前点心，即头道开胃菜，包括蔬菜和鱼肉类。饭后点心，即饭后甜点，包括腌制水果、果酱等。

⑦ 如粥类食品等。

⑧ 此时罗马人和犹太富人的习惯是：如果团体聚餐，则必左侧卧而食；坐着吃饭表明个人吃个人的，不形成群体。

⑨ 如果一人为全体对酒祝祷，其他人须应答"阿门"。因饭间高声应答可能引起噎呛，所以饭间上酒，各人自祷；饭后上酒，则由一人代祷。

⑩ 香料：指放在燃烧的煤火上的各种香料，用于饭后去除身上的食物气息。香料是在饭祷之后才上，所以实际上宴席已经结束，不过在宴席中领祷者此时仍然领祷。

⑪ 用盐腌制过的食品，如鱼肉、橄榄等。拉熹认为，此处的"咸食"特指以色列太巴列湖中的产品，其重要性超过面包。

祝祷面包，因面包是其佐餐品[①]。此为原则：任何主食连同其佐餐品，对主食主导，免于祝祷佐餐品。

8. 食用无花果、葡萄和石榴者，食后当祝颂三段祷文[②]；此为拉班迦玛列之言[③]。而贤哲们说："一段祷文[④]包含三段主旨。"拉比阿奇瓦说："就是只吃煮青菜当饭，也当在饭后祝颂三段祷文。喝水解渴者当说：一切都依他的言词而存在。"拉比特尔封说："创造众多生灵。"[⑤]

---

① 指无特别调味的食品，相当于中国人"白饭"的概念。

② 三段祷文：指《饭祷》全文，共有三个祝祷。

③ 他认为无花果、葡萄和石榴属"七味"之列，不同于一般水果，而当以正餐相待。

④ 一段祷文：指《饭祷》全文的缩略版。

⑤ 指喝水的人应当说的祷文。开头是："赞美你我主我神世界之王创造众多生灵。"

第7章

1. 三人共餐则必诵邀祷[①]。对食用得卖疑[②]、举祭[③]已收的第一什一税[④]、已赎买的第二什一税及献品者[⑤]，食用橄榄般大小食物的仆役[⑥]，以及古他人[⑦]，当计入他们而邀祷[⑧]。然而，对食用未

---

① 饭后应诵《谢饭祷》。《谢饭祷》开头几句（“诸位让我们来颂祷……”）的意思是邀请共餐的人一起来祈祷，是为邀祷，人数少于三人时不准诵读。

② 什一税交纳情况有疑问的食物，参见本部第2卷。

③ 什一税交纳给利未人，其中的十分之一则被祭司提走，参见《民数记》18:26。

④ 这个时代犹太教规定交税的步骤如下：(1)在收获时留下按规定穷人应得的部分。(2)向祭司交纳收获百分之二的举祭。(3)所剩部分的十分之一作为第一什一税交纳给利未人，其中十分之一由利未人转交祭司作为举祭。(4)所剩部分的十分之一作为第二什一税，须带到耶路撒冷消费。如果不能去耶路撒冷，则须将等值钱币（另加五分之一）存放起来作为赎金。这样，作为第二什一税的食品便可以在任何地方随意食用，但那些赎金则必须带到耶路撒冷用于购买食品。此处所说的“举祭已收的第一什一税”是指最初的百分之二举祭尚未交纳时利未人便收取了什一税（实际上收多了）。在这种情况下，利未人可以在转交百分之十的举祭给祭司后食用这些食品。

⑤ 献给圣殿的献品跟第二什一税一样，在不能到达耶路撒冷时同样可以用存放等值钱币加五分之一的方法来赎买。此句所说的是等值钱币已经存放，但未附加五分之一就已开始食用的情况。

⑥ 意思是说仆役在旁站立服侍，如果吃了哪怕是很少的一点东西，也应算在三人之数中。

⑦ “古他人”可能是《密释纳》对撒玛利亚人的称呼，源自《列王纪下》17:24。撒玛利亚人主要居住在以色列中部撒玛利亚地区。按照《列王纪下》第17章的记述，其起源当为亚述征服时期的民族混杂，撒玛利亚人保留了大量犹太教教义。本节显示当时犹太教将撒玛利亚人也列入计算《邀谢祷》的人数之中，这一原则已不为今天的犹太教所采纳。

⑧ 虽然上述几种人都有各种问题，但仍然应当计入《邀谢祷》的人数之中。

纳税食物[①]和举祭未收的第一什一税、未赎买的第二什一税及献品者，食用比橄榄小的食物的仆役，以及异教徒，则不得计入他们而邀祷。

2. 对妇女[②]、奴隶[③]和儿童[④]，不得计入他们而邀祷。而一个人吃到多少方计入邀祷呢？吃到一个橄榄的量。拉比犹大说："吃到一个鸡蛋的量。"

3. 如何邀祷呢？若有三人则说："让我们颂祷……"[⑤]若除他之外有三人则说："颂祷……"[⑥]若有十人则说："让我们颂祷我们的神……"若除他之外有十人则说："颂祷……"十人如此，十万人亦如此。[⑦] 若有百人则说："让我们颂祷我主我神……"若除他之外有百人则说："颂祷……"[⑧]若有千人则说："让我们颂祷我主我神以色列之神……"若除他之外有千人则说："颂祷……"若有万人则说："让我们颂祷我主我神、以色列之神、万军之神，端坐众天使之上，因我们享用了这食物。"若除他之外有万人则说："颂祷……"若他如此祝祷则众人当随后回应如此："颂祷我主我神、以色列之神、万军之神，端坐众天使之上，因我们享用了这食物。"拉比约西·哈-

① 指未交纳第一什一税的食物。

② 须诵读《谢饭祷》。

③ 异教徒奴隶所承担的宗教义务比照犹太妇女。

④ 十三岁以下，未行成人礼的孩子。

⑤ 全句为："让我们颂祷我们享用了他的恩赐。""享用了他的恩赐"为祷文不变的主体，之前的部分则因人数多少而有变化。

⑥ 全句为："颂祷我们享用了他的恩赐。"差别在于三个人时邀祷者必须强调自己也在其中，否则人数就不够，而四个人时就不必强调。

⑦ 《革玛拉》认为至此为拉比阿奇瓦的观点，即十人以上祷文全同；以下则为拉比约西的观点，即人数增加，祷文加长。

⑧ 与百人同，只是把"让我们颂祷"变成"颂祷"。

加利利说:"根据会众的多少而祝祷。因《圣经》说:'从以色列源头而来的,当在各会中称颂主神。'[①]"拉比阿奇瓦说:"我们在会堂里见到什么呢?人多如此,人少也是如此,都说:'颂祷我们的主……'"拉比以实玛利说:"颂祷我们那值得赞美的主……"

4. 三人共餐,不得分开[②];四人如此,五人亦如此。六人至十人则可分开[③]。十人则不得分开[④],至二十人方可[⑤]。

5. 两组人同室就餐:当两组的部分人可互相看见时,这些人便合而邀祷[⑥];若看不见,则此组自做邀祷,彼组亦自做邀祷。不当对酒祝祷,直到向其中掺水方可[⑦];此为拉比以利以谢之言[⑧]。众贤哲说:祝祷[⑨]。

---

① 《诗篇》68:26。

② 三人分开,则人数不够诵读《谢饭祷》。

③ 分出的组每组不得少于三人。

④ 十人以下,《谢饭祷》不提神名,十人以上则提。所以十人共餐时,不得分开。

⑤ 可以分成两个十人组。

⑥ 即两组人同做《邀谢祷》。

⑦ 《谢饭祷》前需要喝一杯酒。当时的酒味道浓烈,须掺水后才能饮用。

⑧ 他认为酒未掺水前应作为果汁看待,祝祷也是果汁类的祝祷。但众拉比认为酒特殊,所以律法与他的看法不同。

⑨ 掺水之前即可祝祷。

第8章

1. 以下这些为沙玛伊学派与希列学派在宴席方面的分歧：沙玛伊学派说：祝祷其日[①]，然后祝祷其酒[②]；希列学派说：祝祷其酒，然后祝祷其日[③]。

2. 沙玛伊学派说：浸洗其手，然后注满其杯[④]。而希列学派说：注满其杯，然后浸洗其手[⑤]。

3. 沙玛伊学派说：用手巾擦干手，并将其放在桌子上[⑥]。而希

---

① 指特别日子(安息日、节日)的附加祷文。

② 指诵《谢酒祷》。沙玛伊学派认为，特殊日子里饮酒是为了庆祝那个日子，此外日子开始的时间也是在饮酒之前，所以附加祷文在《谢酒祷》之前诵读。

③ 希列学派认为，诵读附加祷文时应有酒或者面包在手，所以《谢酒祷》在附加祷文之前诵读。

④ 拉熹认为，此处指一般酒杯，也有注解认为此处指圣日专用的圣杯。

⑤ 沙玛伊学派认为，倒酒时可能会有酒洒出，此时如果手不洁并碰到洒出来的酒的话，洒出来的酒就会不洁，并进而引起酒杯不洁。而不洁的酒杯是不能用于祝祷的，所以应该先洗手后倒酒。希列学派则认为，不洁的酒杯可以用于祝祷，所以应该先倒酒，然后洗手，以免因酒杯的不洁引起手的不洁。律法以希列学派的观点为准。按：拉比犹太教的不洁大致分为“不洁之父”和“不洁之子”两个部分。与异教、异邦、死亡有关的物品为“不洁之父”。与之沾染者成为“第一不洁”(其中死尸又是不洁的“父中之父”，与之沾染者直接成为“不洁之父”)。“第一不洁”沾染饮食、圣物、举祭后将其变为“第二不洁”。第二不洁沾染圣物和举祭后使其成为“第三不洁”。“第三不洁”沾染圣物则使其成为“第四不洁”。这其中手和饮品例外，各有专门律法规定。手不洁属于“第二不洁”，不会通过接触而使食物(饮品除外)或餐具不洁。不洁的手触及饮品，饮品即成为“第一不洁”，所以酒就属于“第一不洁”，可引起其他饮食及餐具不洁。

⑥ 沙玛伊学派认为，饭桌必须是洁净的，所以毛巾放在饭桌上不会变得不洁。座席可以不洁，因擦过手的毛巾上有水，所以座席的不洁可能通过湿毛巾传播。

列学派说：放在座席上[①]。

4. 沙玛伊学派说：打扫餐室，然后浸洗其手。而希列学派说：浸洗其手，然后打扫餐室[②]。

5. 沙玛伊学派说：《烛光祷》《谢饭祷》《薰香祷》《分界祷》[③]。希列学派说：《烛光祷》《薰香祷》《谢饭祷》《分界祷》。沙玛伊学派说：那创造了火光的。希列学派说：那诸火光的创造者[④]。

6. 不当对外邦人的烛火，亦不当对其香料祝祷[⑤]。不当对死者的烛火，亦不当对其香料祝祷[⑥]。不当对偶像前的烛火，亦不当对其香料祝祷[⑦]。不当对烛火祝祷，直到人们享受到其光照[⑧]。

7. 对食而忘祷者[⑨]，沙玛伊学派说：回到原处[⑩]并祝祷。希列

① 希列学派认为，饭桌不一定洁净（事实上只有祭司吃饭时一定要洁净的餐桌），所以如果把餐巾放在桌子上，就有可能通过液体将不洁传给食物，而放在座席上则只会将不洁传给手，而不洁的手不会使食物不洁。

② 打扫餐室，实际上就是清洁餐桌。饭后诵《谢饭祷》前须洗手（洗手水被称为“最后的水”）。沙玛伊学派要求在洗手前清洁，是怕洗手水掉在餐桌上残留的食物上，形成不洁。希列学派则认为洗手前应将桌上大的食物拿走，但不必清洁。

③ 安息日的第三餐通常从下午吃到上灯时分（安息日结束）。此时结束安息日的三种祷文与《谢饭祷》一起做。两派的争执点在于四种祷文的顺序。《烛光祷》是面对烛光感谢神造光。《薰香祷》感谢神创造了用于制造安息日香料的香料树。《分界祷》是安息日结束祷文，感谢神创造了圣日与常日的区别。

④ 这里说的是两派在《烛光祷》祷文上的差异。沙玛伊学派的祷文用过去时，表示创造已经完成；而希列学派的祷文则用现在时，表示神的工作远及现在和未来。

⑤ “外邦人”，一本作“异教徒”。外邦人用过的蜡烛和香料均禁止用于安息日祷告。

⑥ 用于丧葬仪式的蜡烛和香料也禁止使用。

⑦ 异教崇拜所使用的偶像。

⑧ 烛光要亮到一定程度才能做祷告，其标准是以亮到能分辨出硬币上的图案为准。

⑨ 指食用了“七味”或“五麦”（麦子、大麦、黑麦、燕麦、二粒小麦）之一而忘记诵《谢饭祷》的人。

⑩ 指吃饭处。

学派说：在想起之处祝祷[①]。到何时为止他可以祝祷呢？到食物在肠胃中消化为止[②]。

8.饭后上酒，而此处除此杯外别无酒醴[③]。沙玛伊学派说：诵《谢酒祷》，然后诵《谢饭祷》。希列学派说：诵《谢饭祷》，然后诵《谢酒祷》。当随祝祷的以色列人之后应答"阿门"[④]，不当随祝祷的古他人之后应答"阿门"，直到听完全部祷文[⑤]。

---

① 对于故意不祷告者，双方都同意应该回到原处祝祷；对于非故意者，希列学派认为不必回去，沙玛伊学派却认为应该回去，因为如果你忘了钱包，当然要回去拿，敬神当然比自己的事情重要，更应该回去。

② 以饭后一个时辰十二分钟或感到饥饿为标准。

③ 饭后上了一杯酒，而席上只有这一杯酒。

④ 不必等祝祷完成。

⑤ 撒玛利亚人的教义与犹太教不尽相同，所以要等他说完确信没有异端言论之后才应答。

第 9 章

1. 见到对以色列行过奇迹之地，当说："赞美他在此地为我们的祖先行奇迹。"[①] 于根除异教之地，当说："赞美他从我们的土地上根除异教。"

2. 对于彗星，对于地震，对于闪电，对于雷鸣，对于风暴，当说："赞美他的大力大能充满这世界。"对于山峰，对于山丘，对于大海，对于河流，对于荒漠，当说："赞美那创世之功的创建者。"拉比犹大说："看见那大洋的当说：'赞美他创造了这大洋。'——在他看了这大洋一段时间之后。"[②] 对于雨水，对于好消息，当说："赞美那善的和行善的。"对于坏消息，当说："赞美那真正的法官。"

3. 建成新居或买了新器皿，当说："赞美他赐我们以生命。"[③] 当对坏事祝祷，不计其好。当对好事祝祷，不计其恶。[④] 为过去之事呼喊便是无效祈祷。如何呢？若其妻子怀孕，他却说："如神所愿，我妻生男。"这便是无效祈祷。若从路上来，听见城中哭喊之声，他却说："如神所愿，此非我家之人。"这便是无效祈祷。

4. 进入大城者当祈祷两次，进城一次，出城一次。[⑤] 本－阿扎伊

---

① 如在以色列境内，则需在前面加上"赞美你我主我神世界之王"。

② 有注家认为此处的"大洋"指"地中海"。"一段时间"的标准是不少于三十天。

③ 有些版本为："赞美他赐我们以生命，并保守我们，让我们活到这一时刻。"

④ 福祸相倚，好坏相生，但祝祷时只考虑目前是好是坏，不必计较以后的发展。

⑤ 进城祷文为："在我主我神面前，如神所愿，让我进入这城塞平安。"出城祷文为："在我主我神面前，我感谢让我出这城塞平安。"

说："四次，进城两次，出城两次。为过去致谢，为将来呼唤。"[①]

5. 人当为坏事祝祷，一如其为好事祝祷，因《圣经》说："你要尽心，尽灵，尽力爱耶和华你的神。"[②]"尽心"——用你的两种本性，用善的本性也用恶的本性。[③]"尽灵"——即使他收去你的灵魂。"尽力"——竭尽你的财力。另一种解说："尽力"——无论他用何种尺度[④]裁量你，你都万分万分感谢他。

面对东门[⑤]时，人不可掉以轻心，因他正对着万圣之至圣所。进入圣殿山不得扶杖、穿鞋、系钱带[⑥]、满脚灰尘。不得以之为近路[⑦]，更不得吐痰。

以前所有在圣殿内结束的祝祷，都说："永世。"[⑧]自从异端[⑨]毁教，说："只有一个世界。"[⑩]他们便作了修订，说："从此世到彼世。"[⑪]他们还作了修订：人向其友伴问安当以神的名义。因《圣经》说："波阿斯正从伯利恒来，对收割的人说，愿耶和华与你们同在。他们回答说，愿耶和华赐福与你。"[⑫]并说："大能的勇士啊，耶和华与你同

---

① 即前两段分别在进城前和出城前说，进城后和出城后分别说："已让我进入这城塞平安"，"我感谢已让我出这城塞平安"。

② 《申命记》6:5。

③ 拉比犹太教认为，神创造人时便创造了人的善恶两种本性。

④ 善的尺度或恶的尺度。

⑤ 指圣殿的东门。

⑥ 一种宽腰带，可以装钱。

⑦ 不得为抄近道而穿过圣殿山。

⑧ 祷文结束句为："赞美你，我主、以色列永世之神护佑亚伯拉罕。"

⑨ 指犹太教中某个不相信来世的派别，有人说指撒都该派。

⑩ 不相信有今世和来世。

⑪ 以明示有两个世界存在，今世和来世。

⑫ 《路得记》2:4。

在。”[1]并说：“你母亲老了，也不可藐视他。”[2]并说：“这是耶和华行动的时候，因人废了你的律法。”[3]拉比拿单说：“因人废了你的律法，这是耶和华行动的时候。”[4]

《祝祷》卷终

---

① 《士师记》6:12。

② 《箴言》23:22。引用本节的意思是说不可违反古训，不可因为训诫年数久了就加以轻视。

③ 《诗篇》119:126。

④ 拉比拿单认为，如果人们违反某项律法，那么拉比们就应该为神而行动，修改制定律法，以维护律法。

第 2 卷

田角捐

Peah

提　要

本卷名为《田角捐》，实际上讨论的是《希伯来圣经》所规定的六种以果实济贫的诫命，这六种诫命是：

1. 田角捐：收割时留于地角的作物及其果实。

2. 遗落品：收割时掉落的果实。

3. 忘收品：忘记收获的果实。

4. 掉落品：掉落的葡萄。

5. 葡萄幼串：未发育好的葡萄。

6. 穷人什一税：第三年和第六年的第二什一税归穷人所有。

本卷前四章讨论田角捐；第 4 章后半段开始讨论遗落品；第 5 章主要讨论遗落品，兼及忘收品与穷人什一税；第 6 章主要讨论忘收品；第 7 章讨论忘收品、遗落品与葡萄幼串；第 8 章讨论与济贫相关的其他问题，包括穷人的标准问题。

艾译本序言指出，本卷讨论的顺序与相关主题在《希伯来圣经》中出现的次序大体一致，似乎显示出编者的用心。

在谈到本卷为何成为本部第 2 卷时，毕译本归纳了传统上的三种说法：一是收获顺序说，亦即留田角捐的活动在运出收获物之前进行，属于较早进行的活动，故排列在前。二是人神关系说，认为《祝祷》卷处理人与神之间的关系，本卷讨论人与人之间的关系，故排在其后。三是词句吻合说，认为《祝祷》卷结尾有“对收割的人说”一句，而《利未记》19:9在谈到田角捐时也有“收割”一词，因而被放在一起。

应该说，与儒家思想等其他哲学相比，“济贫”思想在拉比犹太教中的地位相当突出，因此本卷的顺序位置很可能不只是编排上的考虑，而是体现了一种价值选择。这种济贫思想大体上有这样几个特点：首先，济贫是一种诫命，是人人都必须遵行的责任，与道德和个人品行无关。其次，济贫与接受赈济都是人与神之间的关系的表现，不存在直接的人与人之间的关系，也就是不存在施舍和感恩的关系。再次，济贫成为一种制度，成为穷人可以赖以生存的经常化的活动。相比之下，中国传统的民间济贫活动很少形成固定制度，更多地表现为人与人之间的施舍关系，被看作是一种道德行为；而官方的仓廪制度则更多地强调荒政而非济贫，以防止出现统治危机为目的。

从《希伯来圣经》发展而来的犹太教济贫制度通常被认为是世界上最早的成熟的福利制度。在现代社会，由于生产力发达，穷人不会再去田间捡拾这些果实，因而这些具体诫命实际上已经不再执行（给穷人留下果实的条件是穷人去拾取，禁止留在田间腐烂或者被虫鸟吃掉），但“济贫”的精神仍然在“义举”的旗号下得以延续。在今日以色列，几乎每一家商店的收款台上都有一个标明“义举”字样的存钱罐，让人们把零钱放进去帮助穷人。

相关《希伯来圣经》段落

1.《利未记》

19:9　在你们的地收割庄稼，不可割尽田角，也不可拾取所遗落的。

19:10　不可摘尽葡萄园的果子，也不可拾取葡萄园所掉的果子，要留给穷人和寄居的。我是耶和华你们的神。

23:22　在你们的地收割庄稼，不可割尽田角，也不可拾取所遗落的，要留给穷人和寄居的。我是耶和华你们的神。

2.《申命记》

24:19　你在田间收割庄稼，若忘下一捆，不可回去再取，要留给寄居的与孤儿寡妇。这样，耶和华你神必在你手里所办的一切事上赐福与你。

24:20　你打橄榄树，枝上剩下的，不可再打。要留给寄居的与孤儿寡妇。

24:21　你摘葡萄园的葡萄，所剩下的，不可再摘。要留给寄居的与孤儿寡妇。

24:22　你也要记念你在埃及地作过奴仆，所以我吩咐你这样行。

3.《申命记》

14:28　每逢三年的末一年，你要将本年的土产十分之一都取出来，积存在你的城中。

14:29 在你城里无分无业的利未人，和你城里寄居的，并孤儿寡妇，都可以来，吃得饱足。这样，耶和华你的神必在你手里所办的一切事上赐福与你。

第1章

1. 以下这些为额度未定之事[①]：田角捐[②]、初熟贡[③]、朝圣[④]、义举[⑤]以及读经[⑥]。以下这些为人在今世食用其果实，其资本[⑦]将为其留至来世之事：孝敬父母[⑧]、义举、给他人及其同伴带来和平，而读经则与所有这一切相匹敌[⑨]。

2. 田角捐不得少于六十分之一。虽然他们说：田角捐无定额，但一切都取决于田地的大小，取决于穷人的众寡[⑩]，取决于收获的

---

① 即《希伯来圣经》中规定要做但未规定最低数额的事情。

② 收获时留在田角的作物，为穷人所有。参见《利未记》19：9～10："在你们的地收割庄稼，不可割尽田角，也不可拾取所遗落的。不可摘尽葡萄园的果子，也不可拾取葡萄园所掉的果子，要留给穷人和寄居的。我是耶和华你们的神。"

③ "七味"（小麦、大麦、葡萄、无花果、石榴、橄榄、蜂蜜）的初熟品应在五旬节时献给圣殿。参见《出埃及记》23：19："地里首先初熟之物要送到耶和华你神的殿。"

④ 犹太男性应每年三次（逾越节、五旬节、住棚节）前往圣殿，让神看见他们的面孔。朝圣时不可空手，要带上贡品。参见《出埃及记》23：17："一切的男丁要一年三次朝见主耶和华。"23：15："谁也不可空手朝见我。"

⑤ 义举包括两类：慷慨解囊，资助穷人，或者出力相助（探望病人、埋葬死者等）。

⑥ 虽然没有数目要求，但早晚各读一次祷文《听》是最起码的要求，否则将被视为未遵守诫命。

⑦ 遵守诫命，其报偿在来世。

⑧ 参见《申命记》5：16："当照耶和华你神所吩咐的孝敬父母，使你得福，并使你的日子在耶和华你神所赐你的地上得以长久。"

⑨ 读经的报偿相当于所有这些诫命报偿的总和。

⑩ 如果地大穷人少，则田角捐为六十分之一。如果地小穷人多，则田角捐超过六十分之一，须保证穷人人人有份。

多少[①]。

3. 允许从地头以及地中留取田角捐[②]。拉比西缅说："除非是在地尾按定额[③]交纳了。"[④]拉比犹大说："若留下了一穗，即可连属为田角捐[⑤]。否则即未交纳，而为遗弃品。"[⑥]

4. 他们[⑦]说定田角捐法规：举凡食物、被保有的[⑧]、生长自土地的[⑨]、一次性收获的[⑩]、存入仓储的[⑪]，都须纳田角捐。此法规包括五麦[⑫]与豆类。

5. 至于树木，漆树、角豆树、核桃树、杏仁树、葡萄树、石榴树、橄榄树和椰枣树，都须纳田角捐[⑬]。

6. 人永远可以交纳田角捐并免于什一税，直至理齐谷堆[⑭]。可

---

① "收获"一词，原文歧义较多，有解为"谦冲"的，有解为"贫困者数量"的。

② "地头"指开始收割之处。《利未记》"不可割尽田角"，通常被理解为在地尾留取田角捐。

③ 指上文六十分之一的最低定额。

④ 否则此人在地头和地中留取的就不能算是田角捐。

⑤ 即不必在地尾留定额，只要留下象征性的穗子，他在地头和地中留的就都可以连属算作田角捐。

⑥ 如果在地尾什么都没留，那么他在地头和地中留的就成了遗弃品。"遗弃品"即无主财物，无论贫富，都可拾取。按拉比犹太教规定，休耕年地里的所有出产都是遗弃品。

⑦ 指众贤哲。

⑧ 指有主的，不是遗弃品或公共财产。

⑨ 某些注解认为指"有根的"，因而蘑菇等真菌类食品不算。

⑩ 某些水果(如无花果)是分批收购的，因而无须纳田角捐。

⑪ 指可以储存的。不可储存的食品，如绿色蔬菜，不必纳田角捐。

⑫ 五麦：指小麦、大麦、燕麦、二粒小麦、黑麦。

⑬ 果类食品除分批收获的以外都须纳田角捐，并不限于所列树木。

⑭ 田角捐本应留在田里不收割。如果收割了，则在谷堆理齐(当时犹太农民储存谷物的最后一道工序)之前仍可交纳，且交纳的这一部分仍然免于什一税。谷堆理齐之后，即使交纳田角捐，这一部分的什一税也仍然要交纳。

以交纳遗弃物并免于什一税，直至理齐谷堆[①]。可以喂养牲畜、动物、家禽并免于什一税，直至理齐谷堆[②]。可以从谷仓中取出播种并免于什一税，直至理齐谷堆[③]。——此为拉比阿奇瓦之言。祭司或利未人买取仓谷，什一税归己，直至理齐谷堆[④]。向圣殿进贡又赎回，则必须交纳什一税，直至司库将谷堆理齐[⑤]。

① 遗弃品指本人田内产出，但遗弃不要，任何人都可以拿取的作物。这一部分也免于什一税，但必须在谷堆理齐之前决定是否遗弃，否则即使遗弃也要交纳什一税。

② 在谷堆理齐之前，可以用收获物作饲料，而不必为此交纳什一税。

③ 在谷堆理齐之前，可以用收获物作种子，而不必为此交纳什一税。不过这只是拉比阿奇瓦的看法，按律法种子不可免于什一税。

④ 在谷堆理齐之前，这两种人买取谷物不必考虑什一税的问题。理齐之后，则必须拿出什一税部分，分给其他的祭司和利未人。

⑤ 向圣殿进贡，不必交纳这部分的什一税，但如果赎回，则需补交。不过，如果圣殿的司库已经理齐谷堆，那么这什一税就可以免除。

第2章

1. 以下这些为田角捐划界[①]：溪流、沟渠[②]、单人路、多人路[③]、雨天和热天[④]均固定使用的多人小道和单人小道[⑤]、荒地、翻耕过的地[⑥]和其他作物[⑦]。收割饲料也划界，此为拉比梅伊尔之言[⑧]。而众贤哲说：不划界，除非翻耕过。

2. 对于不能一体收割的水渠[⑨]，拉比犹大说："划界。"至于所有用鹤嘴锄翻锄的土丘，虽然耕牛无法带着其犁具通过，但此人为整块地交一份田角捐。[⑩]

---

① 本章讨论的问题是交纳田角捐的地块以什么为依据加以划分，是整块土地留下一份田角捐呢？还是分成几块分别留下？

② 灌溉使用的渠道。

③ 单人路和多人路的差别在于路的宽度。单人路宽度为4肘（一说2.5～4肘。肘为古代犹太人长度单位，其长度为成年人从肘关节到指尖的长度）。多人路则可以宽达16肘。

④ 以色列分雨季和旱季两季，冬天为雨季，夏天为旱季。

⑤ 小道指农民下地时所走的小路，不是用于旅行的。

⑥ 指没有种植作物。

⑦ 指一块地里种了不同的作物，田角捐须分别交纳。

⑧ 作物未完全成熟时，先收割一部分，留作饲料。拉比梅伊尔认为，这样收割过饲料的地段也应该为田角捐划界。

⑨ 关于"一体收割的水渠"，有多种解释。迈蒙尼德认为指站在水渠的一边，收割不到另一边的作物；也有人认为指站在水渠中央，收割不到两边的作物。总之，应该是在定义水渠的宽度。

⑩ 田中有土丘，无法用牛翻耕，所以只好用鹤嘴锄。

3. 这一切都只为作物划界，而不为树木划界[①]，只有篱笆[②]为树木划界；但如果枝条交叉则不划界[③]，而是为整块地交一份田角捐。

4. 至于彼此相望的角豆树[④]，拉班迦玛列说："我父亲家中习惯于为他们所有的橄榄树在每个方向上交纳一份田角捐[⑤]，为彼此相望的角豆树亦然[⑥]。"拉比以利亚撒·巴尔·撒都该以其名义[⑦]说："即或是为其所有的全城的角豆树亦然[⑧]。"

5. 凡在其田间播种一种作物者，即使他收获两次[⑨]，也只交纳一份田角捐。而播种两种作物者，即使他收获一次，也要交纳两份田角捐。凡在其田间播种两种麦子者，收获一次则交纳一份田角捐，收获两次则交纳两次田角捐。

6. 某次，米茨帕人拉比西缅播种后[⑩]来到拉班迦玛列的面前，他们上公会场去询问[⑪]。文士那鸿说："摩西受自西奈的律法[⑫]，我

---

① 作物田指撒种收获的田地。凡需交纳田角捐的树木不包括在内。

② 至少10掌（1掌指四指并拢的宽度，约9.3厘米）高。

③ 如果两树的枝条在篱笆上方相遇，则篱笆不能划界。

④ 站在一棵树下可以看见另一棵树。这种情况不受篱笆的限制。

⑤ 指城镇的四边，即一共交纳四份田角捐。

⑥ 彼此看得见的角豆树只交纳一份田角捐。

⑦ 以拉班迦玛列的名义，一说以拉比撒都该的名义。

⑧ 即不必管方向或其他条件，只要交纳一份就好。此说不为律法接受。

⑨ 同一期作物分两次收割。

⑩ 在一块田中播种了两种麦子。

⑪ 公会场为犹太教公会在耶路撒冷的所在地。米茨帕人拉比西缅就此问题求教拉班迦玛列，拉班迦玛列也没有准确答案，所以两人一起去公会求教。有关犹太教公会的情况，请参见《密释纳》第四部第四卷。

⑫ 摩西受自西奈的律法：拉比犹太教口传律法的一部分。这部分律法在《希伯来圣经》和解经文字中都见不到，拉比们相信这些律法是摩西在西奈山得到的口头传授。

受教于拉比米亚沙，他受教于其父[①]，其父受教于组阁对[②]，组阁对受教于众先知。据此，凡在其田间播种两种麦子者，收获一次则交纳一份田角捐，收获两次则交纳两次田角捐。”

7. 凡被撒玛利亚人[③]抢收的田地，被盗贼强割的田地，被蚂蚁啮咬的田地，被风或牲畜折损的田地，均免捐。若他收割了田的一半，盗贼强割去田的另一半，则免捐，因为田角捐的义务在于立着的作物[④]。

8. 若盗贼强割去田的一半，他收割了田的另一半，则从其所收割者中交纳田角捐。若他收割了田的一半，卖掉了另一半[⑤]，则买主为整块地交纳田角捐。若他收割了田的一半，将田的另一半[⑥]贡给圣殿，则从司库手中赎买者为整块地交纳田角捐。

---

① 其父：应指拉班迦玛列的父亲西缅。此人为希列长老之子，而希列长老是组阁对中最后一对之一。一本作“父亲”，或指拉比米亚沙之父。

② 组阁对：原文为“双”或者“对”的复数。指大议会之后犹太教公会时期的双领袖制（纳西和法庭之父）。前后共有五个组阁对在位，参见《阿伯特》1：4～15。

③ 一本作“异教徒”。

④ 田角捐应在收割结束时留下。如收割了一半，则田角捐应在剩下（立着）的作物里出。此处因田主未完成收割，剩下（立着）的一半被盗割，所以不用纳捐。

⑤ 卖掉了另一半作物，由买主收割。

⑥ 另一半作物，由赎买人收割。

第3章

1. 对于橄榄树之间的庄稼田畦[①]，沙玛伊学派说：每畦各留田角捐。希列学派说：一畦留下整块地的[②]。他们[③]承认，若垄头交错[④]则一畦留下整块地的田角捐。

2. 对于分片收割其田地并留下青庄稼者[⑤]，拉比阿奇瓦说："每片各留田角捐。"众贤哲说："一片留下整块地的。"众贤哲向拉比阿奇瓦承认：在三处[⑥]种植莳萝[⑦]或芥菜者，每片各留田角捐。

3. 将青洋葱分出上市，且将干洋葱保留入仓者[⑧]，为这两部分各自留下田角捐。豆类如此，葡萄亦如此。间苗者，从留下部分为留下部分交纳田角捐[⑨]。一举分出者[⑩]，从留下部分为全部作物交

---

① 此处讨论的田地面积约800平方米（50平方腕尺），其中经济树木（此处以橄榄树为例）为10棵。这在当时是比较标准的田地。

② 按照迈蒙尼德的说法，如果田中少于10棵树，则希列学派同意沙玛伊学派的说法；若多于10棵树，则沙玛伊学派同意希列学派的说法。《耶路撒冷塔木德》的解释则正好相反。

③ 指沙玛伊学派。

④ 垄：原文为行列，指种植作物的行列。此处指田畦间出现相互交错的情况。

⑤ 将成熟的收掉，留下未成熟的。

⑥ 一本作"两三处"。

⑦ 莳萝：当时的犹太人以其种子入药。

⑧ 干洋葱：指洋葱成熟时采收入仓。

⑨ 也就是间苗的部分不用交纳田角捐。

⑩ 一次从一处间出大量作物者。

纳田角捐。

4. 母种洋葱[①]必须交纳田角捐，而拉比约西免之。对于绿蔬间的洋葱田畦，拉比约西说："每畦各留田角捐。"而众贤哲说："一畦留下整块地的。"

5. 兄弟分田[②]则交纳两份田角捐。分而复合则交纳一份田角捐。两人合买一棵树则交纳一份田角捐，一人得树之北，一人得树之南，则此人自交田角捐，彼人亦自交田角捐。出售其田间树木者[③]，每棵树木各自交纳田角捐[④]。拉比犹大说："何时如此呢？田主一物未留时如此[⑤]；但若田主留物[⑥]则他为整块地交纳田角捐。"

6. 拉比以利以谢说："四分之一的田地即须交纳田角捐。"[⑦]拉比约书亚说："产出两细亚的[⑧]。"拉比特尔封说："六掌乘六掌的[⑨]。"拉比犹大·本·贝特拉说："让人收割一下再一下的。"[⑩]拉比阿奇瓦说："任何田地都须交纳田角捐和初熟贡，为其撰写补落资簿[⑪]，

① 指作种子用的洋葱。这种洋葱不能食用，只是在饥荒时才有人吃。

② 兄弟分别从父亲那里得到的遗产。

③ 只出售树木供移植，不连带出售土地。

④ 买家为每棵树木分别交纳田角捐。

⑤ 田主在出售树木前未从树上进行任何收获活动。

⑥ 如果他有收获行为。

⑦ 本节的主题是多大的田地才交纳田角捐。"四分之一"指应该播撒四分之一卡夫（《希伯来圣经》时代的计量单位，1卡夫等于2.2升）种子的田地。这般大小或比这更大的田地应该交纳田角捐。

⑧ 细亚：《希伯来圣经》时代的计量单位，1细亚等于6卡夫，约为13.2升。

⑨ 1掌约等于9.3厘米，参见本卷2:3相关注解。这般大小的田地在当时一般只能下五粒种子。

⑩ 收割完一把之后，剩余部分还够收割另一把的。

⑪ 由于按教义规定休耕年债务作废，所以富人们不愿意出借土地钱财。希列长老时，为活跃经济，规定债主可以在出借前在法庭上为他的钱财土地撰写补落资簿，拥有有效声明的钱财土地如果出借，那么即使到了休耕年也还不作废。

用钱财、契约或实有方式[①]购置时连带其无责任财产。”[②]

7. 病危中将其财产书赠者，若留下任何田地[③]，则其所赠为赠品[④]；若未留下任何田地，则其所赠不为赠品[⑤]。将其财产书赠其子者，若将任何田地书赠其妻，则其妻失去其婚书[⑥]。拉比约西说：“若她接受赠与[⑦]，那么即使他并未书赠与她，她也失去其婚书。”

8. 将其财产书赠其奴仆者，其奴仆出而为自由人[⑧]。若留下任何田地，则他不得出而为自由人[⑨]。拉比西缅说：“总是自由人[⑩]，除非他[⑪]说：‘我所有的财产在此都赠与我的奴仆某人，只有其万分之一除外。’”

① 购买土地可以有三种方式：支付钱财、签订契约、实际占有。

② 土地等不动产为有责任财产，如果卖主欠债，那么债主有权从买主买得的土地收入中收回债务。物品钱财等动产则属于无责任财产。此处是说如果买主以任何一种方式获得土地，那么土地上的动产也归他所有，而不必另外付钱。

③ 给自己留下田产，未分派给他人。

④ 病中分派财产，本是分遗产的意思。如果本人未死，那么在这种情况下，他也不能收回成命。

⑤ 指病中写的财产分派指令失效。

⑥ 婚书是结婚时丈夫给妻子的契约，上面说明如果婚姻结束，将给妻子一定数额的钱财。但如果妻子已经获得遗产分派，那么婚书也就失效了。

⑦ 她同意她的那份包括在孩子们得到的田产之中。

⑧ 奴仆为财产的一部分，不得拥有财产；若获得财产，则须首先自己拥有自己，因此成为自由人。

⑨ 同时也不能获得财产。

⑩ 即使主人给自己留下了田产，其奴仆也还是自由人。

⑪ 指主人。

第4章

1. 田角捐在长在土地里时留取[①]。对于攀架葡萄和椰枣树，家主收下，分给穷人[②]。拉比西缅说："分配胡桃亦如此。即使有九十九个人说分配，而一个人说拾取[③]，也当听从此人之言，因他所言一如律法。"

2. 对于攀墙葡萄和椰枣树，则并非如此。即使有九十九个人说拾取，而一个人说分配，也当听此人之言，因他所言一如律法。[④]

3. 拾取少量田角捐，投之于其余部分之上[⑤]，则此中无一物属他。自己扑于其上或者将其袍服展于其上者[⑥]，将其移走[⑦]。遗落品[⑧]如此，忘收品[⑨]亦如此。

4. 田角捐不得以镰刀割取，亦不得以锹锹连根取之，以免有人

---

① 留作田角捐的部分，田主并不收获，由穷人自行拾取。

② 如果果实在高处，则由田主收下平分给穷人，免得穷人受伤。

③ 穷人自行拾取，不保证平均分配。

④ 某些版本中此节与上节相连。

⑤ 企图以此声明这些田角捐都归自己所有。

⑥ 企图以此声明这些田角捐都归自己所有。

⑦ 指将田角捐移走。

⑧ 收割时掉落的，参见《利未记》19:9："在你们的地收割庄稼，不可割尽田角，也不可拾取所遗落的。"

⑨ 忘记收割的，参见《申命记》24:19："你在田间收割庄稼，若忘下一捆，不可回去再取，要留给寄居的与孤儿寡妇。"

击打他人[①]。

5. 一日之中三次露面[②]：清晨[③]、正午[④]及午后[⑤]。拉班迦玛列说："只为不再减少，否则不会言定。"[⑥]拉比阿奇瓦说："只为不再增加，否则不会言定。"贝特纳梅尔[⑦]的人依照绳子收割[⑧]，并在每一垄均留下田角捐[⑨]。

6. 异教徒收割其田地后皈依者，免于遗落品、忘收品以及田角捐[⑩]。拉比犹大拒免忘收品，因为只在打捆之时，方有忘收品[⑪]。

7. 进贡立株又赎回立株者，有责[⑫]。成捆[⑬]进贡又成捆赎回者，

---

① 拾取田角捐时，人人都急于多拿，难免发生碰撞斗殴，如果手持工具，则会造成伤害。

② "露面"指田主需在田中露面，以使穷人可以来拾取田角捐。因为田主不在时，他人不得进入其田地。不过迈蒙尼德认为"露面"一词应该解释为"求取"，因而此句的意思只是说，穷人可以来拾取三次，跟主人无关。

③ 清晨为妇女们拾取田角捐的时间，因为此时孩子们尚未起床。

④ 正午为孩子们拾取田角捐的时间，因为孩子们起得晚。

⑤ 指大午后祷（日落前五个半时辰）或小午后祷（日落前两个半时辰）的时间，参见本部《祝祷》卷4:1相关注解。午后为老弱病残拾取田角捐的时间，因为这些人行动缓慢。

⑥ 按照拉班迦玛列的看法，这类事情本来是不必规定次数的，贤哲们说的三次指的是最少次数。下文拉比阿奇瓦的看法则相反。迈蒙尼德认为，两人说的都不是律法，律法是不多不少，正好三次。

⑦ 贝特纳梅尔：地名，地点不详。一说为家族名，因"贝特"在原文中是"家"的意思，应该译为"纳梅尔家族"。

⑧ 拉起绳子，以标明每垄的收割范围。

⑨ 这样穷人便可以随时获得，不必等到最后。

⑩ 即使田中有遗落品和忘收品，他人也不可以拿。因为此人收割时尚未皈依犹太教，所以在这三个项目上不受犹太教律法约束。

⑪ 打捆在收割之后，此时此人已经皈依，应该遵守有关忘收品的规定。

⑫ 向圣殿进贡未收割的作物又在收割之前赎回的，有责任留取田角捐，并按律法处理遗落品和忘收品。

⑬ 收割完毕打捆之后。

有责。进贡立株又成捆赎回者，免责，因唯有须尽责之时方可免责[①]。

8. 由此得出：在什一税征期[②]未到之前进贡其收获并赎回者，有责[③]。在什一税征期已到之后进贡并赎回者，有责。在未完之前进贡并在司库完成后赎回者，免责，因唯有须尽责之时方可免责[④]。

9. 凡拿取田角捐并说"这是给贫者某人的"者[⑤]，拉比以利以谢说："他有资格获得。"[⑥]而众贤哲说："他须将其送给遇见的第一个贫者。"[⑦]异教徒的遗落品、忘收品和田角捐都须交纳什一税，除非是被放弃了的[⑧]。

---

① 田角捐、遗落品和忘收品的相关律法都是在收割的过程中才生效的。在前两种情况下，收割都是田主进行的，所以有交纳责任。在最后一种情况下，收割是由圣殿进行的，而圣殿无交纳义务，故此得免。

② 关于什一税的征期，有两种说法：一说田里作物只要有三分之一成熟就应为收获的部分交纳什一税（采收下来立即食用的除外）；另一说认为要等作物完全收获并理齐之后才开始交纳什一税。

③ 有责任交纳什一税。

④ 此节比较费解。通常有三种解释：第一种意见认为，这三种情况里的什一税征期都指的是第一种时间（三分之一的作物成熟）。第二种意见认为，前两种情况指的是第一种时间，第三种情况指的是第二种时间。也就是说：如果田主在三分之一作物成熟前进贡又赎回，则须交纳什一税。如果他在三分之一成熟后进贡并赎回，也须交纳什一税。但如果他在收割完成前进了贡又在司库收割理齐完成之后赎回，则免税。因为在需要交纳什一税的阶段，作物归圣殿所有，而圣殿无交税义务。第三种意见认为，这三种情况指的都是第二种时间。

⑤ 此人不是穷人，本无资格拿取田角捐，但他在拿取时声明这是给某个穷人的。

⑥ 拉比以利以谢认为此人可以拿取，是根据《塔木德》的"弥构"（意为"由此"）原则。此人可以先声称放弃财产，"由此"他便有资格拿取田角捐。因为他有资格拿取田角捐，"由此"他也有资格为他的同类拿取田角捐。

⑦ 众贤哲反对拉比以利以谢使用两个"弥构"来进行解释。他们认为一次只能用一个"弥构"，这样富人最多可以声称放弃财产而拿取田角捐，却不可以再用一个"弥构"指定给谁拿。所以他必须交给他见到的第一个穷人。

⑧ 被放弃了的：指异教徒留下的这些东西不分贫富，均可拿取，这类果实不需要交什一税。

10. 遗落品为何？为收割之时所掉落者[①]。若收割者割下满掌作物、拔下满握作物，却因荆棘刺痛，从手中落地，此归田主所有。从手中或者镰刀中[②]掉落者，归穷人所有；从手背或者镰刀背掉落者，归田主所有[③]；从指尖或者镰刀尖掉落者，拉比以实玛利说："归穷人所有。"拉比阿奇瓦说："归田主所有。"[④]

11. 立株中的蚁窝归田主所有[⑤]。收割之后则上部归穷人所有，下部归田主所有[⑥]。拉比梅伊尔说：都归穷人所有，因有疑义的遗落品也是遗落品。

---

① 按规定，一次掉落两穗以上则不算遗落品。

② 指镰刀的刀锋。

③ 也就是在做收割动作时镰刀或手碰落的周围作物。由于不是因收割而掉落的，所以不算遗落品。

④ 指尖和刀尖处于"背"和"中"的交界，因此有争议。律法依据拉比阿奇瓦的观点。

⑤ 指蚁窝中挖出来的庄稼果实。

⑥ 蚁窝上部的果实可能是在收割过程中被蚂蚁拖入的，故属于遗落品，归穷人所有；下部的果实则可能是收割前被蚂蚁拖入的，故不属于遗落品。另一说："上部"指"成熟的果实"，"下部"指"未成熟的果实"。

第 5 章

1. 对于未从其下收取遗落品之谷堆，其所有触地部分均归穷人所有[①]。对于被风吹散的谷捆，则估算其地所应收取之遗落品，并交给穷人。拉班西缅·本·迦玛列说：给穷人应当遗落的数量[②]。

2. 收割所及的谷穗，其尖端触及立株[③]。若能与立株一同收割[④]，则归田主所有；否则就此归穷人所有[⑤]。遗落品的谷穗混入谷堆之中：将一支谷穗课为什一税[⑥]并交一支给他[⑦]。拉比以利以谢说：这穷人如何能交换不属于他所有的物品[⑧]呢？除非这穷人获得了

---

① 穷人尚未收取遗落品，田主就用谷堆覆盖，这属于不当行为。所以田主所应交给穷人的就不再只是遗落品，而是包括谷堆底部所有与地面（迈蒙尼德认为是与地面的遗落品）接触的果实。这有一定的惩罚意义。

② 按通常的遗落品比例交纳，而不必估算。这一比例通常是收获品的四十五分之一，也就是每歌珥交纳 4 卡夫（1 歌珥等于 180 卡夫）。

③ 指收割所及（一把抓住）却未能割下的庄稼。因四边立株都已收割，遗留的立株可能倒伏，因而触及其他尚未收割的庄稼。

④ 能一把抓住。

⑤ 成为遗落品。

⑥ 从谷堆中取出两支谷穗，对第一支说："若此支为遗落品，则万事大吉；若此支不是遗落品，那么就让另一支作什一税。"然后将第一支给穷人作为遗落品，第二支则交给祭司充什一税。《耶路撒冷塔木德》则规定要取三支，一支归穷人，两支归祭司。这样做是为了保证该交的什一税没有被遗漏（随便从谷堆中取出的谷穗很有可能是要交什一税的）。

⑦ 他：指穷人。

⑧ 穷人在这种情况下拿到的谷穗并非原来的遗落品，这等于他用遗落品换了另一支谷穗，问题在于此时他并非两支谷穗的所有者，无权交换。

整个谷堆，将一支谷穗课为什一税并交给他[①]。

3. 不得转动水桶[②]，此为拉比梅伊尔之言。但众贤哲许可，因为这是可能的[③]。

4. 从一地到另一地旅行的业主，如需拾取遗落品、忘收品、田角捐和穷人什一税[④]，可以拾取[⑤]。然回家之后则需偿还[⑥]。此为拉比以利以谢之言。而众贤哲说：当时他是穷人[⑦]。

5. 与穷人作交换者，其所得免税，其所给穷人者必纳税[⑧]。两人[⑨]以租佃合约共得一块田地，则此人给彼人穷人什一税，彼人亦给此人穷人什一税[⑩]。得田地以收割者，禁得遗落品、忘收品、田角捐与穷人什一税。拉比犹大说：何时如此呢？当他为此得到一半、三分

---

① 田主将整个谷堆作为必须归还的礼物送给穷人，穷人当然可以随意交换。最后再将谷堆还给田主。

② 不得在穷人拾取遗落品之前用辘轳类提水装置从井中提水灌溉，以免水破坏遗落品。一说"水桶"一词解为"豆子"，即禁止将豆子(被认为是粗粮)与其他谷物混合收割，以免在遗落品中粗粮取代细粮。

③ 因为这是可能进行补偿的。补偿方法有三：一是田主在灌溉前将遗落品集中放在一旁以避免损失；二是田主补偿穷人因灌溉而造成的遗落品损失；三是田主耽误灌溉的损失从遗落品中补出。

④ 以七年为一循环计算，每第三年和第六年的第二什一税归穷人所有，是为穷人什一税。

⑤ 如果他在旅途中钱财用尽，需要接济的话。

⑥ 《耶路撒冷塔木德》规定此人应偿还给其取物之地的穷人。

⑦ 因此他不必偿还。

⑧ 穷人免税，所以交换中穷人给出的部分可以免除什一税，但业主交给穷人的部分则须在转交之前交纳什一税。

⑨ 两个穷人。

⑩ 遗落品、忘收品和田角捐也作同样处理。

之一或四分之一之时如此[①];但若告诉他:你所收获的三分之一归你[②],则他许得遗落品、忘收品及田角捐[③],然禁得穷人什一税[④]。

6. 售卖其田地者,售卖者可得,购买者禁得[⑤]。人不可雇佣帮工,以便让其子[⑥]随其后拾取遗落品为条件。不许穷人拾取遗落品者,或许可一人,不许可另一人者,或帮助其中之一者,此为抢劫穷人。对此《圣经》说:"你先祖所立的地界,你不可挪移。"[⑦]

7. 对于谷捆,凡帮工忘记但田主未忘记者,田主忘记但帮工未忘记者,穷人立于其前面者,或被人用秸秆覆盖者[⑧],此均非忘收品。

8. 打捆者扎束帽状捆[⑨]、底座捆[⑩]、糕形捆[⑪]以及集捆者[⑫],无忘收品[⑬]。由此到进入打谷场则有忘收品。谷捆扎束以成谷堆时有

---

① 帮人收割田地,收割前田主与收割者说定一定比例的作物归收割者。因为此时收割者已拥有收获物,不是穷人,因而不得拾取属于穷人的物品。

② 收割完成前收割者什么也没有,收割之后得到一定比例的作物作为报酬。

③ 在收割过程中收割者尚未得到报酬,仍然是一个穷人。

④ 穷人什一税是在收割完成后交纳的,此时收割者已经得到报酬,不再是穷人了。

⑤ "可得""禁得"均指穷人分内的物品,如遗落品、忘收品、田角捐等。

⑥ 帮工之子。

⑦ 《箴言》22:28。按:"先祖"原文为"Olam",按传统此处应读为"Olim",意为"上来的"。释义有二:一指"从埃及上来的";二为反训,意思是"下去的",也就是地位低下的穷人,即不可剥夺穷人的权利。

⑧ 以上两种情况都有遮挡田主视线的欺骗行为。

⑨ 如帽子形状的谷捆,或用于覆盖谷堆的谷捆。

⑩ 用于铺垫谷堆底部的谷捆。

⑪ 做成圆形"蛋糕"形状的庄稼,由此再打成谷捆。另一说:帮工取谷物烘成很厚的蛋糕。

⑫ 由多个小捆打成的大捆。

⑬ 本节说的是从田里将收获的谷物运往谷场的情况。如果运送的庄稼是为了做上述几件事情的,那么即使有谷物被遗漏,也不能作为忘收品被穷人拿走。因为这些谷捆只是准备谷堆的阶段,是工作的一部分。

忘收品[①]，由此到进入打谷场则无忘收品。原则如下：凡为完成工作之地打捆者有忘收品，由此到进入打谷场则无忘收品。凡为未完成工作之地打捆者无忘收品，由此到进入打谷场则有忘收品。

① 完成谷堆被视为这一阶段的工作已经完成。

第 6 章

1. 沙玛伊学派说：遗弃给穷人的即为遗弃品[①]。希列学派说：尚非遗弃品，除非其亦遗弃给富人，一如休耕年[②]。若田中所有谷捆均为一卡夫[③]大小，只一捆为四卡夫大小并被遗忘。沙玛伊学派说：此非忘收品[④]。而希列学派说：此为忘收品[⑤]。

2. 靠近石墙、谷堆、耕牛及农具的谷捆，若将其遗忘，沙玛伊学派说：此非忘收品[⑥]；希列学派说：此为忘收品[⑦]。

3. 谷捆各行之首端，有并列谷捆为证者[⑧]，持之前往城镇又被遗忘的谷捆，认可[⑨]为非忘收品。

---

① 遗弃品：参见本卷 1:6 相关注解。此处的要点是这些物品是否应当免除什一税。

② 遗弃品属于公共财产，应该是不分贫富均可拿取的。

③ 卡夫：体积单位，参见附录 4。

④ 沙玛伊学派认为，这样的大捆应当视为被分成四个小捆，依据本章第 5 节，应当归田主所有。

⑤ 希列学派不同意这种分法。不过迈蒙尼德认为，如果谷捆超过了四卡夫，那么希列学派也承认这不是忘收品。

⑥ 沙玛伊学派认为，既然田主将谷捆放在特定地点，显然是记得要来拿的，因此不能算是忘收品。

⑦ 希列学派认为，至少此时田主已经忘了。

⑧ 本节前两句讲的是田中谷捆行列位置与忘收品的关系。迈蒙尼德将两句连读，认为一行首端被忘收的谷捆，只要同列谷捆还在，就不是忘收品。其他有些学者则将两句分读，认为第一句指行首不得被认为是忘收品，第二句则指行尾谷捆如有同列谷捆存在，即使忘收也不算忘收品。

⑨ 指希列学派认可。根据上节的情况，沙玛伊学派应该是肯定认可的。

4. 以下为谷捆各行之首端：两人从一行谷捆中间开收，一人向北，一人向南，并在身前与身后忘收。其身前者为忘收品，其身后者为非忘收品①。一人从一行谷捆之首端开收，并在身前与身后忘收，其身前者为非忘收品，其身后者为忘收品②，因为他处于“不可回去”之境③。此为规则：一切处于“不可回去”之境者均为忘收品，而不处于“不可回去”之境者均非忘收品。

5. 两个谷捆为忘收品，三个即非忘收品④。两堆橄榄或角豆为忘收品，三堆即非忘收品⑤。两棵亚麻为忘收品，三棵即非忘收品⑥。两颗葡萄为掉落品⑦，三颗即非掉落品。两个谷穗为遗落品，三个即非遗落品。此依希列学派之言。对此沙玛伊学派说：三归穷人，四归户主⑧。

---

① “身后忘收”的情况是：如果一行中有十个谷捆，一人从第四捆向第一捆收，另一人从第六捆向第十捆收，则第五捆虽未收割，却不能被认为是忘收品，因为收割过程不包括这一谷捆，这与行首谷捆的情况相似。

② “身后忘收”指收割者在收割过程中跳过的谷捆，因为不可回头，所以成为忘收品。“身前忘收”指收割者未完成一行就开始另一行的情况。此时收割者未经过的部分可以被看作是同列中尚未收割的谷捆列首，因此不算忘收品。

③ 指《申命记》24:19：“你在田间收割庄稼，若忘下一捆，不可回去再取，要留给寄居的与孤儿寡妇。”

④ 此节讨论忘收品数量超过一个单位时的情形。三个谷捆指三个连在一起的谷捆。

⑤ 当时摘收这类树果的方法是先收成小堆，然后再并拢成大堆。此处指未并拢的小堆。

⑥ 亚麻籽在当时被用作食物，故此也在忘收品的范围。

⑦ 遗落品通常指谷物，如果采摘葡萄时有掉落，则称“掉落品”，其律法地位与遗落品相当。

⑧ 希列学派的依据是《利未记》19:10：“不可摘尽葡萄园的果子，也不可拾取葡萄园所掉的果子，要留给穷人和寄居的。”也就是有两种穷人可以分享，因此“二”归穷人，“三”归户主。沙玛伊学派的依据是上引《申命记》24:19，也就是有“寄居的”“孤儿”“寡妇”三种穷人要分享，因此“三”归穷人，“四”归户主。对此，希列学派认为孤儿寡妇为一种穷人。

6. 其量有两细亚的谷捆若被遗忘，此非忘收品。若总量有两细亚的两个谷捆，拉班迦玛列说：归户主。众贤哲则说：归穷人。拉班迦玛列说：若谷捆数增加，户主之权增强还是其权减弱？[①] 众人说：增强。他对他们说：那么当一个其量有两细亚的谷捆被遗忘之时即非忘收品，两个总量有两细亚的谷捆亦非忘收品，难道不合律法吗？[②] 他们对他说：否。若你说一个谷捆，则如一个谷堆；若你说两个谷捆，则如谷束[③]。

7. 若其量有两细亚的立株被遗忘，此非忘收品。若其量无两细亚但原能长出两细亚，那么即使小如山黧豆，亦当视之为大麦的硕实[④]。

8. 立株拯救谷捆与立株，谷捆则不拯救谷捆亦不拯救立株[⑤]。何谓拯救谷捆的立株呢？任何不算忘收品的，即使只有一穗。

9. 一细亚已采收谷物与一细亚未采收谷物[⑥]不得合计为两细亚，而属于穷人所有[⑦]，树木、大蒜和洋葱均如是。拉比约西说：若中间有属于穷人之物[⑧]，则不得合计；若无，则可以合计。

---

① 按照本章第5节的逻辑，遗忘的收获物单位增加，户主的权利也就随之增加。

② 总量一样，谷捆数增加了，户主的权利应该增加才对。

③ 一个数量高达两细亚的大谷捆可以被看作一个谷堆。但如果是两个谷捆，就应被看作是各自独立的谷束。

④ 立株因为风灾等原因没能长到可预计的大小，但能看出来原本能长到的大小，则仍然按大株计算，不属于忘收品。

⑤ 如果立株符合不算忘收品的条件，则其附近的谷捆和立株都能“得救”，不算忘收品。谷捆则无此“能力”。

⑥ 指忘收的谷物。

⑦ 虽然合计有两细亚，仍然属于穷人所有。

⑧ 如果在这两细亚谷物之间有其他的忘收品或遗落品等属于穷人的谷物，则不得合计。

10. 用于饲料或扎捆的谷物，其中没有忘收品[①]，用于扎捆的大蒜捆、大蒜与洋葱小捆均如是[②]。

一切埋在土中的果实，如蛇根草[③]、大蒜、洋葱，拉比犹大说：其中无忘收品；而众贤哲说：其中有忘收品。

11. 夜间收割者、打捆者或盲人收割，其中均有忘收品。若意图收取大棵者，则其中无忘收品[④]。如果他说："我现在收割，条件是我忘收的我以后来拿。"则其中有忘收品[⑤]。

---

① 这些谷物的收获目的不是食品，所以忘收品的律法在此不适用。

② 收大蒜和洋葱时，先扎成小捆，然后合为大捆，因小捆属于收获的中间阶段，因此不存在忘收品的问题。

③ 蛇根草：类似大葱，此处指此类芳香植物，当时犹太人用这类植物的根茎和果实作调味品。

④ 在视力受影响的情况下进行收割并不能使忘收品律法失效，除非收割者明确要在夜间拿走大棵果实，留下小棵的以后来拿。

⑤ 上一句的规定只适用于夜间收取大棵果实的情况。如果有人在一般情况下声明所有忘掉的他都要回来拿，那么他的声明无效，而忘收品律法仍然有效。

第 7 章

1. 所有在田野中有名的橄榄树，即使是有时滴油的橄榄树[①]，若被遗忘，则非忘收品。这些说法所指为何？为其名，为其行，为其地[②]。为其名，即曾流油者或羞辱者[③]。为其行，即大量出产者。为其地，即立于油坊边或墙隙边者。其余所有橄榄树，两棵即为忘收品，三棵即为非忘收品。拉比约西说：橄榄无忘收品[④]。

2. 立于形成两个长方形的三行之间的橄榄树[⑤]，若被遗忘，则非忘收品[⑥]。

其量有两细亚的橄榄树，若被遗忘，则为非忘收品。这些说法所指为何？为未对其开收之前。而若已对其开收，则即使是有时滴油的橄榄树，若被遗忘，即为忘收品。

---

① 有时橄榄结果时因汁液饱满而外滴。虽然是很少见的情况，但只要在某棵橄榄树上发生过，该橄榄树即成为有名橄榄树，即使不滴油时也没有忘收品。另一说："滴油"（希伯来语原文 Netofa）为一个靠近伯利恒的地名，此处指该地出产的橄榄。

② 因这三种情况而得名的橄榄树。

③ "流油"即橄榄树出现与上述滴油相类似的情况。"羞辱"指橄榄树出产量远远超过旁边的树木，仿佛是在羞辱其他树木一般。

④ 罗马皇帝哈德良曾下令摧毁以色列的橄榄树，因此当时橄榄树稀少。拉比约西认为，作为稀少作物，橄榄树应免留忘收品。

⑤ 此句有两解：一说此树位于三行平行橄榄树的中间一行，长方形指行与行之间的空地；另一说（迈蒙尼德）此树三面分别有三行树，每行最少两棵，长方形指橄榄树本身。

⑥ 此树隐藏于其他树之间，类似于被穷人藏起来的收获物，因此不算忘收品。另一说：此树被其他树围定，有确认记忆标志，故此不算忘收品。

只要他在树下有，他就在树顶有[①]。拉比梅伊尔说：从查收者离开时起[②]。

3. 何谓掉落品？[③] 即采收葡萄时掉落者。若采收时摘下的葡萄串与叶子发生纠缠，从其手中掉落在地，葡萄分离，则此归户主所有。

采收时在葡萄树下安放篮子，这是在抢劫穷人[④]。对此《圣经》说："你先祖所立的地界，你不可挪移。"[⑤]

4. 何谓葡萄幼串？[⑥] 任何既无串肩又无下垂者[⑦]。若有串肩或下垂，则归户主所有。若有疑问，则归穷人[⑧]。

对于节点[⑨]上的幼串，若与葡萄串一同割下，则归户主所有；否则归穷人所有。

对于单颗串[⑩]，拉比犹大说：此为葡萄串[⑪]。众贤哲说：此为幼串。

---

① 只要橄榄树下还有未收完的果实，树顶的未摘果实就不能被视为忘收品。

② 即使树下果实已经收完，只要采收者未离开，树顶的未摘果实就不能被视为忘收品。只有采收者离开之后，穷人才可以获得忘收品。

③ 参见本卷6:5。

④ 《耶路撒冷塔木德》认为，掉落的葡萄在空中就已成为掉落品，所以户主用篮子收集就等于抢劫穷人。

⑤ 《箴言》22:28，23:10。参见本卷5:6相关注释。

⑥ 指发育不成熟、果实极少的葡萄串。

⑦ 串肩：指葡萄串主枝上有很多分枝，其果实互相重叠，如人肩上负物一般，表示果实生长良好。下垂：指葡萄串下部中央果实累累，形成下垂。

⑧ 比如虽然看起来有串肩，但分枝间相隔太远，结果果实并不重叠。

⑨ 节点：指葡萄主干上长出葡萄串的点。从此点长出的幼串归属不明，因为既可以将其看作葡萄串的一部分而归户主所有，也可以看作单独生长的而归穷人所有。

⑩ 单颗串：指单颗葡萄分别生长于主枝之上，旁侧没有小枝。

⑪ 拉比犹大的依据为《以赛亚书》17:6："其间所剩下的不多，好像人打橄榄树，在尽上的枝梢上，只剩两三个果子。"至于他的解释，则有两种说法：一说少于两三颗（单颗串）即非幼串，另一说多于两三颗（单颗串上葡萄颗粒总数）即非幼串。

5. 为葡萄间株者，正如他为其所有者而间株一样，他也为穷人所有者而间株[①]，此为拉比犹大之言。拉比梅伊尔说：为其所有者则可，为穷人所有者则不可。

6. 对于第四年的葡萄园[②]，沙玛伊学派说：此中无五一费[③]，亦无避屋律[④]。希列学派说：有之[⑤]。沙玛伊学派说：此中有掉落品，亦有葡萄幼串，穷人自行赎换[⑥]。希列学派说：全去酒坊[⑦]。

7. 对于全部是葡萄幼串的葡萄园，拉比以利以谢说：归户主所有。拉比阿奇瓦说：归穷人。拉比以利以谢说："你收葡萄……勿取幼串。"[⑧]若无收获，何来幼串？[⑨] 拉比阿奇瓦对他说："在你的葡

---

① 间株：间除生长过密的葡萄株或葡萄串，以利葡萄生长。由于其中有属于穷人的幼串，所以户主是否有权间除穷人的葡萄成为争议的题目。

② 依照拉比犹太教律法，第四年的果树收获品必须被带到耶路撒冷去食用，或者换成相等数量的钱财去耶路撒冷花销。沙玛伊学派与希列学派对此有不同的解释。希列学派认为这相当于第二什一税（参见《申命记》14:22～26），而沙玛伊学派则认为这相当于初熟贡（参见《申命记》26:10）。

③ 五一费：按律法，如果将第二什一税换钱带往耶路撒冷消费，则需另加原值的五分之一。

④ 避屋律：如果第二什一税没能按时（每七年循环的第一、第二、第四、第五年）消费，则须在第三年和第六年之后予以销毁。

⑤ 双方的争执点在于第四年果物是适用于第二什一税的律法还是适用于初熟贡的律法（没有五一费和销毁律）。

⑥ 因为沙玛伊学派将第四年果物等同于初熟贡，因此认定第四年果物仍属户主私人财产，所以其中仍有属于穷人的部分。这些部分应该由穷人带往或换成钱财带往耶路撒冷消费。

⑦ 希列学派坚持认为第四年果物等同于第二什一税，是"圣物"（参见《利未记》19:24），也就是神的财产，因此不存在穷人的份额，可以全部由户主处理。"送往酒坊"意味着对葡萄来说，其加工品（酒、果汁等）与原产品等值。

⑧ 出自《申命记》24:21。原文为："你收你葡萄园的葡萄，勿收身后幼串。要留给寄居的与孤儿寡妇。"

⑨ 依据经文，拉比以利以谢认为幼串只是在户主收获时才出现，如果全归穷人，户主根本不收获，则不存在幼串。

萄园勿取幼串。”[①]即使满园都是幼串。果然如此，为何又说“你收葡萄……勿取幼串”呢？在收获前穷人无幼串之利[②]。

8. 在幼串可分辨之前将其葡萄园捐献圣殿者，幼串不归穷人[③]。在幼串可分辨后捐献，则幼串归穷人。拉比约西说：他们向圣库交纳成长之价[④]。

何谓葡萄架上的忘收品？一切伸手无法摘取者[⑤]。而对地面的葡萄树，则从越过此树起[⑥]。

---

① 出自《利未记》19:10。

② 也就是穷人不可在收获季节前收取幼串。

③ 捐献之后，葡萄园就成为圣殿的产业，其产品无穷人的份额。

④ 由于葡萄园捐献后土壤归圣殿所有，因此幼串在捐献后长大的部分其实是圣殿的财产，故拉比约西要求穷人交纳这一部分。

⑤ 由于葡萄树在葡萄架上有重叠的情况，所以允许采收者返身拉动葡萄枝，以发现隐藏的果实。在这种情况下，只有采收者已经越过并且够不到的果实才算忘收品。

⑥ 地面的葡萄树不存在重叠的问题，所以跟其他作物一样，只要在收获时越过，便为忘收品。

第8章

1. 从何时起允许所有人[①]都拾取遗落品呢？从贫弱者[②]离去时起。掉落品和葡萄幼串呢？从穷人走过葡萄园又走回来时起[③]。那么橄榄呢？从第二场雨降落时起[④]。拉比犹大说：难道就没有在第二场雨之后才收获橄榄的吗？应该是穷人带不出四依萨尔[⑤]之时起。

2. 他们[⑥]在遗落品、忘收品、田角捐方面在本季节受到信任[⑦]，在穷人什一税方面全年受到信任[⑧]，利未家族的人永远受到信任[⑨]，

---

① 包括富人。

② 指在田里搜寻遗落品的穷人中的弱者，当他们捡拾完毕后其他人才可以捡拾。

③ 也就是穷人在葡萄园里搜寻了一个来回，又走出园子。

④ 《耶路撒冷塔木德》认为，橄榄在深秋收获，此时天气寒冷，老弱病残不会再来寻找遗落的橄榄，故此以第二场雨（通常在公历的11月前后）作规定。

⑤ 依萨尔：货币单位，参见本书附录4。拉比犹大认为，不能以第二场雨为时间标准，其标准是穷人进橄榄园一次所找到的橄榄还不到四依萨尔的价值（当时约四顿饭的饭钱，够穷人和他的妻子吃一天）。

⑥ 指不知经者。

⑦ 遗落品、忘收品、田角捐等都免于什一税，所以如果穷人出售应季作物时宣称这些是上述三种之一，则买方可以对此加以信任并不再从中提留什一税。如果不是应季作物，则不应信任穷人的说法，而将买得的作物当作“得卖疑”处理（参见本书第3卷）。

⑧ 穷人什一税在每个七年循环的第三年和第六年提留。在这两年的全年，如果穷人宣称货物为穷人什一税的话，买主都应该相信（而不必从中再提留什一税）。

⑨ 按律法，利未家族的人获得第一什一税，从中取出十分之一的什一税举祭转交祭司。如果利未家族的人（不知经者）在售卖作物时宣称什一税举祭已交纳，则买方应该信任他们，原因是私留什一税举祭的人将遭天谴而死亡，因此应该没人愿意冒这个险。

他们只在人们以习惯方式给出的事物上受到信任[①]。

3. 他们以麦子而受到信任，不以面粉也不以面包而受到信任[②]；以稻米之壳而受到信任，不以稻米之生熟而受到信任[③]；以豆子而受到信任，不以粗豆粉而受到信任，无论生熟；以说其油属于穷人什一税而受到信任，不以说其来自打落的橄榄[④]而受到信任。

4. 他们以生蔬菜而受到信任[⑤]，不以熟菜而受到信任，除非只有少量的东西，因为户主可能如此从其锅中取出[⑥]。

5. 在打谷场给穷人的不得少于半卡夫麦子或一卡夫大麦[⑦]，拉比梅伊尔说：半卡夫[⑧]；一卡夫半二粒小麦和一卡夫干无花果或一玛内压缩无花果，拉比阿奇瓦说：一普拉斯[⑨]；半罗革[⑩]酒，拉比阿奇瓦说：四分之一；四分之一罗革油，拉比阿奇瓦说：八分之一[⑪]。

---

① 例如，一个卖麦子的穷人或利未家族的人可以受到信任，因为这是人们通常提留什一税或穷人份额的方式，但如果他出售面粉或面包，就值得怀疑。参见下节。

② 因为济贫捐税多半不会是加工过的食品。

③ 在稻米方面，信任他们的标准是这些稻米是否带壳，而不在于生熟。

④ 橄榄的忘收品，穷人用击打的办法将其收下。

⑤ 如果该穷人声称这些蔬菜属于穷人什一税的话。

⑥ 穷人什一税通常不会是煮熟的蔬菜，不过有时户主忘了提留什一税，所以只好在煮熟后提留，交给穷人。

⑦ 卡夫：固体体积单位，参见附录 4。此句是规定在打谷场分发穷人什一税时每个穷人应得到的最低数量。依据是《申命记》26：12："使他们在你门前可以吃得饱足。"按照传统，这里指的是够吃两顿的量。由于大麦中不能吃的部分比小麦多，所以大麦的最低量比小麦高。

⑧ 拉比梅伊尔此处所说的应该是一种品质比较高的大麦，其可食用率与小麦相当。

⑨ 当时计算干无花果用体积单位（卡夫），计算压缩无花果则用重量单位（玛内）。一普拉斯等于半玛内。

⑩ 罗革：液体体积单位，参见附录 4。

⑪ 涂在面包上食用的油。

而对于其他所有果品，阿巴·扫罗说：使其出售后可以此获得两顿饭的食品。

6. 此数量是就祭司、利未人、以色列人而言[①]。若要截留，则取一半给一半[②]。若东西量少，则送到他们面前，他们自行分配[③]。

7. 对从一地到另一地去的穷人，不可给他们少于价值一蓬地庯[④]的面包，如果四细亚卖一塞拉的话[⑤]。欲夜宿，则当给他夜宿之资。欲过安息日，则当给他三顿饭的食物[⑥]。

凡有两顿饭之食物者，不得从济贫盘[⑦]中取物。有十四顿饭之食物者，不得从善款柜[⑧]中领钱。善款柜由两人收取，三人分发[⑨]。

---

① 此句有多种解释。一说无论田主是祭司、利未人还是普通以色列人，都需按上节数量提留穷人什一税。另一说无论接受的穷人是什么身份，都需按规定最少数量给出穷人什一税。

② 如果田主有穷亲戚需要穷人什一税，他可以把什一税留下一半给亲戚，而只给其他人一半。

③ 如果因此什一税的数量少于上述给每个人的最低量，则田主不再一一分配。另一说：此句所指的量为留给亲戚之前的量，也就是说如果总量不够其他穷人每人最少量的话，则不能给亲戚专门留下。

④ 蓬地庯：货币单位，参见附录4。

⑤ 如果一塞拉（货币单位）可以买四细亚面粉的话，那么一蓬地庯就应该可以买四分之一卡夫的面包，够吃两顿。

⑥ 安息日规定要吃三顿丰盛的正餐。《托塞夫塔》在此规定除面包外，安息日过境穷人还应该得到鱼和蔬菜。

⑦ 济贫盘：密释纳时代救济过境穷人的犹太慈善机构。用盘子在各家轮流收取做熟的食物，用以为过境穷人提供当天的伙食。两顿饭是一天的食物，因此不得再领食物。

⑧ 善款柜：密释纳时代救济本地穷人的犹太慈善机构。每周五向各家按其收入情况收取固定款额，并在当天向本地穷人发放相当于一周食物的善款。十四顿饭是一周的食物，因此不得再领钱。

⑨ 善款柜有一定的权力，对抗拒不交者可以采取一定的行动，按当时的规定，有这类权力的机构至少要由两个人负责。善款的分发则涉及裁决谁有资格领取的问题，类似于法庭，因此最少要有三人。

8. 凡有两百组兹[①]者，不得拿取遗落品、忘收品、田角捐及穷人什一税。若差一个第纳尔不到两百，即使一次有一千人要给他，他也可以拿取[②]。若抵押给了他的债主或他妻子的婚约[③]，则他可以拿取。不得逼他出售其住房及其用具[④]。

9. 凡有五十组兹并以此做买卖者，均不得领取[⑤]。

任何不应领取却领取者，不到仰赖他人之地步不会死去[⑥]。

任何应该领取却未领取者，不到他人仰赖他以为生计之地步，不会因年老而死去。对此《圣经》说："倚靠耶和华，以耶和华为可靠的，那人有福了。"[⑦]而依据真相作出切实判决的法官也是如此[⑧]。任何不瘸、不瞎、不跛足[⑨]，却把自己装扮成其中之一者[⑩]，不成为其中之一不会因年老而死去。如《圣经》说："你要追求公义再公义。"[⑪]任何收取贿赂而枉法之法官，不到其双眼昏瞎之地步不

---

① 组兹：货币单位。两百组兹约够一个人一年的食物开支。

② 条件是一次拿取。另一说是：即使一次给他一千组兹，他也可以拿取。

③ 如果此人有两百组兹以上的钱财，但其中一部分已经作为抵押品借了债，或在婚约上注明了这是要给妻子的婚姻终结（离婚）费用，那么这部分钱财可不计算在两百组兹之内。

④ 在计算两百组兹时不得将其住房和用具（日常生活用品）计算在内，也就是不能逼一个人为了食物而出售这些财产。

⑤ 有五十组兹做买卖的资本相当于两百组兹的储蓄，不能算是穷人。

⑥ 死前必贫困无着落，仰赖他人周济而生活。

⑦ 《耶利米书》17：7。

⑧ 指不接受贿赂、只根据事实裁决的法官。

⑨ 原文用了两个同义词"瘸""跛足"。《托塞夫塔》认为，"瘸"指单腿残疾，"跛足"指双腿残疾。

⑩ 指一个穷人以此作为获取更多救济的手段。

⑪ 《申命记》16：20。原文"公义"也可作"慈善"解，因此此句在此被解释为："你要公平追求慈善"，不可假扮残疾，骗取同情。

会因年老而死去。如《圣经》说："不可受贿赂，因为贿赂能叫明眼人变瞎了"[①]，等等。

《田角捐》卷终

① 《出埃及记》23：8。

第 3 卷

得卖疑

Demai

提　要

“得卖疑”词汇来源不详，这是《密释纳》卷目中唯一一个在《希伯来圣经》中没有出现的词汇。通常认为，该词来源于亚兰文疑问句“Da Mai（这是什么）？”表示对所购得的产品不信任。也有人认为，该词来自希伯来文词汇 Dama，意思是“混淆”。还有人认为，该词来自希伯来文词汇“Dimion”，意为“思考”，也就是说获得这些产品之后要考虑一下其交税的情况。

通常认为“得卖疑”专指购自不知经者的果实。“不知经者”，希伯来文原义为“本土之民”，其在拉比犹太教思想中的地位有点类似于儒家思想中的“小人”。这是一些从事农业活动的普通犹太人，对经典不那么熟悉，虽然大体上遵守犹太教律法，但在某些方面被贤哲们（类似儒家思想里的君子）认为是不可信任的。特别是在分留税赋的诚实性方面，不知经者被认为是不可靠的。

按照律法，收获者在食用收获物之前必须分留给祭司的举祭、给利未人的什一税（利未人从中分出什一税举祭交给祭司）、带往耶路撒冷消费的第二什一税（每七年循环中的第一、第二、第四、第五年）以及穷人什一税（每七年循环中的第三、第六年）。尚未分留这些税赋的食品被称为“税前品”，食用税前品的惩罚极为严厉。食用尚未分留举祭或什一税举祭的食品者将遭天谴死亡，食用其他税前品则会招致鞭刑（一说天谴）。

按照《巴比伦塔木德·妇女部·不贞卷》的记载(48a),大祭司约哈南曾派人查访各地分留税赋的情况,结果发现不知经者们虽然在分留举祭方面极为严格,但有相当一部分逃避什一税,因为举祭量小而惩罚重,而逃避第一什一税则被认为不会招致严厉的惩罚(实际上第一什一税里包含什一税举祭,处罚与举祭一样)。虽然这些人仍然是少数,但约哈南的法庭还是规定此后凡是从不知经者处获得或购得食品者均须另外分留什一税,以免误食税前品而遭受惩罚。得卖疑的相关律法即由此诞生。

关于本卷排位第三的问题,迈蒙尼德认为上卷讲述济贫问题,而本卷3:1讲到"可供贫者食用得卖疑",因此列在《田角捐》卷之后。另一种说法则认为《田角捐》卷末谈到信任问题,与本卷主题有相通之处,因此排在其后。

本卷第1章讨论有关得卖疑律法何时从宽的问题。第2章、第3章主要讨论得卖疑律法与"道友"(可被信任严格执行律法的人,与"不知经者"相对),第2章同时还讨论了得卖疑在以色列地内外的适用问题。第4章主要讨论与"不知经者"有关的问题。第5章主要讨论存在多个卖主时的得卖疑问题。第6章讨论租赁关系中的得卖疑问题。第7章则主要讨论异常情况下的得卖疑问题。

第 1 章

1. 在得卖疑方面宽松[①]的是：野无花果[②]、野枣[③]、花楸果[④]、白榕果[⑤]、小无花果[⑥]、落椰枣[⑦]、晚生葡萄[⑧]、刺山柑[⑨]。而在犹大[⑩]则是：漆树果[⑪]、犹大的醋[⑫]以及芫荽。拉比犹大说：所有的野无花果都得宽免，一年两熟者除外；所有的枣子都得宽免，希克牟纳[⑬]的

---

① 以下果品如果是买自不知经者的得卖疑，可直接食用，而不必先分留什一税等。在通常情况下，从野地里收摘的果品因为是无主物，因此无须分留什一税，而人工种出来的果实中的劣质品往往也被户主宣布为无主物，因而免于什一税。

② 野无花果：一说为某种劣质无花果树；另一说为从叶子下长出来的第一批无花果，通常这批无花果成熟度不佳。

③ 野枣：一说为荆棘果，另一说为某种豆类。

④ 果实形似小苹果，味酸。

⑤ 一种常青树果，三年一熟。一说为一种劣质无花果。

⑥ 生长于荒漠或山丘的小无花果树的果实。一说为无花果与其他树种的杂交果。

⑦ 指在成熟前被风吹落的椰枣。一说指一种未成熟就掉落的椰枣树种。

⑧ 长得比较晚的葡萄串，通常在采收季节不能成熟，因而被田主遗弃，成为无主物。

⑨ 一种多刺灌木的果实，果汁接近红色。

⑩ 犹大地区，以色列南部古犹大王国统治地。有人据此认为，此句以上诸果均只在北方加利利可获得得卖疑宽免，在犹大则不可；以下诸果与此相反。

⑪ 在犹大地区大量野生的果实，因而属于无主物。在北方加利利则比较少见或者不能野生。

⑫ 一本无“犹大的”一词。圣殿时期，由于使用犹大地区葡萄所酿的酒为祭坛献酒，因此传说所有犹大地区葡萄所酿的酒都蒙奇迹而不会变酸。由于当时的醋主要是通过让酒发酵变酸而制造的，因此造醋就成了问题。后来他们使用一种用葡萄籽浸泡而成的劣质饮料发酵制醋，因为原料低劣，相当于无主物。

⑬ 地名，可能位于今海法附近。

枣子除外；所有的小无花果都得宽免，熟裂者除外[①]。

2. 得卖疑无五一费[②]，无避屋律[③]，对丧亲者[④]是可食用的，可进入耶路撒冷亦可出来[⑤]，可在沿途遗弃少许[⑥]，可送给不知经者[⑦]并食用其相当数量[⑧]，可将其换为俗钱，银换银，铜换铜，银换铜，铜换果实[⑨]，“只要他再次赎换这些果实”，此为拉比梅伊尔之言[⑩]，而众贤哲说：可带上这些果实，在耶路撒冷食用。

3. 凡购买用于播种或牲畜饲料的谷物、用于皮革的面粉[⑪]、用于油灯的油脂、用于给各种用具上油的油脂的顾客，均获得卖疑宽

---

① 在树上自然熟透的无花果会开裂。以上三种都属于同类中质量上乘的果品，可能在当时有人种植，因此拉比犹大认为这些不属于无主物。

② 五一费：按律法，如果将第二什一税换钱带往耶路撒冷消费，则需另加原值的五分之一。

③ 避屋律：如果第二什一税没能按时（每七年循环的第一、第二、第四、第五年）交纳，则须在第三、第六年之后予以销毁。

④ 丧亲者：直系亲属死亡一天或两天内的守丧者，按规定他们不可食用属于第二什一税的食物。

⑤ 普通的第二什一税如果进入耶路撒冷就不可再被赎换，即使再被带出耶路撒冷也不行。但得卖疑中包含的第二什一税在分留前（一说包括分留以后）可被带进耶路撒冷再带出来赎换。

⑥ 带普通第二什一税去耶路撒冷的人必须小心不丢失哪怕是少许食物，但得卖疑的第二什一税即使丢失一些也没关系。另一说是：如果在路上看见丢弃的得卖疑第二什一税，就是很方便携带的少量食物也可以不必携带，而任其被遗弃。

⑦ 普通第二什一税不得送给不知经者食用，以免被玷污。但得卖疑第二什一税不受此限制。

⑧ 如果送给不知经者得卖疑第二什一税，则需拿出等量的钱财，在耶路撒冷购买食物食用。

⑨ 赎换普通第二什一税所得的钱财为属神的“圣钱”，不得以之兑换其他用于世俗事务的“俗钱”，除非这“俗钱”比“圣钱”更通用。但得卖疑第二什一税不受此限制，可以随便兑换，如用银币换银币，铜币换铜币，等等。

⑩ 拉比梅伊尔认为，用这笔钱换了果实之后，还要将这些果实换成钱币，才能带到耶路撒冷去消费。

⑪ 按当时的工艺，兽皮去毛以后要敷一层面粉与化学药品的混合剂作进一步加工。

免[1]。自克孜夫以外，得卖疑均获宽免[2]。不知经者的举祭饼[3]、俗圣混合食品[4]、用第二什一税的钱币购买的食品[5]以及素祭剩余食品[6]，均获得卖疑宽免[7]。对快乐油[8]，沙玛伊学派说有义务，希列学派说得宽免[9]。

4. 得卖疑，可以之为移入纹[10]，可以之为合食[11]，可对其祝祷[12]，

---

① 不必在得卖疑中分留第二什一税。

② 克孜夫：以色列北方古代海滨小城的名字，在今天阿克古城以北约13千米的地方，今天的名字是阿克孜夫，为流放的犹太民族自巴比伦回归后设定的北部边界。自此以北的得卖疑不必分留第二什一税。

③ 举祭饼：犹太人从面团中取出的交给祭司食用的部分。在《民数记》15：20～21中与举祭相提并论。此处是说如果这举祭饼来自不知经者，祭司不必分留什一税，可直接食用。

④ 献给祭司的举祭为圣洁食品。如果举祭与其他食品混合在一起，就成为圣俗混合食品，按拉比犹太教的规定，只要圣俗混合食品中有百分之一以上的举祭，全部食品就归祭司所有。

⑤ 第二什一税可赎换为钱币，带到耶路撒冷再买食品食用。如果在耶路撒冷的卖主是不知经者，买主不必从得卖疑中分留第二什一税。

⑥ 素祭为面点加油在祭坛焚烧，参见《利未记》2：1～10。素祭剩余食品归祭司所有。此处是说如果素祭的祭品来自不知经者，祭司也可以直接食用，不必分留什一税。

⑦ 均不必分留什一税。

⑧ 一种香料油，在当时被当作香水使用。

⑨ 沙玛伊学派认为只有食品得卖疑才能获得第二什一税宽免，快乐油属于享受品，应该承担第二什一税的义务。

⑩ 移入纹：针对安息日禁忌的各种灵活处理规定，参见《节期部·移入纹卷》。此处所指的是两种移入纹：行距移入纹和庭院移入纹。安息日允许行走范围为安息日开始时一个人所在位置周围2000肘（约1121米）以内，但如果他事先将一些食物放在这一距离内，那么他就可以从食物放置点开始再走2000肘，这被称作行距移入纹。如果几户人家共享一个庭院，则安息日时不得将物品从家中带到此庭院或从此庭院带回家中。但如果庭院各户事先共存一批食物并在安息日结束时食用，则允许在庭院和住户之间搬运物品，这被称为庭院移入纹。本节是说得卖疑可被用作这些移入纹所需的食物。

⑪ 指"巷道合食"。如果几户人家共用一条通往大街的巷道，则安息日时不得在庭院与巷道之间搬运物品。但如果各户事先共存一些食物在巷道中，则允许搬运。这些食物可以是得卖疑。

⑫ 指饭后所诵读的《谢饭祷》，一说指饭前的祝祷。食用合乎教规的食物才做《谢饭祷》，得卖疑虽然在合与不合之间，但仍然可做谢饭祷。

可对其邀祷[1],可裸体[2]亦可于黄昏[3]时将其分留[4],且若在第一什一税之前先分留第二什一税,此亦无碍[5]。织工涂于其手指之油,有得卖疑分留之义务[6];而梳毛刷留于羊毛者获得卖疑宽免[7]。

---

① 如果同餐人数超过三人,则在《谢饭祷》之前由一人邀祷。

② 分留什一税为神圣义务(需诵读祷文),进行时应该庄重,不可裸体,但得卖疑例外(不必诵读祷文)。

③ 指星期五黄昏,很难判定是否已经进入安息日。安息日(包括星期五黄昏)不得分留什一税。

④ 从得卖疑中分留第二什一税。

⑤ 什一税应按顺序分留,但得卖疑例外。

⑥ 织工在手指上涂油以保护手指。由于油被皮肤吸收,因此等于被人食用,故此被当作食物对待,须从中分留第二什一税。

⑦ 给梳毛刷上油,目的可能是为了顺利梳毛,油被羊毛吸收,不必分留什一税。

第 2 章

1. 这些物品在任何地方均按得卖疑交什一税[①]：压制无花果、椰枣、角豆、大米和小茴香籽[②]。以色列境外的大米，任何用之者均得宽免[③]。

2. 以可信自命者[④]须为其所食者[⑤]、其所卖者[⑥]及其所买者[⑦]交纳什一税，并不得在不知经者处为客[⑧]。拉比犹大说："即使在不知经者处为客也还可信[⑨]。"他们[⑩]对他说："对他自己都不可信，对

---

① 本卷 1:3 规定："自克孜夫以外，得卖疑均获宽免。"本节所讲的是五种即使在以色列国土之外作为得卖疑购买也要交纳什一税的果实。通常认为，这是因为以色列所产的这五种作物均有特色，所以即使是在境外购买，也应该可以辨认其是否来自以色列境内。

② 这五种产于以色列的物品的特色是：无花果极甜，椰枣极大，角豆呈直形（其他地区呈弯形），大米比较白（其他地区大米色泽发红），小茴香籽呈直形。

③ 上述五种果实中，除大米外的其他四种以色列产与非以色列产的差别不容易分辨，因此无论来自何地都须交纳什一税，以免误食未交过什一税的不洁食品。唯独以色列产大米与非以色列产大米差别明显，不会混淆，所以非以色列产大米免税。

④ 可信：指自觉交纳什一税。以可信自命者必须当众宣布其自觉交纳什一税的诺言，并接受两名证人的监督。贤哲及贤哲门徒不必履行这一手续，自动被认为是可信的。

⑤ 指从不知经者处得到的食物。自己的食物当然更不必言。

⑥ 指自己家田地出产的食品。

⑦ 指从不知经者那里买来又准备出售的食品。

⑧ 以免食用未交纳过什一税的食物。

⑨ 如果此人宣称他在不知经者处没吃未纳税食物或在食用前纳了税的话，应该信任他。

⑩ 众贤哲。

属他人者又如何能可信?”[①]

3. 以道友[②]自命者不得将干货或湿货卖给不知经者[③],不得从其购买湿货[④],不得在不知经者处为客[⑤],不得在其处招待着其装者[⑥]。拉比犹大说:亦不得养小牲畜[⑦],不得耽于誓言与玩笑[⑧],不得被死尸玷污[⑨],且当服事于经堂。他们对他说:此等不入规则[⑩]。

4. 对面点师[⑪],贤哲们只要求他们分出什一税举祭[⑫]和举祭饼[⑬],店主不得售卖得卖疑[⑭],所有流通大量货物者均可售卖得卖

---

① 如果他在不知经者处吃饭,那么他都不能保证他自己有没有吃未纳税食物,又如何能保证他卖给别人的食物中没有未纳税的部分。

② 道友:犹太教徒的一个级别,属于这个级别的教徒必须保持食物和衣着的洁净。入级仪式由三位道友在场见证,以后经过三十天的试验期而成为正式道友。

③ 道友的食物一定是洁净的,不知经者可能将本已洁净的食物玷污,而在以色列地玷污洁净食物是违反教规的。所以道友不能将食物卖给不知经者,导致他们的过犯。

④ 七种不洁液体可以将食物玷污:水、露水、油、酒、奶、血、蜜。如果从不知经者处购买湿的食品,则该食品很可能已遇到过上述七种液体之一而被玷污。购买干食品则无此危险。

⑤ 以免被不洁物品玷污。

⑥ 不知经者的衣物不洁,如果他们穿着自己的衣服在道友处做客,则可能导致道友的物品不洁。

⑦ 怕小牲畜去别人家的地里寻食,构成窃取之过犯。

⑧ 发誓过多则必失信,玩笑过多则可能导致不道德。

⑨ 若被其他物品玷污,则可以用水来洁净,被死尸玷污则只有红母牛灰可以洁净,因为红母牛难得,所以实际上很难洁净。因此独禁死尸玷污。

⑩ 不作为评判一个人是否道友的标准。

⑪ 面包类主食的价格往往受当局限制,利润有限,免提第二什一税是对该行业的照顾。

⑫ 第一什一税中利未人要分给祭司们的那十分之一,即总数的百分之一。

⑬ 参见本卷1:3相关注解。

⑭ 零售商店在出售食物前必须分留第二什一税,以免有顾客(如小孩)买去后不知分留。

疑[①]。此为流通大量货物者：如谷物批发商和售卖者[②]。

5. 拉比梅伊尔说：通常大量交易者若做小量交易，则小量交易顺从大量交易。[③]通常小量交易者若做大量交易，则大量交易顺从小量交易。何谓大量交易？干货三卡夫，液体一第纳尔[④]。拉比约西说：成筐的无花果、成筐的葡萄以及成箱的蔬菜，只要是估量出售的[⑤]，即免责[⑥]。

---

① 大宗货物往往没有精确的计量，所以无法分留第二什一税。

② 谷物批发商指从农夫手中买下成批谷物的商人。对谷物售卖者则有多种解释，一说指从批发商那里进货但转手时数量仍很大的商人，另一说为零售商。

③ 按上节规定，做大量交易者不用分留第二什一税。拉比梅伊尔在此认为不该以每次的交易量来确定是否分留第二什一税，而是以此人通常的交易量来确定。如果他通常做大量交易，那么即使他做了一次小量交易，也应遵从大量交易的规则，不必分留第二什一税。

④ 价值一银第纳尔的液体。

⑤ 一说"按成本出售"。

⑥ 不必分留第二什一税。

第3章

1. 可供贫者食用得卖疑[①]，旅卒[②]食用得卖疑。拉班迦玛列曾供其工人食用得卖疑。对于慈善执事[③]，沙玛伊学派说：将已分留什一税之食物给不分留者，将未分留什一税之食物给分留者[④]。则人人于此得食确定[⑤]的食物。而众贤哲说：征收时不分则分配时亦不分[⑥]，愿确定者自去确定[⑦]。

2. 愿剥去蔬菜叶子以减轻重负者，分留什一税之前不得将其丢弃[⑧]。凡从市场买得蔬菜又决定退还者，分留什一税之前不得退还[⑨]。因为除了清点并无缺失[⑩]。若站着购买时看见另一批比这批

---

① 作为施舍。

② 一说为过客。

③ 指社区中负责征收和分发慈善食品的官员。

④ 将不知经者捐献的食物分给一定会去分留第二什一税的贫民，因为不知经者可能没有分留。而将确定分留过的分给不知经者的贫民。

⑤ 确定分留过第二什一税的。

⑥ 征收时区分分留过和没分留过第二什一税的慈善食物意味着将不知经者的捐献物和道友的捐献物分别装在不同的容器里，这会伤害不知经者的感情并导致捐献物减少。同理，也不能强求所有捐献物都提前分留第二什一税。

⑦ 迈蒙尼德认为，此处实际上是要求贫民领到慈善食品之后分留第二什一税。另一说是：愿者分留。

⑧ 如果不分留第二什一税就将其丢弃，则穷人可能捡走食用，从而犯下过失。

⑨ “买得”的含义是已讲好单位价，买主也已经选好要买的蔬菜，只是双方尚未点算数量与金额，此时若买主改变主意，则等于将这些蔬菜卖给了卖主，因此必须遵守出售得卖疑的律法，先分留什一税，并补偿卖主因分留什一税而造成的损失。此处的卖主应当是一个不知经者，否则在出售前就已分留了什一税。

⑩ 虽然尚未付钱提货，但从教规来看，买卖已经成立了。

好，则允许退还，因为他尚未拉动[①]。

3. 路见果实，取而食之，又决定将其储藏者，分留什一税之前不得储藏[②]。然若从开始便取之以使其不受损害者，免责[③]。凡人之一切不得以得卖疑出售之物，亦不得以得卖疑送给其道友[④]。拉比约西明确许可，只要向其告知便可[⑤]。

4. 将麦子送往撒玛利亚人的磨坊或不知经者的磨坊，什一税与第七年出产状况保持不变[⑥]。送往异教徒的磨坊，即为得卖疑[⑦]。将果实存放于撒玛利亚人或不知经者处，什一税与第七年出产状况保持不变。存放于异教徒处，即为异教徒果实[⑧]，拉比西缅说：即为得卖疑[⑨]。

5. 凡给旅店女主人，所给她者、所取自她者，均须分留什一税，

---

① 买主没有自己拣选蔬菜，或虽然拣选了但只是察看，没决定购买，此时改变决定属于退货，不必分留什一税。

② 留给别人等于丢弃，所以必须分留什一税。

③ 他捡起来的目的是为了不让别人把果实踩坏，从未想过自己占有。

④ 少量得卖疑物品转手时，无论是销售还是送礼，都必须分留什一税。

⑤ 拉比约西显然认为赠送与销售不同，只要说明情况，便可以赠送得卖疑。

⑥ 也就是说可以认为产品没有被调换。如果送去前已分留什一税，取回后仍为交过什一税的食品。如果送去的不是第七年产品（休耕年产品有多种使用限制），取回后也还不是。磨坊收产品后如果调换其他产品，则属于盗窃行为，撒玛利亚人和不知经者虽然不严守拉比犹太教律法，但可以认为他们不是窃贼。

⑦ 如果送给异教徒磨坊的食品已分留过什一税，回来后要重新分留。

⑧ 在磨坊中异教徒可能将道友的食品与其他人的食品搞混，所以取回的食品存疑。如果是私人储存，则唯一的可能是与异教徒自己的食品对换，因此取回的食品不是得卖疑，而是异教徒的食品，按具体情况可能交什一税，也可能不交。

⑨ 拉比西缅认为，异教徒既然能帮助犹太教徒储藏食品，也就能帮助不知经者储藏，所以存在着道友的食品与不知经者的食品对调的问题，因此取回的食品也可以被看作是得卖疑。

因为她有调换的嫌疑[①]。拉比约西说:我们不必对骗子负责,除非为所取自她者,否则不分留什一税[②]。

6. 凡给其岳母,所给她者、所取自她者,均须分留什一税,因为她有调换变质食物的嫌疑。拉比犹大说:她想让女儿健康,又因女婿而害羞[③]。拉比犹大承认若给其岳母第七年出产,则她没有调换并使其女儿食用第七年出产的嫌疑[④]。

---

① 当时的旅行者自带生食品,住店时交给女主人作熟食用。女主人有可能吃掉这些食品并用自己的食品来替换(通常是因为客人回来晚了,或者出于对客人的尊重),因此这些食品必须交两次什一税,给的时候交一次,以免导致女主人食用未分留过什一税的食品;取回食用前再分留一次,以防止自己食用女主人未交过什一税的食品。

② 拉比约西不同意"旅店女主人调换是出于好意"的说法,认定她们调换是因为客人的食品品质更高。因为这是欺骗行为,所以道友不对此负责。

③ 此处的岳母是一位不知经者,女儿女婿交给她生食品进行烹调,她不愿意让女儿生病,又羞于向女婿解释,因此自己进行了调换。

④ 不知经者对什一税不大在意,但对第七年出产的相关规定通常是遵守的,所以不必担心。

第 4 章

1. 凡从在什一税方面不可信之人处购买果实，且忘记分留什一税者，若在安息日问之，则依其口中言而食[①]。若至出安息日之暮色，则在分留什一税之前不得食用[②]。若找不到其人，而另有在什一税方面不可信之人告诉他："这些已分留什一税。"则依其口中言而食。若至出安息日之暮色，则在分留什一税之前不得食用。对回归原地的得卖疑的什一税举祭[③]，拉比西缅·史佐里说：即使是在平日亦可问之并依其口中言而食[④]。

2. 有人起誓[⑤]要其道友于其处用餐，而他在什一税方面对其人不信任[⑥]，则他可在第一个安息日与其共餐，尽管他在什一税方

---

① 如果他在安息日去问卖家，而卖家声称已分留过什一税，那么他就可以食用。原因一是安息日不得分留什一税，二是不知经者虽然通常不在什一税问题上说真话，但他们惧怕在安息日违规，所以这一天他们说的话是可信的。

② 此时安息日已结束，道友可以自己分留什一税，同时不知经者对安息日的畏惧也已经不存在了，他们的话已不可信。迈蒙尼德认为，道友还应该补留安息日被吃掉的那些果实的什一税。

③ 什一税举祭：参见本卷 2:4 相关注解。由于误食举祭什一税有可能导致天谴致死，所以相信不知经者不会在这个问题上撒谎。因此，如果道友误将分出来的什一税举祭混入得卖疑的话，他可以去问得卖疑的出售者是否已分留了什一税举祭，亦可避免被迫将混合的得卖疑低价卖给祭司的损失。

④ 平日：指节日和安息日之外的其他日子。虽然不知经者不惧怕这些日子，但因为与人命相关，所以应该不至于撒谎。

⑤ 起誓说如果被邀请的道友安息日不来共餐的话，那么该道友将得不到他的任何惠利。

⑥ 被邀请的道友不信任邀请者，因为他是不知经者。

面对其人不信任，只要其人对他说："这些都已分留什一税。"[①]而在第二个安息日，尽管其人起誓他将得不到其惠利[②]，在其分留什一税之前不共餐[③]。

3. 拉比以利以谢说：人不必口头命名得卖疑之穷人什一税[④]。而众贤哲说：口头命名，却不必分留[⑤]。

4. 凡口头命名得卖疑之什一税举祭与确定[⑥]之穷人什一税者，不得在安息日提取[⑦]。若有祭司或贫者惯常于其处吃饭，则可来食[⑧]，只要告知他们[⑨]。

5. 对在什一税方面不可信者说："从可信者处为我买取"，或者"从分留什一税者处"，其为不可信[⑩]；"从某人处"，则此为可信[⑪]。

---

① 接受邀请的原因是因为不知经者已经起誓，不接受邀请会引起敌意，破坏和睦关系。一说此节的第一个安息日、第二个安息日指的是与处女结婚的婚宴，如拒绝邀请则会严重伤害对方。

② 被邀请的道友如果拒绝的话，将得不到他的任何惠利。

③ 因为已经接受了一次邀请，所以相信拒绝第二次邀请不会引起太大敌意。

④ 穷人什一税为每个七年周期第三年和第六年的第二什一税以及第七年全年的全部产品，律法规定为穷人所有。但得卖疑的穷人什一税不必真给穷人，物主自己也可以食用，因此可口头分留，比如说："此堆谷物中间的顶部为穷人什一税。"由于不分留穷人什一税的惩罚是天谴致死，而口头分留之后又不必给穷人，所以拉比以利以谢相信不知经者会干这种既冒险又得不到任何利益的事情。所以买来的得卖疑完全不用考虑穷人什一税的问题，连口头分留都不用。

⑤ 众贤哲倾向于谨慎从事，口头分留一下，以防万一。

⑥ 确定为未分留什一税的食物。

⑦ 在安息日之前做了口头分留，不可在安息日将分留出来的什一税举祭送给祭司或将穷人什一税送给穷人，因为这样做有在安息日分留什一税的嫌疑。

⑧ 指可来食用被分留为什一税的部分。

⑨ 说明什一税的情况，以免他们认为这是户主的施舍。

⑩ 代理人自己不遵守什一税律法，虽受委托人嘱托，但仍然无法保证他会照办，故为不可信，其所购物为得卖疑，仍需分留什一税。

⑪ 若指定从具体某人处购买，则为可信，因为此事可以向某人核实。

去为他买，又对他说："我没找到他，我从另一个可信者处为你买取了。"其为不可信[①]。

6. 进城而在其处一人不识，说："此地谁是可信的？谁是分留什一税的？"一人对他说："我是。"其为不可信[②]。对他说："某人可信。"则此为可信[③]。去彼处[④]买取，对他说："此地谁卖旧谷？"[⑤]回答他说："那个送你来我这儿的人。"尽管他们是在互相报答，但仍为可信[⑥]。

7. 驾驴者[⑦]进城，一人说："我的是新谷，我的朋友的是旧谷。我的不确定[⑧]，我朋友的确定。"其为不可信[⑨]。拉比犹大说："其为可信。"[⑩]

---

① 无法核实，故为不可信。

② 在一人不识的异乡，应假设当地每个人都是不知经者，因此其关于自己的什一税证词是不可信的。

③ 为他人作证，本人自己并不捞取好处，因此虽不充分，但仍有可信之处。人在异乡，食物并不充足，如果还要分留什一税，则可能饿肚子，因此相信当地人为他人作证，是一种变通的办法。

④ 那位受到推荐的人。

⑤ 摇祭日（参见《利未记》23:10）之前下种的作物为"旧谷"，可当年食用。此后下种的为"新谷"，要等到第二年摇祭日之后才可食用。不知经者中有相当一部分不遵守这一律法，所以道友需要问谁只卖可以放心食用的旧谷。

⑥ 虽然那两人明显是在互相作证，共同捞取好处，但考虑到旅途的特殊情况，不妨姑且信之。

⑦ 指不知经者的粮食商人，他们购买大批粮食，用驴运到城里出售牟利。

⑧ 分留什一税情况不确定。

⑨ 虽然他承认自己的食物不可信，但他给朋友的证词仍然不可信，因为这显然是互相帮助推销。在这座城市甲为乙作证，在下一座城市反过来。

⑩ 拉比犹大认为，如果太严格，商人就可能不来本城，从而引起城中粮食供应紧张。

第5章

1. 从面点师处购买者如何分留什一税①呢？取给什一税举祭与举祭饼之足量②，并说："此处所有之百分之一，在这一侧为什一税，而什一税的其他部分紧靠其旁③。我所置为什一税的这部分，以之为什一税举祭，其他部分为举祭饼④；第二什一税在其南或其北，以钱币赎俗⑤。"

2. 愿一次分留举祭和什一税举祭者⑥，从三十三又三分之一份中取一份⑦，并说："此处所有之百分之一，在这一侧为俗品⑧，以其

---

① 本卷2:4要求面点师分留什一税举祭和举祭饼，但那是指零售时利润较高且可能有儿童来购买的情况。本节所说的是批发时利润较低的情况，此时分留的责任便由买家承担。面点师即使是道友也仍然有可能出售用得卖疑加工的食品，所以不分留是不能食用的。

② 什一税举祭为总量的百分之一，举祭饼为总量的四十八分之一，所以他应该在百分之三多的地方做个标志。

③ 意思是说紧靠这百分之一的百分之九（共百分之十）被定为第一什一税，由于得卖疑的第一什一税不必交纳，所以只需口头分留即可。什一税举祭是必须要交的，所以那百分之一其实是最要紧的，但什一税举祭是从第一什一税里分留的，所以要先说什一税，然后才说什一税举祭。

④ 举祭饼也是在第一什一税以后分留的，所以后说。此后他应该将面包从标志处切开，将这一交税部分交给祭司。

⑤ 得卖疑的第二什一税也是口头分留即可，随后以等值钱币顶替。

⑥ 此处所谈的是确未分留什一税的食品，物主为方便愿意一次把给祭司的部分分留出来，因分留与上节相似，故并列于此。

⑦ 举祭为五十分之一，什一税举祭为百分之一，合为百分之三，也就是三十三又三分之一份中的一份。

⑧ 俗品：分留举祭之后的食物。

余全部为举祭[1]。此处这百分之一的俗品，在这一侧为什一税，而什一税的其他部分紧靠其旁[2]。我所置为什一税的这部分，以之为什一税举祭。其他部分为举祭饼[3]。第二什一税在其南或其北，以钱币赎俗。”

3. 从面点师处购买者，可从热面包为冷面包分离什一税，亦可从冷面包为热面包分离什一税[4]，甚至从多种形状中分离。此为拉比梅伊尔之言[5]。拉比犹大禁止：“因我说：昨日之麦属于一人，今日之麦属于另一人。”[6]拉比西缅在什一税举祭方面禁止，在举祭饼方面许可[7]。

4. 从面点商[8]处购买者，须从每种形状中分离什一税。此为拉比梅伊尔之言[9]。拉比犹大说：可从一种中分离全部的什一税[10]。

---

① 按律法，举祭应在第一什一税之前交纳，故先说举祭。

② 百分之一不够第一什一税，但他要先把什一税举祭分出来，所以口头补足。

③ 很多版本无此句。按举祭饼应在第二什一税前分留，比例为四十八分之一，而本节所说数目显然不包括举祭饼在内。

④ 热面包指当天新出炉的面包，冷面包指前一天出炉放冷了的。两者的品质不同，在通常情况下是不可以互交什一税的，不过得卖疑例外。

⑤ 在拉比梅伊尔看来，无论是哪天烘烤的面包，也无论是用什么模子做出来的面包，面点师的麦子供货商都应该是同一个人，所以不会出现一份交过什一税而另一份没交过的情况，因此可以互交什一税。

⑥ 拉比犹大反对冷热之间互交什一税，因为不同时间的麦子供应商可能不同，不过他不反对不同形状的面包之间互换。

⑦ 拉比西缅在什一税方面比拉比犹大还严格，不仅冷热不能互交什一税，不同形状之间也不能，因为这也可能是来自不同供应商的。但在举祭饼方面，拉比西缅认为冷热、形状都无所谓，原因是举祭饼是揉面时才分留的，所以供货商是谁并不重要。

⑧ 指从面点师那里批发面包，然后在市场出售的商人。

⑨ 拉比梅伊尔认为，面点商可能从不同的面点师那里进货，而每个面点师的面包形状是不同的，所以必须按种类分留什一税。

⑩ 拉比犹大相信每个面点商只从一个面点师那里进货，因此可以统一分留。

拉比犹大承认从专卖商[①]处购买者，须从每一种中分留什一税。

5. 从贫者处购买者——别人给他面包片或压制无花果块的贫者也一样——从每一件中分留什一税[②]。对于椰枣和无花果干，则混合提取[③]。拉比犹大说：何时如此呢？当施舍很大时。而当施舍很小时，则从每一件中分留什一税[④]。

6. 从谷物批发商处购买者回来从彼处买第二次，不得从此次中为彼次分留什一税，即使其来自同一容器，即使其来自同一种类[⑤]。可以相信谷物批发商说："这些都来自同一人。"[⑥]

7. 从户主处购买者回来从彼处买第二次，可从此次中为彼次分留什一税，即使来自两个箱子，即使来自两个城镇[⑦]。对于在市场卖蔬菜的户主，当从其菜园中给他送来时，可从一次中为每次分留什一税；而若来自其他菜园，则每次各自分留什一税[⑧]。

---

① 指在市场上具有某种垄断地位的面点商，他们显然是从不同渠道进货的。

② 贫者自己并无多余食品出售，如果有，也是别人给的，所以从贫者那里买来的跟贫者所得的是一回事。这里的贫者指的是沿街乞讨的贫者，其所得为零碎的面包片和压缩无花果块，由于来源不同，什一税的状况也不同，因此要分别分留。

③ 来自不同人家的干果混合后按比例提取，每家的干果被提取的机会是一样的，因此不必分别提取。

④ 拉比犹大不同意干果类可以混合提取，而是必须设定条件。对此处礼物大小的含义有不同理解。一说"施舍大"指施舍都一样大，混合后提取机会均等，因此可以混合提取；"施舍小"则指施舍有大有小。另一说是："施舍大"表明户主慷慨，什一税可能早已分留，因此在分留时可以宽松一点；反之则表明户主小气，有可能逃避什一税，因此需要严格。

⑤ 批发商肯定会从不同农户那里进货，所以要特别小心。

⑥ 在这种情况下可以混合分留什一税。对批发商有多种解释：一说此处的批发商指不知经者，他们不会在谷物来源上撒谎，所以可以相信；另一说指道友，其所言总是可信的，所以可以例外。

⑦ 户主：指自产自销户。由于这些人不是商人，所以不必担心他们会出售其他人的产品，因此他们的产品的什一税状况总是一致的，不管买多少次，都可以从一次中分留。

⑧ 菜农的情况稍有不同。由于新鲜蔬菜无法储存，所以有时菜农会托别的菜农上市顺便代卖自己的产品。因此，在这种情况下需要搞清菜究竟是哪里来的。

8. 从两个地方买取税前品[①]者，可从此次中为彼次分留什一税[②]，尽管他们[③]说：除非必须，无人有权出售税前品。

9. 可从以色列人的税前品为外邦人的分留什一税，从外邦人的为以色列人的[④]；从以色列人的为撒玛利亚人的，从撒玛利亚人的为撒玛利亚人的[⑤]；拉比以利以谢禁止从撒玛利亚人的为撒玛利亚人的分留[⑥]。

10. 有孔种植盆，此一如土地[⑦]。从土地产品中为有孔种植盆产品分留举祭，从有孔种植盆产品中为土地产品分留举祭，其举祭即为举祭。从无孔种植盆产品中为有孔者分留，是举祭，然需重复分留举祭[⑧]。从有孔者为无孔者分留，是举祭，然从中取出举祭与什一税之前不得食用[⑨]。

---

① 确定未分留什一税的食品。

② 出售时声明为税前品将使产品贬值，所以没有理由不相信卖主。因为都是税前品，什一税状况是一样的，所以可以互交什一税。

③ 他们：指众贤哲。该律法出自《密释纳·节期部·盛日卷》。

④ 外邦人如果在以色列的土地上耕作，同样要交纳什一税。所以无论属于谁，税前品的什一税状况是一样的。

⑤ 撒玛利亚人对自己食用的食品严守什一税规定，却有可能出售税前品给别人(虽然这将导致别人违反律法)，因此按律法凡撒玛利亚人出售的食品都被看作税前品。

⑥ 拉比以利以谢认为，撒玛利亚人有可能出售本来是留给自己食用的食品，在这种情况下，这些食品是分留过什一税的，所以应该与撒玛利亚人出售的其他食品区分开来。

⑦ 种植盆底部有不小于橄榄大小的孔洞者，即为有孔种植盆，种于此盆的作物，其地位与种于土地上的相当，所以可互交举祭。

⑧ 无孔种植盆的作物按《希伯来圣经》规定完全不必交税，只是拉比犹太教规定交税。因此用无孔种植盆的作物为有孔种植盆的作物交举祭是无效的，但既然已经说明是举祭，举祭的地位不能变，仍需交给祭司。此后还需要从有孔种植盆作物中再分留一次举祭。

⑨ 从有孔种植盆产品中为无孔种植盆产品交举祭，这部分举祭只能算是"准举祭"(无孔种植盆产品按《希伯来圣经》不必交税)，如果不分出什一税来，则仍为税前品，祭司不能食用。

11. 从得卖疑中为得卖疑分留举祭，从得卖疑中为确定税前品分留，是举祭，然需重复分留举祭[①]。从确定税前品中为得卖疑分留，是举祭，然从中取出举祭与什一税之前不得食用[②]。

① 得卖疑可能交过什一税，也可能没交过，所以交税状况并不一致，不能互交举祭。如果得卖疑已交过什一税，从中为确定税前品交举祭，此举祭无效。所以虽然分留的举祭不能再变，但还需要从未交的那一份中再交一份。

② 如果得卖疑已经交过了什一税等，那么从确定税前品中为其分留的举祭就成了税前品，所以为保险起见，必须先分留什一税，然后才给祭司食用。

第 6 章

1. 从以色列人、从异教徒、从撒玛利亚人处承租田地者[①]，在他们面前分交[②]。从以色列人处租佃田地者[③]，分留举祭并向其交纳[④]。拉比犹大说：何时如此呢？当他从同一块地和同一种类中向其交纳时[⑤]；然若从其他田地或其他种类中向其交纳[⑥]，则分留什一税并向其交纳[⑦]。

2. 从异教徒处租佃田地者，分留什一税并向其交纳[⑧]。拉比犹

① 承租土地者与地主达成协议，收获后按比例与地主分享收获物，以此交租。按律法，承租者所交租子为税前品，从中分留各种税是地主自己的责任。这样可以减轻租户负担，是一种鼓励农耕的措施。

② 当着地主的面，把收获物按预定比例分开，交给地主其应得的部分，让大家都可以看清楚各自的所得都是税前品，不至于发生混淆。

③ 租佃田地者按协议数额向地主交纳收获物，与实际收成无关。同样，佃户在交租前不必分留什一税。

④ 不过，佃户在交租前必须分留举祭，原因在于佃户承担将收获物全部搬离打谷场的工作，而举祭按规定是必须在打谷场上分留的，所以成为佃户的责任，租户则不必承担此责任，因为租户只需将自己那份搬走，而把租子留在打谷场上即可。

⑤ 也就是说，佃户所交纳的收获物来自协议规定的田地，是协议规定的种类。

⑥ 如果由于协议中田地产量不足或别的原因，佃户要从其他地块的收获物拿出一部分补足租子；或者协议中田地种了别的作物，地主同意接受这种作物取代协议规定的作物。

⑦ 此时佃户等于是在还债，而律法规定不得以税前品抵债，所以必须先分留什一税。

⑧ 对此有多种说法。总的来说是给租佃制度的地主增加负担（交纳什一税），也就是不鼓励租佃制度。其原因：一说使异教徒地主租佃困难，不得不把土地出售给犹太地主（在租佃情况下佃户不必分留什一税）；另一说以此压抑租佃制，鼓励承租制（按比例分成，农户负担相对较轻）。

大说：从异教徒那里承租其祖先的田地者，也是分留什一税并向其交纳[①]。

3. 祭司或利未人从犹太人处承租土地，与分配税前品一样分配举祭[②]。拉比以利以谢说：其什一税亦如此，因他们正是为此而来的[③]。

4. 从祭司与利未人处承租的以色列人，其什一税归田主所有[④]。拉比以实玛利说：从耶路撒冷人处承租的外省人[⑤]，第二什一税归耶路撒冷人所有。而众贤哲说：外省人能够上耶路撒冷将其吃掉[⑥]。

5. 承租橄榄树而交油者[⑦]，与分配税前品一样分配举祭[⑧]。拉比犹大说：从祭司与利未人处承租橄榄树而交油者，或[⑨]交纳一半

---

① 承租户本来不必分留田主的什一税，但如果该土地曾属于承租户的祖先，则承租户不但要分留，而且是从自己应得的份额里分留。原因有两种说法：一说以此增加承租户负担，鼓励他筹集资金，买回犹太祖先的土地；另一说以此增加异教徒地主出租土地的困难，迫使他们向犹太人出租土地。

② 此句虽然只讲举祭，其实也连带什一税在内；下句虽然只讲什一税，其实也连带举祭在内。承租户与地主按比例分配税前品，然后各自从其所得中交纳举祭和什一税（给各自选择的祭司和利未人）。如果承租户自己就是祭司或利未人，那么分配情况仍然不变，地主自己分留举祭和什一税，然后送给自己选定的祭司和利未人，承租的祭司和利未人并不能自然得到。

③ 拉比以利以谢认为，祭司或利未人承租户有权获得全部产品的举祭和什一税，正是出于这个原因他们才肯下地工作。

④ 全部收获的什一税和举祭都归祭司或利未人田主所有。

⑤ 外省人是一个与耶路撒冷人相对的概念，凡不住在耶路撒冷的都是外省人。

⑥ 拉比以实玛利认为，第二什一税是要带到耶路撒冷去食用的，外省人去耶路撒冷可能不方便，所以不如直接交给住在耶路撒冷的田主，在那里食用就是。众贤哲认为，外省人去耶路撒冷没有困难，因此反对。

⑦ 橄榄树基本上不用照管，到时间去收获就行。所谓承租橄榄树，一般都包括将橄榄制成橄榄油的工作，然后双方分配橄榄油。

⑧ 各自从其所得中分留举祭和什一税。

⑨ 此处“或”字据《耶路撒冷塔木德》补。

售价者[①],什一税归田主所有[②]。

6.沙玛伊学派说:人不得售卖橄榄,除非卖给道友[③]。希列学派说:也卖给分留什一税者[④]。而希列学派中的虔诚者则依沙玛伊学派之言行事。

7.两人在其葡萄园中收获后送进同一酒坊[⑤],一人分留什一税,一人不分留什一税[⑥],分留什一税者为其收获者分留,亦为其在任何地方所分得者分留[⑦]。

8.两人以承租、或继承遗产、或合伙而得到一块田地[⑧],一个可以说:"你拿某处的麦子,我拿某处的麦子;你拿某处的酒,我拿某处的酒。"[⑨]但不可以对他说:"你拿麦子,我拿大麦;你拿酒,我拿

① 不是给树主交油,而是在将油出售后交给他一半的售价。

② 由于合同只谈到承租人可获得售价而不是产品本身,所以举祭和什一税与承租人无关,他们对此无支配权。

③ 道友在加工橄榄时会严守律法,保证产品不会沾染不洁而成为不洁品。

④ 此人有可能在加工前就把橄榄吃掉了,而干橄榄没有不洁问题。因为存在这种可能性(虽然很小),因此希列学派取宽容态度,认为可以出售。

⑤ 两人共同拥有一所葡萄园,成熟后各自收获规定份额,一起送入酒坊制酒。最后按比例分酒。

⑥ 其中一个习惯于分留什一税,另一个在什一税问题上不可信。

⑦ 分留什一税者须分留两次什一税。第一次是在收获之后为收获物分留;第二次则是在分酒之后,此时分得的产品中有一部分是不分留什一税者的葡萄制成的,属于得卖疑,所以还要为这一部分分留第二次什一税。对于此第二次什一税的比例则有多种看法。一说酒水均匀混合,因此所分得者中应有一半是得卖疑,所以按分得产品的一半分留什一税;另一说认为无人能保证分得物中究竟有多少得卖疑,也有可能全部是对方的葡萄制成的,所以为保险起见,应为全部分得物分留什一税。

⑧ 两个人(一人分留什一税,另一人不分留)以三种方式之一成为某块田地的联合主人。

⑨ 他们可以在收获前按地域划分各自所得,各人照顾自己的什一税等问题,而不必管对方的事情。

油。"[①]

9. 道友与不知经者继承其不知经者父亲的遗产[②]。他可以对他说："你拿某处的麦子，我拿某处的麦子；你拿某处的酒，我拿某处的酒。"但不可以对他说："你拿麦子，我拿大麦；你拿湿货，我拿干货。"[③]

10. 皈依者与异教徒继承其异教徒父亲的遗产[④]，他可以说："你拿偶像，我拿钱币；你拿酒，我拿果实。"[⑤]然若取自己为皈依者所拥有者，则禁止[⑥]。

11. 在叙利亚[⑦]出售果实者，若说："此为以色列地之物。"则必

① 他们不可以在收获前按种类划分，原因在于他们共同耕种，每一个种类都应该是两人都有份的。如果按种类划分，则等于是在做交易(拿一个种类的一半与对方换另一个种类的一半)，而此时尚未分留什一税等，收获物还是税前品，律法禁止用税前品做交易。

② 因为父亲是不知经者，所以其遗产中的食品是得卖疑。此节除最后一句外所遵循的原则与上节相同。

③ 干货指律法规定的洁净食品，湿货则为沾染过某种液体而成为律法上不洁的食品。律法禁止道友把干货给不知经者(会被他弄成不洁品)，也禁止他从不知经者那里获取湿货，因此按干湿种类分配是不可以的，因为这样等于双方互换了一半干湿食品，无论怎么看也是道友违反律法。

④ 皈依者：指皈依犹太教者。按《圣经》犹太教，皈依者不得继承其异教徒父亲的财产，拉比犹太教许可，以防皈依者因需要财产而叛教。

⑤ 前提是偶像和酒(专指异教活动所用的酒)都不曾为皈依者所有。在这种情况下，按类继承遗产不存在交易关系。由于按《圣经》犹太教，皈依者不得继承遗产，所以在父亲死时皈依者并无任何所有权，在此情况下他可以提出财产分配建议。

⑥ 如果偶像和异教活动用酒已经被皈依者实际占有，那么按类分配就不再可行。因为这样就等于皈依者用一部分偶像和酒去交换了钱币和果实，而律法禁止移交用品并以此牟利。

⑦ 叙利亚北部曾被大卫王征服，但不属于犹太教律法管辖之地。此地出产的食品不必交纳什一税(拉比犹太教要求犹太人在此拥有的土地仍须交纳)。

须分留什一税[①]。若又说:“这些已分留什一税。”此为可信,因禁止之口即为许可之口[②]。若说:“此物属于我。”则必须分留什一税[③]。若又说:“这些已分留什一税。”此为可信,因禁止之口即为许可之口。若确知他在叙利亚有一块地,则必须分留什一税[④]。

12. 不知经者对道友说:“给我买一捆蔬菜。”“给我买一块面包。”则随便购买且免责[⑤]。然若他说:“这是我的,那是我朋友的。”且混在一起,则必须分留什一税[⑥],即使是百倍[⑦]。

---

① 以色列土地上出产的食品,即使出口到其他国家也还是要交纳什一税。所以如果犹太人在叙利亚买食品时听见卖者说这是以色列来的,那么买下之后要按得卖疑来分留什一税。

② 相信了这句话,就不用再分留什一税了。这些食品的什一税情况本来无从查证,要交什一税的要求来自相信卖者的话,不交什一税的许可当然也可以是卖者的一句话。一个人的话如果有产生禁令的力量,也就同时有发放许可的力量,这是一个律法中通行的原则。

③ 卖者虽然是个不知经者,但仍然是个犹太人,所以按拉比犹太教的规定,其在叙利亚产业上的出产仍须交纳什一税。

④ 此时有了旁证,“口说”就不再是有效的。

⑤ 此事的背景是一个不知经者请他的道友朋友帮助购买。《巴比伦塔木德》认为,道友可以去给自己买的同时也给朋友买。卖主自己也是不知经者,所以买得的都是得卖疑。但道友可以直接将买来的给不知经者,因为这可以被看作道友从一开始就已经认定哪个属于不知经者(属于犹太律法的“所有权清晰”,即虽然双方共有一件财产,并进行了分配,律法上认定各自所得是从一开始就归属明确的,不存在交易问题),他只是做了一次转运,不存在交易问题,所以也不用为不知经者分留什一税。《耶路撒冷塔木德》则认为,道友所找的卖主是一个绝对分留什一税的人,而且知道这些食物是买给一个不知经者的,所以确定会给他交过什一税的食品,因此也不用再交什一税。

⑥ 按《巴比伦塔木德》的解释,道友在购买时说明哪些归谁,后来却弄混了,这样就必须分留什一税。《耶路撒冷塔木德》解释说,如果道友在购买时说明哪个归谁,那么卖主一定给不知经者交过什一税的东西,而给道友的酒不那么确定,因为他知道道友会分留什一税,在这种情况下如果弄混,道友只好分留什一税。

⑦ 即使买给不知经者的比买给自己的多一百倍。

第 7 章

1. 某人邀请其朋友在其处吃饭[①]，而他不能在什一税问题上相信他[②]，便在安息日晚上[③]说："明天[④]我将分留者，其为什一税[⑤]，什一税的其余部分紧靠其旁。我所分为什一税者，将以此分为什一税举祭；第二什一税在其北或其南，以钱币赎俗。"

2. 他们给他的杯子斟酒，他说[⑥]："我将留于杯底者[⑦]，其为什一税，什一税的其余部分紧靠其旁。我所分为什一税者，将以此分为什一税举祭；第二什一税在杯口，以钱币赎俗。"[⑧]

3. 不相信户主的工人[⑨]，取一枚无花果干[⑩]，并说："此枚与其

---

① 指请朋友来吃安息日的某餐。

② 主人是一个不知经者，而客人不能在吃饭前为自己将吃的部分分留什一税，因为此时还没吃到口，不算自己的食物。而吃饭时已是安息日，按律法不得分留什一税。

③ 星期五晚上安息日开始以前，此时尚可分留什一税。

④ 分留原则与本卷 5：1 所描述的相同。不同之处在于他并不当时分留，但由于作了这个声明，所以第二天安息日他在吃饭时可以再念一遍，然后分留什一税而不算违反律法。

⑤ 指第一什一税。先在食物上做个标记，说明这是第一什一税的部分（十分之一），与此相连的九个等份也成为第一什一税，然后说明做标记的那部分是什一税举祭，再说明第二什一税的部分，以后用钱币赎俗。

⑥ 酒同样要交纳什一税，所以同样要在安息日之前和安息日吃饭时诵读这段声明。

⑦ 由于酒是液体，会混淆，所以作这样的声明，以免误饮第一什一税和什一税举祭。

⑧ 同样由于是液体的缘故，第二什一税与第一什一税明确分开。

⑨ 工人受户主雇佣，在其家中工作，户主（不知经者）向工人供饭，因此存在什一税问题。

⑩ 以工人获得一百枚无花果干当饭吃为例，工人需在吃饭前诵读以下声明。

后到来的九枚，其为我所吃的九十枚的什一税。此枚，其为这些的什一税举祭。第二什一税在最后，并以钱币赎俗。”且保留一枚无花果干[①]。拉班西缅·本·迦玛列说：“不得保留，因他将减少其为户主所做的工作。”[②]拉比约西说：“不得保留，因为这是法庭的条件。”[③]

4. 从撒玛利亚人处买酒者[④]，说：“我将分留的两罗革[⑤]，其为举祭；十罗革，为什一税；九罗革，为第二什一税。”遂开始饮用[⑥]。

5. 其家中有税前品无花果，而其人在经堂或田地[⑦]，则说：“我将分留的两枚无花果[⑧]，其为举祭；十枚为第一什一税；九枚为第二什一税。”若为得卖疑，则说：“明天[⑨]我将分留者，其为什一税，什

---

① 在这一百枚中，十枚为第一什一税，九枚为第二什一税。工人可以吃八十一枚，用钱币赎俗后可以吃第二什一税的九枚。由于是得卖疑，所以第一什一税中的九枚也可以吃掉，只有被分为什一税举祭的一枚不可以吃，应该交给祭司。

② 拉班西缅·本·迦玛列认为，户主供饭是为了保证工人有充足的体力工作，如果留下一枚不吃，则势必影响工作，因此工人应该吃掉这一枚，然后自己掏钱另买一枚作为什一税举祭。

③ 拉比约西依据拉比法庭关于雇主要替工人付什一税举祭的工作条件规定，主张工人吃掉这一枚，由雇主另出一枚作为什一税举祭。

④ 从撒玛利亚人处买酒(此为税前品)，星期五晚安息日前想起没有分留什一税等，此时按律法已经不能分留。

⑤ 罗革：《密释纳》时代的液体体积单位，参见附录4。此处以买得一百罗革的酒为例加以说明。

⑥ 可以开始饮用，但他在安息日结束前并不真的分留这些税。一说“开始”当解为“稀释”，即稀释以便饮用。

⑦ 星期五进入安息日前在经堂学习或在田野工作，想起家中尚有税前品无花果未分留什一税，并预计回家时已进入安息日，不得再行分留。

⑧ 以一百枚无花果为例说明。诵读此声明后即可在安息日食用这些无花果，具体分留工作安息日过后再做。

⑨ 得卖疑与税前品的差别在于，得卖疑可以在诵读此声明后于安息日分留，而税前品的分留工作则要等到安息日结束。

一税的其余部分紧靠其旁。我所分为什一税者，将以此分为什一税举祭；第二什一税在其北或其南，以钱币赎俗。”

6. 若在其面前有两筐税前品，而他说：“此筐之什一税在彼筐中。”则第一筐为已分留什一税者[①]。“此筐之税在彼筐中，而彼筐之税在此筐中。”则第一筐为已分留什一税者[②]。“至于其什一税，每筐的什一税均在其邻筐中。”则已命名[③]。

7. 一百份税前品，一百份俗品[④]，取一百零一份[⑤]。一百份税前品，一百份什一税，取一百零一份[⑥]。一百份已处理的俗品，一百份什一税，取一百一十份[⑦]。一百份税前品，九十份什一税；九十份税前品和八十份什一税，无任何损失[⑧]。此为规则：只要税前品占

---

① 他声明用另一筐中的食品为此筐食品交纳什一税，由于两筐都是税前品，纳税情况相同，所以其声明有效，第一筐被看作已分留什一税的食品。

② 在这种情况下，只有第一筐被看作已分留什一税，第二筐仍为税前品。原因是当他说第一筐的什一税在第二筐中以后，第一筐中的食品已经成为纳过税的食品，按律法不得再用这样的食品交纳什一税，因此其声明的后一半无效。

③ 如果他同时声明两筐中的食品互为什一税，则声明有效，被看作口头分配了什一税。

④ 此处的俗品指完全分留过什一税等的食品，而税前品则指尚未分留什一税（但已交过举祭）者。情况是两者发生均匀混合。

⑤ 取一百份，照常分留第一、第二什一税与什一税举祭，然后从另一百份中取出一份作为什一税举祭。

⑥ 照前分配，剩余的九十九份为第一什一税，从中祭司得 9.9 份作为什一税举祭，加上事先取出的一份和从另一百份中分留的一份什一税举祭，祭司将获得 11.9 份的举祭，比正常所得多 0.9 份。

⑦ 这种情况与前两种不同，先取出一百份作为第一什一税，其中祭司获得十份作为什一税举祭，然后从被认定为俗品的那一百份中再取出十份作为什一税举祭（好像这一百份也是第一什一税那样），这样祭司将获得二十份而不是十份什一税举祭，而物主则损失十份。

⑧ 在前三种情况下，被混合的税前品不比其他食品多，分配时主人要承担一些损失。在这第四种情况下，律法规定主人只按税前品的混合数量分留什一税，不再多受损失。

多数[①]，即无任何损失。

8. 拥有十排每排十个酒坛者，且说："外边一排的一个酒坛为什一税。"却不知是哪一排[②]，则取斜对角的两个酒桶[③]。"外边半排的一个酒坛为什一税。"却不知是哪一排，则取四角的四个酒桶[④]。"一排的一个酒坛为什一税。"却不知是哪一排，则取斜对角的一排[⑤]。"半排的一个酒坛为什一税。"却不知是哪一排，则取斜对角的两排[⑥]。"一桶为什一税。"却不知是哪一桶，则取自每一桶[⑦]。

《得卖疑》卷终

---

① 税前品比其他混合品至少多出十份。

② 由于第一什一税不一定非要给利未人，制酒商可以随便大概指定哪些酒桶中的酒为第一什一税，而不必说清楚。但由于从第一什一税中分留的什一税举祭必须分留出来(否则不可以动用第一什一税的食品)，所以又必须确定哪个是第一什一税。

③ 斜对角的两个酒桶可以说是任何一排外边的酒桶中的一个，因此取出。此时制酒商可以将两桶酒混合起来，一说如此他只需取出混合酒的百分之五作为什一税举祭，也就是没有任何损失；另一说他必须取出百分之十，这样他损失一桶酒的百分之十，以确保他最初说的那桶酒的百分之十确实交了什一税举祭。

④ 这样每个外边的半排都有一桶酒被取出。

⑤ 这样无论是横看还是竖看，每排都有一桶酒被取出。

⑥ 任意半排中都有一桶酒被取出。

⑦ 从每一桶中取百分之十。

第 4 卷

禁混种

Kilaim

提　要

禁混种，希伯来语原文的词根为“监禁”，指因违反《希伯来圣经》相关规定、混用某些物种而导致食品、牲畜或衣物被禁止使用的情况。

《希伯来圣经》谈到禁混种的地方并不多，简单地说，《希伯来圣经》中的禁混种包含三个类别：农作物禁混种、牲畜禁混种、纺织品禁混种。

本卷前三章讨论一般农作物禁混种的问题。第4～7章讨论葡萄园禁混种的问题。第8章讨论动物禁混种的问题。第9章讨论纺织品禁混种的问题。

迈蒙尼德认为，本卷与《田角捐》两卷的相关《希伯来圣经》诫命都出自《利未记》第19章，因此被放在可能的最接近的位置。

相关《希伯来圣经》段落

1.《利未记》

19:19　你们要守我的律例。不可叫你的牲畜与异类配合，不可用两样掺杂的种种你的地，也不可用两样掺杂的料做衣服穿在身上。

2.《申命记》

22:9　不可把两样种子种在你的葡萄园里，免得你撒种所结的和葡萄园的果子都要充公。

22:10　不可并用牛、驴耕地。

22:11　不可穿羊毛细麻两样掺杂料作的衣服。

第1章

1. 麦子与毒麦[①]不互为禁混种[②]。大麦与燕麦[③]、二粒小麦与黑麦、蚕豆与鹰嘴豆[④]、草豆与山黧豆、白豆与豇豆，均不互为禁混种[⑤]。

2. 黄瓜与甜瓜不互为禁混种。拉比犹大说：为禁混种[⑥]。生菜与野生菜、菊苣与野菊苣、大葱与野大葱、芫荽与野芫荽、芥菜与埃及芥菜、埃及葫芦与灰葫芦[⑦]、埃及豆与角豆，均不互为禁混种。

3. 芜菁与长萝卜、圆白菜与大头菜、甜菜与菠菜[⑧]，均不互为禁混种。拉比阿奇瓦补充：蒜与野蒜、洋葱与小葱、羽扇豆与野羽扇豆，均不互为禁混种。

4. 对于树木[⑨]，梨树与野梨树、温柏树与欧楂树，均不互为禁混种。苹果树与野苹果树、桃树与杏仁树、枣树与野枣树，尽管彼此

---

① 毒麦是一种形状和分量都与小麦很接近的植物，据说对人体有害，但可以用来做家禽的饲料。《密得拉释大义篇》说，这种植物是挪亚时代人类道德堕落而引起的土地和麦子堕落的产物。

② 可以混种在一起。

③ 也有人认为此处的“燕麦”是大麦的一种。

④ 鹰嘴豆：一说为尼罗河豇豆。

⑤ 每对作物都被看作同一品种的变种，所以可以混种；对与对之间不可混种。

⑥ 拉比犹大认为这是两种作物。

⑦ 一种在灰中加热食用的葫芦。一说原词“Ritzuma”是个地名，指该地出产的葫芦。

⑧ 法国菠菜。

⑨ 树木允许栽植在一起，但不同种类间禁止杂交或者嫁接。

相似，却彼此互为禁混种[①]。

5. 圆萝卜与长萝卜、芥菜与野芥菜、希腊葫芦与埃及葫芦或灰葫芦，尽管彼此相似，却彼此互为禁混种[②]。

6. 狼与狗、村狗与狐狸、山羊与瞪羚、野山羊与母羊、马与骡子、骡子与驴、驴与野驴，尽管彼此相似，却彼此互为禁混种[③]。

7. 不得将树引到树上[④]，草本作物引到草本作物上；勿将树引到草本作物上，亦勿将草本作物引到树上[⑤]。拉比犹大许可将蔬菜引到树上[⑥]。

8. 不得将蔬菜植于小无花果树的树桩[⑦]中，不得将芸香嫁接于白肉桂之上[⑧]，因为这是将草本植物引到树上。不得将无花果树的幼芽植于岩蔷薇之中以使其凉爽[⑨]，不得将葡萄幼枝插入西瓜中以使其将水分注入其中[⑩]，因为这是将树引到草本作物上。不得将葫芦种子置于锦葵之中以使其保护它[⑪]，因为这是将草本作物引到

① 本节开始的两对树木可以混种，因为它们被看作同一种树木。后面三对虽然看起来相似，但被认定为不同种类。

② 这些作物虽然外形相似，但果实的味道差异很大。

③ 动物禁混种的含义有两个：一是禁止交配；二是禁止某些种类的动物在一起工作（如禁止把牛和驴放在一起耕地）。其中第二种禁忌是《圣经》犹太教所特有的。

④ 此处的树木均指结果树木，不结果树木可以随便嫁接，因为它们被看作同一种类。

⑤ 禁止进行此类嫁接。

⑥ 拉比犹大认为，草本作物嫁接到树上之后仍然是草本作物，并不变种。

⑦ 当时的小无花果树经常被砍伐以制成木料，但会留下一节树桩以使其再生。

⑧ 前者提供香料，后者可提炼芬香油膏。

⑨ 岩蔷薇是一种扎根很深的植物，据说约书亚即以此植物为各支派标定边界。此处是禁止让岩蔷薇给无花果幼枝提供阴凉，一说为提供养分。

⑩ 即葡萄枝吸收西瓜汁作为水分。

⑪ 葫芦春种夏收，需要一定温度才能生长。一种变通的办法是把葫芦籽种在别的植物中间，靠别的植物生长时所释放的热量来保持葫芦的生长。

草本作物上。

9. 若将芜菁或圆萝卜存放于葡萄树下①,若有一些叶子是暴露的②,则无须担心任何禁混种事宜③、任何休耕年事宜④、任何什一税事宜⑤,亦可于安息日拿取⑥。将麦子与大麦种于一处,此为禁混种。拉比犹大说:不是禁混种,除非此为两种麦子与一种大麦,或者一种麦子与两种大麦,或者一种麦子、一种大麦和一种二粒小麦⑦。

---

① 当时的习惯是将这类蔬果埋在地下保存,以防干燥。

② 必须要有一部分叶子露在地面上,不可全部掩盖。

③ 因为这是存放,不是种植,所以即使有些萝卜开始生长,也不被看作禁混种。

④ 休耕年生长的作物不得食用,但在本节所说的情况下,这些果实即使有所生长也仍被看作被储存的食物。

⑤ 取出来时不必再交纳什一税。

⑥ 因为有叶子露在外面,不必动泥土就可以拿取,因此不违反安息日律法。

⑦ 拉比犹大在理解《利未记》19:19"不可用禁混种种你的地"时,认为禁混种为两种作物,但至少还应该有一种作物来定义这块地为"耕地",所以只有出现三种作物时才能定义为禁混种。

第2章

1. 任一细亚，其中有四分之一卡夫的其他物种，则须减少[①]。拉比约西说：须去除[②]。无论是一种还是两种[③]。拉比西缅说：他们说的只不过是一种[④]。而众贤哲说：一细亚中所有禁混种加到四分之一卡夫[⑤]。

2. 这些话为何而说呢？[⑥] 谷物在谷物中，豆类在豆类中，谷物在豆类中，豆类在谷物中[⑦]。他们实际上是说：不能吃的菜园种子构成一细亚间播种量的二十四分之一[⑧]。拉比西缅说：正如他们说得很严格，他们也这样说得很宽容[⑨]。谷物中的亚麻种子构成一细

---

① 下种时保持种子的绝对纯净是件不容易的事情，所以这里提出一个标准，也就是如果每细亚种子中掺杂了二十四分之一的其他种子（一细亚等于六卡夫，参见附录4），就必须设法减少混种的比例；若少于此数，便可以下种。

② 拉比约西认为，在这种情况下仅仅减少混种量还不够，必须将混种全部去除。

③ 这二十四分之一的混种可以是一种作物，也可以是两种作物。

④ 拉比西缅认为，混种都按各种类单独计算。

⑤ 众贤哲的标准是：只有禁混种才算数。比如大麦种中混入了燕麦和两粒小麦，由于燕麦和大麦不是禁混种，因此在这种情况下只计算两粒小麦的数量。

⑥ 上节的规则是为哪些作物制定的？

⑦ 按律法，种子被分为能吃的和不能吃的两类，谷物和豆类都是能吃的，所以第1节的规则只适用于能吃的种子出现禁混种的情况。

⑧ 菜园种子：通常指萝卜等不能食用的种子。细亚间为面积单位，参见附录4。此处规定不能吃的种子禁混种的标准不是下种量的二十四分之一，而是用该种子播种一细亚间耕地所需量的二十四分之一。

⑨ 这一标准与本章第1节有关能吃的种子的标准相比并不一定更严格，也可能更宽容。下一句是宽容的例子。

亚间播种量的二十四分之一[①]。

3. 其田地已种麦子，而考虑改种大麦者，当待至其出根并翻耕，而后下种[②]。若已生长，则不得说："我将下种，而后翻耕。"而须先翻耕，而后下种[③]。须耕多少呢？一如雨后犁沟[④]。阿巴·扫罗说：以使每一细亚间所剩不到四分之一卡夫[⑤]。

4. 已下种而考虑改为种植者[⑥]，不得说："我将种植，而后翻耕。"而须先翻耕，而后种植。已种植而考虑改为下种者，不得说："我将下种，而后根除。"而须先根除，而后下种。若愿意，可剪切至一掌以下[⑦]，下种，而后根除[⑧]。

5. 其田地已种植葛缕子或蛇根草，不得将种子播至其上，因其至三年方出产[⑨]。谷物间长出二茬菘蓝[⑩]，一如打谷场之地长出众

---

① 亚麻一细亚间的播种量是三细亚，其二十四分之一是四分之三卡夫。也就是说如果亚麻种子混入了总量一细亚的种子中间，那么其可容许量是少于四分之三卡夫，这样其容许量就远远大于本章第1节所规定的四分之一卡夫。

② 麦子从下种到生根约需三天时间，此时翻耕，则可以基本保证麦子已死亡。

③ 如果麦子已经长出地面，则农夫可能不愿意翻耕，而找借口拖延。

④ 雨后犁沟：指第一场雨之后犁地的犁沟，此类犁沟是被分割开的，以便田垄之间相连，而保证把雨水留在田地里。此处是说翻耕杀麦的程度不必是全部翻杀，只要犁沟达到雨后犁沟的标准即可。

⑤ 四分之一卡夫指四分之一卡夫间的面积（四分之一卡夫下种的面积），即一细亚间的二十四分之一。也就是符合本章第1～2节所制定的标准。

⑥ 下种：指种植粮食作物。种植：指种植葡萄园。这两者为禁混种，所以要先翻耕，后种植。

⑦ 将葡萄树砍至离地面一掌（长度单位，参见附录4）以内，这种高度的葡萄树若不发芽，则可以与粮食作物种在一起而不算禁混种。

⑧ 若葡萄树不再发芽生长，则不必根除，否则需要根除。

⑨ 这类作物生长期长，且根茎坚硬，即使翻耕也不能保证将其杀死，因此禁止再种其他作物。

⑩ 会损害其他谷物。

多种类[①]，一如葫芦巴间长出多种植物[②]，其无芟除之责[③]。若芟除或割倒，则对其说："须全部根除，只一种除外。"[④]

6. 欲将其田地分为各种作物地带者[⑤]，沙玛伊学派说：三条开地犁沟宽[⑥]。而希列学派说：一完整谷地轭宽[⑦]。此说近似彼说[⑧]。

7. 若一行麦子的头[⑨]进入大麦之中，这是允许的，因其看似其田地之尾[⑩]。若其地为麦子，其相邻之地为另一种类，则可以同一种类向其靠拢[⑪]。若其地为麦子，其相邻之地为麦子，则可以一犁沟亚麻向其靠拢，不可以一犁沟之其他种类[⑫]。拉比西缅说：亚麻种子与所有种子一致[⑬]。拉比约西说：在其田地之中亦允许试种一犁沟之亚麻[⑭]。

---

① 打谷场需要平地，不能让作物生长。

② 会损伤葫芦巴。

③ 在这三种情况下，农夫反正是要芟除的，所以律法不再强制规定。

④ 如果农夫真去芟除，则须遵守律法，否则便有有意留下禁混种的嫌疑。

⑤ 想把同一块土地分成不同的长条地带，种上不同种类的作物。

⑥ 开地犁沟指雨季来临前的犁沟，此时土地干硬，故犁沟较宽，三条开地犁沟的宽度约等于两肘(参见附录4)。

⑦ 谷地耕种所用的轭比一般的轭大，长约两肘。

⑧ 两派所用标准不同，但实际宽度是一样的。关于本节所说宽度究竟指何而言，大致有两种说法：一说指地块间距宽度，另一说指地块本身宽度。

⑨ 迈蒙尼德将"头"解释为三角形的行端。

⑩ 因为这不是有意种在一起的，而只是麦子侵入了大麦的行列。

⑪ 比如其地种麦子，其邻人种大麦，两地间有空地，则可以在空地种大麦，看起来好像其邻人土地的延伸。

⑫ 种一犁沟宽的亚麻以检测该地块是否适合种植亚麻。试种本不在禁混种范围，但为了不引起混淆，律法规定只能用亚麻试种，试种宽度不得超过一犁沟，试种地点则必须是在田边。

⑬ 也可以用其他种子试种。一说亚麻与其他种子一样不得试种。

⑭ 试种也可以在田中进行，而不必在田边。

8. 不得以芥菜或红花向谷物田靠拢①。但可以芥菜或红花向蔬菜田靠拢②。可向荒地③、向翻耕地④、向石墙⑤、向道路、向十掌高之墙⑥、向十掌深四掌宽之沟渠、向覆盖地面之树木、向十掌高四掌宽之岩石靠拢⑦。

9. 欲将其田地分为各种作物地块者，将一细亚间分为二十四块，每块地为四分之一卡夫间，并在其间播种任意品种⑧。若有一块或两块地块，则可播种芥菜。有三块，不可播种芥菜，因其看似芥菜地⑨。此为拉比梅伊尔之言。而众贤哲说：九块地块允许，十块则禁止⑩。拉比以利以谢·本·雅各说：即使其整块地有一歌珥间，亦不得在其间分出一块以上的地块⑪。

10. 所有在四分之一卡夫间均计入四分之一卡夫间的量度⑫。

---

① 芥菜和红花（Safflower）损害谷物，因此种在田边不会是试种，而会被看作有意栽植禁混种。另一说是：此两种作物即使少量栽种也还是有经济效益，因此禁止。

② 这两种作物对蔬菜无害，所以可以在菜田边试种。

③ 指两块土地之间的区域。下同。

④ 休耕的土地有时候需要翻耕。

⑤ 把石头垒起来不加灰浆的墙。

⑥ 用灰浆抹好的墙。

⑦ 以上各标志物都可以被看作是两块土地的分界点，因此在其两旁可以分种禁混种（以不同的种类向其靠拢）。

⑧ 每一小块各自播种一种作物，就好像是各自独立的地块。

⑨ 如果三块地块连种芥菜，则这一细亚间的土地将被定义为芥菜地，其他地块上的作物就成了禁混种了。

⑩ 对此句有各种说法。总体来说，众贤哲认为要种不同品种，则各地块之间必须被不栽种的地块分开，这样一细亚间的土地里就最多只能有九块可栽种不同品种的地块。

⑪ 一歌珥间等于三十细亚间（参见附录4）。这里的意思是无论田地多大，也只能被看作一块地块，不能栽种禁混种。

⑫ 在禁混种之间要留出四分之一卡夫间的空地，这块空地包括其中的一切，而不只是可种植的土地。

葡萄树占地[①]、坟墓、岩石均计入四分之一卡夫间的量度。谷物在谷物中：四分之一卡夫间[②]；草本作物在草本作物中：六掌[③]。谷物在草本作物中，草本作物在谷物中：四分之一卡夫间。拉比以利以谢说：草本作物在谷物中：六掌。

11. 谷物倒伏于谷物之上，草本作物倒伏于草本作物之上，谷物倒伏于草本作物之上，草本作物倒伏于谷物之上，这一切都是许可的，唯希腊葫芦除外[④]。拉比梅伊尔说：黄瓜与埃及豆也除外[⑤]。然而我看他们的说法胜过我的说法。

---

① 葡萄树旁方圆六掌的地方为葡萄树所占地。

② 如果农夫要在一块谷物田里种进禁混种谷物，则须在该谷物三边与原谷物保持四分之一卡夫间的空地，另一边则须完全开放，不得种植。

③ 两块禁混种草本作物（如蔬菜）地之间的空地要求为六掌。

④ 两块相邻的田地种了禁混种，也在其间留足了空地，但一边作物长得太长，靠到了另一边。在大多数情况下这些都不构成禁混种，但希腊葫芦伸到别的地里后长得甚至比彼处的作物还大，因此构成禁混种。

⑤ 拉比梅伊尔遵从自己老师的意见，但他相信众贤哲的说法更有道理。

第 3 章

1. 六掌乘六掌的园地，可在其中播种五个品种[①]，四种在园地的四个方向，一种在中间[②]。若其有一掌高之地界[③]，则可在其中播种十三种，三种在每边地界，一种在中间。勿将芜菁头植于地界内，因其会长满[④]。拉比犹大说：六种在中间[⑤]。

2. 任何一种蔬果种[⑥]均不得播种于园地[⑦]内，任何一种蔬菜种均可播种于园地内。芥菜与小豆属蔬果种，大豆属蔬菜种[⑧]。地界本为一掌高后被减低者有效，因从其始即有效[⑨]。一掌深之犁沟

---

① 迈蒙尼德认为可以播种五种以上。

② 或播种于四角加中央，或播种于四边中部（不含角落，以免混种）加中央。

③ 《耶路撒冷塔木德》认为，地界不仅要一掌高，而且至少一掌宽。

④ 芜菁头：指其根茎，因其粗大，会长满地界，使两块地之间的界限就此消失，因而不能再种植多种作物。

⑤ 拉比犹大认为，有地界的地块，四边地界上可以种植十二种作物，中间还可以种植六种（将六掌平方的地块分为六块，每块中呈菱形种植，以使各种作物之间不相混合）。

⑥ 按迈蒙尼德的解释，凡不食用其种子的作物均属于园中作物，其中通常大面积栽种者为蔬果种，通常小范围栽种者为蔬菜种。

⑦ 指本章第 1 节所说的六掌乘六掌大小的园地。

⑧ 此处列举的是三种例外情况。芥菜本属蔬菜种，在此被列入蔬果种。而豆类是食用其种子的，本不属于园中作物，但在此被当作园中作物分类。

⑨ 六掌见方的园地种植十二种蔬菜的条件是其地界至少一掌宽、一掌高，虽然在作物生长的过程中该地界可能被自然侵蚀而降低，但是园地中作物的合法性并不因此而消失。

或水渠,可向其中播种三个品种,一种在此边,一种在彼边,一种在中间。

3. 若一行蔬菜之行首进入别种蔬菜田,这是允许的,因其看似其田地之尾[①]。若其田中已种蔬菜,而此人又要求在此田中种入一行别种蔬菜,拉比以实玛利说:除非此沟渠从田地的一端延伸至另一端[②]。拉比阿奇瓦说:六掌长,完全的宽度[③]。拉比犹大说:一只脚掌的全部宽度[④]。

4. 种植两行胡瓜、两行葫芦、两行埃及豆,这是允许的[⑤]。一行胡瓜、一行葫芦、一行埃及豆,这是禁止的[⑥]。一行胡瓜、一行葫芦、一行埃及豆、又一行胡瓜,拉比以利以谢允许,众贤哲禁止[⑦]。

5. 可以将黄瓜与葫芦种在同一小穴中,只要此向此边,彼向彼边即可[⑧]。[即此物之须蔓向此处,彼物之须蔓向彼处,众贤哲所禁

① 有关行首行尾的问题,参见本卷 2:7 的相关注解。

② 沟渠:一说指将后加作物与原有作物分开的空行,另一说指加种的蔬菜行本身。

③ 对完全的宽度有多种解释:一说指标准行宽(六掌),迈蒙尼德则认为指行宽与深度相等(至少一掌)。

④ 一脚掌宽就是一掌宽,拉比犹大坚持用"脚掌"这个词的原因在于《申命记》11:10中"你在那里撒种,用脚浇灌,像浇灌菜园一样"。

⑤ 这三种作物都属于爬藤类作物,比较容易蔓延到其他作物中去,因此需要双行种植,以使每一行能长向同类的另一行,而不会串到平行种植的其他作物中去(律法依本章上节拉比阿奇瓦的观点,每行不同作物间只留最少一掌宽的空间)。

⑥ 单行时,无论将藤蔓引向哪边,都会串到其他品种中去。

⑦ 拉比以利以谢认为,由于外边两行为黄瓜,所以这块田地可以被定义为黄瓜地,这样中间两行葫芦和埃及豆就成了在黄瓜地中加种的作物,适用于本章上节的规定,因此是允许的。众贤哲则认为,黄瓜行既不相连,便不能被定义为黄瓜地,因此依据本节规定而禁止。

⑧ 即使是在一个小穴中也可以种植黄瓜和葫芦这样容易缠到一起的作物,条件只是注意将两种作物的藤蔓引导到两个方向上去。本节下面一句通常被认为是因注解而加入的,不属于正文。

止之一切只因眼见的样子才成律法[①]。]

6. 已经种植洋葱的田地，若要求在其中加种几行葫芦[②]，拉比以实玛利说：拔起两行，种植一行，留两行之地的洋葱立株，再拔起两行，种植一行[③]。拉比阿奇瓦说：拔起两行，种植两行，留两行之地的洋葱立株，再拔起两行，种植两行[④]。而众贤哲说：若在此行与相邻行之间没有十二肘宽[⑤]，则不保留其间所种之物[⑥]。

7. 葫芦[⑦]在蔬菜中即如蔬菜[⑧]，若在谷物中，则给其四分之一卡夫间[⑨]。若其地中已种植谷物，又要求在其中种入一行葫芦，则给其六掌耕作之地[⑩]。若其长大，则从其面前拔除[⑪]。拉比约西说：

---

① 众贤哲所禁止的混种情况主要是由于种植者没有费心将作物分开，使得作物看起来像要混种一样。

② 葫芦的特别之处在于不可让单独的葫芦行相连接，否则将被视为葫芦地。而在洋葱地中的葫芦地将被视为禁混种。

③ 每行作物的标准宽度为四肘，这样，拔掉两行洋葱种下一行葫芦，则可以保证葫芦行每边与洋葱行之间有两肘的距离。隔两行洋葱再如法炮制，则可以确保葫芦行之间不相连接。

④ 拉比阿奇瓦认为，洋葱行和葫芦行之间不需要留下专门的空间(只需用本章第3节所说的一掌宽的沟渠分开即可)，只要每两行葫芦被两行洋葱与其他葫芦行隔开，就不会出现葫芦地。

⑤ 葫芦行每边留出两肘，再加上两行洋葱为八肘，共十二肘。在距离方面，众贤哲同意拉比以实玛利的意见。

⑥ 《耶路撒冷塔木德》认为，众贤哲与拉比以实玛利的不同之处在于他们不要求在葫芦行与洋葱行之间留下两肘的空地，而只需要用一掌宽的沟渠分开即可。所以关键是两行葫芦之间要有十二肘的空间，否则便不能保留其间的洋葱。否则便为禁混种。

⑦ 本节中的葫芦一说为希腊葫芦。

⑧ 将一棵葫芦种入其他蔬菜地，则仿照蔬菜混种的规则留出六掌之地。

⑨ 留出四分之一卡夫间是将不同谷物种在一起时的规则。

⑩ 一行葫芦比一棵葫芦更容易分辨，因此只需六掌之地即可。

⑪ 将长入六掌空地的葫芦藤蔓拔除。一说将其前边的其他作物拔除。

给其四肘耕作之地[1]。他们对他说：对此比对葡萄树还严格[2]吗？他对他们说：我们发现这比葡萄树还严格，因为一棵葡萄树我们给其六掌耕作之地，而一棵葫芦我们给其四分之一卡夫间[3]。拉比梅伊尔以拉比以实玛利之名说：若有三棵葫芦在一细亚间中，则不得将任何种子下入此细亚间[4]。拉比约西·本·哈何提夫-埃佛拉提以拉比以实玛利之名说：若有三棵葫芦在一歌珥间中，则不得将任何种子下入此歌珥间[5]。

① 拉比约西要求给葫芦更多的地方，相当于葡萄园和谷物田之间的规定距离。

② 通常对葡萄树的要求都是最严格的，而葡萄树与谷物间的规定距离也不过六掌而已。

③ 拉比约西据此认为，对葡萄树要求严格不等于说其他作物的种植间距就不能大于葡萄树。

④ 一细亚间等于二十四个四分之一卡夫间，所以拉比梅伊尔实际上是在提出一个更严格的要求：每棵葫芦应留出八个四分之一卡夫间的耕作之地。

⑤ 一歌珥间等于三十细亚间，也就是每棵葫芦需要十细亚间的耕作之地。通常认为拉比以实玛利的这两种不同看法代表了其早期和晚期的观点。

第4章

1. 葡萄园中空地[①]，沙玛伊学派说：二十四肘；而希列学派说：十六肘[②]。葡萄园周边[③]，沙玛伊学派说：十六肘；而希列学派说：十二肘[④]。而何谓葡萄园中空地？即其中有所荒废[⑤]的葡萄园。若彼处无十六肘，则勿将种子携至彼处。若彼处有十六肘，则留给其耕作之地[⑥]，而在剩余处播种。

2. 何谓葡萄园周边？即葡萄树与园墙之间。若彼处无十二肘，则勿将种子携至彼处[⑦]。若彼处有十二肘，则留给其耕作之地，而在剩余处播种。

3. 拉比犹大说：此无他，葡萄园墙而已[⑧]。然而何谓葡萄园周

---

① 在葡萄园中无葡萄树，而田主打算种入其他作物的地块。

② 这里的数字指的是从空地一边的葡萄树到另一边的葡萄树的距离，是平方概念。两派都同意每边要留出四肘的空地供葡萄树生长之用，分歧在于沙玛伊学派认定至少两块八肘宽的耕地连在一起才能算是独立的耕地，而不是混种，而希列学派则认为两块每块四肘宽的耕地连在一起就可以成为独立的耕地。

③ 指周边葡萄树与园墙之间的空地，田主打算种入其他作物。

④ 双方的分歧仍在于多宽的耕地才能算独立耕地，详见下节注释。

⑤ 荒废：原文为“毁坏”，指葡萄树死亡而被拔除。

⑥ 空地每边留下四肘的空间给葡萄树的耕作生长使用。

⑦ 十二肘的计算方法是：四肘留给葡萄树的耕作生长，园墙边留下四肘供行走使用，四肘耕作。由于沙玛伊学派认为耕地至少八肘宽，因此认为要有十六肘的空间。

⑧ 拉比犹大认为，本章第2节所提到的观点都指葡萄园墙而言。他认为葡萄园墙与葡萄树之间的种植禁忌只限于给葡萄树留下四肘的耕作生长空间，至于地块与园墙之间是否需要留下空间，或地块本身有多大，都无关紧要。

边[①]？即两座葡萄园之间[②]。何谓墙？即十掌高者[③]。而沟渠即十掌深四掌宽者[④]。

4. 篱墙分界，若一根篱杆与其相邻者之间没有儿童[⑤]可以进入的三掌距离，此为分界[⑥]。篱墙破损至十肘，此即如入口[⑦]，过此则破口对面为禁区[⑧]。多处破损缺口者[⑨]，若立起部分多于破损部分则许可[⑩]，若破损部分多于立起部分则破口对面为禁区[⑪]。

5. 种植一排五棵葡萄树者，沙玛伊学派说：此即葡萄园。希列学派说：此非葡萄园，除非彼处有两排[⑫]。由此凡在葡萄园四肘之内播种者，沙玛伊学派说：禁用一排。希列学派说：禁用两排[⑬]。

---

① “葡萄园周边”一词的原文为 Mechol Hakeren。“Mechol”一词并无“墙”的意思，通常依据《耶利米书》31：13中“那时，处女必欢乐跳舞（原文为 Mechol）”一句将该词解释为“拉圈舞”，在此借喻环绕葡萄园周边的空地。拉比犹大则不同意此为园墙内空地。

② 他同意其空间距离应为十二肘。

③ 如果有园墙将葡萄园和拉比犹大所定义的“葡萄园周边”隔开，则不必留四肘的空间，条件是园墙的高度要超过十掌。

④ 顺带讨论作为田地分割标志的沟渠的定义。

⑤ 一说“小山羊”。

⑥ 此处定义围绕葡萄园的篱笆墙，如果两根篱杆间距离不超过三掌，则篱墙有效，篱墙另一边可种植其他作物。

⑦ 对面仍可种植。

⑧ 须留出四肘的空地方可种植。

⑨ 大于三掌小于十肘的缺口。

⑩ 即使是在破口的对面也许可种植。

⑪ 在长度至少为三掌的立起部分的对面仍可种植。

⑫ 一说希列学派坚持两排可算葡萄园，但同意每排为五棵葡萄树。

⑬ “禁用”一词出自《申命记》22：9：“不可把两样种子种在你的葡萄园里，免得你撒种所结的和葡萄园的果子都要禁用（原文为‘为圣’，和合本译为‘充公’）。”由于沙玛伊学派认为一排葡萄树即可算葡萄园，因此只需禁用与四肘内播撒了禁混种的地块相邻的一排葡萄树即可，希列学派则依据自己的葡萄园定义认定需要禁用两排。

6. 种植两棵正对两棵，而另一棵尾状突出者，此即葡萄园[①]。两棵正对两棵而另一棵在其间[②]，或两棵正对两棵而另一棵居中者[③]，此非葡萄园，除非两棵正对两棵而另一棵尾状突出[④]。

7. 将一排种于其田中，另一排种于邻舍田中[⑤]，而其间有私人小路或公众大路[⑥]，或有低于十掌之墙，则此两排合一[⑦]。高于十掌，则不合一[⑧]。拉比犹大说：若将藤蔓相缠于上，则此两排合一[⑨]。

8. 种植两排者，若其间不到八肘，则勿将种子携至彼处[⑩]。若有三排，若一排与相邻一排间不到十六肘[⑪]，则勿将种子携至彼处。拉比以利以谢·本·雅各以拉比哈尼纳·本·哈西纳伊之名说：即使中间排已荒毁，而一排与相邻一排间不到十六肘[⑫]，勿将种子携

---

① 五棵葡萄树被种成了两排，两两相对，一棵在外。

② 四棵为正相对的两排，第五棵种在两排之间。

③ 一排的两棵葡萄树与另一排的三棵葡萄树中的首尾两棵相对，三棵排居中的那一棵无相对的树木。

④ 被定义为葡萄园的葡萄树丛中不得种植其他作物，周边四肘之内不得种植其他作物，而非葡萄园葡萄树丛周边六掌之外即可种植其他作物。

⑤ 此节接续上节，讨论构成葡萄园的两排葡萄树不属于一个田主时的情形。也就是一个田主在自己田里种了一排葡萄树，与邻舍田里的那排正好构成上节所述葡萄园的形状。

⑥ 道路可以被看作农作物田块分割的标志物（参见本卷2:8），但不能分割树木，除非该道路宽于八肘。

⑦ 这两排分属不同田主的葡萄树被看作一个葡萄园。

⑧ 墙高超过十掌则构成分界标志，因此不合一。

⑨ 如果墙高于十掌，但田主让葡萄藤蔓爬过墙头与另一边的葡萄藤蔓相缠，则仍然合为一座葡萄园。

⑩ 本节接续上节讨论，两排合格葡萄树间距离若不到八肘，则被看作一座葡萄园，其中自然不能种植其他作物。

⑪ 三排葡萄树已构成一座大葡萄园，因此行间种植其他作物的规定应符合本章第1节中有关葡萄园中空地的规定，即不得小于十六肘。

⑫ 中间排被移除的葡萄园规则以葡萄园中空地的规则为准，而不按两排葡萄树是否构成葡萄园的规则来定，因此两排间的距离不到十六肘仍不构成园中空地。

至彼处，尽管若自始种植[①]，有八肘便得许可。

9. 按十六肘、十六肘间距种植其葡萄园者，允许将种子携至彼处[②]。拉比犹大说：在策勒蒙[③]的事情是有一人按十六肘、十六肘种植其葡萄园，他习惯将两排的枝蔓倒向同一边，而在翻耕处播种。第二年则将枝蔓倒向另一处，而在休荒处播种[④]。其事来到众贤哲面前，他们给予许可。拉比梅伊尔和拉比西缅说：即使按八肘、八肘种植其葡萄园者，亦许可[⑤]。

---

① 如果一开始就种植两排，且其间隔超过八肘，则不构成葡萄园，每排六掌之外即可种植其他作物(迈蒙尼德的解释)。

② 若每行葡萄树间都留下十六肘的空地，则不再被看作葡萄园，葡萄树六掌之外便可种植其他作物。

③ 策勒蒙：地名，具体地址不确定，说法包括：示剑附近的一座山，海法以南，路德附近。

④ 虽然行间可以播种，但葡萄藤蔓下不得播种。为防止葡萄藤蔓爬到其他作物上，此人将两行葡萄藤蔓引到同一空间，留下两边的空间放心播种，第二年再反过来，保证土地得以轮休。

⑤ 这两人认为十六肘的间距要求只限于葡萄园中空地，也就是移除葡萄树后留下来的空地。对于原本就保留的葡萄树行间距，八肘就允许播种其他作物，只需每边留下六掌的空间即可。

第 5 章

1. 荒废的葡萄园[①]，若一细亚间有十棵可收获的葡萄树，且依律法栽种[②]，则此称为贫瘠葡萄园[③]。不规则种植的葡萄园[④]，若其中有两棵成排正对另三棵，则此为葡萄园[⑤]；否则为非葡萄园。拉比梅伊尔说：因其外观如葡萄园之形[⑥]，故此为葡萄园。

2. 按小于四肘间距栽种的葡萄园[⑦]，拉比西缅说：此非葡萄园。而众贤哲说：此为葡萄园，将中间行列视若无有[⑧]。

3. 十掌深四掌宽的沟渠穿过葡萄园，拉比以利以谢·本·雅各说：若其在葡萄园从头贯穿至尾，则此被视如两座葡萄园之间，在其中播种[⑨]。否则其如榨酒池[⑩]。葡萄园中十掌深四掌宽的榨酒

---

① 与葡萄园中空地（中部葡萄树荒废，外圈葡萄树行仍能至少从两边包住空地）不同，荒废的葡萄园意味着外圈葡萄树也被荒废。

② 指本卷 4:6 所定的“两棵正对两棵，而另一棵尾状突出”的结构。

③ 在律法上仍有葡萄园的地位，所以这一细亚间内及其周边四肘之内不得种植其他作物。

④ 没有明显的行列安排。

⑤ 若其中任意五棵树恰好构成葡萄园的形状，则律法要求成立。

⑥ 能看出行列，但不是严格的律法规定形状。

⑦ 葡萄树行列间距小于四肘，则无法使用耕牛耕作。

⑧ 把三行葡萄树看成两行，中间一行忽略不计，这样两行间的距离便超过了四肘。众贤哲认为，葡萄园密植的原因是为了保持成活率，所以中间行列可以被看作木柴。

⑨ 达到这种深宽要求的沟渠被看作田地分界标志，地位独立而不属于葡萄园，因此可以在其中种植其他作物。

⑩ 古以色列的榨酒池就是在地上挖的一个浅坑，一端有一个让葡萄汁流往一个容器的洞，葡萄置于坑中，用人工脚踏榨汁。葡萄园中的榨酒池属于葡萄园的一部分，不得播种其他作物。

池，拉比以利以谢说：在其中播种[①]。而众贤哲禁止。葡萄园中十掌高四掌宽的守望台，在其中播种[②]。然若藤蔓交缠则禁止[③]。

4. 种植于榨酒池或坑穴中的单棵葡萄树，留给其耕作之地，而在剩余处播种[④]。拉比约西说：若彼处不到四肘，则勿将种子携至彼处[⑤]。而葡萄园中的房子则可在其中播种[⑥]。

5. 在葡萄园中种植或养活蔬菜者[⑦]，以此禁用四十五棵葡萄树。何时？按四肘四肘或五肘五肘栽种之时[⑧]。若按六肘六肘或七肘七肘栽种，则在每个方向上禁用十六肘，依圆形而非方形[⑨]。

6. 在葡萄园中看见蔬菜并说："我到那儿就把它摘掉。"许可[⑩]。"我回来时[⑪]再把它摘掉。"若增长了两百分之一，则禁止[⑫]。

---

① 拉比以利以谢认为，榨酒池建在葡萄园边缘，三面有葡萄树，一面没有，因此可以视为独立单位。

② 这样的守望台通常会高于葡萄树，不在葡萄树丛中，因此被看作独立单位，可以种植其他作物。

③ 如果葡萄树的藤蔓在守望台之上交缠，则守望台的高度失去了意义，因此不得播种其他作物。

④ 单棵葡萄树的耕作之地为六掌，此外即可种植其他作物。

⑤ 拉比约西认为应参照葡萄园周边的律法，没有至少四肘的空间则不当种植任何其他作物。

⑥ 房子有四面墙的间隔，因此构成葡萄园中的独立空间。

⑦ 有意种植禁混种蔬菜，或看见自生的禁混种蔬菜不拔除，反而加以养护。

⑧ 在葡萄树行列间距为四肘或五肘的情况下，禁用四十五棵葡萄树。

⑨ 方法是以禁混种蔬菜所在地为圆心，以十六肘为半径画一个圆形，该圆形内的葡萄树全部禁用。因此无论间距为六肘或七肘，都将有二十一棵葡萄树收入圆形中而被禁用。

⑩ 禁混种的前提条件是田主知道禁混种作物的存在。若禁混种作物自然生长，而田主见到后立即摘除，则不算禁混种，也不必禁用葡萄树。

⑪ 做完葡萄园内的其他工作以后。

⑫ 若在此期间蔬菜生长了两百分之一，则等于田主容忍禁混种，因此禁止这样做。

7. 经过葡萄园而从其身上掉落种子者[1]，或者种子随粪肥或随水而出者[2]，风将种子吹至身后者[3]，此为许可[4]。风将种子吹至面前者[5]，拉比阿奇瓦说：若成苗则翻土，若成穗则击落，若果实成熟，则焚毁[6]。

8. 在葡萄园中养活荆棘[7]者，拉比以利以谢说：禁用[8]。而众贤哲说：不禁用，除非通常养活此类东西[9]。鸢尾花[10]、常春藤、国王百合[11]，此类品种在葡萄园中不属禁混种[12]。大麻[13]，拉比特尔封说：不为禁混种。而众贤哲说：为禁混种[14]。洋蓟在葡萄园中为禁混种[15]。

---

① 带着种子经过葡萄园时不小心把种子掉在葡萄园里。

② 给葡萄园浇水或施肥时带进了禁混种种子。

③ 在周围田地播种时，风将种子从其身后吹入葡萄园中。

④ 以上三种情况均属不小心混种，只要一发现即除去禁混种作物，便不算禁混种，葡萄树也不禁用。

⑤ 种子从身前被吹入葡萄园，田主便有了有意禁混种的嫌疑。

⑥ 因为吹落的种子很难被发现，所以需要在种子发芽后采取措施。拉比阿奇瓦在此提出了不同阶段发现后的不同处理方法。

⑦ 禁混种通常只包括粮食经济作物，其他植物(包括荆棘)是否算禁混种是个问题。

⑧ 在阿拉伯半岛，荆棘被用作骆驼饲料，拉比以利以谢由此认定荆棘属于作物，属于禁混种。

⑨ 众贤哲认为因地而异，若当地惯常养活这类植物，则为禁混种，否则不算。

⑩ 可能在当时被用作调味料。

⑪ 名称不详。一说为一种白色百合花，迈蒙尼德则认为是银莲花。

⑫ 并非常人种植的品种。

⑬ 其产品用于纺织。

⑭ 争议的具体内容不详。

⑮ 洋蓟是一种地中海地区生长的多刺植物，其花朵顶部可食用。众贤哲认为这种植物属于蔬菜类，因此是禁混种。

第 6 章

1. 何谓攀架葡萄园?[①] 沿十掌高之篱墙一侧,或沿十掌深四掌宽之沟渠一侧栽种一行五棵葡萄树者,留给其四肘耕作之地[②]。沙玛伊学派说:从田中葡萄树根部起丈量四肘[③]。希列学派说:从田中篱墙起[④]。拉比约翰南·本·努利说:所有言是者均错[⑤]。当为:若从葡萄树根部到篱墙有四肘之地,则留给其耕作之地,并在剩余处播种[⑥]。此葡萄树的耕作之地为多少?每个方向上六掌。拉比阿奇瓦说:三掌。

2. 攀架葡萄园从其梯级伸出[⑦],拉比以利以谢·本·雅各说:

---

① 前两章讨论的都是地上生长的葡萄,本章讨论攀架葡萄。

② 此为希列学派观点。对于一般葡萄树而言,希列学派认为至少需要两行才能构成葡萄园,而对于攀架葡萄(通常生长和果实的情况都好于非攀架葡萄树),则一行就可以构成葡萄园。

③ 如果篱墙距葡萄树一肘的话,那么篱墙外三肘即可种植其他作物(距葡萄树共四肘)。

④ 如果篱墙距葡萄树一肘的话,那么篱墙外四肘方可种植其他作物(距葡萄树共五肘)。

⑤ 拉比约翰南·本·努利认为,即使是攀架葡萄,一行也不足以构成葡萄园,所以两派的观点都是错误的。

⑥ 如果葡萄树至篱墙的距离不到四肘,则完全禁止播种;如果超过四肘,则除葡萄树的耕作之地外,可以播种。

⑦ 攀架葡萄园多依山而建,修成梯田状。这里是说第一层梯级上的五棵葡萄树沿架子覆盖到了地表的空间。

若立于地下而可将其全部收获，则此田中四肘之地禁播[①]；否则只禁播其下之地[②]。拉比以利以谢说：即使在地面种植一排，梯级上种植一排，若其高出地面十掌，则不与之合一，否则与之合一[③]。

3. 将葡萄树引上棚架一部者，不可将种子携至其余部分之下[④]。若携至，亦不禁用。然若新枝伸展，则禁止[⑤]。将葡萄树引上无果之树者亦如此[⑥]。

4. 将葡萄树引上果树一部者，许其将种子携至其余部分之下[⑦]。若新枝伸展，则将其折回[⑧]。某次拉比约书亚前往阿齐兹村[⑨]的拉比以实玛利之处，他给他看了一棵被引上无花果树一部的葡萄树，对他说[⑩]：我将种子携至其余部分之下如何？他对他说：许可。由

---

① 如果站在地表也可以收到梯级上的葡萄果实的话，那么地表的被覆盖面积就与梯级上的葡萄树合成整座葡萄园，地表被覆盖面积周边四肘之内不得播种其他作物。

② 如果收不到，那么只在地表被覆盖面积内禁止播种其他作物。

③ 按照迈蒙尼德的观点，拉比以利以谢在此所说的却是普通葡萄树。照他看来，如果两排葡萄树被种在不同高度，那么十掌以上的高度差距将使这两排葡萄树不能合成为葡萄园，六掌之外即可播种其他作物。高度差距小于六掌，则合成为葡萄园，四肘之外方可播种其他作物。

④ 单棵葡萄树只要上了棚架，虽然只遮盖了棚架的一部分，整个棚架之下仍然禁止播种其他作物。

⑤ 将其他作物播种于尚未被葡萄树遮盖的棚架之下的行为是违反律法的，但只要葡萄未覆盖其上的棚架部分，则其果实仍可使用。但如果其后新生的葡萄枝覆盖了这一部分，则其下其他作物的果实为禁用。

⑥ 有关这棵树的律法与上文所述棚架一致。

⑦ 由于田主不会自毁果树，放任葡萄树在果树上生长，因此果树与棚架或无果树不同，未被葡萄树遮盖的部分之下可以种植其他作物。

⑧ 如果葡萄树新枝生长遮到了其他作物，则田主应将这些新枝折回原本就被遮盖的地方。

⑨ 阿齐兹村：以东（死海西南地区）的一个村庄，一说位于希伯伦西南。

⑩ 拉比以实玛利提问，拉比约书亚裁决。下同。

此上至哈玛迦尼亚家[①],他给他看了一棵被引上小无花果树桩上[②]的一根枝干一部的葡萄树[③],该小无花果树桩上有数根枝干。他对他说:在此枝干下禁止,其余则许可[④]。

5. 何谓无果之树?所有不结果实者。拉比梅伊尔说:一切均为无果之树,橄榄树与无花果树除外[⑤]。拉比约西说:一切不与其同种类种满田块者[⑥],即为无果之树。

6. 攀架葡萄园间断,为八肘有余[⑦]。众贤哲前述葡萄园之一切尺寸均无"有余"[⑧],唯攀架葡萄园间断除外。此为攀架葡萄园间断:中部荒废的攀架葡萄园,此边剩有五棵葡萄树,彼边亦剩有五棵葡萄树[⑨],若此处有八肘,则勿将种子携往此处[⑩];八肘有余,则留给其耕作之地,并在剩余之地播种[⑪]。

---

① 一说原文"贝特·哈玛迦尼亚"为村中的一个地名。

② 小无花果果实虽然可食,但当时种植此树的目的主要在于获取建筑使用的树枝,做法是在此树长到一定高度后将主干截断,迫使剩余树桩侧发枝条。

③ 原文为:一棵被引上一根枝干一部和小无花果树桩的葡萄树。因文义不通,此处依通常理解翻译。

④ 迈蒙尼德认为,拉比约书亚在此依果树原则进行了裁决。也有人认为其实是按无果树裁决的,只是作了例外处理。

⑤ 拉比梅伊尔认为,橄榄树和无花果树的果实与葡萄树一样重要,因此不能按葡萄树的架子来看待。其他树的果子都没有葡萄重要,因此一旦引上葡萄树,则成为无果之树。

⑥ 即不被大量集中种植的果树,也就是比较次要的果树。

⑦ 此节讨论攀架葡萄园中空地,因与普通葡萄园有区别,故称为"间断"。

⑧ 以前讨论的所有葡萄园的尺寸都是整数,唯独此处的标准是"八肘有余"。

⑨ 葡萄园中部荒废,但两边至少每边保留有五棵葡萄树。

⑩ 五棵攀架葡萄树自成葡萄园,周边四肘不得种植其他作物,如果两座葡萄园之间只有八肘之地,则种植任何作物都会造成禁混种。

⑪ 种在"有余"之地,两边各保留四肘。

7. 攀架葡萄园自角落伸出墙外并中止[①]，留给其耕作之地，并在剩余之地播种[②]。拉比约西说：若彼处无四肘，则勿将种子携往彼处[③]。

8. 伸出攀架葡萄园的横杆，若爱惜它们而不截断，则其下为允许[④]。做成此状以使新枝伸展其上，则禁止[⑤]。

9. 须蔓伸出攀架葡萄园，则视其如坠子悬于其上，其下为禁区[⑥]。单株攀架葡萄树亦如此[⑦]。从树到树牵引葡萄枝蔓者，其下为禁区[⑧]；若以麻绳或苇绳加长，则加长部分之下为许可[⑨]。做成此状以使新枝伸展其上，则禁止[⑩]。

---

① 本节文义晦涩难懂，注家历来众说纷纭，莫衷一是。五棵攀架葡萄树被种于墙角（一边两棵，另一边三棵），因为五棵不在一排上，所以事实上构不成葡萄园。

② 依据单棵葡萄树的原则，保留六掌耕作之地，此外即可播种其他作物。

③ 拉比约西认为，由于葡萄爬墙，所以墙和葡萄树成为一体，他认为即使单棵葡萄树，四肘之内也不当种植其他作物（参见本卷5:4），因此离墙四肘之内不得种植。

④ 葡萄架下本来禁止播种其他作物，但如果横杆伸出的原因不是为了让葡萄攀缘，则不被看作葡萄架的一部分，可以在其下种植其他作物。

⑤ 如果田主有意将横杆伸出以便葡萄攀缘，则禁止在其下播种。

⑥ 如果须蔓伸到了葡萄园四肘之外的地方，则其垂直下方仍禁止播种其他作物。

⑦ 不成葡萄园的单株葡萄六掌之外即可播种，但若有枝蔓伸到这个距离之外，则其垂直下方仍禁止播种。

⑧ 也是指葡萄园四肘外被牵引枝蔓的垂直下方。

⑨ 加长部分的绳索下方可以种植，条件是加绳索的目的只在于固定枝蔓。

⑩ 如果目的在于让枝蔓沿绳索生长，则不得种植于其下。

第7章

1. 将葡萄埋植于土中者[①]，若其正上方[②]无三掌之土，则不得将种子携至其上[③]，即使此埋植使用葫芦或陶管[④]。埋植于岩石中者[⑤]，即使其正上方仅有三指之土，亦许其将种子携至其上[⑥]。葡萄树弯节者[⑦]，则非从第二茎部起，不得丈量[⑧]。

2. 埋植三棵葡萄树且其茎蔓已显现者[⑨]，拉比以利亚撒·巴

---

① 将葡萄藤的一部分弯曲埋入土中，让其在土中生根发芽，并最终将新株移出，成为单独的葡萄树，这是当时繁殖葡萄树的方法之一。

② 原文为"在其背上"。

③ 不得在其正上方种植其他作物，以防止其根长入被埋植的葡萄藤中，形成禁混种嫁接。不过在旁边种植或在三掌厚土层之上种植是允许的，这是因为据信植物的侧根或长过三掌的植物主根都没有力量穿透葡萄藤而形成嫁接。

④ 埋植时将葡萄藤置于干葫芦或者陶土管中以进行保护，但其他作物的根可能穿透这些不坚固的器皿。

⑤ 将葡萄藤埋植于地下岩石之下。

⑥ 其他作物的根部不可能穿透岩石，所以无论如何薄（三指在这里只是一个夸张的说法，实际上这样薄的土层是无法进行种植的），都可以种植其他作物。

⑦ 此句疑点较多，且与前两句关系不大。按照迈蒙尼德的看法，"葡萄树弯节者"指从地下长出的新葡萄藤出土后沿地面爬行一段再直立生长，从而形成一种类似"膝盖"形状的生长状态。

⑧ 以葡萄藤露出地面后再次直立生长的地点（第二茎部）开始丈量，以决定不得种植其他作物的六掌之地的确切位置。

⑨ 成排的三棵葡萄树埋植成功后能看见新长出的茎蔓，此时新长出来的这三棵成了另一排葡萄树。

尔·撒都该说：若彼此间有四肘到八肘之地，则此为合一[①]；否则不为合一。干枯的葡萄树[②]，禁止而不禁用[③]。拉比梅伊尔说：棉花亦禁止而不禁用[④]。拉比以利亚撒·巴尔·撒都该以其名义说：在此葡萄树的正上方亦禁止而不禁用[⑤]。

3. 此为禁止而不禁用者：葡萄园中空地剩余处[⑥]、葡萄园周边剩余处[⑦]、攀架葡萄园间断剩余处[⑧]、棚架剩余处[⑨]。然而葡萄树下、葡萄树耕作之地[⑩]以及葡萄园四肘之地[⑪]，此为禁用者[⑫]。

4. 使其葡萄树遮盖其邻人谷物正上方者，此为禁用[⑬]，且为此

---

① 因为两排葡萄树即构成葡萄园，所以只要这两排间的距离合乎规定的四肘到八肘之间，这两排即被视为葡萄园，虽然两排在地下是通过葡萄藤相连的。

② 秋冬季节树叶掉光了的葡萄树。另一说：死亡干枯的葡萄树，禁止栽种其他作物的理由是防止将冬天落叶后的葡萄树误认为已经死亡的葡萄树，从而引起禁混种的问题。

③ 禁止在其附近栽种其他作物，但如果栽种，也不会引发禁用的惩罚。

④ 棉花属于本卷5：8中规定的可以在葡萄园内种植的品种，但拉比梅伊尔认为应该禁止种植，但不引发禁用的惩罚。

⑤ 也就是前一节所说的在被埋植葡萄藤之上三掌之内种植其他作物的问题，虽然禁止种植，但不引发禁用的惩罚。

⑥ 本卷4：1规定，葡萄园中空地不小于十六肘时方可栽种其他植物。栽种时需给每边葡萄树留下四肘耕作之地，其余为可耕作的“剩余处”。此处的情况是葡萄园中空地不到十六肘，此时如果违反律法在“剩余处”耕作，不会引发“禁用”的惩罚。

⑦ 葡萄园周边需有十二肘之地方可在“剩余处”栽种其他作物（参见本卷4：2），此处指该地不到十二肘的情况。

⑧ 指不到八肘的攀架葡萄园间断（参见本卷6：6）。

⑨ 棚架之下禁止播种其他作物（参见本卷6：3）。

⑩ 六掌之地。

⑪ 必须给葡萄园留下的四肘耕作之地。

⑫ 这些地方不仅禁止播种其他作物，而且一旦犯规，则将招致“禁用”处罚。

⑬ 将自己的葡萄树藤蔓引过他人的作物上方，因葡萄树下不得种植其他作物，因此导致葡萄树以及其下的谷物均被禁用。

人之责任[①]。拉比约西与拉比西缅说：人不可禁用不属于他的物品[②]。

5. 拉比约西说：某次某人于安息年在其葡萄园中播种[③]，此事到拉比阿奇瓦面前，他说：人不可禁用不属于他的物品[④]。

6. 强盗在葡萄园中播种，且离之而去[⑤]。即使在节日里亦收割[⑥]。他最多给工人多少？最多三分之一[⑦]。过此则依其常规收割，即便延续到节日之后[⑧]。何时其被称以强盗之名？[⑨] 从其潜藏时起[⑩]。

7. 风将葡萄树枝吹至谷物正上方者，立即采割[⑪]；若遇意外，则

---

① 责任在葡萄树主，他应该赔偿谷物主人的损失。

② 这两位拉比不同意谷物被禁用，因为葡萄树不属于谷物主人，而《申命记》22：9"不可把两样种子种在你的葡萄园里，免得你撒种所结的和葡萄园的果子都要充公"说的都是同一主人的情况，所以不适用于这里的情况。

③ 安息年禁止耕种，葡萄园中自然生长的果实属于无主物。

④ 由于安息年的产品为无主物，因此虽然此人违反了安息年和禁混种两重律法，但并不引发禁用的惩罚。

⑤ 异教徒强盗从犹太田主手中抢走葡萄园，并在园中播种其他作物。后来强盗离开，葡萄园物归原主。

⑥ 由于田主并未播种，所以并不造成"禁用"，但田主必须立即开始收割那些作物，即使恰逢不工作的犹太节日也不能停止。

⑦ 由于抢收，工人可能要求较高的工资，在这种情况下，他所能付的工资上限为总收获物的三分之一。另一说是：他可以最多付给工人超过正常工资三分之一的工资。

⑧ 如果工人要求的工资超过最高额，那么他可以不必抢收，留到节日过后收割。在此期间，他也不受"禁用"的惩罚。

⑨ 何时该葡萄园被称为该强盗的葡萄园？如果出现这种情况，整座葡萄园都被禁用。

⑩ 如果田主害怕强盗，藏了起来，从大家面前消失，则葡萄园名义上成为强盗的财产并被禁用。另一说是：直到田主之名消失，被人忘记之后。

⑪ 这里的谷物和葡萄树都是按规定距离种植的，但风把葡萄枝吹到了谷物上方，此时只要立即剪断相关葡萄枝，便不会引起禁用惩罚。

许可[①]。谷物倒伏于葡萄树下者[②]，将其扶回，并不禁用。蔬菜同此。谷物自何时起被禁用？自生根时起[③]；而葡萄呢？自长大如白豆时起[④]。完全干燥的谷物，以及完全成熟的葡萄，均不被禁用[⑤]。

8. 穿孔盆罐在葡萄园中引起禁用[⑥]，若未穿孔，则不禁用[⑦]。而拉比西缅说：彼此俱禁止，然不禁用[⑧]。

---

① 遇到意外事件，无法立即剪断，也是允许的，并不引起禁用惩罚。

② 谷物在生长期间发生倒伏，落到葡萄枝下。

③ 谷物不按规定距离种入葡萄园，即成禁混种，如果生根，即引起禁用惩罚。另一说是：将"生根"一词读作"三分"，亦即谷物长至三分之一。

④ 种入葡萄园的谷物或蔬菜虽为禁混种，但如果在葡萄长至白豆（一说扁豆）大小之前将其收割，则虽然违反律法，但不会引起禁用惩罚。

⑤ 将葡萄树植入果实已经干燥的谷物田，或者将谷物蔬菜植入已经完全成熟的葡萄园，都不会引起禁用惩罚。原因在于《申命记》22:9"不可把两样种子种在你的葡萄园里，免得你撒种所结的和葡萄园的果子都要充公"描述的是从播种到成熟的过程，并未涵盖成熟之后的时间。

⑥ 用于栽种植物的花盆陶罐，如果打了一个能露出一条根的小孔，那么在其中种植就像在土地上种植一样。如果将这样的种植盆罐放入葡萄园，则不仅是禁止的（禁混种），而且会引起禁用惩罚。

⑦ 种在未穿孔的盆罐里跟种在土地上不同，虽然也禁止将这样的盆罐放入葡萄园，但不会引起禁用惩罚。

⑧ 拉比西缅认为，即使是在穿孔盆罐中种植，但这与直接种在土地里还是有区别，因此不会引起禁用惩罚。

第8章

1. 葡萄园禁混种[①]，禁止播种[②]、养护[③]，亦禁止使用[④]。作物禁混种[⑤]，禁止播种、养护，而允许食用，显然亦可使用[⑥]。布料禁混种[⑦]，一切均许可[⑧]，非穿用则不禁止[⑨]。牲畜禁混种[⑩]，允许生长、养护[⑪]，非交配则不禁止[⑫]。禁混种牲畜[⑬]禁止彼此相交。

2. 家畜与家畜以及野兽与野兽，家畜与野兽以及野兽与家畜，不洁与不洁以及洁净与洁净，不洁与洁净以及洁净与不洁[⑭]，禁止

---

① 葡萄园内的粮食或蔬菜作物。

② 禁止在葡萄园内播种。

③ 对于自然生长的，一经发现就要立即除去，不得养护。

④ 禁止以任何形式使用葡萄园禁混种。《耶路撒冷塔木德》认为应该烧毁。

⑤ 即本卷前四章所讨论的谷物类、豆类和蔬菜类禁混种。

⑥ 一本无"显然亦可使用"一句。

⑦ 用禁止混纺在一起的原料混纺出来的纺织品(详见本卷第9章)。

⑧ 允许纺织、储存、出售、使用禁混种织物。

⑨ 禁止以禁混种织物蔽体。可以用来做帐篷，但不可用来做毯子，更不可做衣物。

⑩ 禁止用不同种类的牲畜进行人工交配。

⑪ 可以把不同种类的牲畜放在一起养。

⑫ 不同种类的牲畜间自行交配无妨，但不得人工交配。

⑬ 禁混种牲畜指骡子等杂交生出的牲畜。由于拉比犹太教以母亲定义后代，所以公马和母驴杂交产生的后代(驴骡)属于驴类，而公驴和母马杂交产生的后代(马骡)则属于马类，虽然它们都属于骡子，但禁止在这两类骡子之间进行人工交配。

⑭ 本节说明禁混种是动物禁混种种类的唯一标准，其他如是否野生、是否洁净，都与禁混种无关，无论怎样搭配都不能进行交配或放在一起干活，甚至一种动物干活时不可将另一种并不干活的动物与之拴在一起。

以此耕地、拖拽[①]与驱赶[②]。

3. 车夫受刑四十[③],坐于车上者受刑四十[④],拉比梅伊尔免之[⑤]。禁止在缰绳上拴第三匹[⑥]。

4. 勿将马匹拴于车旁或车后[⑦],勿将吕底亚驴[⑧]拴向骆驼。拉比犹大说:所有生于母马者,即使其父为驴,亦允许彼此相处;同样,生于母驴者,即使其父为马,亦允许彼此相处;但生于母马者与生于母驴者禁止彼此相处[⑨]。

5. 非马骡则禁止[⑩],野马则许可[⑪]。地仙为野兽[⑫]。拉比约西说:

---

① 在前牵引。

② 在后驱赶。本节的依据是《利未记》19:19:"你们要守我的律例。不可叫你的牲畜与异类配合,不可用两样掺杂的种种你的地,也不可用两样掺杂的料作衣服穿在身上。"

③ 对使用牲畜禁混种赶车的车夫的惩罚是四十鞭,即使他没坐在车上。

④ 坐在这样的车上的人虽然没有赶车,但其重量同样可以驱使牲畜拉车,因此也同样受刑。

⑤ 拉比梅伊尔认为,坐车者毕竟没有赶车,可以避免惩罚。

⑥ 比如有两匹马拉车,禁止在马缰绳上拴一头驴。虽然驴并未拴在车上,且两匹马足够拉车,并不需要驴的力量,但仍然属于禁混种。

⑦ 此处的车指牛拉的车,把马拴在车旁或车后是为了让马适应车,但因为马可能无意中拉动车,因此禁止。

⑧ 吕底亚驴是一种形似骆驼的驴,比一般的驴强壮,但归根结底是驴,所以与骆驼是禁混种。

⑨ 拉比犹大认为,骡子的种类依母亲而定,母亲同类即不算禁混种,因此马骡与马骡共处、驴骡跟驴骡共处都不算禁混种。

⑩ 非马骡:原文为 Prutiyoth,指特征不明的骡子或马骡。由于搞不清是马骡还是驴骡,所以禁止进行交配。

⑪ 野马:原文为 Ramach,含义不明,因为接近阿拉伯语"母马"的发音,通常认为是一种由母马生下来的牲畜。此处采用迈蒙尼德的观点,翻译为"野马",意思是允许其与家马交配。

⑫ 地仙:原文为 Adeni Hasadeh,根据元音的不同,可以解释为"荒野之主"或"荒野之子"。按照犹太传统的解释,这种生物脸和四肢都与人类极像,但极其凶猛,其肚脐眼上有一根管子与大地相连,在管子允许其活动的范围内它会杀死任何生物。不过,一旦管子断裂,它就立刻死亡。有人认为这是某种原始居民或猿猴类动物。

其以遮阴而传播不洁，与人相似[①]。豪猪与岩鼬均为野兽[②]。拉比约西说：沙玛伊学派说携带其小如橄榄的一块，或接触其小扁豆大小的一块，便传播不洁[③]。

6. 野牛为家畜的一种，拉比约西说：为野兽的一种[④]。狗为野兽的一种，拉比梅伊尔说：为家畜的一种[⑤]。猪为家畜的一种，野驴为野兽的一种，猴子为野兽的一种。允许人与所有这些一同拖拽、耕犁、牵引[⑥]。

---

① 死人传播不洁不一定通过接触，只要同遮一块房顶或帐篷之下即染上不洁，拉比约西认为地仙也有同样的特征。

② 规定为野兽的意义在于，签署出售产业合同时可以明确知道土地上的哪些东西卖了，哪些没卖。

③ 这里的问题在于，岩鼬是否属于《利未记》11:29～31所说的"地上爬物"。"爬物"与一般动物的区别在于：爬物死尸要接触才沾染不洁，一般动物死尸只要携带（哪怕不沾手）也会传染不洁，一般动物死尸传染不洁的最低量是橄榄大小，而爬物的传染起始量则小得多，为小扁豆大小。沙玛伊学派因为无法确定岩鼬究竟属于哪一类，所以干脆把有关两种动物的不洁规定综合到了一起。

④ 《申命记》14:4～5规定了十种"可食"的动物，三种为家畜（包括牛），七种为野生动物。野生动物中的Ta'u（倒数第二种，和合本译为"黄羊"）被拉比犹大认定为野牛，据此他认为家牛与野牛为两种动物，属于禁混种。众贤哲则不同意，认为野牛是家牛跑野了的，仍属于家畜。

⑤ 本卷1:6提到"村狗"（显然是一种野狗），此处的争议点在于家狗与野狗算不算禁混种。拉比梅伊尔认定家狗属于家畜，与野狗不同种，《密释纳》定论贤哲则持相反的看法。

⑥ 由于《申命记》22:10只提到禁止牛与驴一起耕作，所以禁混种只限于动物之间，人可以与任何动物一起耕作。

第 9 章

1. 除羊毛和亚麻之外，无物因禁混种而受禁[①]。除羊毛和亚麻之外，无物因触染而不洁[②]。除羊毛和亚麻之外，祭司不得穿着其他衣服服事于圣殿[③]。驼毛与羊毛彼此混纺，若驼毛居多则许可[④]，若羊毛居多则受禁，一半对一半则受禁[⑤]。亚麻与大麻彼此混纺时亦如此。

2. 麻丝与毛丝之间无禁混种，但因其外表而受禁[⑥]。床垫与枕头之中无禁混种，只要肉体不曾与其接触[⑦]。禁混种无偶然[⑧]，即使是在十层衣服之上[⑨]，即使是偷漏关税[⑩]，亦不得穿着禁混种。

---

① 布料的禁混种仅限于羊毛和亚麻，其依据是《申命记》22∶11："不可穿羊毛细麻两样掺杂料作的衣服。"

② 羊毛或亚麻布料沾染了麻风病的痕迹，则沾染不洁，其依据为《利未记》13∶47："染了大麻风灾病的衣服，无论是羊毛衣服，是麻布衣服。"

③ 关于祭司在圣殿服事时的服饰，参见《出埃及记》第 28 章。

④ 此时混纺物被看作驼毛织品，不受禁混种限制，允许加入亚麻。

⑤ 这两种情况下都受禁混种律法约束。

⑥ 麻丝与毛丝：原文词义不详，通常解释为一种看起来像亚麻的丝织品和一种看起来像羊毛的丝织品。因其外形与禁混种相似，因而禁止混纺，以免发生误会。

⑦ 按律法禁混种纺织物只是不得穿着，因此可以用来制作床垫和枕头，但如果线头脱落，沾上肌肤，就有穿着之嫌，因此律法实际上禁止坐卧禁混种床垫和枕头。

⑧ 即使偶然穿着禁混种织物也是不允许的。

⑨ 十层衣服应该是夸张的说法，意思是在其他衣服之外也不得穿着禁混种。

⑩ 过关时为逃避关税，可以把携带的纺织品货物穿在身上，但如果是禁混种，则不允许。

3. 手巾、书巾[①]、浴巾，此中无禁混种。拉比以利亚撒[②]禁止[③]。理发匠的披巾依禁混种受禁[④]。

4. 裹尸布[⑤]与驴鞍布[⑥]之中均无禁混种。不得将驴鞍布置于肩头，即使是以之运出垃圾[⑦]。

5. 衣服商以其方式售卖[⑧]，只要不是在阳光中因阳光、在雨水中因雨水而有意为之[⑨]。谦卑者则置于杖头[⑩]。

6. 服装裁缝以其方式裁缝[⑪]，只要不是在阳光中因阳光、在雨水中因雨水而有意为之。谦卑者则在地上裁缝[⑫]。

7. 比鲁裤与贝尔德裤[⑬]、达勒马特内裤[⑭]以及比农鞋[⑮]，在检查

---

① 指用来包裹或安放《托拉》经卷的毛巾。

② 一本作"拉比以利以谢"。

③ 这些毛巾都有可能被用作披巾，等于穿在身上，因而受禁混种律法制约。

④ 理发时披在客人身上挡头发，等于服装。

⑤ 死人不受禁混种制约。

⑥ 按《希伯来圣经》律法，坐在禁混种织物上是允许的，但拉比犹太教担心线头脱落，沾上肌肤，因此禁止。但驴鞍布比较结实，因此允许坐于其上。

⑦ 待在禁混种织物下边是不允许的。当时的习俗是将垃圾扛在肩上运出，为了保护衣服，把驴鞍布垫在垃圾下边。

⑧ 犹太衣服商可以将禁混种服装售予外邦人，为了示范，也可以将这种衣服穿在身上。

⑨ 上述许可只限于买卖需要，不得从中获得任何其他穿衣服的好处，比如名义上是售卖，其实是在大太阳下穿衣服遮阴，或在雨天挡雨。

⑩ 真正的谦卑守礼者则将这类衣服挂在杖头展示，而不穿在身上。

⑪ 裁缝通常把布料放在膝头或大腿上工作，这是许可的，即使布料是禁混种织物。

⑫ 以避免这些布料与身体之间的接触。

⑬ 这两个名词原文含义不详，迈蒙尼德通过上下文推断，认定应该是某种用羊毛制作的裤子或鞋。

⑭ 名称不详。一说为羊毛制作的长内裤。

⑮ 一种羊毛制作的鞋。

之前均不得穿着[①]。拉比约西说:来自海岸或海外国家者不必检查,因其以大麻制作[②]。有衬里的鞋中无禁混种[③]。

8. 除纺织品之外,无物因禁混种而受禁[④],如《圣经》说:"不可穿此衣服"[⑤],此即梳理、纺线、织布[⑥]。拉比西缅·本·以利亚撒说:他被疏远,亦疏远[⑦]了其在天之父。

9. 毡布受禁,因其被梳理[⑧]。亚麻布上的羊毛边是被禁止的,因其环绕织物[⑨]。拉比约西说:紫色羊毛带是被禁止的,因其未系先缝[⑩]。不得将羊毛带与亚麻带结在一起束于腰间,即使其中有皮带[⑪]。

---

① 要查一下其中是否混有亚麻。

② 拉比约西认为,当时以色列的周边地区都还不用亚麻,所以不用检查。

③ 指一种用布料衬里的冬天保暖的靴子,因其向来不用亚麻,因此不存在禁混种的问题。另一说是:鞋子不覆盖身体,因此没有禁混种问题,但鞋腰部分有此问题。

④ 禁混种只包括经过正常纺线织布工艺而生产出来的服装。

⑤ 《申命记》22:11:"不可穿羊毛细麻两样掺杂料作的衣服。"希伯来文词序为:"不可穿此衣服,即羊毛,细麻两样掺杂者。"这里引用了前半句。

⑥ 本句中的"衣服"一词,希伯来语原文为Shaatnez,含义不明。《密释纳》在此将该词拆为三个词:Shua(梳理)、Tavui(纺线)、Noz(织布),表明要经过这些工序生产出来的织物才有禁混种的问题。

⑦ 他将"Shaatnez"一词解释为Naloz(被疏远)和Meliz(疏远)。表明穿着这些植物做的衣服就是在疏远上帝,同时也被上帝疏远。

⑧ 按《希伯来圣经》律法,经过三道工序的纺织物才有禁混种的问题,但拉比律法要严格一些,凡经过一道工序的纺织物即存在禁混种的问题。所以毡布(纤维梳理后直接压制成形的布匹)虽然只经过了梳理一道工序,但仍然受禁混种律法的制约。

⑨ 在做成的亚麻衣服边上加一道或几道羊毛边,以加固衣服。虽然羊毛边不是织上去的,但起到了帮助亚麻的作用,因此也属于禁混种。

⑩ 当时人的衣服均有一根腰带,腰带往往缝住几个点,固定在衣服上,方便穿着时系住。拉比约西因此认为这也是禁混种。

⑪ 皮腰带的一头接羊毛带,另一头接亚麻带,这样系腰带时把羊毛带和亚麻带系在了一起,拉比约西认为这也是禁混种,没有皮带当然就更不行。

10. 缝衣匠的标记与洗衣匠的标记均因禁混种而受禁①。针缝一下,不为连接,此中无禁混种②,安息日将其拆解者得免③。其两头留在一边,为连接④,此中有禁混种,安息日将其拆解者有责。拉比犹大说:三下为止⑤。袋子与筐子相连则为禁混种⑥。

《禁混种》卷终

① 缝衣匠或洗衣匠在接了客户的工作以后可能将客户的名字缩写缝在衣服上,以免出现混淆的情况。但他们必须注意不得使用会引起禁混种的线。

② 针缝一下,也就是缝半针,只进不出,这样将羊毛织物与亚麻织物连在一起,不算禁混种。

③ 安息日禁止拆衣(将缝合的地方拆开),但半针不算缝合,所以安息日将其拆开不算违反律法。

④ 将两头留在一边,也就是缝一针,两下,即针进去再出来,两个线头被留在了一边,这样造成的羊毛织物与亚麻织物的连接属于禁混种。

⑤ 拉比犹大认为,缝两下不算禁混种,要缝三下,一针半才能算数。

⑥ 比如:袋子上的亚麻布与筐子上的羊毛布被一针相连造成禁混种,其结果是筐子和袋子也不能用来蔽体。

第 5 卷

第七年

Sheviit

提 要

第七年，也就是休耕年。从农业上说，休耕可以防止土壤因过度使用而退化。不过《希伯来圣经》的第七年律法除了农耕问题以外，还包括免除债务的内容。

本卷主要是在《希伯来圣经》律法的框架里扩展有关第七年问题的具体规则。其中前九章讨论与农耕相关的问题，最后一章则讨论关于第七年免除债务的问题。

在农耕方面，本卷全面探讨了“第七年不得耕种”律法的实用规则，包括：某些可能影响到第七年的第六年农耕活动（第1章、第2章），某些在第七年可以被视为农耕的边缘状态的活动（第3章、第4章），某些特别作物种类的休耕问题（第5章），第七年的地区适用性问题（第6章），有关第七年的一般律法和相关交易问题（第7章、第8章），避屋问题（第9章）。

在讨论债务豁免问题的第10章中，虽然《希伯来圣经》有关第七年应该豁免他人债务的律法仍然得到了坚持，但该律法所带来的阻碍借贷类金融业发展的问题也显然引起了足够的重视。希列长老所设立的“补落资簿”律法得到了充分的讨论和认可，使得“永不豁免”的债务成为可能。与此同时，贤哲们对第七年仍然偿还债务的行为表示鼓励。拉比犹太教律法的时代发展特征在这一章中表现得极为突出。

按照迈蒙尼德的观点,《未净》卷应该在本部中排列第五,因为其相关《希伯来圣经》律法在《希伯来圣经》中出现在禁混种律法之后,但因为《未净》卷只与种果树者有关,在应用上远不及第七年律法普遍,因而让位于《第七年》卷。

相关《希伯来圣经》段落

1.《出埃及记》

23:10　六年你要耕种田地，收藏土产，

23:11　只是第七年要叫地歇息，不耕不种，使你民中的穷人有吃的，他们所剩下的，野兽可以吃。你的葡萄园和橄榄园也要照样办理。

2.《利未记》

25:1　耶和华在西奈山对摩西说，

25:2　你晓谕以色列人说，你们到了我所赐你们那地的时候，地就要向耶和华守安息。

25:3　六年要耕种田地，也要修理葡萄园，收藏地的出产。

25:4　第七年，地要守圣安息，就是向耶和华守的安息，不可耕种田地，也不可修理葡萄园。

25:5　遗落自长的庄稼不可收割，没有修理的葡萄树也不可摘取葡萄。这年，地要守圣安息。

25:6　地在安息年所出的，要给你和你的仆人，婢女，雇工人，并寄居的外人当食物。

25:7　这年的土产也要给你的牲畜和你地上的走兽当食物。

3.《申命记》

15:1　每逢七年末一年，你要施行豁免。

15∶2 豁免的定例乃是这样，凡债主要把所借给邻舍的豁免了。不可向邻舍和弟兄追讨，因为耶和华的豁免年已经宣告了。

15∶3 若借给外邦人，你可以向他追讨。但借给你弟兄，无论是什么，你要松手豁免了。

15∶5 你若留意听从耶和华你神的话，谨守遵行我今日所吩咐你这一切的命令，就必在你们中间没有穷人了（在耶和华你神所赐你为业的地上，耶和华必大大赐福与你）。

15∶9 你要谨慎，不可心里起恶念，说，第七年的豁免年快到了，你便恶眼看你穷乏的弟兄，什么都不给他，以致他因你求告耶和华，罪便归于你了。

15∶10 你总要给他，给他的时候心里不可愁烦。因耶和华你的神必在你这一切所行的，并你手里所办的事上，赐福与你。

4.《尼希米记》

10∶31 这地的居民若在安息日，或什么圣日，带了货物或粮食来卖给我们，我们必不买。每逢第七年必不耕种，凡欠我们债的必不追讨。

第1章

1. 第七年[1]前夕[2]在林地耕作至何时？[3] 沙玛伊学派说：对果实有利的所有时间[4]。希列学派说：至五旬节为止[5]。此言与彼言相近[6]。

2. 何谓林地？有任意三棵树的一细亚间[7]。若可望产出六十意大利玛内的压制无花果饼[8]，则可因此在整个细亚间耕作；少于此[9]，则除采收者与其果篮在其外所据之地外，不得为其耕作[10]。

---

① 按《希伯来圣经》律法，第七年为休耕年，此年不得耕作，田地自产果实为无主财产。

② 指第六年。

③ 虽然第七年从犹太历新年算起，但是对耕作活动的限制从第六年底就开始，凡与第六年果实收获无关的耕作活动均需停止。

④ 此处的果实指第六年的果实。按《耶路撒冷塔木德》的解释，第六年春季耕作可将雨季存留在土壤表层的水分渗得更深，对当年果实有利，因此是许可的。但在夏季地表水分完全蒸发之后，翻耕会损伤树木根部，造成果实脱落并停止生长，显然此时的耕作已经不再是为第六年的果实着想，而是着眼于第七年的收获，因此是禁止的。

⑤ 通常在阳历5、6月间，即雨季过后两三个月的时间。

⑥ 两派实际上是一致的。

⑦ 在一细亚间的土地上有至少三棵长成的果树。

⑧ 如果每棵（迈蒙尼德认为是三棵合产）无花果树可望产出至少六十意大利玛内的干无花果压制成的果饼。对于其他树木则据此估算。

⑨ 如果虽有三棵果树，但产量不到规定标准，或产量虽然达到标准，但树木不到三棵。

⑩ 此时只有果树所覆盖的地方加上采收者及其果篮所占据之地可以耕作，其他地方则被视为“白地”，只能耕作至逾越节，参见本卷2:1。

3. 无论是无果之树，还是果树，均将其视如无花果树[①]。若可望产出六十意大利玛内的压制无花果饼，则可因此在整个细亚间耕作；少于此，则除其所需外[②]，不得为其耕作。

4. 一棵产出压制无花果饼[③]，两棵不产[④]；或者两棵产出，一棵不产，则除其所需外，不得为其耕作[⑤]。从三棵起至九棵为止[⑥]。若有十棵，十棵以上，则无论其产出或不产，均在整个细亚间为其耕作[⑦]。《圣经》说："虽在耕作收获的时候也要安息。"[⑧]无须谈论第七年的耕作与收获[⑨]，而是第七年前夕进入第七年的耕作[⑩]，以及延至第七年之后一年的第七年收获[⑪]。拉比以实玛利说：正如耕作指可选者，收获亦指可选者[⑫]，收获摇祭除外[⑬]。

---

① 无果之树为生产木材的树木。果树指无花果树之外的其他果树。对这些树木的评估办法是看处于同等状况下的无花果树是否能产出至少六十意大利玛内的干无花果饼。

② 果树所覆盖的地方加上采收者及其果篮所占据之地可以耕作，同上节。

③ 可望产出以上三节规定数量的干无花果饼。

④ 产不出规定数量。

⑤ 规则与上两节同。

⑥ 这一规则适用于一细亚间土地上有三至九棵树木的情况。

⑦ 若有十棵或十棵以上的树木，则不受此规则限制，整块土地都可以耕作。

⑧ 《出埃及记》34：21。原文为："你六日要作工，第七日要安息，虽在耕作收获的时候也要安息。"拉比阿奇瓦认为，安息日不光禁止耕作与收获，所以此节所指并非安息日，而是休耕年。

⑨ 第七年禁止耕作与收获的律法非常清楚，《希伯来圣经》没必要赘述，所以此处的"耕作""收获"所说的都不是第七年所发生的。

⑩ 因此"耕作"指的是第六年所作的，其效果将延伸至第七年的耕作活动。

⑪ "收获"指的是在第八年收获第七年遗留下来的自生的果实。

⑫ 拉比以实玛利不同意阿奇瓦学派的观点，认为《希伯来圣经》此节确指安息日，单独把"耕作"和"收获"提出来是因为对这两种工作，受禁止的是有自由选择空间的工作。如果是律法指定要做的，则不受安息日禁止工作律法的限制。

⑬ 有关摇祭的规定来自《利未记》23：9～11。按律法：摇祭所用的谷捆要在逾越节的第二天即尼散月十六日收割。拉比以实玛利认为，如果这一天恰好是安息日的话，那么由于收割是诫命，是不能自选的，因此不受安息日律法限制，照常进行。

5. 三棵树分属三人，则于此合一[①]，且为此在整个细亚间耕作。其间应为多远？[②] 拉班迦玛列说：可让耕牛带其工具通过[③]。

6. 十棵树苗[④]散种于一细亚间之中，则为此在整个细亚间耕作，直到新年[⑤]。若形成行列，或被篱墙围拢[⑥]，则除其所需外[⑦]，不得为其耕作。

7. 树苗与葫芦在一细亚间之中合计[⑧]。拉班西缅·本·迦玛列说：任意十棵葫芦的一细亚间，可在整个细亚间耕作，直到新年[⑨]。

8. 到何时为止被称作树苗？拉比以利亚撒·本·亚撒利雅说：到其成为俗品之时[⑩]。拉比约书亚说：七岁时[⑪]。拉比阿奇瓦说：树苗如其名[⑫]。树木被砍倒后发出新芽——一掌之下为树苗，一掌之上为树木[⑬]。此为拉比西缅之言。

---

① 在第七年前夕的耕作规定上被视为一体。

② 三棵树之间必须保持一定距离才成为此细亚间耕作的标志。

③ 两头牛平行拉一架犁通过的空间，大约为四肘。距离小于此数，则不利于果树生长，其中一棵必定会被移栽，因而不能算数。

④ 树苗与长成的树木不同，只有十棵才允许耕作。若多于此数，则不利于树苗生长，很快会被移栽，因而不能算数。

⑤ 树苗比长成的树木娇嫩，需要更多的照护，因此允许耕作到新年（通常为阳历9、10月间）。

⑥ 在这两种情况下，树苗比较集中，没必要在整个细亚间耕作以保证其存活。

⑦ 果树所覆盖的地方加上采收者及其果篮所占据之地。

⑧ 《耶路撒冷塔木德》认为，此处的葫芦专指希腊葫芦，因其所需养分较多，故与树苗一例对待，不过树苗的数目必须多于葫芦，六棵树苗四棵葫芦即可合计为十棵，反之则不可。

⑨ 拉班西缅·本·迦玛列显然认为葫芦与树苗的地位完全相同，不存在孰多孰少的问题，即使全部是葫芦也可以耕作。

⑩ 按照《希伯来圣经》律法，果树三年之内为“未净”，其果实不得采用；第四年为圣品，只能在耶路撒冷食用；第五年起为俗品，可以正常食用。

⑪ 某些树木（如橄榄树）在当时被认为七年才成熟。

⑫ 只要仍被称为树苗，就还是树苗。

⑬ 如果留下的树桩不到一掌，则发芽时被视为树苗；超过一掌则为树木。

第2章

1. 第七年前夕在白地[①]耕作至何时？至湿气消失[②]，亦即人们耕地栽种黄瓜与葫芦的所有时间[③]。拉比西缅说：你将《托拉》置于个人掌握之中[④]。在白地当至逾越节为止，而在林地至五旬节为止[⑤]。

2. 在黄瓜地与葫芦地施肥锄地至新年为止[⑥]，水浇地亦如此[⑦]。剪枝[⑧]、摘叶[⑨]、培土[⑩]、熏烟[⑪]，至新年为止。拉比西缅说：甚至可

---

① 无树木阴影遮蔽之地，也就是种植粮食或蔬菜作物的田地。

② 以色列的雨季通常在3月底左右结束，一般到4月底前后土壤仍然能保持雨水留下来的湿气。此后的耕作已经不是着眼于当年的收获，而是为第七年作打算，因此是禁止的。

③ 可笼统称胡瓜，亦可理解为瓜类蔬菜。黄瓜与葫芦必须在土壤有湿气时栽种，因此可以作为一种标志。

④ 拉比西缅认为上述标准含混不清，实际上是让每个人自行解释律法。

⑤ 树根比谷物或蔬菜根扎得深，所以相关土壤的湿气消失时间不同，准许耕作的结束时间也就不同。

⑥ 《希伯来圣经》律法实际上只禁止在第七年耕种、给葡萄园修枝、收割和采摘葡萄（参见《利未记》25:4～5），其余禁令均为拉比律法。因此在有关第六年的规定中，《希伯来圣经》律法部分比较严格，拉比律法部分就相对宽松。施肥锄地属于拉比律法，因此在第七年新年到来前都是允许的。

⑦ 水浇地：指不依靠冬季雨水而是人工灌溉的田地，此类田地中作物的生长周期比雨水地要长。

⑧ 剪掉干枯的树枝。

⑨ 摘除多余的树叶。

⑩ 为冬季被雨水冲刷暴露的树根培土。

⑪ 当时一种为树木杀虫的方式。

以在第七年从树枝上摘除叶子[①]。

3. 清理石块至新年为止[②]。修枝[③]、间枝[④]、去枝[⑤]，至新年为止。拉比约书亚说：如第五年的间枝与去枝，第六年亦如此[⑥]。拉比西缅说：只要我被允许做树的工作[⑦]，我就被允许去枝[⑧]。

4. 为树苗涂腐臭剂[⑨]、包捆树苗[⑩]、为之施灰[⑪]、为之搭棚[⑫]、为之浇水[⑬]，均至新年为止。拉比以利亚撒·巴尔·撒都该说：他甚至可以在第七年浇灌树枝，但不得浇灌树根[⑭]。

5. 未熟无花果抹油与为之穿孔[⑮]，均至新年为止。第七年前夕

---

① 拉比西缅认为，摘叶是为了防火，与树木生长无关，因此即使是在第七年也是允许的。

② 第七年不得从田地中清理石块，因为这是在为耕种做准备。

③ 剪掉干枯的树枝。

④ 剪掉一部分活的树枝，给其他树枝更多的生长空间。

⑤ 去掉腐烂变质的树枝。

⑥ 拉比约书亚认为，这三种工作在第七年也可以做。正如在第五年做这三种工作不因第六年新年的到来而被打断一样，第六年做这类工作也不因第七年的到来而被打断。

⑦ 工作：指耕作。

⑧ 去枝这类工作应该与耕作一起停止，因此五旬节之后就不允许了。

⑨ 在树皮脱落的地方涂上粪肥，以防止树枝死亡，或促使树枝生长。另一说是：在树身涂抹某种有腐臭气息的物质以驱赶害虫。

⑩ 用某些材料包裹树苗以防寒或隔热。另一说是：将树枝捆在一起，使之向上而不是向下生长。

⑪ 将草木灰置于根部，作用可能是施肥或防止土壤水分蒸发。

⑫ 为树苗遮阴，或在恶劣气候条件下提供保护。

⑬ 第七年禁止浇水，除非是为了救活树苗。

⑭ 他认为第七年可以灌溉树木，只要改变灌溉方式（把水浇在树枝上而不是根部）即可。

⑮ 在未熟无花果上抹油，或用穿刺的办法将油引入果实，是促使无花果成熟的方法。

未熟无花果进入第七年者[①]，第七年留至第七年之后一年者[②]，均不得抹油及为之穿孔。拉比犹大说：习惯于抹油之地，不得抹油，因此事为工作。习惯于不抹油之地，抹油[③]。拉比西缅允许为此树工作，因为允许人为树工作[④]。

6. 第七年前夕新年前三十天之内[⑤]不得栽种、不得压枝[⑥]、不得嫁接；若栽种、压枝或者嫁接，则须拔除。拉比犹大说：凡嫁接作物，三天内不生根者即不再生根[⑦]。拉比约西和拉比西缅说：两周内[⑧]。

7. 稻米、小米、黑黍、芝麻，凡在新年前生根者均以过去一年为准交纳什一税[⑨]，并在第七年得许可[⑩]。否则在第七年受禁[⑪]，并以

---

① 在第六年结果，但到第七年新年之后才成熟的无花果。虽然这些果实并非第七年的果实，但仍然禁止在第七年做促使其成熟的工作。

② 第七年结果，但到第八年才成熟的无花果。此时虽然已经是第八年，但因为果实结自第七年，因此所有在第七年禁止做的事情在第八年也禁止。

③ 习惯于抹油的地方，人们将这种行为看作一种工作，因此禁止。如果不被看作一种工作，则不必禁止。

④ 此处讨论的是第八年的问题。按照本节前述的观点，对于长着第七年果实的无花果树在第八年不得做任何工作；拉比西缅则认为，既然允许做树的工作，那么为这棵树做工作也是允许的。

⑤ 立此律法的贤哲显然相信树在三十天之后生根。这样新年前三十天内栽种的树木实际上要在第七年生根，因此是禁止的。

⑥ 将树上的枝条压至土中埋起，等其生根后分枝。

⑦ 因此禁止压枝的时间是新年前三十三天。一说新年前三天。

⑧ 因此禁止压枝的时间是新年前四十四天。一说新年前十四天。

⑨ 在新年之前生根，虽然是在第二年成熟的，但仍然算前一年的作物，因此什一税仍按前一年规则交纳。比如第二年生根的作物在第三年成熟后要分留第二什一税，而不是穷人税。

⑩ 允许在第七年收获、食用这些果实。

⑪ 如果在第六年没有生根，则成为第七年的果实，遵守所有第七年的禁令。

来年为准交纳什一税[①]。

8. 拉比西缅·史佐里说：自始为收种而播种的埃及豆[②]与之相同[③]。拉比西缅说：大豆与之相同[④]。拉比以利亚撒说：新年前生荚的大豆[⑤]。

9. 无籽洋葱[⑥]与埃及豆[⑦]，新年前三十天避免给其浇水[⑧]，则以过去一年为准交纳什一税，并在第七年得许可。否则在第七年受禁，并以来年为准交纳什一税。雨水地者，两期避免给其浇水[⑨]。此为拉比梅伊尔之言。众贤哲说：三期。

10. 存为种子的葫芦，若在新年前变硬而无法让人食用，则允许在第七年将其保留[⑩]；否则禁止在第七年将其保留。其芽[⑪]则在第七年受禁。可在白地浇灌土壤[⑫]，此为拉比西缅之言。拉比以利

① 按七年周期第一年的规则交纳什一税。

② 为收种子而播种的埃及豆是分批收割的，因此可能在第七年新年后收割。

③ 与上节所说的四种作物规则相同。

④ 如果是为留种而种植的话。

⑤ 他为大豆与上节四种作物通例增加了一个条件。

⑥ 一种不会因潮气而自动发芽的洋葱。一说是一种小洋葱。

⑦ 为食用其叶子而种植的埃及豆。

⑧ 凡在水浇地生长的蔬菜，通常以其收获时间决定是否归类为第七年产品。在雨水地中生长的蔬菜则以生根时间为标准。这里则为这两种蔬菜提出了另一个标准：只要新年前三十天不浇水，就可以按生根时间决定其归属。

⑨ 雨水地的蔬菜通常也会浇一些水，若希望获得按生根时间归类的资格，则须在新年前两个浇水期（超过三十天）不给它浇水。

⑩ 如果葫芦已经变硬无法食用，而且田主有意用其为种子，则可以在第七年仍将其留在藤蔓上，而不属于第七年产品。

⑪ 原文为“其椰枣”，可能指葫芦藤上长出来的椰枣形嫩芽。

⑫ 在雨水充足的情况下在无树的田地里浇水，表明这种灌溉虽然不是植物生长所必需的，但也得到许可。迈蒙尼德认为此处的“白地”指一细亚间不到十棵树的林地中树与树之间的空间，他认为这些空地也要浇灌，以防止过于干燥而伤害树木。

以谢·本·雅各禁止。可在第七年为稻田浇水①。拉比西缅说：然而不可去叶②。

① 此处的稻田指在第六年生根的稻子，因其属于可食用产品，因此在第七年仍需照料。此处的浇水指将水与泥土搅在一起，以防止水流失。

② 剪掉一部分稻叶被看作是帮助稻子生长的方法，因而禁止。

第3章

1. 自何时起可将粪肥运往粪堆?[①] 自劳作者停止工作起[②],此为拉比梅伊尔之言。拉比犹大说:自野苦瓜变干时起[③]。拉比约西说:自成结时起[④]。

2. 积肥至多少? 至每细亚间三个粪堆,每堆十粪筐,每筐一拉塔合[⑤]。粪筐之数可增[⑥],粪堆之数不可增[⑦]。拉比西缅说:粪堆亦可增。

3. 人可在其田间每细亚间积粪三堆[⑧];过此亦许可[⑨],此为拉

---

① 当时的农用粪肥应该以生活垃圾和动物粪便为主,平时在田间堆成粪堆,需要时从粪堆取粪施肥。第七年禁止施肥,但将粪肥从家中运往粪堆则是允许的,只要运输的目的严格限于储存粪肥。

② 劳作者:指外邦人农夫和违反第七年规定的犹太农夫。"工作"指施肥。不得在有人施肥时将粪肥运往粪堆,以免混同于那些不遵守律法者。

③ 野苦瓜:原文为"甜物",大体上有三种解释:一指粪肥;二指一种野生的苦味葫芦(迈蒙尼德);三指山谷地面积存雨水的裂口。本译文从迈蒙尼德之说。

④ 此句同样有三种解释:一指粪肥干燥结块;二指野苦瓜开花(其花形如结);三指地表裂口干燥板结。

⑤ 拉塔合:固体体积单位,参见附录4。

⑥ 每堆粪可包含十粪筐以上的粪肥,或可以使用容积大于一拉塔合的粪筐。

⑦ 超过三堆则有施肥的嫌疑。

⑧ 此处重复上节律法。

⑨ 许可:一本作"呈圆形",也就是超过三堆也可以,但必须呈圆形堆放,以示与呈直线的施肥摆放形式相区别。

比西缅之言[①]。而众贤哲禁止，除非低陷三掌或者高架三掌[②]。人可将其粪肥积为一大堆[③]，拉比梅伊尔禁止，除非低陷三掌或者高架三掌[④]。若其所有量小，则可逐步在其上添加[⑤]。拉比以利亚撒·本·亚撒利雅禁止，除非低陷三掌或者高架三掌[⑥]，或者将其置于石砾之上[⑦]。

4. 在其田地中畜牧者当造两细亚间之牲畜圈[⑧]，拔起三边，留下中边[⑨]，则畜牧者当占地四细亚间[⑩]。拉班西缅·本·迦玛列说：八细亚间[⑪]。若整块地为四细亚间，则从中留出若干[⑫]，因其外观之故[⑬]。

---

① 拉比西缅显然认为“三堆”的律法意味着不可少于三堆，超过是可以的。

② 将多出来的粪堆置于至少三掌深的坑内或三掌高的台子上，以示此处为储存场所，而非施肥。

③ 将三十筐粪肥积在一堆里，同时还可以继续在这一堆上增加。

④ 拉比梅伊尔反对在一堆粪肥上放置三十筐以上的粪肥，除非满足他所开列的条件，原因同上。

⑤ 组成粪堆的最低量为十筐粪肥，若不到此量，则仍可将其运往田间，只要此后不断添加至最低限量。

⑥ 拉比以利亚撒·本·亚撒利雅担心最后粪肥累计不到十筐，因此设置了条件。

⑦ 因为粪肥量小，所以也可以堆在田间的小石块上。

⑧ 第七年时若无别处可养牲畜，则可牧放于其田地中。为此需造一个两细亚间大小的牲畜圈，以防止牲畜粪便布满全地而造成田主在趁机给田地施肥的嫌疑。

⑨ 第一个牲畜圈布满粪便后，将三边围栏拆下，在第四边的另一侧再造一个同样大小的牲畜圈，因此第四边成为中边。

⑩ 最多占用四细亚间，多了就有施肥的嫌疑。在第二个牲畜圈布满粪便之后，田主须按前三节所述将粪肥成堆储存。

⑪ 《耶路撒冷塔木德》解释拉班西缅·本·迦玛列的观点，认为除了原初牲畜圈之外，还可以再造三个，这样一共可以占地八细亚间。迈蒙尼德认为，每边都可以再造一个牲畜圈，也就是在原初牲畜圈之外再占地八细亚间，一共占地十细亚间。

⑫ 如果一块地一共只有四细亚间的大小，那么牲畜圈的总面积就要小一点，第二个牲畜圈只能有一细亚间大小。

⑬ 以免被别人看作是在给田地施肥。

当从牲畜圈中起出且置入其田地中，一如堆粪者所为[①]。

5. 人不得在其田间新开采石场[②]，除非其中有三行石块[③]，各为三肘乘三肘[④]，高亦三肘，总数为二十七块石头[⑤]。

6. 有十块各需两人抬动的石头之墙，可被拿取[⑥]。墙的尺寸为十掌[⑦]。小于此即为采石场[⑧]，可将其拆至离地一掌之内[⑨]。

其所言[⑩]何指？指其自家田间，然若为其友伴田间，则他可任意拿取[⑪]。

其所言何指？指第七年前夕时尚未开始做；然若第七年前夕已开始做，则他可任意拿取[⑫]。

---

① 一旦允许面积内积满粪肥，则须按规则将其起出并堆放储存。

② 如果田地中有大块岩石，田主有可能开采石头，用作建筑材料，但在第七年禁止这样做，因为挖土会招致预备耕种的嫌疑，而运走石块也有清理土地、以利耕作的可能。当然，如果那里原来就是采石场，那么在第七年仍然可以继续开采。

③ 如果在第七年到来之前看出来有三行石块，那么就可以新开采石场。

④ 长宽各三肘。

⑤ 每块建筑用石料的大小为一肘见方，因此至少要有二十七块石头。迈蒙尼德认为，这些石头在第七年到来之前就要开采好，第七年里只是允许运送而已。

⑥ 如果田间的石墙有至少十块石头，每块需要至少两个人才能抬得动，那么这是一堵不小的墙，拆除这样的墙的目的不会是耕种，因此在第七年这样做是允许的。

⑦ 墙高至少十掌，在这种条件下墙中的小石块也可以搬动，否则只能搬动前一句所定义的大石块。迈蒙尼德认为，此句说的是搬动大石块的条件。

⑧ 不能满足墙高或石块大小的条件时，石墙被看作采石场，并适用相关律法。

⑨ 需要留下墙基，以示不在此处耕种。

⑩ 有关采石场与墙的律法。

⑪ 如果不是他自己田间的采石场或石墙，那么他的拿取行为就不受第七年的限制。

⑫ 如果在第七年到来之前他就已经开始采石或拆墙，那么他就可以在第七年继续工作，而不受这两节所述条件的限制。

7. 耕耘中翻动的石头[①],或者是原被遮盖又被暴露者[②],若其中有两块需两人搬动者,则可将其拿取[③]。从其田地中清理石块者[④],拿取在上者,将触地者留下[⑤]。碎石堆或石块堆亦如此——拿取在上者,将触地者留下。若其下为岩石或草秸[⑥],则可将其拿取。

8. 第七年前夕自雨水停后不得沿山谷修建石阶[⑦],因这是为第七年预备[⑧]。但在第七年自雨水停后可修建,因这是为第七年之后预备。不得以灰浆加固,而是做出分界[⑨]。所有伸手即可拿取之石块,均可拿取[⑩]。

9. 肩石可从任何地方取来[⑪],承建商可从任何地方拿取[⑫]。何

① 耕地可以翻起来的石块,不用专门清理,等到下次耕地时清理即可。如果专门将这些石块挖出运走,那么清理石块的目的显然不是耕地,因此在第七年做这些事情就是可以接受的。

② 指本来没有暴露在外,需要挖开土壤才能看见的石块。

③ 拿取这些石块的条件是有两块达到建筑用石的标准,在这种情况下周围的小石块也可以拿取。

④ 清理成堆的石块的人。

⑤ 在地面留一层石头,以摆脱准备耕地的嫌疑。

⑥ 这样的地面不适合于耕种,因此没有嫌疑。

⑦ 石阶:指梯田(采阿尔贝克之说,其他注解或说水坝,或说引水渠)。雨季过后,梯田被雨水冲坏部分需要修补,如需新建也在此时进行。

⑧ 看起来像是在为第七年播种做准备。

⑨ 把梯田完全修好,有在当年就播种的嫌疑,因此只是把石头堆起来,将阶梯间的分界标清楚。

⑩ 修梯田时身边地下的石块可取来使用,不受上述几节规则的影响。但不得从远处拿取,以免他趁机清理土地。

⑪ 可称为"肩石"的石块在第七年任何地方都可以拿取,而不受规则制约,小于此即不可拿取,因为有预备耕种的嫌疑。

⑫ 职业建筑承包商可以在第七年从任何地方拿取任意大小的石块,因为他是专业建筑者,不必怀疑他在预备耕种。

谓肩石？任何不能以一只手拿取者[①]，此为拉比梅伊尔之言。拉比约西说：肩石如其名——任何可肩扛两三块者[②]。

10. 在其田地与公有地块间筑墙者允许深挖至岩基[③]。土方怎么办[④]？堆放于公有地块，而后修整[⑤]。此为拉比约书亚之言。拉比阿奇瓦说：一如不得损毁公有产业，亦无所修整[⑥]。土方怎么办？堆放于自家田地，一如粪肥[⑦]。挖掘土坑、沟渠、洞穴者亦如此[⑧]。

---

① 需要用两只手搬运的石块，通常被人扛在肩上搬运。

② 拉比约西的规则比拉比梅伊尔要宽松，他所定义的肩石比拉比梅伊尔所定义的要小。

③ 在第七年通常不许挖土，因为看起来像是在锄地。但在自家地块与公有地块之间修界墙是允许的。为此可以挖墙基挖至地下岩石暴露。

④ 挖出来的土不可直接撒在自己的田地里，因为这样看起来像是在预备耕种。

⑤ 先放在公有地块，然后再移到自家田地，这样就是在移除公共产业里的障碍物，而不再有耕种嫌疑。

⑥ 拉比阿奇瓦认为公共产业根本就禁止损坏，因此也不存在修整的问题。

⑦ 按本章第 2 节所定规则堆放。

⑧ 在其他年份里所有这些挖出土方的工作，拉比阿奇瓦都禁止将土方临时堆放在公共场所，拉比约书亚则允许。

第4章

1. 最初他们[①]说：人可以从其田间收集树枝、石块和杂草[②]，一如从其邻舍田中收集的方式[③]——取其大者[④]。由于过犯者增多[⑤]，他们便定制为此人从彼人田中收集，而彼人从此人田中收集，且不得受利[⑥]，更不必说为其提供食物[⑦]。

2. 荆棘被清除的田地可在第七年后耕种[⑧]。彻底耕耘者[⑨]及圈养牲畜者[⑩]则不得在第七年后耕种。对彻底耕耘者，沙玛伊学派说：

---

① 指贤哲们。

② 最初的律法是在第七年每个人都可以在自己的田中或邻人的田中收集树枝等杂物。

③ 方式：此处指收集的目的，由于一个人通常不会帮助邻舍清理田地准备耕种，所以在邻舍田中收集杂物的原因是他要使用这些杂物而不是清理田地。因此，在自己田中的收集活动也遵循这样一个准则，不能让人感觉到自己是在清理田地。

④ 因此在自己田中只能收集相对大的杂物，而在邻人田中则大小杂物均可收集。

⑤ 显然有不少人钻最初律法的空子，趁机收集大小杂物清理田地。

⑥ 新的律法规定只能从别人田中收集，而且不得接受田主的任何好处，以防田主雇人清理田地。

⑦ 提供食物是当时雇人在田间工作的常见薪资支付方式。

⑧ 在第七年不得从田地中清除荆棘，但如果田主违反了这一律法，他仍然可以在第八年耕种这块田地。

⑨ 彻底耕耘者：指耕耘两遍的人。在罗马政府税收法规严厉、不交捐税者会被处以死刑的情况下，田主可以在第七年耕种其田地，因为生命高于所有律法。在这种情况下，耕地一遍的产出已经足够交税，耕地两遍便是在趁机获利，因此要接受惩罚，第八年不得耕种同一块田地。

⑩ 指在第七年在其田地中圈养牲畜却未按本卷3:2和3:4的规定堆放粪便者，这些人实际上给田地施了肥，因此禁止他们在第八年耕种。

不得食用其第七年之果实①。希列学派说：可以食用②。沙玛伊学派说：食用第七年果实不得致谢③。希列学派说：食用时可致谢或不致谢。拉比犹大说：此话当互换④，此处沙玛伊学派从宽，希列学派从严⑤。

3. 可从异教徒处租赁耕耘过的田地，但不可从以色列人处⑥。可在第七年鼓舞异教徒⑦，但不可鼓舞以色列人。可问候其平安⑧，以因循平安之道⑨。

4. 为橄榄树间株⑩者，沙玛伊学派说：夷平⑪。希列学派说：根除，但承认伐净到夷平为止⑫。何谓间株？一棵或两棵。伐净呢？三

---

① 这些果实是违反律法而产出的，因此禁止任何人食用。

② 希列学派认为，违规者本人不得食用这些果实，但对其他人来说，由于第七年出产的果实均属无主物，因此田主的行为不影响果实的地位，因此可以食用。

③ 因为第七年果实被视为无主物，因此食用时不得向田主致谢，否则等于承认田主的所有权。

④ 拉比犹大认为此处传统有误，实际上是希列学派规定不得致谢，沙玛伊学派规定可以致谢。

⑤ 由于通常情况下都是希列学派从宽而沙玛伊学派从严，因此拉比犹大认为此处是一个与常情相反的例子。

⑥ 可以从异教徒那里租赁第七年耕耘过的土地，以便让自己在第八年有地可耕。当然不能从犹太人那里租赁，因为犹太人在第七年禁止耕种。

⑦ 如果在第七年看见异教徒在田间工作，可以祝福他们精力充沛，工作完满。

⑧ 犹太教规定，教徒在与异教徒碰面时要问候对方的平安，此节的意思是说即使是在宗教节日里也要问候。

⑨ 平安之道：指《箴言》3：16："他的道是安乐，他的路全是平安。"

⑩ 橄榄树丛太密会影响其正常生长，有时需要间株，这一工作可以在第七年进行。

⑪ 至多齐根砍断，不可动土，以免有预备种植的嫌疑。

⑫ 伐净：指间除多棵橄榄树，以致出现一块平地。希列学派认为，间株可以连根拔起，因为占地小，即使动土也不会有种植的嫌疑，但伐净会出现一块空地，动土便有种植的嫌疑，因此不可根除。

棵，彼此相邻[①]。其所言何指？指其自家田间，然若为其友伴田间，即使伐净亦可根除[②]。

5. 在橄榄树上砍柴[③]者不以泥土覆盖[④]，而以石子或草秸覆盖[⑤]。在小无花果树上砍枝者[⑥]不以泥土覆盖，而以石子或草秸覆盖。不得在第七年砍伐小无花果处女树[⑦]，因此事为工作[⑧]。拉比犹大说：照常规[⑨]则禁止，除非高于十掌，或齐地面夷平[⑩]。

6. 在葡萄树上剪枝[⑪]与砍割芦苇[⑫]者，拉比约西·哈-加利利说：当移开一掌[⑬]。拉比阿奇瓦说：照常规[⑭]剪切，用斧子，或用镰刀，用锯子，以及任何其所想用者[⑮]。

在第七年可以包扎开裂的树，非使其愈合，而是使其不再增长[⑯]。

---

① 间株与伐净的区别不仅在于数目，而且在于树木的位置，间除相邻的三棵以上的树木才构成伐净，因为这样才会出现一块足以种植的空地。

② 从别人田地里取树木，目的显然是为了获得木材，而不是帮别人种植。

③ 第七年不得修剪树枝，但可以砍伐树枝以获取木柴。

④ 用泥土覆盖砍伐后的创口是一种帮助树木生长的行为，因此遭到禁止。

⑤ 这样既可以防止树木干枯又不会刺激树木生长，因此是允许的。

⑥ 小无花果树枝通常每年都砍为木柴，次年又会长出来。

⑦ 小无花果处女树：指从未被砍过的小无花果树。当时的常规做法是，在离地三至十掌间砍断其主干，这样创口上会长出笔直的树枝，适合建筑使用。

⑧ 由于这种砍伐的目的在于刺激小无花果树生长，属于种植工作，因此在第七年被禁止。

⑨ 在离地三掌至十掌的高度砍伐，这是禁止的。

⑩ 在常规高度之外砍伐，表明砍伐的目的不是刺激其生长，因此是允许的。

⑪ 剪去葡萄树上的小枝，使主干粗壮。

⑫ 将芦苇齐根砍断，使来年的新发芦苇更加粗壮。

⑬ 因为这两种行为都是在刺激作物生长，因此在第七年是不允许的，所以拉比约西·哈-加利利规定必须从常规剪切部位上移一掌距离进行剪切（迈蒙尼德）。

⑭ 照砍柴的常规进行剪切，不必拘泥于移动多少距离，只要不在常规修剪部位即可。

⑮ 在工具方面也没有任何限制，不像第七年的其他一些工作。

⑯ 使树上的裂缝不再扩大。

7. 自何时起食用第七年的树果?[1] 未熟无花果:自颜色变红[2]起,可于田地间与面包同食[3];已熟无花果:可采入家中。同类果实亦如此[4]。七年中其他年份须交纳什一税[5]。

8. 未熟葡萄:自出汁[6]时起,可于田地间与面包同食;烂熟[7]:则可采入家中。同类果实亦如此。七年中其他年份须交纳什一税。

9. 橄榄:自一细亚榨出四分之一罗革[8]时起,可将其破开[9]并于田地间食用;榨出半罗革[10],可榨油并于田地间膏抹[11];榨出三分之一[12],则可于田地间榨油[13]并带入家中。同类果实亦如此。七年中其他年份须交纳什一税。其他一切树果,交纳什一税之时,便是第七年之熟季[14]。

---

① 《利未记》25:12:"因为这是禧年,你们要当作圣年,吃地中自出的土产。"拉比犹太教据此定下律法,第七年的出产可以食用,但不得浪费。因此不得食用未成熟的果实,因为这被视为一种浪费食物的行为。

② 颜色变红为无花果开始成熟的标志。

③ 可以少量采集,作为在田间食用面包的佐餐食品。

④ 本句与下一句的另一种解释是:在七年中其他年份每年的同一阶段,这些果实都要交纳什一税。

⑤ 什一税是在果实成熟后才交纳的。第七年的果实不必交纳什一税。

⑥ 挤压后能流出葡萄汁。

⑦ 熟至透明,葡萄籽粒隐约可见,再放下去就会很快腐烂。

⑧ 细亚、罗革:均为体积单位,参见附录4。橄榄的成熟度可以用榨油量的多少来决定,如果一细亚橄榄可以榨出四分之一罗革的橄榄油,那么橄榄就可以算初熟了。

⑨ 橄榄在食用前须将其破开、砸软,以去其苦涩之味。

⑩ 如果一细亚的橄榄能够榨出半罗革橄榄油的话。

⑪ 可以在田地间使用少量的橄榄油。

⑫ 如果榨出的橄榄油达到了完全成熟时可望出油量的三分之一。另一说是:橄榄长到了完全成熟大小的三分之一。

⑬ 通常年份是在家中榨油,此处是对第七年的特殊要求。

⑭ 无花果、葡萄、橄榄的特点是果实分阶段成熟,其他一步成熟的果实,其第七年食用时间与通常年份的交纳什一税时间相同,不必特别说明。

10. 第七年自何时起不得砍伐树木?[①] 沙玛伊学派说:任何一棵树都自生长[②]时起。希列学派说:角豆树自挂荚[③]时起,葡萄树自成籽[④]时起,橄榄树自开花[⑤]时起,其他任何一种树都自生长时起[⑥]。任何一棵树,一旦进入什一税季节,都允许砍伐[⑦]。

橄榄树上有多少果实时不得砍伐?[⑧] 四分之一[⑨]。拉班西缅·本·迦玛列说:一切都取决于那棵树本身[⑩]。

---

① 由于第七年的果实只能食用,不得浪费,而砍伐树木会毁坏果实,因此必须确定自何时起果实成形而禁止砍伐。

② 关于"生长",有两种解释:一说指树枝发芽,另一说指树木结果。

③ 豆荚开始下垂,表明豆荚中的豆子开始有了重量。

④ 一说葡萄长到豆子大小。

⑤ 拉熹将"开花"一词解释为花落,也就是果实开始显形之时。

⑥ 对其他树木,希列学派的观点与沙玛伊学派相似。

⑦ 此时果实已经完全成熟,即使伐倒果树,也不会影响果实的生长和食用。

⑧ 此句与第七年无关,指的是平常年份。通常禁止砍伐果树,但如果果树年老不再结果,则可以砍伐,问题是到什么程度可以被认为不再结果。

⑨ 四分之一卡夫(体积单位,参见附录4),少于此则可以砍伐。

⑩ 每棵树都要根据其自身的情况进行评判,而没有统一的数字。按照拉班西缅·本·迦玛列的看法,一棵原本出产一细亚的橄榄树,当产量衰减到两卡夫时,就可以砍伐了。

第 5 章

1. 白榕果以第二年为其第七年，因其三年为期[①]。拉比犹大说：波斯无花果以第七年后一年为其第七年，因其两年为期[②]。他们[③]对他说：他们只说到白榕果[④]。

2. 在第七年将蛇根草[⑤]埋入土中[⑥]，拉比梅伊尔说：不得少于两细亚，高达三掌[⑦]，其上土厚一掌。而众贤哲说：不得少于四卡夫[⑧]，高达一掌，其上土厚一掌。当埋于被人踩踏之地[⑨]。

3. 对长过第七年的蛇根草[⑩]，拉比以利以谢说：若穷人已拾取

---

① 白榕果：一说为一种三年一熟的松果。这些果实在树上要生长三年才成熟，也就是说在第七年长出的果实要在七年循环的第二年才成熟，因此这一年被视为这种果实的第七年。具体办法大概是在第七年长出的果实上系上特别颜色的带子作为标志。

② 波斯无花果：一说为某种椰枣。按拉比犹大的说法，这种无花果两年一熟，因此其第七年在七年循环的第一年。

③ 指众贤哲。

④ 众贤哲认为，波斯无花果与蔬菜地位相似，以其果实的采摘年份来确定其第七年。

⑤ 蛇根草：当时与葱蒜类作物并列的调味作物（参见《田角捐》6：10）。

⑥ 当时习惯于将此类作物埋入地下保存，但如果在第七年埋入的蛇根草发了芽的话，那么就等于是在种植，因此需要作出一些规定。

⑦ 蛇根草被堆成三掌高的堆，以示与播种的区别。

⑧ 众贤哲规定的数量只有拉比梅伊尔规定的三分之一，堆高也相应减小。

⑨ 埋藏的地块必须是人们经常走过的，以示无意耕种。这一点众贤哲与拉比梅伊尔的意见一致。

⑩ 蛇根草三年才成熟（参见《禁混种》2：5），如果在第六年下种，那么整个第七年都会生长，第八年才收获。

其叶，则为已拾取[①]；否则将与穷人结账[②]。拉比约书亚说：若穷人已拾取其叶，则为已拾取；否则亦无须与穷人结其账[③]。

4. 第七年前夕之蛇根草进入第七年者[④]，一如夏洋葱[⑤]，一如沃土上的茜草[⑥]。沙玛伊学派说：用木铲将其连根拔起[⑦]。希列学派说：用金属鹤嘴锄[⑧]。对于石地上的茜草，他们都认可用金属鹤嘴锄将其连根拔起[⑨]。

5. 第七年后自何时起允许人购取蛇根草？[⑩] 拉比犹大说：立刻[⑪]。而众贤哲说：自新果实丰富时起[⑫]。

6. 第七年禁止工匠们出售何种工具？[⑬] 铧犁及其所有附件[⑭]，

---

① 在第七年，所有田间的作物均为无主作物，任人拾取，因此蛇根草的叶子也属公有，穷人可以拾取。如果穷人确实拾取了，那么第八年的蛇根草连根带叶都是田主的。

② 如果第七年穷人没有拾取蛇根草叶，那么第八年田主须将第七年的旧叶与第八年的新叶分开，旧叶归穷人，新叶归自己。

③ 第七年的果实为无主物，并非穷人税，因此田主也可以拥有，不一定非要给穷人。

④ 对于在第六年底成熟，需在第七年收获的蛇根草，必须注意收获方式，以免有耕地的嫌疑。

⑤ 一种在夏初播种、夏末成熟的洋葱。因为犹太新年通常在初秋，所以也要隔年收获。

⑥ 茜草的根可以用来制作红色颜料。虽然茜草野生，但如果长在适合耕种的土地上，那么挖掘茜草仍有开荒种地的嫌疑。

⑦ 木铲不能被用来整理土地，所以没有耕种嫌疑。

⑧ 希列学派比沙玛伊学派宽松，但有人指出这里仍有限制，如不能使用金属铲子。

⑨ 石地不适合耕种，因此没有太多限制。

⑩ 第七年长成的蛇根草为无主物，不得买卖，所以问题是第七年刚过时如何购买蛇根草才不会违规。

⑪ 此处指的是地窖中储藏的蛇根草。拉比犹大认为，因为第七年挖蛇根草的规定比较繁复，所以不会有人专门在这一年挖蛇根草储藏，因此来自地窖的蛇根草应该是第七年之前的，可以立刻购买，不必等待。

⑫ 要等到很多新蛇根草上市才能购买，时间应该是在逾越节之后。

⑬ 禁止在第七年把相关工具出售给那些有违反律法的嫌疑的人（参见《耶路撒冷塔木德》）。

⑭ 耕地属第七年绝对禁止做的工作，因此禁止出售铧犁。

轭具[①]，扬场叉[②]，铧犁齿[③]。但他可出售手镰[④]、收割镰[⑤]、马车及其所有附件[⑥]。此为规则：任何其功用专为过犯者均禁止，兼为被禁与许可之事者，均许可[⑦]。

7. 陶匠可出售五个油缸和十五个酒缸[⑧]，因为这是从无主物中可得的常规量[⑨]。若其所得多于此，亦许可[⑩]。可出售给在以色列地的异教徒[⑪]，以及在国外的以色列人[⑫]。

8. 沙玛伊学派说：在第七年不得卖给他耕牛[⑬]。而希列学派说：允许，因他可能屠宰[⑭]。即使是在播种时也可卖给他果实[⑮]；即使他知道那人有打谷场也可借给他细亚量具[⑯]；即使他知道那人有雇

---

① 指用来套牲口耕地的轭具，驾车的应该不算。

② 一种用来进行大规模扬场工作的工具，按照迈蒙尼德的解释，第七年可以进行小规模扬场工作，因为第七年的某些果实可以采收食用，但不允许大规模活动。

③ 安装在铧犁上的尖铁齿。

④ 指小镰刀，刃面光滑，用来进行小规模收获。

⑤ 指大镰刀，刃面呈锯齿形。

⑥ 第七年的农产品为无主物，任何人都可以收割来食用，因此收割及运输工具不在禁止之列。

⑦ 如果一种工具只能被用来从事第七年禁止的工作，则禁止出售，否则可以出售。

⑧ 陶匠在第七年一年可以卖给一个人的最大数量。

⑨ 第七年从无主物中收获制作的橄榄油和葡萄酒通常不会超过这个数量。

⑩ 但如果此人确实有多于此量的橄榄油和葡萄酒，那么仍然允许陶匠出售给他更多的缸，而不必怀疑他的收获是违规得来的。

⑪ 异教徒不受第七年限制，因此出售数目也没有限制。

⑫ 第七年律法只限于出产于以色列地的产品，因此对于在国外的以色列人也没有限制。

⑬ 沙玛伊学派不相信有人会买了训练好的耕牛用于屠宰，而只会是用于耕种。

⑭ 希列学派认为，只要能找出买方的目的不在违反律法的解释，买卖就可以进行。

⑮ 因为买方可能是要食用这些果实，而不是用于播种。

⑯ 因为买方可能是要用细亚单位的量具称量要碾磨使用的食品，而不是用于仓储（第七年的出产只能食用，不得储藏）。

工也可以将其玛阿换为普鲁塔[①]。然若公开[②]则这一切都禁止。

9. 对有第七年方面嫌疑[③]之友伴，女人可借给她细筛子[④]、粗筛子[⑤]、磨石、烤炉，但不得与她一同拣选或碾磨[⑥]。道友[⑦]之妻可借给不知经者[⑧]之妻细筛子和粗筛子，可与她一同拣选、碾磨与筛谷[⑨]。然而加水之后，则不得与她接触[⑩]，因不得对犯过者施以援手。

若非出于平安之道，这一切都不会道出[⑪]。可在第七年对异邦人施以援手，但不可援助以色列人[⑫]。可问候其平安，以因循平安之道[⑬]。

---

① 玛阿与普鲁塔都是货币单位，三十六普鲁塔为一玛阿（参见附录4）。在这里要相信换零钱者的目的不在于支付破坏第七年律法的雇工的工资，而是有其他用处。

② 如果买方公开说明他购买的目的在于从事违反第七年律法的工作，那么这买卖就是禁止的。

③ 食用禁吃的食品，或者进行违禁的耕种活动。

④ 指筛面粉的筛子。

⑤ 指筛谷物的筛子。

⑥ 可以借给她这些用具是因为这些用具也可以用来做不违反第七年律法的事情，如筛子可以用来筛建筑用的沙子，磨石可以用来碾磨颜料，等等。然而拣选或碾磨谷物则是直接准备食品，这是在帮助她违反第七年律法，因此是禁止的。

⑦ 完全遵守犹太教律法的人。

⑧ 大体遵守犹太教律法，但在什一税和不洁问题上经常搞错。

⑨ 大部分不知经者遵守什一税律法，因此不必担心他们的谷物是未交纳什一税的。

⑩ 谷物一沾水，立刻就有一个不洁的问题，而且面团还有一个举祭的问题。这些问题过于复杂，不能在这方面信任一个不知经者，因此不能帮助她。

⑪ 以上这些变通的、从善意出发揣度他人的规定都只有一个目的——保持和睦。

⑫ 可以帮助异教徒在田间工作，但不可帮助以色列人，因为这是第七年。

⑬ 参见本卷4:3。

第6章

1. 就第七年而言，地分为三①。所有巴比伦移民在以色列地所占有者②，直至亚革悉③，不得食用，不得耕作④。所有埃及移民所占有者⑤，从亚革悉到大河⑥，直至阿玛纳山⑦，可食用⑧，但不得耕作。自大河与阿玛纳山以内⑨，可食用，亦可耕作。

2. 在叙利亚⑩可加工已收割者，然非尚连根者⑪。可打谷、扬

---

① 第七年相关律法只有在圣地才有效，而与该律法相关的“圣地”概念并不指以色列全境，而是分为三个地区，每个地区的律法应用情况并不相同。

② 指巴比伦流放之后回到以色列地，并在以斯拉的带领下重修第二圣殿的那些犹太人，他们所占据的土地为第七年律法完全有效的地区。

③ 以色列北部城市亚科与黎巴嫩城市推罗之间的一个海岸地名（参见《约书亚记》19:29）。

④ 在第七年不得在这些土地上耕作，亦不得食用这些土地的出产。另一说是：不得食用这些土地上非法耕种的出产。

⑤ 指出埃及后希伯来人在约书亚率领下征服的迦南土地，这块地区的面积大于后来巴比伦移民所占的土地，但由于第一圣殿被摧毁后以色列人一度失去对该地的控制，因此那些未被巴比伦移民占据的区域的“圣地”地位有所下降。

⑥ 大马士革附近的河流，一说为幼发拉底河，亦有说指埃及的河流的。

⑦ 以色列地西北角的一座山脉。《耶路撒冷塔尔古姆》将《民数记》34:7的“何珥山”译为“阿梅纳姆山”，或即指此山。

⑧ 一说可食用非法耕作的出产。

⑨ 以内：传统解释为“以色列地以外”（迈蒙尼德），“以内”的意思是沿着“大河”和“阿玛纳山”方向继续延伸，也就是离开以色列地的方向。约书亚不曾征服这些土地，因此不属于“圣地”的范围。

⑩ 按照犹太传统，叙利亚曾为大卫王短期征服，不具有“圣地”的地位，但与其他地区仍有所区别。

⑪ 已经收下来的作物可以继续加工，但不得进行收获工作。

场、踩踏[1]与堆垛,但不得收割,不得采收[2],不得采摘[3]。拉比阿奇瓦所言规则为:一切在以色列地允许做出者,在叙利亚都可以做[4]。

3. 洋葱遭落雨后生长者[5],若其叶色深重[6],则受禁;浅轻[7],则得许可。拉比哈尼纳·本·安提哥努斯说:若能持其叶而将其拔出[8],则受禁;与此相对,在第七年后一年则得许可[9]。

4. 第七年后一年自何时起人们可购取蔬菜?[10] 自类似者已产出时起[11]。若早熟者产出,则晚熟者得许可[12]。拉比允许在第七年后一年立刻购取蔬菜[13]。

---

① 酒坊加工葡萄的方法之一。

② 指采收葡萄。

③ 指采摘橄榄。

④ 凡依据《希伯来圣经》律法可以做的,在叙利亚都可以做,尽管拉比律法可能禁止。比如加工已收获的谷物,拉比律法对此有所限制,《希伯来圣经》律法没有,所以可以在叙利亚做。

⑤ 第六年已经成熟的洋葱在第七年又被非法种回田间,或没有收获而留在了田间,这些洋葱在第七年下雨后开始发芽。

⑥ 叶色深重表明洋葱从土壤中吸取了养分并开始生长,由此整个洋葱都成为受律法约束的第七年产品。

⑦ 叶色浅轻乃至苍白枯萎则表明洋葱只是自身发芽,并未得到土地养分,因此仍然是第六年产品。

⑧ 如果叶子长出地面,且强至可拔出整棵洋葱,则表明该洋葱吸收了土壤的养分。

⑨ 在第六年成熟的洋葱收获后在第七年又被非法栽种,生长后又被拔出,此时已成为第七年产品而受到相关律法制约,但如果第八年再度种入土中,则其第七年产品的身份将失效,而转为第八年产品。

⑩ 第七年的蔬菜禁止食用,因为拉比律法禁止食用当年种植当年成熟的谷物或蔬菜,以防止有人偷偷种植,并声称这是作物自己成长的。由此则有一个第七年后购买的蔬菜到底是不是第七年的受禁品的问题。

⑪ 只要类似产品在第八年已经成熟上市,即可购买。另一说是:类似产品已经长到同样的大小。

⑫ 有些产品各地成熟时间不同,因此只要有一地成熟,各地(即使是晚熟地区)都可以购买,因为这些蔬菜可能是从外地运来的。

⑬ 因为当时的蔬菜主要来自以色列以外的地区。另一说是:某些蔬菜品种可能在几天内成熟,所以无须等待。

5. 不得将当焚烧之油[①]与第七年的果实从以色列地运到以色列地之外[②]。拉比西缅说：我曾真切听得可输出到叙利亚[③]，而不可输出到以色列地之外[④]。

6. 不得将举祭从以色列地之外带入以色列地[⑤]。拉比西缅说：我曾真切听得可从叙利亚带入[⑥]，而不得从以色列地之外带入[⑦]。

---

① 留作举祭的食用油一旦遭遇不洁，则不可再食用，只能焚烧。通常这种油仍由祭司拿走，供他们点灯之用。

② 按照拉比犹太教的看法，由于以色列地之外人们随地掩埋尸体，因此所有的土地都被看作是不洁的，甚至空气也是不洁的。因此不能把原来作为举祭的油带到不洁之地去，以免其再次沾染不洁。第七年产品也不能带出，因为一旦到了外地，第七年的律法规则便失去约束力，人们可以随意处置这些产品。

③ 叙利亚曾被大卫王征服，虽然不算圣地，但其地位与其他地方不同，某些第七年律法在那里也有效。

④ 不可输出到除叙利亚以外的任何地方。

⑤ 《希伯来圣经》律法规定只有在以色列地才分留举祭，但拉比律法规定在几个周边地区（巴比伦、埃及、摩押）也要分留举祭，供在那里生活的祭司们享用。按《耶路撒冷塔木德》的说法，不许将外地举祭带入以色列地的原因是要防止以色列的祭司们跑到外地去收举祭，从而使自己有遭遇不洁的危险。

⑥ 理由同上节。

⑦ 不可从除叙利亚以外的地区带入。

第 7 章

1. 有关第七年，其[1]所言之重大规则为：一切人类食品[2]、牲畜饲料[3]、颜料作物[4]，凡不能在土地上长存者[5]，均有第七年，且其售资亦有第七年[6]；均有避屋[7]，且其售资亦有避屋[8]。何种产品？野蛇根草叶[9]、薄荷叶、菊苣、大葱、马齿苋、奶白花[10]。牲畜饲料有：荆棘与蓟草。颜料作物有：第二茬菘蓝[11]和红花[12]。这些均有第七

---

① 指众贤哲。

② 参见《利未记》25:6："地在安息年所出的，要给你和你的仆人，婢女，雇工人，并寄居的外人当食物。"

③ 参见《利未记》25:7："这年的土产也要给你的牲畜和你地上的走兽当食物。"

④ 有关颜料作物的第七年律法属于拉比律法。

⑤ 指如果不收获就会烂在地里的作物。不会烂的作物也适用于第七年律法，但不适用于避屋律法，本节第七年律法与避屋律法共论，因此单列出来。

⑥ 如果出售了第七年的果实，那么所得钱财同样适用第七年律法，不得浪费，不得用于商业。

⑦ 避屋：希伯来文为 Biur，出自《申命记》26:13："你又要在耶和华你神面前说，我已将圣物从我家里拿出来。""拿出来"一词，原文即为避屋的同根词。按拉比律法规定，第七年产品为无主物，任何人均可拿回家中储存，但如果田野中此种产品消耗完了，那么储藏者就必须把储存的从家里拿出来供大家使用。此即"避屋"律法。

⑧ 在田野里同类产品消耗完毕之后，出售第七年同类产品所得的钱财也要从家中拿出来供大家使用。

⑨ 蛇根草根部可以保留在地下，因此不适用于避屋律法，但叶子适用。

⑩ 奶白花：一种花色似奶或者切割后流出似奶一样的液体的植物，具体所指不详，学者亦众说纷纭。

⑪ 菘蓝：用来制造蓝色颜料的植物，通常只取茎叶，留下根部继续生长。

⑫ 红花：用来制作红色染料的植物。

年，且其售资亦有第七年；均有避屋，且其售资亦有避屋。

2. 其所言之另一规则为：一切非人类食品、牲畜饲料、颜料作物，及在土地上长存者[①]，均有第七年，且其售资亦有第七年[②]；均无避屋，且其售资亦无避屋。何种产品？野蛇根草根、薄荷根、天芥菜[③]、奶白花根、布卡利亚[④]；颜料作物有：茜草和黄木樨草[⑤]。这些均有第七年，且其售资亦有第七年；均无避屋，且其售资亦无避屋。拉比梅伊尔说：其售资必至新年前用完[⑥]。他们对他说：这些植物尚无避屋，何况其售资[⑦]。

3. 石榴皮及其花朵[⑧]、胡桃壳[⑨]、果核[⑩]，均有第七年，其售资亦有第七年[⑪]。

染匠为自己染色，不得为报酬而染色[⑫]，因为不得用第七年果

---

① 在两种情况下，植物适用于第七年律法，但不适用于避屋律法。这两种情况是：第一，既非食物，亦非饲料或颜料作物；第二，可以在田地里长时间存在者（如不易腐烂或干枯的植物），这样地里一直会有这些植物，因此不存在避屋的问题。

② 这些植物虽然不用于食物、饲料或颜料，但通常有其他用途，如用作药材或芳香剂。

③ 希伯来语原词与“蝎子”同一词根，指该植物形状像蝎子。

④ 所指不详。

⑤ 这两种植物为颜料植物，但可以在田野里长期存在，不会耗尽，因此不适用于第七年律法。

⑥ 拉比梅伊尔担心这些出售所得钱财会与其他钱财混在一起，导致适用避屋律法的钱财也可能逃避律法规定，因此作出附加规定。

⑦ 众贤哲的逻辑是：如果植物本身都不适用于避屋律法的话，那么其售资当然就更不适用了。

⑧ 石榴皮与石榴花在当时均被用来制作染料。

⑨ 指胡桃硬壳外的软外衣，也是制作染料的原料。

⑩ 指可以食用的果仁。

⑪ 作为染料和食物，上述物品均适用于第七年律法，至于是否适用于避屋律法则不清楚。

⑫ 可以使用第七年产品制作的染料来染色，这不算浪费，但不得以此赚钱。

实经商[①],不得用头生家畜[②],不得用举祭[③],不得用动物死尸[④],不得用残伤动物[⑤],不得用可憎动物[⑥],不得用爬虫[⑦]。

不得获取[⑧]田间蔬菜[⑨]并在市场出售[⑩]。但可以摘取而由其子代其出售[⑪]。若他为自己获取后有剩余[⑫],则准许出售。

4. 带头生家畜去其子的婚宴或节庆[⑬]却不被需要者,准许其出售[⑭]。

捕猎动物、鸟类、鱼类而偶遇不洁品种者[⑮],准许其出售[⑯]。拉比犹大说:甚至偶然路遇者亦可取而售之,只要此事非其技能[⑰]。而众贤哲禁止。

---

① 第七年果实在一定条件下可以出售,但不得以此经商赚钱。

② 按《民数记》第18章规定,头生家畜归祭司所有,无瑕疵者作为圣殿祭祀的牺牲品,有瑕疵者作为祭司的财产,因此不得以此牟利。

③ 举祭同样归祭司所有,也不得以此牟利。

④ 《希伯来圣经》禁止食用非屠宰死亡的动物尸体(参见《申命记》14:21)。

⑤ 《希伯来圣经》禁止食用有重伤或残疾的动物。

⑥ "可憎动物"包括不可食的鸟类、鱼类、爬行类和昆虫类生物(参见《利未记》11:10～23)。

⑦ 指在腐尸上生出的蛆虫等物。

⑧ 购买或采摘。

⑨ 指非人工种植的野地里的蔬菜,拉比律法禁止食用第七年的蔬菜,但不包括这类蔬菜。

⑩ 因为这会构成经商牟利活动。

⑪ 自己去摘,让别人去出售,这是许可的。

⑫ 如果吃了买来或采摘来的第七年食品后还有剩余,那么允许出售剩余产品。

⑬ 有瑕疵的头生家畜为祭司的财产,其他人可以从祭司那里买来使用。

⑭ 此人购买时并无售卖之心,只是因为出现意外情况需要出售,他可以以原价出售。

⑮ 专业猎人偶尔捕到按犹太教规定不可食的猎物。

⑯ 猎人并不靠售卖不可食猎物为生,因此偶尔出售是允许的。

⑰ 拉比犹大认为,只要不是以捕猎不可食动物为专业技能,即使不是猎人,常人偶尔捕到或买到不可食猎物也是可以出售的。

5. 灌木[①]与角豆树的嫩芽均有第七年[②]，且其售资亦有第七年；均有避屋[③]，且其售资亦有避屋。

笃薅香树[④]、阿月浑子树与荆棘树[⑤]的嫩芽均有第七年，且其售资亦有第七年；均无避屋[⑥]，且其售资亦无避屋。但其叶子[⑦]有避屋，因其从其母枝凋落。

6. 玫瑰、指甲花、香油树、五针松[⑧]均有第七年[⑨]，且其售资亦有第七年。拉比西缅说：香油树无第七年，因其并非果实[⑩]。

7. 若新玫瑰[⑪]浸存于旧油[⑫]之中，则可取出玫瑰[⑬]。而若旧玫瑰[⑭]在新油[⑮]之中，则必行避屋[⑯]。新角豆浸存于旧酒之中，旧角

---

① 指某种其嫩芽可以食用的灌木。一说指野苹果树，参见本部《禁混种》1：4。

② 这两种嫩芽均可食用，因此适用于第七年律法。

③ 两种嫩芽都会枯萎凋落，都有耗尽的时候，因此适用于避屋律法。

④ 一种地中海地区特有的能产出松节油的低矮松树，《以赛亚书》6：13 提到此树，和合本译为"栗树"。

⑤ 一种结出可食用的黑色果实的荆棘树。

⑥ 这三种树的嫩芽不会掉落，常年在树枝上，因此没有避屋的问题。

⑦ 这些树的叶子可用作牲畜饲料，掉落后不可再用来喂牲口，因此适用于避屋律法。

⑧ 以上四种植物均可产生香料，在当时被用于烹调。

⑨ 调料与食物地位相当，因此适用于第七年律法。

⑩ 香油树被用作调料的是其树脂，拉比西缅认为树脂不是果实，而是木材的一部分，因为木材没有第七年，因此树脂也没有第七年。

⑪ 第七年的玫瑰。

⑫ 第六年的油。

⑬ 新玫瑰气味较小，虽然泡在油里，但不影响油的气味，因此只要把玫瑰拣出来，油就仍然是第六年的油（迈蒙尼德）。另一说：在避屋期限之前，可将玫瑰从油中捡出，虽然这些油已经吸收了玫瑰的气味，但仍将保留第六年的地位，不必因为避屋律法而充公。

⑭ 第七年的玫瑰。

⑮ 第八年的油。

⑯ 玫瑰放置时间越长气味越浓，所以第八年的油如果放了第七年的玫瑰，油的气味一定受到玫瑰气味的熏染，从而适用于第七年律法。另一说是：第七年玫瑰如果泡进了第八年的油里，那么这一定是避屋期限过了以后的事情，此时这些油吸收了玫瑰的气味，因此连玫瑰带油都适用于避屋律法。

豆在新酒之中，均必行避屋[①]。此为规则：一切熏染气味者均必行避屋——若其处于另一种类之中[②]；而若其处于同一种类之中，则无论多少[③]。第七年律法禁限一切处于同一种类之中者，以及处于不同种类之中且熏染气味者[④]。

① 角豆气味强烈，不受新旧限制，所以第七年角豆无论何时泡入酒中，酒的气味都会受到影响，也因此受第七年律法的限制。另一说是：此处新旧角豆均指避屋期限过后的情形，因此适用于避屋律法。

② 如果两种食物混合，其中受第七年律法限制的食物将气味传给了不受限制的食物，那么后者也同样受到限制。

③ 同一种类的第七年与其他年份食物若发生混合，则无论是什么情况，混合品都受第七年律法限制。另一说是：第七年食物需占到总量的六十分之一以上才适用于此规则。

④ 同种食物只要发生第七年与其他年份的混合，混合物就受第七年律法制约；不同种类若发生混合，则要看其中的第七年食物是否把气味传给了另一种食物。

第8章

1. 其所言第七年之重大法规为：一切专门的人类食物，均不得以之制作给人用的软膏[①]，更不必说给动物[②]。一切非专门的人类食物[③]，可以之制作给人用的软膏，但不可给动物[④]。一切非专门的人类食物与非专门的牲畜饲料，若认定其为人类食物及牲畜饲料[⑤]，则给予其人类食物之从严含义以及牲畜饲料之从严含义[⑥]。若认定其为木材，则待之若木材[⑦]，例如香薄荷、牛膝草、牛至草[⑧]。

2. 第七年出产准予食用、饮用及膏抹[⑨]；食用惯常食用之物[⑩]，膏抹惯常膏抹之物。不可膏抹酒与醋[⑪]，但可膏抹油。举祭与第二

---

① 软膏：指一种用面粉和药草制作的药膏，可敷在皮肤上减痛疗伤。

② 拉比犹大根据《希伯来圣经》律法规定第七年食物只能食用，在此特别规定不得药用。

③ 可以用作人类食物，也可以用于别的用途（如牲畜饲料）的果实。

④ 按《希伯来圣经》律法，第七年的动物饲料只能用来喂动物，不能用作兽药。

⑤ 如果事先说清楚这种果实是人畜两用的。

⑥ 在这种情况下，有关这种果实的第七年法规依据已有的人类食物和牲畜饲料律法的最严格部分，比如不得用作人类药物，或不得煮食，因为牲畜饲料是不煮熟的。

⑦ 木材不适用于第七年律法。

⑧ 此处给出三个既可当作人类食物，又可当作牲畜饲料，还可以作其他用途的植物做例子。

⑨ 由于以色列的干燥气候，用油膏抹以保养皮肤在当时是常见行为。

⑩ 不必因为禁止浪费第七年出产而食用通常不食用的东西，也不必变换食用方式。

⑪ 因为这两样通常不用于膏抹。

什一税均如是[①]。第七年出产比其宽松之处在于准予点灯[②]。

3. 出售第七年果实[③]不得以大小论，不得以分量论，不得以数量论[④]；无花果不得以数量论[⑤]，蔬菜不得以分量论[⑥]。沙玛伊学派说：亦不可按捆论[⑦]。希列学派说：若在家中惯常打捆者，可在市场将其打捆[⑧]，例如大葱和奶白花。

4. 若某人对雇工说："这儿有一个依萨尔[⑨]给你，今天为我采摘蔬菜。"则其报酬为受许[⑩]。"今天以此[⑪]为我采摘蔬菜。"则其报酬为受禁[⑫]。从面点师处拿取价值一蓬地庸[⑬]的面包者，"等我采摘了田野蔬菜就给你拿来"[⑭]，则受许可[⑮]。若单纯[⑯]从其处购买，

---

① 举祭为祭司的食物，第二什一税是要带到耶路撒冷去吃的食物，它们与第七年出产一样，都是要按其惯常食用方式食用，且不得移作他用或浪费。

② 第七年出产的油比举祭和第二什一税的油多一项用途，就是可以用来点灯，这是比后两者宽松的地方。

③ 不得以经商为目的出售第七年果实，但在某些情况下可以少量出售，一次不超过三顿饭量。

④ 出售第七年果实只能粗略估价，便宜出售，而不得像通常经商那样斤斤计较。

⑤ 无花果通常按分量出售，即使在第七年改为按数量出售也还是不行，必须粗估廉售。

⑥ 蔬菜通常按捆出售，第七年改为按分量出售也还是不行。

⑦ 不许像通常那样把蔬菜打成捆，而必须零散出售。

⑧ 给自己家里消费的蔬菜打捆只是为了搬运方便，因为不是出售方式，所以每捆数目并不精确。因此第七年在市场上可以按家用蔬菜的方式打捆。

⑨ 依萨尔：货币单位，参见附录4。

⑩ 受许：指不受第七年律法限制。此处雇主所支付的是雇工的劳动，而不是他所采摘来的第七年田间野生蔬菜。

⑪ "以此"意思是这工钱出自其所采摘的蔬菜的售资。

⑫ 在这种情况下，工钱成了第七年出产的一部分，因而要受第七年律法限制。

⑬ 蓬地庸：货币单位，参见附录4。

⑭ 顾客没有为面包付钱，而是说以后拿蔬菜来。

⑮ 由于顾客并没有说明蔬菜是用来支付面包的价格的，因此这种安排不算交易，只算双方互赠礼品，因此是允许的。

⑯ 没有任何特别安排的购买行为。

则不得以第七年出产的售价向其支付①，因不得以第七年出产的售价还债②。

5. 不得支付③给打井匠④，给澡堂看守，给理发匠，以及给船工⑤。但可以为饮用水支付给打井匠⑥，也可以给所有这些人免费礼品⑦。

6. 第七年的无花果，不得使用收割刀⑧将其收割，而用剑将其收割⑨。不得在酒坊压榨葡萄，而要在揉面槽⑩中压榨。不得以碾石磨棍⑪加工橄榄，而是碾碎后放入小榨槽⑫中。拉比西缅说：亦可以碾石碾碎并放入小榨槽中。

7. 不得以举祭的油⑬烹调第七年的蔬菜，以免引发其不宜⑭。

---

① 用第七年出产或第七年出产的售资支付都是不允许的。

② 还债是一种商业行为，因此禁止使用第七年出产从事这种行为。

③ 不能用第七年出产付给这些人以换取其产品或服务。

④ 对在村镇打井并向居民供应水的匠人，不能用第七年出产支付水费。

⑤ 摆渡费。

⑥ 可以给打井匠第七年出产以购买饮用水，但不可用来向其买水用于其他目的。

⑦ 即使这些匠人获得这些“礼品”后不再要求他为他们的产品或服务付费。

⑧ 收割刀：专门用于收割无花果的刀具。

⑨ 第七年不完全禁止收获，但有诸多限制。此处规定不得以通常工具收割无花果，而必须用其他工具。另一说是：不可在通常晾干无花果处晾干无花果，而要在废弃场所晾干（迈蒙尼德）。

⑩ 一种很大的揉面器具。

⑪ 橄榄碾子由一块很重的碾石与一根带动碾石的木棍构成。

⑫ 小榨槽与揉面槽大小相当。

⑬ 举祭的油是祭司专用的，对洁净的要求比较高，也就容易沾染不洁。按律法，沾染不洁的举祭的油必须被焚烧。

⑭ 由于这种油容易沾染不洁，也就连带被烹调的第七年果实沾染不洁而不得不被焚烧，因此触犯第七年食品不得浪费的规定。

拉比西缅许可[①]。

最终交换品受第七年禁制[②]，而果实本身受禁[③]。

8. 不得以第七年果实的售资购取奴隶、土地或不洁的家畜。若已购取，则需食用等值果实[④]。不得以第七年果实的售资购买男性漏症者的双鸟[⑤]、女性漏症患者的双鸟[⑥]，或者产妇的双鸟[⑦]。若已购买，则需食用等值果实。不得以第七年之油擦抹器具[⑧]。若已擦抹，则需食用等值果实。

9. 以第七年之油擦抹的兽皮，拉比以利以谢说：须烧毁[⑨]。而众贤哲说：须食用等值果实。他们在拉比阿奇瓦面前说：拉比以利以谢说：以第七年之油擦抹的兽皮，须烧毁。他对他们说：安静！我不会告诉你们拉比以利以谢对此有何言论[⑩]。

---

① 拉比西缅认为，只要不直接浪费食物就可以了，不必考虑间接后果。

② 如果用第七年果实交换肉类，则被交换的肉类也获得第七年果实的地位，如果再用这肉类交换鱼类，则鱼类获得第七年果实的地位，同时这肉类失去第七年果实的地位，以此类推，只有最后的被交换品获得第七年果实的地位，中间环节的交换品均无此地位。

③ 最初的第七年果实的第七年地位一直保留，不会失去，因此第一次交换后，参与交换的两项物品均拥有第七年地位。

④ 需要拿出等量的钱财购买非第七年果实，并按照第七年果实的律法食用。

⑤ 男性漏症患者应在症状结束后第八天净身且献双鸟为祭（参见《利未记》15：1～15）。由于作为牺牲的鸟是要被焚烧掉的，因此不合第七年食品只能食用的规定。

⑥ 女性漏症患者应在症状结束后第八天净身且献双鸟为祭（参见《利未记》15：25～30）。

⑦ 妇女产后第四十一天（若生男孩）或第八十一天（若生女孩）要净身并贡献至少一对鸟作为祭祀品（参见《利未记》12：1～8）。

⑧ 第七年的油可以用来擦抹皮肤，但不得擦抹器具。

⑨ 拉比以利以谢不赞成违规者只要食用等值食物的处罚办法，而提出了更严格的烧毁的办法。

⑩ 按照《耶路撒冷塔木德》的记载，拉比阿奇瓦曾亲耳听拉比以利以谢说第七年的油可以用来擦抹兽皮，因此他知道贤哲们中流传的拉比以利以谢的烧毁兽皮的说法是不真实的，所以他让他们闭嘴。但他同时也不愿意把拉比以利以谢的真实观点说出来，大概是因为这观点过于宽松。

10. 此外，他们还在他面前说：拉比以利以谢说：食用古他[①]人的面包如同食用猪肉[②]。他对他们说：安静！我不会告诉你们拉比以利以谢对此有何言论[③]。

11. 以第七年断株或秸秆加热的澡堂水，准许在其中洗澡[④]。然若此人受瞩目，则不得洗澡[⑤]。

---

① 古他：地名，亚述王征服北国以色列后曾把几个地方的人迁入以色列国土，其中即有古他(参见《列王纪下》17:24)。这些人住在撒玛利亚地区，后因狮子为祸而皈依犹太教，但仍保留了一些原有的信仰方式，因而在拉比犹太教文献中被称为古他人。拉比犹太教认为这些人是完全的异端。

② 古他人不交纳什一税，因此其食物不可食，但说等于食用猪肉则是夸张的说法，因为禁猪肉是《希伯来圣经》律法，而禁古他人食物则是地位较低的拉比律法。

③ 按照《耶路撒冷塔木德》的记载，拉比以利以谢对古他人的态度是很宽松的，因此这一传言不可能是真的。

④ 第七年的断株和秸秆同粮食一样，不得焚烧。但如果已经在澡堂焚烧给水加了热，则可以用这水洗澡，因为洗澡者并未直接焚毁这些草秸。

⑤ 但如果是一位受人尊敬关注的重要人物，则不宜去这种地方洗澡，因为他被人当作榜样，会让人误解律法的严格性。

第 9 章

1. 芸香[①]、野芦笋、马齿苋、山芫荽、河欧芹、野地香花芥，均免于什一税[②]，并可在第七年从任何人处购取[③]，因为类此者不受保护[④]。拉比犹大说：第二茬芥菜亦得许可，因为不必怀疑为此犯过者[⑤]。拉比西缅说：所有二茬生长者均得许可[⑥]，第二茬圆白菜除外，因野地菜蔬中无类此者。众贤哲说：所有二茬生长者均受禁[⑦]。

2. 三个地区行避屋：犹大[⑧]、约旦河对岸[⑨]、加利利。每处又各有三个地方。上加利利、下加利利、山谷[⑩]：自哈拿尼雅村[⑪]以上，

---

① 芸香：芳香类植物，在当时作为药物使用。

② 这些植物免除各种什一税，包括举祭。

③ 在第七年只允许从道友处购买食品，以防从不知经者处买得非法出售的第七年产品。但上述菜蔬不受这一限制。

④ 这类植物价值甚低，没人专门种植，也不会有任何人将其当作私人财产加以保护，因此属于天然无主物。

⑤ 第二茬芥菜价值过低，因此虽然是人工种植的，也不必怀疑有人为此违反第七年律法，所以允许购买。

⑥ 拉比西缅认为，二茬蔬菜是自己生长的，因为没有人工管理，所以必定比第一茬长得差得多，不会有人作伪。因此在第七年允许从任何地方购买。

⑦ 虽然这些菜蔬价值不高，但如果在这些方面有所放松，其他违反律法的现象就会蔓延发展，所以都要受第七年律法的约束。

⑧ 耶路撒冷以南地区。

⑨ 迈蒙尼德认为，此处的约旦河对岸指约旦河西岸加利利与犹大之间的以色列中部地带。一说指约旦河东岸的外约旦。

⑩ 加利利地区又分为三个地区，北部为上加利利，因地势较高而得名。

⑪ 即今阿南村，在梅隆山南侧。

所有小无花果树[①]不生之地，为上加利利；自哈拿尼雅村以下，所有小无花果树生长之地，为下加利利；太巴列地区，为山谷[②]。在犹大：山区[③]、低地[④]和山谷[⑤]。路德的低地一如南部的低地，其山区一如国王的山区[⑥]。从贝特霍龙直到大海为单独一区[⑦]。

3. 为何要说三个地区？[⑧] 是为了让人们在每个地区食用，直到其从最后一个地方消失[⑨]。拉比西缅说：除犹大外不言三个地区[⑩]，其他所有地区都一如国王的山区[⑪]。对橄榄和椰枣而言，所有地区都一样[⑫]。

---

① 小无花果树在高海拔地区无法生长，因此是低地植物的标志。

② 太巴列为加利利湖西侧的城市，其西有一片南北延伸的平原。

③ 耶路撒冷以南的山区，可能也包括耶路撒冷以北直到耶斯列山谷的山区。

④ 耶路撒冷以南的低地，可能包括低矮的丘陵地带。

⑤ 南至因该地、北至杰里科的死海谷地。

⑥ 这一小段是在定义"约旦河对岸"的三个组成地区。路德：今以色列西部沿海平原中段的地区名。路德地区的作物成熟时间大概与犹大地区不同，此处特别规定这两个地区的避屋律法的时间是一致的，也就是说在路德地区可以食用第七年产品，只要该产品还在犹大地区的相应地段的田地里生长。

⑦ 这是"约旦河对岸"地区的第三个地区，该区域的避屋时间表自成一体，不与其他地区相关联。

⑧ 既然每个地区都分为三个地方，那么为什么不说九个地方，而要说三个地区？

⑨ 划分三个地区的原因是为了制定三个适应各自地方的避屋时间表，这样在某个地区，农产品的消费许可时间就是该产品在本地区田地中生长的时间，而不是其他地区的生长时间。直到该产品在本地区最后一个地方的田地里消失之前，这种产品都是可以食用的。

⑩ 拉比西缅认为，就避屋律法而言，以色列只分为两个地区：犹大地区和其他地区。犹大地区分为三个地方，每个地方依据自己的出产情况而各有避屋时间表。

⑪ 除犹大地区外，其他地区的避屋时间表都依国王的山区（中部山区）的时间表而定。这个地区的作物生长时间是最长的。

⑫ 此句大概不是拉比西缅的话，而是众贤哲的言论。橄榄和椰枣的避屋时间是根据节日制定的。橄榄可食用至第八年的五旬节，椰枣可食用至第八年的普珥节。

4. 可依据无主田地而食用，然而不可依据被守护者[①]。拉比约西也允许依据被守护者[②]。可依据鸟巢[③]、依据第二季果实[④]而食用，然而不可依据冬季果实[⑤]。拉比犹大允许所有的时间，只要果实是在夏季结束前成熟的[⑥]。

5. 若在一个桶中腌制三个品种[⑦]，拉比以利以谢说：依据第一个品种食用[⑧]。拉比约书亚说：甚至可以依据最后一个品种[⑨]。拉班迦玛列说：任何其同种在田野中消失者都当将其从桶中移除[⑩]。律法如其所言。拉比西缅说：所有蔬菜之避屋均一致[⑪]。可食用马

① 只要无主田地里还有同类产品，收回家中的果实就可以食用，而不必行避屋律法而充公。有人守护的有主田地里的情况不能作为避屋律法的时间标志。

② 拉比约西认为只要不非法守护其产品，有主田地跟无主田地的情况应该是一致的。

③ 如果鸟巢里还有储藏的同类果实，那么家中收藏的同类果实就可以被食用。

④ 对于一年收两季的果实（主要是一些特别品种的无花果）而言，只要第二季还在生长，第一季的收获就可以食用。

⑤ 某些果实（主要是葡萄）可能被留到冬天才收获，这是人们有意做的，不是该果实的自然消失时间，所以不能以收获时间作为行避屋律法的时间。

⑥ 只要夏天成熟了，那么收获时间才是避屋时间。

⑦ 把第七年野生的三种蔬菜腌在同一个桶中。

⑧ 第一种在田野消失的蔬菜为行避屋律法的标准，在这种蔬菜消失之后，一同腌制的其他两种蔬菜也不能再食用，虽然它们在田野中还有同类，但在腌制过程中已经吸入了第一种蔬菜的气味。

⑨ 三种蔬菜都可以食用至其中最后一种蔬菜在田野里消失。在拉比约书亚看来，正是由于三种蔬菜相互吸收，因此只要有一种蔬菜的避屋时间未到，那么每种蔬菜内都至少有某些尚未避屋的成分，而一种蔬菜是否行避屋律法是根据其未避屋成分决定的，而不是根据其避屋成分。

⑩ 拉班迦玛列对两人的说法进行折衷，要求把避屋时间已到的蔬菜从桶中移除，不再食用，但不影响避屋时间尚未到的蔬菜。

⑪ 所有蔬菜都只有一个避屋时间，即田野中最后一种蔬菜消失的时间。也就是说，只要田野中还有蔬菜，则无论要食用的蔬菜是否还在田野中存在，都可以继续食用。

齿苋[1]，直至洋蓟[2]从贝特纳图法谷地[3]消失。

6. 采集湿润草叶者，直至湿气干涸[4]；收集干草者，直至第二场雨下过[5]。芦苇叶与葡萄叶，直至其从母枝凋落[6]；然收集其干者，则直至第二场雨下过[7]。拉比阿奇瓦说：所有这些均至第二场雨下过[8]。

7. 与此相似[9]，将房屋租给其友伴至雨季者，至第二场雨下过[10]。发誓[11]不从其友伴处受益至雨季者，至第二场雨下过。穷人入果园至何时？至第二场雨下过[12]。自何时起可从焚烧第七年之断株和秸秆受益？自第二场雨下过[13]。

8. 拥有第七年果实者，在避屋时间到来时，当给每个人分三顿

---

① 一种消失得极早的蔬菜。

② 最晚消失的蔬菜。

③ 该地在伯利恒南部，极为潮湿，所以那里的洋蓟是全以色列消失得最晚的蔬菜。

④ 允许使用新鲜草叶（食用或喂养牲畜）直到地面雨水湿气消失，此时土地干燥，田野中的草叶也开始枯黄，因此是新鲜草叶的避屋时间。

⑤ 第二场雨：指第八年新年过后的第二场雨，犹太新年在雨季到来之前。这场雨的具体日期众说纷纭，时间在玛西班月初七至二十三日之间（律法定为二十三日），大体上是公历10月或者11月。此时田野中草叶开始回黄转绿，干草消失，因此干草的避屋时间到来，不可再继续使用。

⑥ 新鲜芦苇叶和葡萄叶不受地气影响，所以以是否从枝头凋落为避屋标准。

⑦ 但干枯的芦苇叶和葡萄叶则与落雨有关，因此以雨季为准。

⑧ 第八年的第二场雨是唯一标准。

⑨ 与第二场雨相关的其他一些律法。

⑩ 如果租房合同写明租期至雨季为止，那么房客可以一直住到第二场雨下过之后。

⑪ 发誓不做一种本来可以做的事情。

⑫ 第七年穷人可以去果园采摘果实，但第二场雨下过之后，新苗开始发芽，穷人进果园可能踩坏庄稼，所以到此为止。

⑬ 断株和秸秆属于牲口饲料，在第七年不得焚烧浪费，第二场雨下过后第七年律法失效，此后焚烧就是允许的。

之食品[1]。穷人可在避屋之后食用,然而富人不可[2]。此为拉比犹大之言。拉比约西说:穷人一如富人,均可在避屋后食用[3]。

9. 对第七年果实作为遗产落入其手,或作为礼物获赠者[4],拉比以利以谢说:应送给可食用者[5]。而众贤哲说:不是让罪者得报偿[6],而是把那些食品卖给他[7],其售资分给每个人[8]。在分留举祭饼[9]之前食用第七年面食者,当死[10]。

---

① 避屋时间一到,户主不能再储藏相应的第七年食品,所以他把食品首先分给家人每人三顿的量,其次分给亲戚朋友,最后放在家门口,宣布凡是需要的都可以来拿。

② 《出埃及记》23:11:"只是第七年要叫地歇息,不耕不种,使你民中的穷人有吃的,他们所剩下的,野兽可以吃。你的葡萄园和橄榄园也要照样办理。"据此则只有穷人可以食用第七年食品。

③ 拉比约西将《出埃及记》23:11中"使你民中的穷人有吃的"一句解释为"使你穷人和人民有吃的",这样穷人、富人都可以食用。

④ 第七年果实为无主物,无论从何处得到,都不能感谢他人。将第七年果实作遗产或礼物赠人,以获得他人感激,这是违反律法的行为。

⑤ 获赠者自己不能食用,送给其他食用而不会感激的人去食用。

⑥ 接受别人的第七年遗产或赠礼本身就是过犯(因为他一定会心存感激)。让他把这些食品转送他人,实际上是让他从这些非法遗产或赠礼中受益,因此是不允许的。

⑦ 他必须出钱买下这些食品,自己食用,这样就完全不会感激赠送者了。

⑧ 他买食品的钱由法庭分给众人,而不是由他自己分送,以免引起别人感激。

⑨ 关于在揉面团时要分留举祭饼给祭司的规定,参见《民数记》第15章。

⑩ 正常年份的面团如果不分留举祭饼的话,要遭天谴暴死。此处则规定第七年面食虽然是无主物,但分留举祭饼的规定不变。

第10章

1.第七年豁免债务[①],无论有借据的还是无借据的[②]。商店欠账不予豁免,若将其转为债务则予以豁免[③]。拉比犹大说:先前的予以豁免[④]。雇工工资不予豁免[⑤],若将其转为债务则予以豁免。拉比约西说:在第七年中止的工作予以豁免,第七年未中止者则不予豁免[⑥]。

2.在新年宰牛分送者[⑦],若此月[⑧]闰日,则予以豁免;否则不

---

① 第七年解除债务的律法源自《申命记》15:1~5。

② 有借据的债务指借据中确定了抵押品(比如借债人的不动产)的债务。

③ 商店出售物品,并不借债,延期付款仍然是买卖行为,并不构成债务,但如果店主对欠款采取了某种类似对待债务的方法(确定归还日期或向法院起诉追讨,对此各家说法不一),则欠款为债务,在第七年得到豁免。

④ 如果客户又买了新东西并再次延期付款的话,那么此前的欠款就成为债务而得到豁免。

⑤ 拖欠雇工的工资不能当作债务而豁免。

⑥ 凡是律法规定第七年禁止做的工作,第六年拖欠的工资就成为债务而豁免,否则不能豁免。另一说是:第七年之前完结的工作,若尚未支付工钱,则改欠款成为债务而得到豁免,否则不得豁免。

⑦ 几个人商量好合买一头牛过年(第八年),其中一人承担此事,将牛买来宰好分送各家,此时各家欠此人的购买及屠宰费用。

⑧ 指以禄月,犹太历每年的最后一个月。

予豁免[①]。强奸犯[②]、诱奸犯[③]、损毁名誉者[④]以及一切法庭裁决[⑤]，均不得豁免[⑥]。收抵押品而出借者[⑦]、将借据上交法庭者[⑧]，均不予豁免。

3. 补落资簿[⑨]不予豁免。此为希列长老所立律令之一。当看到人们避免彼此借贷[⑩]，违反《托拉》所写"你要谨慎，不可心里起恶念"[⑪]等等之时，希列便设立了补落资簿[⑫]。

4. 此为补落资簿文体：我向你们，某某人与某某人，某地之法

---

① 犹太历新年为提斯利月初一，以新月为标志。由于新月每年出现的时间可能有变化，这就导致此前的以禄月可能出现三十天，而不是惯常的二十九天的情况。这样，宰牛人可能以为他是在第八年新年宰的牛，可以算作债务，但如果那天新月未出现，则成为第七年的以禄月三十日，债务豁免，不能追讨。

② 参见《申命记》22:27～29。强奸尚未许人的女子的男人或支付五十舍克勒银子的罚款，或娶该女子为妻(如果该女子同意)。

③ 参见《出埃及记》22:16～17。诱奸处女者，或出聘礼娶该女子为妻，或出聘礼赔偿损失。

④ 参见《申命记》22:13～19。损毁新娘名誉者，罚款一百舍克勒银子。

⑤ 法庭作出的有关赔偿或支付债务的裁决。

⑥ 上述几项均不得以第七年为借口而加以豁免。

⑦ 如果债主手中有借债人的抵押品(不是仅仅写在借据上)，则无须豁免，因为他不用去收债。

⑧ 借据上交法庭，请求法庭帮助收债者，其借贷不应豁免，因为他本人不用收债，而是法庭代为收债。根据是《申命记》15:3："但借给你弟兄，无论是什么，你要松手豁免了。"所以不亲手收取的债务不在豁免之列。

⑨ 补落资簿：音译，原词出自希腊文，字面意义为"富人保护法案"或"贫富保护法案"，是一份在借贷行为实现之前，由借贷双方及证人签署并由法庭认可的文件，该文件保证这笔贷款不会因第七年而被豁免。

⑩ 在接近第七年的时候，人们不肯借钱给别人，担心债务被豁免。

⑪ 《申命记》15:9："你要谨慎，不可心里起恶念，说，第七年的豁免年快到了，你便恶眼看你穷乏的弟兄，什么都不给他，以致他因你求告耶和华，罪便归于你了。"

⑫ 第二圣殿时期第七年豁免债务律法属于拉比律法，因此拉比法庭有权进行修正。

官[①]，呈请：欠我的任何借贷，我均可在我愿意的任何时候收回。法官或证人则在下边签字[②]。

5. 日期提前之补落资簿有效，后延者无效[③]。日期提前之债务借据无效，后延者有效[④]。一人借自五人者，每人各写一份补落资簿；五人借自一人者，只给所有人写一份补落资簿[⑤]。

6. 除非以土地为凭，否则不得出具补落资簿[⑥]。若其人无之，则从他的田地中授予他任意一块[⑦]。若他在城中有一块抵押了的土地，可以此为凭出具补落资簿[⑧]。拉比胡茨比特说：可以其妻之

---

① 此处提及两个法官。传统上认为这是省略的说法，补落资簿事实上需要三名法官的认定。

② "我向你们……呈请……"一段，由呈请人在法官面前宣读，然后形成包括这一段在内的法律文件——补落资簿。补落资簿可以是法庭声明，由法官签字；也可以是描述执行过程的证词，由证人签字。

③ 补落资簿只对文件形成前发生的债务有效，因此把补落资簿的日期提前(如六月做成的文件上日期写成五月)，吃亏的只有债主(在文件标明日期和实际签署日期之间借出的债务得不到豁免)，因此是有效的；反之则借债人吃亏，因此无效。

④ 对于注明了抵押品(通常是不动产)的债务借据来说，把日期提前会让债主占便宜，在这种情况下，万一抵押品在标明日期和实际签署日期之间被卖掉了，债主仍然可以争夺这项产业。如果后延，那么借债人可以在借贷时间与标注日期之间把抵押品卖掉，这样借据上的抵押品等于是在签约前被卖掉的，是无效抵押品。

⑤ 补落资簿由债主向法庭申请，涵盖任何债务，与借债人多少无关，所以有多少个债主，就需要出具多少份补落资簿。

⑥ 由于补落资簿的债务要法庭去收取，所以这债务必须是以不动产(土地)作抵押的，否则借债人可以把抵押品藏起来，使法庭无法履行职责。因此，被授予补落资簿的债务一定是有不动产作抵押的债务。

⑦ 如果借债人没有土地，那么债主可以把自己土地中任意大小(即使是小得可以忽略不计)的一块象征性地送给借债人，并以此为抵押品出具补落资簿。

⑧ 借债人有一块土地，但土地在另一次借贷中抵押出去了，尽管如此，这块土地仍然可以作为补落资簿的凭据，因为债主可以与另一个债主轮流使用这块土地，以达到收债的目的。

产业为凭为人出具[1]，以其监护人之产业为凭为孤儿出具[2]。

7. 对蜂窝[3]，拉比以利以谢说：此如土地，可以此为凭出具补落资簿[4]。在其原处不沾染不洁[5]，安息日从其中采收则受责[6]。而众贤哲说：此非土地，不得以此为凭出具补落资簿[7]。在其原处可沾染不洁[8]，安息日从其中采收则免责[9]。

8. 对第七年偿还债务者，当说："我豁免了。"若他说："尽管如此"[10]，则可受之，因为《圣经》说："豁免的定例乃是这样。"[11]与此类似，流亡到逃城的杀人者[12]，若城中人要尊崇他，他当对他们说："我是杀人者。"若他们对他说："尽管如此"，则可受之，因为《圣经》说：

---

① 借债人没有土地，但其妻子有土地，即使借债人事实上对这块土地不拥有任何权利，作为补落资簿的凭据也是足够的。

② 监护人为没有不动产的孤儿借贷，可以用自己的土地作抵押以出具补落资簿。

③ 此处指的是放在土地上但没有被固定的蜂窝。若被固定，则其地位相当于土地，可以此为凭出具补落资簿。

④ 作为出具补落资簿的土地，借债人不必真有所有权，只要有权在那块土地上放置物品即可，因此放在土地上的蜂窝也可以算数，如果不是不经主人许可就放在那里的话。

⑤ 土地不沾染不洁，拉比以利以谢认为蜂窝与土地有同等地位，自然也不沾染。但如果离开原位，就成为动产，有可能沾染。

⑥ 由于蜂窝等于土地，因此从蜂窝中采收蜂蜜等于从土地上收获庄稼，而安息日禁止收获，因此受责。

⑦ 除非借债人能证明安放蜂窝的土地是租给他的，否则不能以蜂窝作抵押。

⑧ 蜂窝的地位相当于器皿，当然可以沾染不洁。

⑨ 从蜂窝中采收蜂蜜不算收获，因此在安息日做这件事情也是免责的。

⑩ 尽管你已经豁免了，但我仍要偿还。

⑪ 《申命记》15:2。"定例"一词在希伯来语原文中也有"言词"的意义，且是单数，因此，债主对于前来还债者只需说一次"我豁免了"，如果借债人还坚持偿还，那么债主就可以把钱收下来了。

⑫ 关于误杀人者可在逃城避难，参见《申命记》第19章。

"杀人者的定例乃是这样。"[1]

9. 在第七年偿还债务者，贤哲们为他而精神快慰[2]。从皈依者借贷者，若其子与其一同皈依，不必还给其子[3]。但如果偿还，则贤哲们为他而精神快慰[4]。所有不动产均须以搬运而购得[5]，但任何人若信守其言[6]，则贤哲们为他而精神快慰。

《第七年》卷终

---

① 《申命记》19:4。与借债者的问题一样，此处"定例"一词在希伯来语原文中也有"言词"的意义，且是单数，所以杀人者也只需要声明一次，就可以接受别人的尊崇了。

② 虽然第七年豁免债务，但不利用这种豁免而逃避债务，就可以创造良好的借贷环境，保证经济活动的有序和发展，当给予鼓励。

③ 皈依犹太教的条件之一是斩断此前的所有社会关系，因此即使其子与他一起皈依，父子关系也已不存在，如果父亲生前没有收回债务的话，儿子无权收回债务。

④ 虽然借贷者没有偿还的义务，但偿还会让这些皈依者心情愉快，坚定他们的信仰。另一说是：此处的儿子指皈依前怀孕、皈依后出生的。如果是皈依前出生的，则不可归还。

⑤ 购买不动产时，只要交钱或签署文件，交易就算完成。但购买动产时，除了交钱、签署文件外，还要实际上把物品拿走，交易才算完成，否则卖主可以不认账。

⑥ 不去钻这些律法条文的空子，而是信守诺言，承认物品已经易手，这样的行为值得赞扬。

第 6 卷

举　祭

Terumoth

提　要

按照《希伯来圣经》记载，在摩西及其继任者约书亚带领以色列人征服迦南地之后，十二个支派（雅各的十个儿子加上约瑟的两个儿子）分得了土地。在圣幕中担任圣职的利未人与祭司阶层（利未支派亚伦家族的后代）没分得土地，不过《希伯来圣经》作了几条规定，以保证他们的生活：

1. 在各支派领地划出城镇给他们居住。

2. 收获后要向祭司们支付举祭。

3. 收获过程完成后要向利未人支付什一税。

4. 利未人将什一税的十分之一转交祭司，作为什一税举祭。

5. 圣殿祭祀的贡品归祭司所有。

6. 初熟谷物面粉揉制的面团，需要给祭司留出举祭饼。

在圣殿存在的时代，祭司们的主要工作是分班在圣殿轮值服事。这种工作使祭司们带上了某种神圣的色彩：他们必须比常人更注重保持自身和饮食的洁净；他们所应得的举祭受到神的保护，不交纳者与有意食用者将遭到天诛的惩罚；他们的婚姻受到更多的限制，并特别注重保持血统的纯正。1997 年发表于《自然》的一项研究表明，即使是在圣殿被毁近两千年后的今天，祭司的后代们仍然保持着其血统的特征。在对祭司人群和一般犹太人群的 Y 染色体分析中，研究者们发现了一种被称为“祭司型单倍体类群”的基因标志。祭司人群拥有这种标志的比例高达65%，而一般犹太人群则只有25%左右。[①]

因此，举祭不仅仅是一个纳税的问题，而是涉及圣品、洁净、处罚等大量敏感教义内容的题目。

本卷前三章讨论举祭的合格问题，包括何种人有资格分留举祭、分留的程序等问题。第4章前半段讨论举祭的数量问题，后半段与第5章均讨论举祭与其他混合而造成的混合品的问题。第6章和第7章讨论误用举祭的问题。第8章讨论举祭与女性的问题。第9章讨论举祭的使用问题。第10章讨论举祭特别是混合品烹饪的问题。第11章则讨论举祭的某些特别用法（如用作饲料或燃料）的问题。

① 参见 Michael F. Hammer 等《犹太祭司的 Y 染色体》，载《自然》杂志第385卷第32期（1997年1月2日）。

相关《希伯来圣经》段落

1.《民数记》

18:8　耶和华晓谕亚伦说，我已将归我的举祭，就是以色列人一切分别为圣的物，交给你经管。因你受过膏，把这些都赐给你和你的子孙，当作永得的分。

18:11　以色列人所献的举祭并摇祭都是你的。我已赐给你和你的儿女，当作永得的分。凡在你家中的洁净人都可以吃。

18:12　凡油中，新酒中，五谷中至好的，就是以色列人所献给耶和华初熟之物，我都赐给你。

18:13　凡从他们地上所带来给耶和华初熟之物也都要归与你。你家中的洁净人都可以吃。

18:14　以色列中一切永献的都必归与你。

18:15　他们所有奉给耶和华的，连人带牲畜，凡头生的，都要归给你。

18:25　耶和华吩咐摩西说，

18:26　你晓谕利未人说，你们从以色列人中所取的十分之一，就是我给你们为业的，要再从那十分之一中取十分之一作为举祭献给耶和华，

18:27　这举祭要算为你们场上的谷，又如满酒榨的酒。

18:28　这样，你们从以色列人中所得的十分之一也要作举

祭献给耶和华，从这十分之一中，将所献给耶和华的举祭归给祭司亚伦。

18:29 奉给你们的一切礼物，要从其中将至好的，就是分别为圣的，献给耶和华为举祭。

18:30 所以你要对利未人说，你们从其中将至好的举起，这就算为你们场上的粮，又如酒榨的酒。

18:31 你们和你们家属随处可以吃。这原是你们的赏赐，是酬你们在会幕里办事的劳。

18:32 你们从其中将至好的举起，就不至因这物担罪。你们不可亵渎以色列人的圣物，免得死亡。

2.《申命记》

18:4 初收的五谷，新酒和油，并初剪的羊毛，也要给他。

3.《利未记》

22:10 凡外人不可吃圣物，寄居在祭司家的，或是雇工人，都不可吃圣物。

22:11 倘若祭司买人，是他的钱买的，那人就可以吃圣物，生在他家的人也可以吃。

22:12 祭司的女儿若嫁外人，就不可吃举祭的圣物。

22:13 但祭司的女儿若是寡妇，或是被休的，没有孩子，又归回父家，与她青年一样，就可以吃她父亲的食物，只是外人不可吃。

22:14 若有人误吃了圣物，要照圣物的原数加上五分之一交给祭司。

4.《申命记》

12:6 将你们的燔祭，平安祭，十分取一之物，和手中的举祭，并还愿祭，甘心祭，以及牛群羊群中头生的，都奉到那里。

5.《尼希米记》

10:35 又定每年将我们地上初熟的土产，和各样树上初熟的果子，都奉到耶和华的殿里。

10:36 又照律法上所写的，将我们头胎的儿子，和首生的牛羊，都奉到我们神的殿，交给我们神的殿里供职的祭司。

10:37 并将初熟之麦子所磨的面和举祭，各样树上初熟的果子，新酒与油奉给祭司，收在我们神殿的库房里，把我们地上所产的十分之一奉给利未人，因利未人在我们一切城邑的土产中当取十分之一。

10:38 利未人取十分之一的时候，亚伦的子孙中，当有一个祭司与利未人同在。利未人也当从十分之一中取十分之一，奉到我们神殿的屋子里，收在库房中。

10:39 以色列人和利未人要将五谷，新酒，和油为举祭，奉到收存圣所器皿的屋子里，就是供职的祭司，守门的，歌唱的所住的屋子。这样，我们就不离弃我们神的殿。

第1章

1. 五种人不贡举祭，即使贡献，其所贡亦非举祭[①]。聋子[②]、狂人[③]、儿童[④]、贡献非其所有者[⑤]、贡献以色列人所有之物的异教徒，即使同意，其所贡献亦非举祭[⑥]。

2. 能说不能听的聋子，不得贡献[⑦]；然若贡献，其所贡献为举祭[⑧]。众贤哲在各处所说之聋子，指既不能说亦不能听者[⑨]。

3. 未长出两根毛发之儿童，拉比犹大说：其所贡献为举祭[⑩]。拉比犹大说：若未到起誓年龄[⑪]，其所贡献非为举祭；若已到起誓年

---

① 举祭为属于神的至圣物，不是任何人都能贡献的。

② 实际上指聋哑人（见下节），在当时被认为是心智不全的。《出埃及记》25：2："你告诉以色列人当为我送礼物来，凡甘心乐意的，你们就可以收下归我。"在拉比犹太教看来，"甘心乐意的"实指"心智健全的"。

③ 指行为乖张、不合常情者，如无故毁坏物品、夜间无故独行旷野等。

④ 男孩子十三岁以下、女孩子十二岁以下，且未长出至少两根阴毛者。

⑤ 拿别人的果实交纳举祭是无效行为，除非物主事先同意或委托这样做。

⑥ 举祭为至圣品，所以异教徒不得参与其事，否则为无效行为，即使犹太物主同意也不行。

⑦ 因为分留举祭时要诵念祷文，诵念者须倾听自己的祝祷，聋子能说不能听，所以不应该主动分留举祭。

⑧ 能说话的人被认为是心智健全的人，因此如果他确实做了分留，其举祭是有效的。

⑨ 此句解释本节律法与上节律法的差别来源。

⑩ 尚未长出两根阴毛，但岁数已经超过十三岁（男孩子）或十二岁（女孩子）的少年。另一说是：拉比犹大认为即使岁数不到，也可以分留举祭，因为《出埃及记》25：2所说的情况不适用于儿童分留举祭。

⑪ 起誓年龄为誓言有效的开始年龄，一般是在成年礼前一年的时间，男子十二岁，女子十一岁。

龄，其所贡献为举祭[①]。

4. 不得贡献橄榄代替橄榄油，亦不得以葡萄代替葡萄酒。若已贡献，沙玛伊学派说：其为自身之举祭[②]。希列学派说：其所贡献非举祭[③]。

5. 不得从遗落品[④]、从忘收品[⑤]、从田角捐[⑥]、从无主物[⑦]、从已分留过举祭的第一什一税[⑧]、从被赎买的第二什一税及献品[⑨]中分留举祭。不得分留欠税者以代替免税者，亦不得分留免税者以代替欠税者[⑩]。不得分留已收割者以代替尚生长者，亦不得分留尚生长者以代替已收割者[⑪]。不得分留新收者以代替旧有者，亦不得分留旧有者以代替新收者[⑫]。不得分留以色列地之果实以代替域外果实，亦不得分留域外果实以代替以色列地之果实[⑬]。若已贡献，

---

① 分留举祭与履行誓言相似，都是实践某一约定的言辞，因此如果儿童的誓言有效，那么其分留的举祭也就是有效的。

② 贡献的橄榄作为橄榄的举祭，但不得计为橄榄油的举祭。

③ 橄榄与橄榄油应该分留一份举祭，因此分留的橄榄不能算数。

④ 参见本部《田角捐》4:3 相关注解。

⑤ 参见本部《田角捐》4:3 相关注解。

⑥ 参见本部《田角捐》。

⑦ 参见本部《得卖疑》第1章与《禁混种》第7章相关注解。以上四种产品都免于什一税，因此不得分留举祭。

⑧ 从第一什一税中分留的举祭为什一税举祭，这里是说分留后剩下的第一什一税不能用作大举祭。

⑨ 第二什一税和献给圣殿的献品无分留举祭的责任，因此在被赎买后也不必分留。

⑩ 免税者：指因各种特定原因而被免除什一税的产品（如在未成熟阶段收获的产品），这类产品同时也免举祭，所以不能跟必须交纳什一税的产品混淆在一起。

⑪ 举祭只是针对已收割者，未收割者不算数，因此两者不能混淆。

⑫ “新收者”指当年产品，“旧有者”指往年产品，举祭和什一税都必须从当年产品中分留，与往年产品无关。

⑬ 域外产品不分留什一税（叙利亚、巴比伦以及其他一些特定地区的产品例外），因此不能与以色列地的产品混淆。

其所贡献非举祭。

6. 五种人不贡举祭，然若贡献，其所贡献为举祭。哑巴[①]、醉汉[②]、裸体者[③]、盲人[④]、失精者[⑤]均不贡献，然若贡献，其所贡献为举祭[⑥]。

7. 不得依据大小、分量、数量分留举祭[⑦]；但可从量过大小者、称过分量者、计过数量者中分留举祭[⑧]。不可以作为量器的篮子或容器分留举祭，但可以其半量或三分之一量分留举祭[⑨]。不得以细亚容器之半分留举祭，因其半为量器[⑩]。

8. 不得分留橄榄油以代替榨开的橄榄，亦不得分留葡萄酒以代替压榨的葡萄[⑪]。但若已贡献，其所贡献为举祭；然需重新分留

---

① 哑而不聋，则心智健全，但不能诵读祝祷文，所以不能分留。

② 醉汉神志不清，其所分留的什一税不能保证质量（应该是最好的）或数量。

③ 生殖器暴露者禁止诵读祝祷文，因此也不能分留举祭。

④ 盲人分辨不清产品的质量，因此也不能分留。

⑤ 失精者在行浸礼洁身前不得诵读祝祷文（参见本部《祝祷》3:4）。

⑥ 这些人不该分留举祭，但如果分留了，其举祭仍然有效。

⑦ 《希伯来圣经》没有规定举祭的数量，按拉比律法的规定，举祭至少为产品的六十分之一，至多为四十分之一，但禁止精确衡量举祭的数目，因为这与《希伯来圣经》律法相抵触。

⑧ 虽然禁止精确衡量举祭，但当交举祭的产品本身可以精确衡量，以便估算应该分留多少举祭。

⑨ 量器：指确知其容量大小的任何容器，不可用这样的容器装满收获物来分留举祭，因为这样举祭的数量就过于精确，但可以在不满的时候用这些容器分留，这样只是大致估算，不会很精确。

⑩ 细亚容器：指容量为一细亚的容器，这是当时最常用的容器，半细亚也是常用单位，常人都能用一细亚的容器精确分出，因此不能用这些单位分留举祭。

⑪ 榨开橄榄、压榨葡萄都是制作橄榄和葡萄酒的工序，不可以用已加工好的产品为尚未加工好的产品分留什一税。

举祭[①]。第一批因其自身为混合禁品[②]，且为此收取五一费[③]，但不是第二批[④]。

9. 可分留橄榄油以代替腌橄榄，亦可以葡萄酒代替制作葡萄干的葡萄[⑤]。若以橄榄油代替食用橄榄，或以橄榄[⑥]代替食用橄榄；以葡萄酒代替食用葡萄，或以葡萄[⑦]代替食用葡萄，以后又决定压榨，则无须再分留[⑧]。

10. 不得从加工完成者中分留举祭以代替加工未完成者，亦不得以加工未完成者代替加工完成者；不得以加工未完成者代替加工未完成者[⑨]。然若已贡献，其所贡献为举祭[⑩]。

---

① 如果分留的话，那么被分留的举祭仍然有效，但被代交的加工中的产品（橄榄、葡萄）则须在加工完成后再分留一次举祭。

② 举祭如果掉进俗品里，且俗品与举祭的比例小于100∶1的话，那么这混合物就成了禁用品，除祭司外其他人不得享用。在本节的情况下，第一次分留的举祭也有同样的“能力”，如果掉进俗品里的话，仅以自身为依据就可以把俗品变成禁用品。

③ 如果有人不小心吃了这类混合物，则需赔偿其原价加五分之一的附加费。

④ 这第二批举祭是按照拉比律法分留的，不适用于五一费的规定，因此误食者只需要赔偿原价即可。

⑤ 葡萄干和橄榄油都被视为已加工完成的食品，与橄榄油和葡萄酒地位相当，因此可以混合分留举祭。

⑥ 指腌橄榄。

⑦ 指用于制作葡萄干的葡萄。

⑧ 由于此处涉及的都是已加工食品，因此分留一次举祭即可，即使物主在分留后又改变主意，决定压榨剩余的橄榄或葡萄以制作橄榄油或葡萄酒，他也不需要再次分留举祭。

⑨ 本节总结本章所讨论的相关实例的内在规则，也就是举祭必须在已加工好的食品中分留。

⑩ 虽然不合律法，但违反上述规则所分留的举祭的地位并不受影响，仍然被看作举祭。

第 2 章

1. 不得从洁净品中分留举祭以代替不洁品[①]，然若已贡献，则其所贡献为举祭[②]。他们正确地[③]说：压制无花果饼部分沾染不洁者，从其洁净部分为其不洁净部分分留举祭[④]，成捆之蔬菜如此，成堆之谷物亦如此。若有两块饼，两捆、两堆，其一沾染不洁而其一洁净，不得以此为彼分留举祭[⑤]。拉比以利以谢说：可从洁净品中分留举祭以代替不洁品[⑥]。

2. 不得从不洁品中分留举祭以代替洁净品[⑦]。已分留者，若失误，则其所贡献为举祭[⑧]；若有意，则一事无成[⑨]。同样，利未族人

---

① 举祭分留应遵循就近原则，比如两个仓库的谷物应各自分留举祭，而不是从一个仓库里给两个仓库分留。如果从洁净品中给不洁品分留，两者一定相距很远，因为物主不愿意让两者接近，从而造成洁净品沾染不洁，因此是不许可的。

② 违反就近分留原则不会使已分留的举祭失效。

③ 此说无《希伯来圣经》依据，但属于"西奈山摩西所受律法"，因此是有效的。

④ 无花果已经被压成了一个饼子，因此无论怎样分留都不会违反就近分留原则。以下的蔬菜捆和谷物堆也是同一个道理。

⑤ 如果有两块饼子、两捆蔬菜、两堆谷物，则就近分留原则不能被保证执行，因此禁止交互分留。

⑥ 拉比以利以谢认为，这种分留不会影响就近分留原则，因此总是许可的。

⑦ 举祭必须是最好的产品，是洁净品，拿不洁品代替洁净品分留举祭会使祭司们的收入遭受损失。

⑧ 如果是无心失误，则其所分留的举祭有效。迈蒙尼德认为，如果分留之前就不洁，则无论如何都是无效的，只有分留之后不小心沾染不洁才是有效的。

⑨ 有意拿不洁品充抵洁净品举祭者，其所贡献的举祭无效，需另外分留。

拥有税前品什一税[①]，并不断从中提留者[②]，若失误，则成事不说[③]；若有意，则一事无成[④]。拉比犹大说：若他开始时知道此事，则即使他失误，亦一事无成[⑤]。

3. 安息日浸洗器皿者[⑥]，若失误，则使用之；若有意，则不得使用之[⑦]。在安息日分留什一税或烹饪者[⑧]，若失误，则可食用；若有意，则不得食用[⑨]。安息日种植者[⑩]，若失误，则活之；若有意，则拔之。而在第七年，则无论失误或有意，均拔之[⑪]。

4. 不得从一个品种中分留举祭以代替另一品种[⑫]。若已分留，则其所贡非举祭。所有小麦均为一个品种，所有鲜无花果、干无花果和压制无花果饼均为一个品种；且可彼此分留举祭。所有有祭

① 利未族人获得第一什一税后需拿出十分之一交给祭司，是为什一税举祭，尚未分留什一税举祭的第一什一税为税前品什一税。此时此什一税为不洁品。

② 从税前品什一税中给其他什一税分留什一税举祭，也就是用不洁品替洁净品分留举祭。

③ 如果不是有意的，那么做了就做了。

④ 有意这样做的，那么其所贡献的什一税举祭无效，需另外分留。

⑤ 如果他开始时知道什一税举祭尚未分留，但后来忘记此事，误将这批什一税替其他什一税代交了举祭，则其所交举祭无效。

⑥ 在安息日将不洁器皿放入浸礼池，使之成为洁净器皿，这种行为是禁止的，因为洁净后的器皿可以有更大的用途，所以这种行为属于修补工作。

⑦ 安息日过后才能使用。

⑧ 安息日烹饪为《希伯来圣经》律法所禁止，分留什一税则为拉比律法视为修补行为，因此禁止。

⑨ 只有安息日过后才可以食用。

⑩ 安息日种植为《希伯来圣经》律法所禁止。

⑪ 与安息日相比，更多的人违反第七年律法，因此第七年律法比安息日严格。

⑫ 参见《民数记》18:12："凡油中，新酒中，五麦中至好的，就是以色列人所献给耶和华初熟之物，我都赐给你。"按拉比犹太教的理解，此处油、酒、五麦分列，表明这些品种的举祭不可互换。

司之地均从佳品而分留举祭[1],所有无祭司之地均从可藏品而分留举祭[2]。拉比犹大说:永远从佳品而分留举祭[3]。

5. 分留完整的小洋葱,而不是半个大洋葱[4]。拉比犹大说:不是这样!而是半个大洋葱[5]。同样,拉比犹大还说:分留市民的洋葱,以代替乡民的洋葱,但不可以乡民的代替市民的,因其为要人之食物[6]。

6. 可贡献油橄榄以代替腌橄榄,而不可以腌橄榄代替油橄榄[7];可以未烫过的酒代替烫过的,而不可以烫过的代替未烫过的[8]。此为规则:一切彼此为禁混种者[9],均不得互相分留,即使以佳品代替次品;一切彼此非禁混种者,可从佳品中分留举祭以代替次品,却不可以次品代替佳品。而若已从次品中分留以代替佳品,则其所

① 有祭司居住的地方要把产品中最好的拿出来作举祭,此为《希伯来圣经》律法(参见《民数记》18:12)。

② 在没有祭司居住的地方,物主要等找到一个祭司后才能把举祭贡出去,这个过程也许相当长,因此要把最利于储藏的食品分留作举祭,以免发生腐坏。

③ 照拉比犹大看,分留最好食品是《希伯来圣经》律法,不得违反,所以即使是在没有祭司居住的地方,如果他要分留无花果举祭的话,也应该分留鲜无花果,而不是利于储藏但味道稍差的干无花果。不过,由于鲜无花果容易腐烂,所以物主可以将分留后的鲜无花果制成干无花果,而未来接受这些干无花果的祭司则要向物主支付加工费。

④ 本节继续上节的主题,在没有祭司居住的地方,如果要分留洋葱举祭的话,当选用整个的小洋葱而不是半个大洋葱,后者虽然被认为品质较好,但容易腐烂。

⑤ 拉比犹大坚持他在上节的观点,认为应该留下最好的。

⑥ 拉比犹大认为,城里的洋葱比乡下洋葱好,因为重要人物都吃这种洋葱,因此虽然乡下洋葱更利于储藏,还是应该分留城里洋葱。

⑦ 油橄榄为含油量高的橄榄,用来制作橄榄油,品质高于食用的腌橄榄。

⑧ 未烫过的酒品质味道均优于已烫过的酒。按:由于外邦人有拿葡萄酒祭献偶像神灵的可能性,因此任何未烫过的酒只有在外邦人未曾接触之前才能饮用。同时由于犹太教相信异教徒不会祭献已烫过的酒,因此只要保证这酒在烫之前外邦人未接触过,就可以放心饮用。因此,酒坊会生产一些出厂前就烫过的酒。

⑨ 指不同种类的作物,参见本部《禁混种》。禁混种即不同种类,因此不能互留举祭。

贡献为举祭[1]。但以毒麦[2]代替小麦者除外,因其并非食品。黄瓜与甜瓜为同一品种。拉比犹大说:为两个品种[3]。

① 《民数记》18:32:"你们从其中将至好的举起,就不至因这物担罪。"虽然这里讲的是利未人分留什一税举祭时候的事情,但道理是一样的。如果一个人在分留举祭时以次充好,则必担罪,但前提条件是他所分留的举祭有效,否则罪名就不成立。因此,此处规定以次充好的举祭如果已经分留,则为有效举祭。

② 毒麦与小麦不互为禁混种,参见本部《禁混种》1:1 相关注解。

③ 这是众贤哲与拉比犹大有关禁混种的争论,参见本部《禁混种》1:2。

第 3 章

1. 贡献甜瓜而被发现味苦者，贡献西瓜而被发现娄变者，均为举祭，然需重新分留举祭[①]。贡献一桶酒而被发现为醋者，若在分留举祭之前已知其为醋，则非举祭[②]；若分留后变酸，则此为举祭。若有疑问[③]，则为举祭，然需重新分留举祭。第一批不因其自身而为混合禁品，且不为此收取五一费[④]；第二批亦如此。

2. 若其一掉入俗品之中，不使其成为混合禁品[⑤]。若其二掉入另一位置，不使其成为混合禁品。若两者掉入同一位置，则依据两者中之小者确定混合禁品[⑥]。

3. 合伙人先后分留举祭[⑦]，拉比阿奇瓦说：两人所分留者均为

---

① 味苦的甜瓜、娄变的西瓜是坏到无法食用程度的食品，不是一般的以次充好，因此即使是无意的，也要重新分留举祭。

② 酒和醋在此看作是两个品种，不得互留举祭。

③ 如果物主搞不清楚酒究竟是在分留前变酸的还是分留后变酸的，则存疑。

④ 关于举祭与混合禁品及五一费的关系，参见本卷 1:8 相关注解。此节所谈的物品因为其自身举祭的地位有疑问，因此即使出现混合，只要俗品多于举祭，俗品的地位即保留，不必非要 100:1 的比例。如果误食，也只需交足其价值即可，不必另交五一费。

⑤ 本节继续上节的讨论，具体说明凡成问题的举祭在出现混合时，不能照常把俗品变为混合禁品。

⑥ 如果两份有疑问的举祭掉入俗品之中，则两份中最小的那份被认为是举祭，并以此确定俗品是否成为混合禁品：如果俗品与举祭之比大于 100:1，则将掉入的两份举祭同量的食品拿出来交给祭司，其余为俗品；如果小于 100:1，则全部变为混合禁品。

⑦ 两人共同拥有一块产业，其中一人从其产品中分留了举祭，另一人在不知情的情况下又分留了一次。

举祭[①]。众贤哲说：第一人所分留者为举祭[②]。拉比约西说：若第一人按比例分留举祭，则第二人之贡献非举祭；若第一人未按比例分留举祭，则第二人之贡献为举祭[③]。

4. 此说[④]何指？指未言定者[⑤]。但如果授权其家人、其奴隶或其仆人分留举祭，则其所贡献为举祭[⑥]。废弃者[⑦]，若在分留举祭之前废弃，则其所贡献非举祭；然若在分留举祭之后废弃，则其所贡献为举祭。雇工无权分留举祭[⑧]，榨汁工[⑨]除外，因他们会立即

---

① 拉比阿奇瓦认为，除非两人事前达成共识，由其中一人代表两人分留举祭，否则每个人所分留的举祭只是他自己那份财产的举祭。在本节所述情况下，两个合伙人所分留的举祭都只有一半有效，另一半为俗品，由于在这里无法把俗品和举祭分开，只好把两人所分留的产品卖给祭司，并从价格上减去举祭的价值(在本节所述情况下为半价)。

② 众贤哲认为，第一个人不会在其合伙人不同意的情况下替他分留举祭，因此其所分留的是有效举祭，而第二次分留的则是无效举祭。

③ 拉比约西在此进一步阐述众贤哲的观点。如果第一人所分留的比例与第二人所分留的一致，那么就可以认为两人事前有约定，第一人按比例分留的举祭就是有效的；如果不一致，就说明第二个人不同意第一个人的分法，这样两人所分留的各自对各自的财产份额有效，多出来的部分为俗品。另一说是：如果第一人所分达到总量的五十分之一，即为有效，否则无效。

④ 指上节所说的地位不确定的举祭。

⑤ 只有在两合伙人没有说定由一方代替另一方分留举祭的情况下，举祭的地位才是不确定的。

⑥ 在这种情况下，如果主人又分留了一次举祭，那么他所分留的就是俗品。

⑦ 废弃前面的授权，不让别人代他分留举祭。

⑧ 如果出现两次分留，则自动认为雇工所分留者无效。

⑨ 榨汁工：在酒坊工作的负责压榨葡萄汁的雇工。由于葡萄汁可以沾染不洁，因此雇主在雇用工人时应该信任这位工人不会造成不洁，所以也没有理由反对这位雇工分留举祭。另一说是：此处榨汁工为道友，雇主为不知经者。因雇主会造成不洁，所以由雇工来分留。

使酒桶沾染不洁[①]。

5. 说“此堆之举祭在其中”“其什一税在其中”“其什一税举祭在其中”者[②]，拉比西缅说：已命名[③]。众贤哲说：直至他说“在其北”或者“在其南”[④]。拉比以利亚撒·希斯玛说：说“为此堆分留之举祭来自其中”者，已命名[⑤]。拉比以利以谢·本·雅各说：说“此什一税之十分之一为其交纳什一税举祭”者，已命名[⑥]。

6. 将举祭放到初熟贡之前、第一什一税放到举祭之前、第二什一税放到第一什一税之前者[⑦]，虽然他违反了不可行之律，但成事不说[⑧]，因为《圣经》说：“你要从你庄稼中的谷和酒榨中滴出来的酒拿来献上，不可迟延。”[⑨]

7. 从何而知初熟贡当置于举祭之前[⑩]呢？此被称为“举祭”与

---

① 雇工若是愿意，立刻就能造成酒桶的不洁，由此可见雇主对雇工的信任。另一说是：如果作为道友的榨汁工不快分留，那么不知经者雇主就可能很快使酒桶沾染不洁，因为他会误以为榨汁工已经分留了举祭。

② 只说了应分留的各项税赋的大致方位，不能精确认定。

③ “已命名”的含义是“举祭分留有效”。拉比西缅认为，“在其中”意味着“在这些物品的中部”，含义足够清楚。

④ 众贤哲认为，在此人说清楚到底在哪个方向之前，举祭分留无效。“在其南”“在其北”指物品中最靠近南或北的部分。

⑤ “来自其中”没有“在中部”的意思，这与“在其中”不同，拉比以利亚撒·希斯玛在这方面比任何人都宽容。

⑥ 他认为，只有在分留什一税举祭时才能使用这种不精确的口头方式。

⑦ 按照律法，分留各项税赋的顺序是：初熟贡、举祭、第一什一税、第二什一税。

⑧ 物主虽然违反了顺序，但分留出来的税赋仍然有效。

⑨ 《出埃及记》22:29。拉比犹太教认为，此句即上文所说“不可行之律”，其中“庄稼中的谷”即初熟贡，因原文词根为“饱满”，也就是成熟的时候；“酒榨中滴出来的酒”即举祭，原文词根为“泪滴”，泛指葡萄酒和橄榄油的举祭，可能也包括第一什一税。因此，《希伯来圣经》此节的诫命是：“按时纳税，不得打乱秩序。”

⑩ 《希伯来圣经》并未明说初熟贡在举祭之前。

"首先",彼亦被称为"举祭"与"首先"[1]。应当说,初熟贡前置是因其生于这一切之先[2];举祭先于第一什一税是因其"首先"[3];第一什一税先于第二什一税是因其中有"首先"者[4]。

8. 想说"举祭"却说成"什一税"者,"什一税"说成"举祭"者;"燔祭"说成"平安祭"者,"平安祭"说成"燔祭"者[5];"我将不进此屋"说成"彼屋"者,"我将不从此处获利"说成"彼处"者[6];一言未发[7],直到其心口如一[8]。

9. 异教徒与古他人,其所贡献为举祭,其什一税为什一税,其所献为献品[9]。

---

① 初熟贡和举祭在《希伯来圣经》中都曾被用"举祭"和"首先"来形容,因此很难以此定先后。《申命记》12:17:"你的五麦,新酒,和油的十分之一,或是牛群羊群中头生的,或是你许愿献的,甘心献的,或是手中的举祭,都不可在你城里吃。"根据拉比犹太教传统,此处"手中的举祭"指的是初熟贡,也就是初熟贡也被称为"举祭"。《出埃及记》23:19:"地里首先初熟之物要送到耶和华你神的殿。"此处是用"首先"称"初熟贡"。《民数记》18:8:"我已将归我的举祭,就是以色列人一切分别为圣的物,交给你经管。"此处是用"举祭"称"举祭"。《申命记》18:4在谈到举祭时说:"初收的五麦,新酒和油,并初剪的羊毛,也要给他。"原文"初"与"首先"是一个词,这是用"首先"称"举祭"。

② "初熟贡"原文词根是"头生",顾名思义,它在这几项税赋中应该是首先完成的。

③ 第一什一税在《希伯来圣经》中有时也被称为"举祭"(参见《民数记》18:24"因为以色列人中出产的十分之一,就是献给耶和华为举祭的,我已赐给利未人为业"),但从未被称为"首先",因此在时间上次于举祭。

④ 第一什一税中有十分之一是什一税举祭,因举祭被称为"首先",因而拥有被称为"首先"的部分,第二什一税则无此荣幸,故屈居最后。

⑤ 平安祭、燔祭均为圣殿中献祭种类(参见《利未记》第1～6章)。

⑥ 这两句是说发誓者说错了话。

⑦ 上述错误使此人所说的话失效,等于一言未发。

⑧ 直到此人准确说出心中所想,才算有效。

⑨ 按犹太教律法,非犹太人不必交纳犹太人必交的税,但如果交纳,那么这些税是有效的。这一律法源自《利未记》22:18:"你晓谕亚伦和他子孙,并以色列众人说,以色列家中的人,或在以色列中寄居的,凡献供物,无论是所许的愿,是甘心献的,就是献给耶和华作燔祭的。"由于献祭品是最神圣的,所以外邦人既然可以献祭,自然也就可以分留举祭,交纳什一税。

拉比犹大说：异教徒的葡萄园无第四年[①]。而众贤哲说："有。"[②]

异教徒之举祭可造成混合禁品，亦为此收取五一费[③]，而拉比西缅免除[④]。

---

① 果树前三年的果实不可食用，第四年为"圣品"，只能在耶路撒冷食用。拉比犹大认为，外邦人所拥有的土地与域外土地地位相当，都不适用于第四年法规（适用于前三年法规）。

② 众贤哲认为，第四年法规同样适用于域外土地。

③ 关于举祭混入其他产品后造成混合禁品及五一费的问题，参见本卷1:8相关注解。

④ 拉比西缅认为，如果误食，只需原价赔偿即可，不必追加五一费。

第 4 章

1. 分留部分举祭与什一税者[①]，可从此处为此提取举祭[②]，但不可为别处提取[③]。拉比梅伊尔说：他也可为别处提取举祭与什一税[④]。

2. 仓中有其果实者[⑤]，若给了利未人一细亚、穷人一细亚，则可分出八细亚来食用[⑥]，此为拉比梅伊尔之言。而众贤哲说：只会根据计算量分出[⑦]。

---

① 从某一堆果实中分留了一部分举祭或什一税，尚未完成。

② 可以从同一果实堆中继续为该果实堆分留举祭，以完成规定数额。

③ 分留过部分举祭的果实堆中有税前品也有俗品，与完全未分留过举祭的果实堆全为税前品不同，因此不得从该果实堆中为其他果实分留举祭。另一说是：防止别人误以为前一堆果实的举祭已经完成。

④ 拉比梅伊尔认为，举祭未完成前的果实全部为税前品，不存在混淆的问题，因此可以用来为其他果实分留举祭。

⑤ 此节所讲的是不知经者户主雇用道友雇工为他工作，并为雇工提供饭食。由于不能在什一税问题上信任不知经者，因此需要设法确认什一税已经交纳，以免误食税前品。

⑥ 如果看到户主给了利未人和穷人各一细亚粮食，那么可以确定户主交纳了两细亚的第一什一税和穷人税（第三年和第六年的第二什一税），因此其仓中便有八细亚交过税的俗品，雇工可以食用。

⑦ 众贤哲不相信不知经者会主动为十细亚的粮食交纳什一税，因为由此得到的八细亚粮食远远超过雇工们一顿饭的需要。因此，应该认为户主只为一顿饭的量计算并交纳了什一税，而多交的部分则是出于其他原因（送给利未人或穷人的礼物）。故而雇工只能在那里吃一顿饭。

3. 举祭的比例：善目者[①]，四十分之一[②]。沙玛伊学派说：三十分之一；中等者，五十分之一；恶眼者，六十分之一。

分留举祭而经手六十分之一[③]，此为举祭，无须再分留。若再增加，则须交纳什一税[④]。

经手六十一分之一，此为举祭[⑤]。然需依照大小、分量与数量再分留其习惯数量[⑥]。拉比犹大说：亦无须来自近处[⑦]。

4. 若某人对代理人说："去分留举祭"，则当依户主之意分留举祭。若不知道户主之意，则依中等而分留，即五十分之一。少十份或多十份[⑧]，其所分留者为举祭[⑨]。若故意增加即使一份，其所分留者亦非举祭[⑩]。

---

① 指慷慨大方的善人。

② "四十分之一"是根据《以西结书》45:13"你们当献的供物乃是这样，一俄梅珥麦子要献伊法六分之一，一俄梅珥大麦要献伊法六分之一"而计算出来的。一俄梅珥等于十伊法，也就是品种单一时要分留六十分之一的举祭。当一俄梅珥的麦子与同量大麦混合时，则举祭的数量应为半伊法，也就是总量的四十分之一。

③ 本打算多分留举祭，但在实际操作过程中因种种原因而只分留了六十分之一。

④ 举祭免除什一税，但如果在已分留的六十分之一上加分举祭，则加分的部分不能免除什一税，需与剩余部分合计需交纳多少什一税。

⑤ 如果分留的什一税少于最低要求的六十分之一，则已分留者为有效什一税，但须再次分留，以补足其通常数量。

⑥ 举祭的数量在通常情况下只能大概估计，不得精确计量，但在要补足举祭的情况下，精确计量是允许的。

⑦ 有关举祭分留的就近法规，参见本卷2:1相关注解。拉比犹大认为，补足举祭是拉比律法，就近原则是《希伯来圣经》律法，因而补足时不必就近。

⑧ 虽然规定代理人应按中等分留，但实际上按三个标准分留的情况都可能发生。

⑨ 户主如果没有说明自己的意向就让代理人去分留举祭，说明户主授权代理人决定多少，因此在常规范围内，代理人的决定是有效的。

⑩ 如果代理人明知户主的意向，却故意不按他的要求去做，那么哪怕他自作主张的数目再少，所分留的举祭也是无效的。

5. 增加举祭者[①]，拉比以利以谢说：十分之一，一如什一税举祭[②]；过此则将其变为别处之什一税举祭[③]。拉比以实玛利说：一半俗品一半举祭[④]。拉比特尔封与拉比阿奇瓦说：只要彼处俗品尚存[⑤]。

6. 需在三个时段估算计篮[⑥]：初熟时、晚季时、仲夏时[⑦]。计算数目者值得赞扬，计量大小者比他更值得赞扬，称量重量者乃三人中最值得赞扬者[⑧]。

7. 拉比以利以谢说：一百零一份时抵消举祭[⑨]。拉比约书亚说：一百多一点时，此“多一点”并无定量[⑩]。拉比约西·本·密疏朗姆

---

① 如果一个人愿意多分留举祭，本节讨论了举祭的上限。

② 一个人最多可以交纳十分之一的产品作为举祭，根据是什一税举祭为什一税的十分之一，因此举祭的最高比例可以到十分之一。

③ 如果一个人分留了超过十分之一的举祭，那么多出来的部分将不再是大举祭，但也不能成为其他物品，因而成为什一税举祭。

④ 也就是说最多可以分留百分之五十的举祭。

⑤ 愿意分留多少举祭都可以，但不能全部分留，多少要留下一点俗品。

⑥ 计篮：用来计量收获的篮子。比如收获无花果，物主先计算一下每个计篮能装多少无花果，如果能装六十个，他就取出一个来留作举祭，以后每篮留出一个作举祭，而不必再一一细数。这种做法的问题是同一品种的果实在不同季节收获时的大小、重量未必一样，因此本节要求物主一年至少重新计算三次，以保证分留数目的准确。

⑦ 初熟一般是在夏初，此时雨水充足，果实饱满；晚季是在夏末，此时旱季已久，果实缩水，个头最小；仲夏时分则介于两者之间。因此，需要在这三个时间重新估量计篮。

⑧ 按《希伯来圣经》律法，什一税和什一税举祭都是要严格按数量交纳的，计算数目比什么都不做强，用体积容器来计量又比计算数目准确，而最准确的是称重量。

⑨ 如果一份举祭落入一百份俗品中，由于100:1的比例，举祭的圣物地位被抵消，此时只需要拿出一份，交给祭司，其余物品就成为俗品，可由凡人随意享用。

⑩ 拉比约书亚认为俗品与举祭的比例不一定非要到达100:1才能抵消举祭的圣品地位，俗品的份额只要超过99即可，这样总数是100多一点，“多一点”的数目不必确定（迈蒙尼德）。

说：此“多一点”为每一百细亚中的一卡夫[①]，即造成混合禁品者的六分之一[②]。

8. 拉比约书亚说：黑无花果可合并白无花果而抵消，白者可合并黑者而抵消[③]。对干无花果饼，大者可合并小者而抵消，小者可合并大者而抵消；圆者可合并方者而抵消，方者可合并圆者而抵消[④]。拉比以利以谢禁止[⑤]。拉比阿奇瓦说：知道何物落入时，不得彼此合并抵消；而不知道何物落入时，则可彼此合并抵消[⑥]。

9. 如何？[⑦] 有五十枚黑无花果与五十枚白无花果，若黑者落入，则黑者为混合禁品而白者得许可[⑧]；若白者落入，则白者为混合禁品而黑者得许可。当不知道何物落入时，彼此合并抵消。此处

---

① 此节试图定义“多一点”到底是多少。一细亚等于六卡夫，此处的意思是：如果有九十九细亚零一卡夫的俗品，那么落入一细亚的举祭之后，举祭便失去圣品地位。

② 一细亚举祭落入九十九细亚的俗品中，本来可以把这些俗品都变成混合禁品，但如果这些俗品多出混合禁品制造者（一细亚举祭）的六分之一（一卡夫），那么俗品便压倒举祭，举祭失去圣品地位。

③ 如果白无花果举祭落入黑白混合的无花果俗品中，那么黑白无花果可以合起来计算俗品与举祭的比例，如果能达到100∶1，那么只需要取出掉入的等量白无花果交还祭司即可，其余仍然是俗品。

④ 当时无花果的加工大致有三个步骤：首先把无花果晾干，然后将果蒂切掉，最后挤压在模子里，成为不同形状、大小的干无花果饼。这里是说无论何种形状、大小的无花果饼举祭掉入混合无花果饼俗品中，不同形状、大小的无花果饼俗品均可合并计算。

⑤ 拉比以利以谢认为，只要能够明确区分，俗品就不能随便成为混合禁品。比如白无花果举祭落入黑白混合的无花果俗品中，则黑无花果与此事无关，只能计算白无花果的量。

⑥ 如果确知落入的是黑无花果，则白无花果与此不相干，只能计算黑无花果。只有在不能确定落入的到底是黑无花果还是白无花果的情况下，才能合并计算。

⑦ 如何做？本节继续解释上节拉比阿奇瓦的观点。

⑧ 在这种情况下黑无花果成为混合禁品（俗品∶举祭＝50∶1），而白无花果仍然是俗品，准许普通人享用。

拉比以利以谢从严，而拉比约书亚从宽[1]。

10. 此处则拉比以利以谢从宽而拉比约书亚从严[2]：若将一里特拉[3]的干无花果块塞进罐中，而不知道是哪一罐[4]，拉比以利以谢说：将其视为被分离者，在下者与在上者合并抵消[5]。拉比约书亚说：不得抵消，除非彼处有一百罐[6]。

11. 一细亚之举祭落入仓房开口，而将其撇出[7]，拉比以利以谢说：若撇出者有一百细亚，可在一百零一时抵消[8]。拉比约书亚说：不得抵消，一细亚之举祭落入库房开口，则将其撇出[9]。若如此，又为何说在一百零一时抵消举祭？[10] 若不知其是否混入，或者不知其

---

① 拉比约书亚准许相互合并抵消，其律法从宽；拉比以利以谢不准许，其律法从严。

② 与上两节所述情况相反，本节讨论的律法，拉比以利以谢持从宽立场，拉比约书亚持从严立场。

③ 里特拉：重量单位，参见附录4。干无花果饼上市时是切成一里特拉重的无花果块出售的。

④ 库房里有很多罐无花果，物主将无花果块举祭塞进了一个无花果俗品的罐子，却不记得到底是哪个罐子了。

⑤ 将上半部的无花果与罐口视为分离，而与下半部的无花果视为一体，这样所有罐子里的无花果可以合并计算俗品与举祭的比例，举祭失去圣品地位的可能性大大增加。

⑥ 拉比约书亚反对将罐子里上、下两半无花果合并计算的办法，而是认为举祭既然从罐口进入，那么就与下半部无花果无关，而上半部罐口处的无花果就成为混合禁品，除非有一百个罐子，使罐口与举祭的比例达到100:1。

⑦ 一细亚的举祭食品落入仓房食品堆上，物主将食品堆表面的一层撇出来，留下的部分原来在下面，与落入的举祭无关，依然是俗品，问题是撇出来的部分地位如何。

⑧ 如果能在落入的一细亚之外撇出一百细亚的话，那么俗品与举祭的比例就达到100:1，此时可拿出一细亚还给祭司，剩余的就是俗品。

⑨ 拉比约书亚不同意在这种情况下把表面的所有俗品合并计算，认为户主只应尽量撇出落入的举祭，直至他确信落入的举祭已全部撇出为止，撇出物则成为举祭，其余为俗品。

⑩ 问题是拉比约书亚的这种规定与拉比们一百零一细亚的说法矛盾，因而有此一问。

向何处掉落[①]。

12. 两个储柜或两间仓房，若一细亚举祭落入其中之一，且不知道落入何者，则彼此合并抵消[②]。拉比西缅说：即使其在两座城市，亦彼此合并抵消[③]。

13. 拉比约西说：拉比阿奇瓦曾面临一个案例：在五十捆蔬菜中落入一捆同种者，其半为举祭[④]。我在他面前说："抵消。"[⑤]不是在五十一捆中抵消举祭，而是彼处有一百零二个半捆[⑥]。

---

① 用一百零一律法使落入的举祭失去圣品地位的条件有两个：不知道落入的举祭是仍在表面还是已经混入下层，或者不知道究竟落在何处。否则须在落入处撇出足够保证的量，如拉比约书亚上文所规定的那样。

② 两个储柜或仓房内的储藏均不到一百细亚，如果有一细亚举祭落入其中之一且不知踪迹，则可以把两处的俗品合起来计算俗圣比例，否则其中一个储柜或仓房的储藏将成为混合禁品。

③ 无论两者距离有多远，两者都有举祭落入的嫌疑这一特性将两者联系在一起。

④ 一捆蔬菜落入五十捆同种蔬菜俗品中无法辨别，落入的这一捆中有一半是举祭，一半是俗品。

⑤ 举祭的圣品地位丧失，拿出半捆还给祭司，其余为俗品。

⑥ 因为落入的一捆中只有半捆是举祭，所以俗圣之比超过100:1。

第 5 章

1. 一细亚不洁的举祭落入少于一百细亚的俗品、第一什一税、第二什一税或献品之中[①]，则无论其为洁净或不洁[②]，当任其腐烂[③]。若此细亚洁净[④]，则当以举祭之价[⑤]卖给祭司，扣除此细亚之价[⑥]。若落入第一什一税之中，则定名为什一税举祭[⑦]。若落入第二什一税或献品之中，则将其赎出[⑧]。若此俗品不洁，则当食用[⑨]，或晾干、或烘烤[⑩]、或揉入果汁[⑪]、或分揉入不同面团，以使任何一

---

① 在这种情况下，由于其他物品与举祭的比例不到 100∶1，因此不能抵消举祭，反而受举祭之禁而成为混合禁品。

② 无论那些举祭落入其中的俗品、第一什一税等物是不是洁净。

③ 在通常情况下，祭司可以将不洁的举祭当作燃料使用。但由于人们对受禁的混合物通常采取比较宽容的态度，因此贤哲们担心允许使用这种混合物最终会导致祭司们食用这种混合物。所以完全禁止以任何形式使用这种混合物，只能任其腐烂。

④ 如果落入的一细亚举祭是洁净的。

⑤ 举祭的价格低于同类非举祭产品的价格，因其市场有限。

⑥ 落入的一细亚举祭原是祭司该得的，因此从售价中扣除。

⑦ 整个混合物成为什一税举祭，物主可以用这批混合物与利未人交换俗品（减去一细亚的举祭量），而利未人则可以用这些混合物为其他第一什一税（同类产品）交纳什一税举祭。

⑧ 在这种情况下，物主先依常规赎买混合物中的第二什一税或献品，此时这些第二什一税或献品将变成俗品，然后依洁净举祭落入俗品的惯例将混合物卖给祭司。

⑨ 洁净的举祭落入不洁俗品中，混合物成为混合禁品而被卖给祭司，现在的问题是祭司如何食用这些混合物。如果他照常规食用，则有可能使举祭沾染俗品的不洁。

⑩ 由于不洁要靠水传播，因此晾干或烘烤去除水分的办法可以保持举祭的洁净。

⑪ 果汁不会传染不洁，因此可以用果汁和面。

地所留均不到鸡蛋大小[①]。

2. 一细亚不洁的举祭落入一百细亚洁净的俗品之中，拉比以利以谢说：将其取出焚烧，因为我说：落入之细亚即提出之细亚[②]。而众贤哲说：将其抵消而食用[③]，或晾干、或烘烤、或揉入果汁、或分揉入不同面团，以使任何一地所留均不到鸡蛋大小。

3. 一细亚洁净的举祭落入一百细亚不洁俗品之中，则将其抵消而食用[④]，或晾干、或烘烤、或揉入果汁、或分揉入不同面团，以使任何一地所留均不到鸡蛋大小。

4. 一细亚不洁举祭落入一百细亚洁净的举祭之中，沙玛伊学派设禁，希列学派许可[⑤]。希列学派对沙玛伊学派说：既然洁净者为俗人所禁用，而不洁者为祭司所禁用[⑥]，则洁净者所被抵消者[⑦]不洁者亦被抵消[⑧]。沙玛伊学派对他们说：不！若宽如俗人许用之俗品可抵消洁净者，则严如俗人禁用之举祭便可抵消不洁者？[⑨] 他

① 把混合物分成小面团，每个面团不大于通常的鸡蛋，这般大小的食品按律法不会传染不洁。

② 举祭沾染不洁就只能焚烧（给祭司当燃料）。拉比以利以谢认为，举祭落入俗品之后，只要从混合物中取出落入的举祭分量的食物，则取出的部分便不再是混合物，而是纯粹的举祭，与原来落入的举祭地位完全一样。

③ 也就是落入的举祭由于比例关系被抵消，从混合物中取出的一细亚食物交给祭司，仍然被看作拥有举祭的地位，但与纯粹的举祭不同，不必焚烧。

④ 举祭因比例的关系被抵消，虽然原来的举祭是洁净的，但取出的混合品由于掺入不洁的俗品而只能用特别的办法由祭司食用。

⑤ 虽然有100∶1的比例，沙玛伊学派仍然认为落入的举祭的不洁使整个混合物成为不洁举祭，禁止祭司食用。

⑥ 洁净的举祭只有祭司可以食用，俗人禁用；不洁的举祭则禁止祭司食用。

⑦ 一细亚洁净的举祭落入一百细亚的俗品中，洁净的举祭被抵消。

⑧ 与前半句所说的情况相类似，落入洁净举祭中的不洁举祭也被抵消。

⑨ 沙玛伊学派反驳希列学派用俗品与举祭类比的逻辑，认为俗品为俗人所用，其律法从宽，因此落入的举祭可以被抵消而忽略不计；举祭为圣品，其律法从严，没有抵消不洁品的“能力”，因而不能忽略不计不洁举祭。

们认输之后[①]，拉比以利以谢说：将其取出焚烧[②]。而众贤哲说：因其量小而消失[③]。

5. 一细亚举祭落入一百细亚之中，将其提出，而落入别处[④]，拉比以利以谢说：造成混合禁品，一如确定的举祭[⑤]。而众贤哲说：不造成混合禁品，而是依例计算[⑥]。

6. 一细亚举祭落入少于一百细亚之中，造成混合禁品，而从混合禁品中落入别处[⑦]，拉比以利以谢说：造成混合禁品，一如确定的举祭[⑧]。而众贤哲说：已成混合禁品者不造成混合禁品，而是依例计算[⑨]；已成有酵者不造成有酵，而是依例计算[⑩]；汲取之水不使浸

① 沙玛伊学派后来承认希列学派的观点是正确的。

② 沙玛伊学派认输后，拉比以利以谢与众贤哲争论从混合品中提出的一细亚代举祭如何处理。拉比以利以谢认为，这一细亚举祭应该焚烧，道理与他在本章第 2 节所阐述的一样。

③ 这里的情况符合抵消比例，又因为都是举祭，反正要送给祭司，所以甚至不必单提出一细亚，将混合物一起送交就是。

④ 这次没有一百细亚。

⑤ 拉比以利以谢坚持其在本章第 2 节的观点，认为提出的举祭是纯粹的举祭，在造成混合禁品方面没有任何区别。

⑥ 被提取出来的一细亚中俗品与举祭的比例也被认为是 100∶1，因此，如果这一细亚落入 0.99 细亚俗品中，那么随混合物落入的举祭与新俗品的比例为 1∶99，新俗品因比例不够而成为混合禁品。如果新俗品有一细亚以上，那么举祭便不能造成混合禁品。

⑦ 俗品因数量不够而被落入的举祭变成混合禁品，混合的混合禁品中又有一细亚落入其他不足一百细亚的俗品之中。

⑧ 拉比以利以谢认为，这一细亚混合禁品与举祭的地位完全相当，因此新俗品又成为混合禁品。

⑨ 如果第一次落入的比例是 1∶50，那么只要第二次落入两细亚的俗品，举祭与新俗品的比例就到达 1∶100 而被抵消。

⑩ 如果不小心用举祭发酵了俗品面团，那么该面团立即成为混合禁品（发酵的影响太显著，所以此处不适于用 100∶1 的比例计算），但如果该面团的一部分被用来发酵新的俗品面团，那么这新俗品面团并不立即成为混合禁品，而是要看混合禁品面团带来的举祭跟新俗品面团的比例是否足够抵消举祭。

礼池失去资格，而是依例计算[①]。

7. 一细亚举祭落入一百细亚之中，将其提出，而另一细亚落入；将其提出，而另一细亚落入。此为许可[②]，直至举祭多过俗品[③]。

8. 一细亚举祭落入一百细亚之中，在另一细亚落入之前来不及将其提出，此为混合禁品[④]。而拉比西缅许可[⑤]。

9. 一细亚举祭落入一百细亚之中，将其碾磨而减量[⑥]，正如俗品之减量，举祭亦减量。得许可[⑦]。一细亚举祭落入少于一百细亚之中，将其碾磨而增量，正如俗品之增量，举祭亦增量。受禁[⑧]。若已知俗品小麦好于举祭之物，则得许可[⑨]。一细亚举祭落入少于一百细亚之中，随后俗品又落入彼处，若为失误，则得许可；若为有意，则受禁[⑩]。

---

① 浸礼池为拉比犹太教行宗教浸礼的水池，按规定，浸礼池水应由四十细亚的天然雨水汇聚而成，但实际上，只要汇聚了二十一细亚的天然雨水，便可人工加入十九细亚的汲取之水（用引水道让汲取之水自然流入池中，如果用桶倒入，则三罗革水就会让水池失去浸礼资格），以造成此池。因此，浸礼池的天然水比例只要大于百分之五十，浸礼池就成立。

② 一细亚举祭落入一百细亚俗品之中，由于比例关系，举祭被抵消，在提出一细亚交给祭司后，剩余一百细亚成为俗品，此时又落入一细亚举祭，则仍照此办理。

③ 上述做法的底线是总混合物中的举祭数目不能超过俗品。在分一百次落入一百细亚的举祭之后，总混合物中俗品与举祭的比例已经达到1∶1，此时如果再落入一细亚举祭，则混合物将成为混合禁品。

④ 此时一百细亚俗品中有了两细亚的举祭，不够抵消比例，因此成为混合禁品。

⑤ 拉比西缅认为，如果物主在第二批举祭落入之前知道第一批举祭已经落入，那么他可提取两批举祭的量，而不必让整个混合物成为混合禁品。但如果他不知道的话，那么整个混合物就成为混合禁品。

⑥ 对粮食进行碾磨加工，有时会造成数量增加，有时会造成数量减少。

⑦ 如果混合物在加工后出现减量现象，那么应该认为举祭与俗品同等减量，原来的比例不变，举祭原来因比例被抵消，现在仍被抵消。

⑧ 同理，举祭与俗品在这里被认为是同等增量的，因此原来受禁的仍为混合禁品。

⑨ 质量好的小麦能磨出更多的面粉，因此如果确知俗品小麦的品质比落入其中的举祭小麦要好，那么加工后混合物中俗品小麦比例增加，举祭即被抵消。

⑩ 不得在举祭落入俗品后有意增加俗品的数量，以避免混合物成为混合禁品而造成的损失。

第 6 章

1. 误食举祭者[①]，偿付本金与五一费[②]。食用如此，饮用如此，膏抹亦如此[③]；洁净的举祭如此，不洁举祭亦如此[④]；偿付五一费及其五分之一[⑤]。并非以举祭偿付[⑥]，而是以税后俗品，使其成为举祭[⑦]，则其所偿付为举祭[⑧]。若祭司意欲蠲免，则不得蠲免[⑨]。

2. 食用了举祭的以色列人的女儿后来嫁给祭司[⑩]，若举祭是在

---

① 举祭为祭司专用，他人不得食用，这里说的是误食的情况，其律法依据为《利未记》22：14。

② 此处的五一费实际上是本金的四分之一，也就是偿付总数的五分之一，这五分之一付给任何一位祭司，而本金付给物主。

③ 无论是误食举祭粮食还是误饮举祭葡萄酒，或是误用举祭橄榄油膏抹身体，处理方法全都一样。

④ 举祭是否洁净不影响赔偿的数额。

⑤ 如果有人误食举祭，事后赔偿了本金和五一费，而这作为五一费的粮食又被误食，那么误食者将赔偿五一费加四分之一（总数的五分之一）。

⑥ 举祭本来就是祭司们的财产，拿举祭赔偿举祭，等于没有赔偿。

⑦ 必须使用举祭和什一税都已分留的俗品来进行赔偿，这样这些俗品就成为圣品举祭。

⑧ 只要是用这种方式支付的俗品，无论是本金还是五一费，无论是一次赔偿还是赔偿赔偿品，都成为真正的举祭。

⑨ 赔偿本金和五一费由有关圣品的律法制约，与祭司本人的意愿无关，祭司无权蠲免。

⑩ 俗家女儿如果嫁给祭司，就获得了食用举祭的权利，但如果在未嫁之前食用，则仍需按照常规偿付。

祭司未获得时食用的，则向自己偿付本金与五一费[①]。若举祭是在祭司获得后食用的，则向物主偿付本金，五一费归己[②]，因为他们[③]说：误食举祭者，向物主偿付本金，五一费则归其所愿的任何人[④]。

3. 以举祭招待其雇工或其客人者支付本金，他们支付五一费[⑤]。此为拉比梅伊尔之言。而众贤哲说：他们支付本金及五一费[⑥]，而他向他们偿付餐费[⑦]。

4. 盗窃举祭然未食用者，偿付举祭价值的两倍[⑧]。若食用，则偿付两份本金与一份五一费：来自俗品的本金与五一费，以及举祭价值的本金[⑨]。盗窃献品举祭[⑩]并食用者，偿付两份五一费与一份

---

① 尚未过手给祭司的举祭属于祭司，但不属于某一特定祭司，女子嫁给祭司后自己也有了享用举祭的权利，所以可以从自己的俗品中分留出本金和五一费，给自己享用。

② 如果误食已经过手的举祭，那么这举祭已经属于某一特定祭司的财产，所以本金要还给这位祭司。但五一费可以归己，因为她自己已经有权利享用举祭。

③ 指众贤哲。

④ 此句为误食举祭而进行赔偿的基本原则。

⑤ 在雇主和雇工或旅店主人和住客之间有供食协议的情况下，雇主或店主拿举祭来充数，但雇工或客人并非祭司，且是在不知情的情况下食用的。在这种情况下，主人要赔偿本金，但因为食物不是他吃的，所以五一费由食客支付。

⑥ 这些人误食举祭，虽然不是他们的责任，但仍然照规矩赔偿。

⑦ 主人的问题在于没有按照合约提供饭食，所以他向这些人赔偿餐费（按俗品价格计算）。

⑧ 盗贼除了把举祭原物归还给祭司以外，还需要多赔偿一份，作为对盗窃行为的惩罚，不过这多赔的一份可以按较低的举祭价格赔偿，也可以用钱币代替。关于窃贼要加倍赔偿的律法，参见《出埃及记》22：7：“人若将银钱或家具交付邻舍看守，这物从那人的家被偷去，若把贼找到了，贼要加倍赔还。”

⑨ 盗贼吃掉了偷来的举祭，则须按照误食举祭的常规从俗品中赔偿举祭本金加五一费，此外，作为对盗窃行为的惩罚，还须多赔一份举祭价值的本金，与盗而未食的规矩一样。

⑩ 被祭司献给了圣殿的举祭，具有献品和举祭的双重圣品地位。

本金[①],因为献品不得加倍偿付[②]。

5. 不得从遗落品、忘收品、田角捐和无主物[③]中偿付,亦不得来自其举祭已提留的第一什一税[④]、已赎买的第二什一税和献品——因圣品不得赎买圣品[⑤],此为拉比梅伊尔之言。众贤哲允许此等事[⑥]。

6. 拉比以利以谢说:可从一个种类中为非其同种者偿付,只要是以佳品偿付次品。拉比阿奇瓦说:除非同种,否则不得相互偿付。据此,若食用了第七年前一年之黄瓜者,需等待第七年后一年之黄瓜并从其中偿付[⑦]。拉比以利以谢从宽之源,正是拉比阿奇瓦从严之处[⑧],因为《圣经》说:"要交给祭司圣物。"[⑨]即任何适合成

① 误用举祭赔偿时要加五一费,误用献品赔偿时也要加五一费,所以要偿付两份五一费。但本金只需要偿付一份。

② 《出埃及记》22:7所规定的加倍赔偿说的是凡人之间的事情,拉比犹太教律法据此认为献品的赔偿不需要加倍。

③ 不得用这些食品偿付误食的举祭,因为这些食品不纳什一税和举祭,本身不能成为举祭,而赔偿是要把俗品变成举祭。

④ 迈蒙尼德认为,此处的第一什一税指尚未加工好的食品(如尚未脱粒的谷物),这些食品可以分留什一税举祭,但在加工完成之前不得分留举祭。由于这些食品尚无举祭的潜在身份,自然也不能用来赔偿举祭。

⑤ 第二什一税和献品均属圣品,没有赎买其他圣品(比如举祭)的"能力",虽然在它们自己被赎买后本已丧失圣品地位,但赎买其他圣品的"能力"丧失后不能复原,因此不能用来赔偿举祭。

⑥ 关于"此等事"究竟包括哪些事情历来就有争论,一说指第二什一税和献品,另一说指第一什一税、第二什一税和献品,还有一说指本节所有提到的品种。

⑦ 如果食用了七年周期的第六年的举祭黄瓜,因为第七年的黄瓜为无主物,不能用来偿付举祭,结果只好等到第八年黄瓜成熟时才能偿还。

⑧ 拉比以利以谢认为不同品种之间可以相互偿还举祭,这是律法从宽;拉比阿奇瓦认为不能相互偿还,这是律法从严。但两人的《希伯来圣经》依据实际上是同一句经文。

⑨ 《民数记》22:14:"若有人误吃了圣物,要照圣物的原数加上五分之一交给祭司。"此句希伯来原文的"圣物"前有定冠词"那份"。

为圣物者，此为拉比以利以谢之言[①]。而拉比阿奇瓦说："要交给祭司那份圣物"，即他所食用的圣物[②]。

① 拉比以利以谢认为，"那份圣物"指赔偿出来的那份举祭，因此经文并未规定赔偿物与原物一定相同。

② 拉比阿奇瓦认为，"那份圣物"指被食用的原物，因此赔偿物一定要与原物相同。

第7章

1. 有意食用举祭者[①]，支付本金但不支付五一费[②]。其所支付者为俗品[③]。若祭司意欲蠲免，可蠲免[④]。

2. 祭司的女儿嫁给以色列人，而后食用举祭[⑤]，则需偿付本金而不偿付五一费[⑥]，其死刑为火刑[⑦]。若嫁给某一类禁婚配者[⑧]，则偿付本金与五一费[⑨]，其死刑为绞刑[⑩]。此为拉比梅伊尔之言。而

---

① 非祭司有意食用举祭，其惩罚为天谴死罪。

② 他将按举祭价赔偿其所食用的举祭，但不用加五一费。参见《利未记》22:14："若有人误吃了圣物，要照圣物的原数加上五分之一交给祭司。"也就是说只有"误吃"才交五一费，有意食用的情况不包括在内。迈蒙尼德认为，有意食用的罪孽太重，无法用五一费赎罪，因此不用交纳。

③ 有意食用者所赔偿的谷物无圣品地位，属于俗品。

④ 因为有意食用者所赔偿的不算圣品，所以这种赔偿纯属经济行为，祭司有权蠲免。

⑤ 祭司的女儿嫁给了普通以色列人，即失去食用举祭的资格，此处说的是她出嫁后误食举祭的情况。

⑥ 五一费是在"外人"(《利未记》22:13)误食举祭时交纳的，祭司的女儿虽然因出嫁而失去食用举祭的资格，但不是"外人"，如果成了寡妇，她仍然可以回到娘家，恢复享用圣品的权利，因此不适用于五一费律法。

⑦ 祭司的女儿如果在婚姻期间通奸，则以火刑处死。参见《利未记》22:9："祭司的女儿若行淫辱没自己，就辱没了父亲，必用火将她焚烧。"此句是在举证说明祭司女儿出嫁后的身份不是"外人"。

⑧ 祭司的女儿如果嫁给了埃及人、以东人、私生子等，则永远失去享用圣品的权利，守寡后也不能再嫁给祭司。

⑨ 如果她误食举祭，则与"外人"一样进行偿付。

⑩ 这是平民妇女犯通奸罪后的惩罚。

众贤哲说：此女与彼女均偿付本金而不偿付五一费，其死刑为火刑[①]。

3. 供其幼子、其成年或年幼的奴隶食用者[②]，食用来自以色列地之外之举祭者[③]，食用不到一橄榄之量的举祭者，偿付本金但不偿付五一费，其所偿付者为俗品。若祭司意欲蠲免，可蠲免[④]。

4. 此为规则[⑤]：任何偿付本金与五一费者，其所偿付者为举祭；若祭司意欲蠲免，不可蠲免。任何偿付本金而不偿付五一费者，其所偿付者为俗品；若祭司意欲蠲免，可蠲免[⑥]。

5. 若有两个储柜，其一属于举祭，其一属于俗品，一细亚举祭落入其中之一[⑦]，却不知落入其中何者——对此我[⑧]说：落入举祭之中[⑨]。不知何者属于举祭何者属于俗品，而食用其中之一，免责。

---

① 众贤哲认为，祭司的女儿即使嫁给了禁止通婚者，其身份仍然不同于"外人"，相关律法仍然与其祭司女儿的身份相符。

② 户主误给其未成年子女或其奴隶食用举祭，这些人在不知情的情况下误食举祭。

③ 按照拉比律法，以色列周边地区，如埃及、摩押等地，均须遵守举祭及什一税规定。

④ 未成年子女及奴隶均无独立经济地位，因此不可能赔偿，户主赔偿举祭本金，但他没有吃举祭，所以不赔偿五一费。来自以色列境外的举祭地位逊于以色列境内举祭，因此也不需要交纳五一费。食用量不到一橄榄大小不属于"吃"的范围，因此也不用交纳五一费。所有这些赔偿行为都是单纯的经济行为，因此赔偿品都是俗品，不能获得圣品地位。而如果祭司愿意的话，也可以蠲免。

⑤ 本节总结上一章与本章前三节的内容，得出基本规则。

⑥ 其核心是：食用者所赔偿的算不算举祭、算不算圣品，如果算，就要加上五一费，否则就只需要赔偿本金。

⑦ 柜中食品不到一百细亚，不能抵消举祭的地位。

⑧ 指物主。

⑨ 假设举祭落入举祭之中，那么举祭的地位不会受到影响；假设其落入俗品之中，那么俗品就会变成混合禁品。由于这一律法为拉比律法，而拉比律法在有疑问时都是从宽处理的，所以此处认定落入举祭之中。

其第二柜按举祭处理[1]，须交纳举祭饼[2]。此为拉比梅伊尔之言。拉比约西免其责[3]。其他人食用第二柜，免责[4]。一人食用其两者，则依两者中之小者偿付[5]。

6. 其中之一落入俗品之中，不造成混合禁品[6]。其第二柜按举祭处理，须交纳举祭饼[7]。此为拉比梅伊尔之言。拉比约西免其责[8]。其第二柜落入别处，不造成混合禁品[9]。两柜落入同一地点，则依两者中之小者而造成混合禁品[10]。

7. 将其中之一播种，免责[11]。其第二柜按举祭处理，须交纳举

---

① 由于物主搞不清楚哪个柜子是举祭、哪个是俗品，因此无法证明其所误食的是举祭，所以从宽假设其所食为俗品，从而免去一切赔偿或造成混合禁品的责任。由此没有被吃掉的那柜食品就自然成为举祭。

② 虽然这柜食品被看作举祭，但因为其真实身份确实存在疑问，所以如果用这柜食品作面团的话，那么必须按照俗品面团的惯例分留举祭饼（参看本部《举祭饼》），而不能获得举祭免分举祭饼的权利。

③ 拉比约西认为，这柜食品的地位相当于举祭与俗品的混合品，而这种混合品是免于举祭饼的。

④ 食用第二柜者与食用第一柜者一样，都无法证明其所食用的是举祭，所以也不承担误食举祭的责任。

⑤ 同理，因为搞不清楚到底大柜子里是举祭还是小柜子里是举祭，因此从宽假设小柜子里是举祭，他将偿付小柜子里食品总量加五一费。

⑥ 本节继续讨论上节物主记不清哪柜食品是举祭的情况。如果两柜中有一柜混进俗品之中，那么由于无法证明混入者为举祭，遂从宽认定其为俗品，因而混合物不是混合禁品。

⑦ 第二柜被认定为举祭，但因其实际身份不明，仍需分留举祭饼。

⑧ 两人分歧的理由同上节。

⑨ 跟第一柜的身份无法认定一样，第二柜的身份也不确定，因此也不造成混合禁品。

⑩ 两柜同时落入俗品之中，则其中之一必为举祭，但具体对象存有疑问，因此从宽推断其较小者为举祭，以此为依据计算其举祭地位是否会因俗品与举祭的比例而被抵消。

⑪ 本节继续讨论上两节的情况。在两柜食品身份不能确认的情况下，如果误将其中一柜播种到田地里，则从宽判定其为俗品，不必承担错误播种举祭的责任（重新翻地以防止其生长，任何长成品都自动成为举祭，等等）。

祭饼[①]。此为拉比梅伊尔之言。拉比约西免其责[②]。其他人将其第二柜播种，免责[③]。一人将两柜播种[④]，若其为种子分解之物[⑤]，则允许[⑥]；若其为种子不分解之物[⑦]，则禁止[⑧]。

① 道理同上两节。

② 两人分歧的原因同上两节。

③ 道理同上两节。

④ 这种情况等于播种了举祭与俗品的混合品，按拉比犹太教律法是许可的。

⑤ 种子原形在生根发芽后消失，如小麦、大麦等。在这种情况下，原来播下的举祭本身已经消失了。

⑥ 其收获物不算举祭生长物。

⑦ 比如洋葱、大蒜等，种子原形在生长后依然保留，等于举祭依然存在。

⑧ 生长物成为混合禁品。

第8章

1. 正在食用举祭的妇人，若有人来告诉她说“你丈夫死了”，或者“把你休了”[①]；同样，正在食用举祭的奴隶，若有人来告诉他说“你主人死了”，或者“把你卖给以色列人了”，或者“把你当礼物送人了”，或者“你成为自由民了”[②]；同样，正在食用举祭的祭司，若被告知他是离婚妇人之子或脱鞋妇人[③]之子[④]。拉比以利以谢责以本金及五一费[⑤]，而拉比约书亚免除[⑥]。若他正站着在祭坛上献祭，被告知他是离婚妇人之子或脱鞋妇人之子，拉比以利以谢说：

---

① 以色列平民妇女嫁给祭司后有权享用举祭，如果离婚或守寡，则丧失该权利。

② 祭司的迦南人奴隶也有享用举祭的权利，但如果因为任何原因脱离了与主人的关系，则该权利丧失。

③ 脱鞋妇人：指丈夫死后其小叔子不肯依例娶其为妻的妇女，参见《申命记》25：9～10：“他哥哥的妻就要当着长老到那人的跟前，脱了他的鞋，吐唾沫在他脸上，说，凡不为哥哥建立家室的都要这样待他。在以色列中，他的名必称为脱鞋之家。”

④ 祭司的儿子不一定是祭司。如果他的母亲是个按律法祭司不得娶的女人，如此处所说的离婚妇人或脱鞋妇人，那么虽然他的父亲是个祭司，他本人却不是祭司。此处说的是此人不了解母亲的真相，原以为自己有祭司身份，后被人发现不合律例而丧失其身份的情况。

⑤ 拉比以利以谢认为，这种情况等于误食举祭，因此要按照相关律法进行赔偿。

⑥ 《巴比伦塔木德·转房》34甲认为，拉比约书亚此处的“免于赔偿”指的是在逾越节前夕食用有酵举祭的情况，由于逾越节前夕需清除有酵食物，而食用为清除途径之一，因此他们的行为是在履行律法。在履行律法时如果不小心触犯了另一条律法且情况不严重的话，拉比约书亚认为可以免除其责任。

他在祭坛上所献的所有祭品均作废[①]。而拉比约书亚认可[②]。若被告知其为有缺陷者，则其服事作废[③]。

2. 所有这些人[④]，若举祭在其口中，拉比以利以谢说：当咽下[⑤]。而拉比约书亚说：当吐出[⑥]。若人们对他说“你沾染了不洁”[⑦]，或者“举祭沾染了不洁”[⑧]，拉比以利以谢说：当咽下。而拉比约书亚说：当吐出[⑨]。“你原本不洁”[⑩]，或者“举祭原本不洁”[⑪]，或者他被告知其为税前品、其举祭尚未提取的第一什一税、尚未赎买的第二什一税或献品[⑫]；或者在其嘴中尝出跳蚤的味道[⑬]，则将此吐出[⑭]。

---

① 拉比以利以谢认为，此人的祭司身份本来就不合格，所以他所献的祭品自然也就作废。

② 拉比约书亚认为，《申命记》33:11“求耶和华降福在他的财物上，悦纳他手里所办的事”一句中的“他的财物”当解为“(因其母而)失去祭司资格者”，也就是说神对这样的祭司的献品也是“悦纳”的。

③ 有生理缺陷的人不得成为祭司，《希伯来圣经》律法明确规定他们不得主持祭祀(《利未记》21:23)。

④ 指本章第1节所说的那些误食举祭的人。

⑤ 祭司夫人和奴隶在开始食用时是有享用举祭的合法权利的，虽然吃了一半时失去了这种权利，但他们可以把嘴里的(已经开始吃的)吃完。传统上认为拉比以利以谢的这条裁决不包括失去资格的祭司，因为他本来就没有食用举祭的权利。

⑥ 拉比约书亚认为，虽然食物在嘴里，但食用过程并未完成，所以如果此时失去权利，应该立即停止食用。

⑦ 祭司把举祭放进嘴里，此时有人告诉他他沾染了不洁。按律法，沾染不洁的祭司在洁净前不得食用举祭。

⑧ 祭司把举祭放进嘴里后，有人告诉他举祭在他的嘴里沾染了不洁。沾染不洁的举祭应该焚毁，不得食用。

⑨ 两人间的分歧同上，拉比以利以谢认为食品一旦进嘴，就不必停止食用过程，拉比约书亚认为可以停止。

⑩ 祭司在把举祭放进嘴里之前就已经沾染了不洁。

⑪ 举祭在入嘴之前就已经沾染了不洁。

⑫ 均为禁止食用的食品。

⑬ “跳蚤”在此是个比喻性的说法，泛指一切食物变质的味道。

⑭ 对这些情况，拉比以利以谢与拉比约书亚观点相同，都认为应该将食物吐出。

3. 若他正吃一串葡萄，并从果园进入庭院[1]，拉比以利以谢说：当吃完。而拉比约书亚说：不得吃完[2]。若安息日之夜色降临[3]，拉比以利以谢说：当吃完[4]。而拉比约书亚说：不得吃完[5]。

4. 暴露的举祭酒当倒掉[6]，更不必说俗品之酒[7]。三种饮品禁止任何暴露：水、酒与奶[8]。其他所有饮品均许可[9]。停留多久则禁饮？[10] 蛇从近处出现并饮用之久[11]。

5. 暴露之水的数量：毒液在其中消逝之量[12]。拉比约西说：若在器皿中，则为任何数量[13]；若在地上，则为四十细亚[14]。

---

① 通常情况下，禁止食用未分留什一税的食物。但在食物尚未加工且未运入家中时，可以少量食用，作为点心。因此，在果园摘一串葡萄随便吃吃是允许的，但一旦进入自家庭院，就等于把葡萄运进了家门，葡萄就成了禁止食用的税前品。

② 拉比以利以谢认为，此人可以离开庭院，继续把葡萄吃完；而拉比约书亚则认为，一旦进入庭院，葡萄就成为税前品，即使离开也不能再继续吃。

③ 安息日前夜为安息日之始，在安息日只能食用税后食物，因此在安息日开始之前食用葡萄者在夜色降临时是否还能继续食用就成了问题。

④ 可以在安息日结束后继续吃完，不可在安息日当天吃。

⑤ 即使安息日结束，也要先分留什一税，然后再继续吃。

⑥ 葡萄酒如果没有进行封闭保存，则有可能遭有毒动物（如毒蛇）饮用，从而沾染毒液，因此必须扔掉。

⑦ 浪费举祭是禁止的，如果在这种情况下举祭酒都要被倒掉，俗品酒当然更不待言。

⑧ 这三种饮品是毒蛇等有毒动物可能饮用的。

⑨ 毒蛇不会去喝其他饮品。

⑩ 饮品要在暴露状态停留多久才禁止饮用？

⑪ 一条蛇从附近地方来喝饮品所需要的时间。暴露这样长时间的饮品就应该倒掉。

⑫ 如果水的量足够让毒液溶入其中而不被发现，那么这水就适用于“暴露后倒掉”的律法。另一说是：如果水的量大到足以消解毒液的毒性，则“暴露后倒掉”的律法就不再适用。

⑬ 通常情况下器皿中水的量不会太大，毒液无法藏身，因此应该是无论暴露与否都可以饮用的，但拉比约西担心这样人们会对大器皿中的水也掉以轻心，因此干脆完全禁止饮用器皿中暴露的水。

⑭ 在池塘中的水如果超过四十细亚，那么毒液的毒性可以被消解，就可以不顾“暴露后倒掉”的律法。

6. 被啃咬过[①]的无花果、葡萄、黄瓜、葫芦、西瓜、甜瓜，即使其为一克卡尔[②]，无论其为大为小[③]，无论其被摘下或连枝，禁食任何含汁液者[④]。禁食被蛇咬者，因有性命之危[⑤]。

7. 滤酒罩亦因其暴露而受禁[⑥]。拉比尼希米允许[⑦]。

8. 若对一桶举祭生出其沾染不洁的疑虑[⑧]，拉比以利以谢说：若原本放在随意处，则当放之于受保护处；若原本暴露，则当将其盖上[⑨]。拉比约书亚说：若原本放在受保护处，则当放之于随意处；若原本盖上，则当将其暴露[⑩]。拉班迦玛列说：不得对其作任何更新[⑪]。

9. 若上酒槽的酒桶破裂，而下酒槽不洁[⑫]，拉比以利以谢与拉

---

① 指被动物啃咬过的果实。

② 克卡尔：重量单位，参见附录4。此处的意思是说即使是有很大的量。

③ 无论啃咬的痕迹有多大。

④ 如果果实含有汁液，那么动物的毒液可以借这些汁液扩展到整个果实，因此整个果实都要扔掉。但如果这些果实是完全干透的，那么只要把啃咬过的部分切掉就可以食用了。

⑤ 被毒蛇咬过的动物，无论如何都不得食用。

⑥ 滤酒罩是用来过滤葡萄皮的，把这样的罩子盖在酒桶上，酒仍然因为暴露而成为禁饮品，因为蛇毒可以通过筛孔进入酒桶。

⑦ 他认为滤酒罩可以挡住蛇毒。

⑧ 比如确知两桶举祭酒中有一桶沾染了不洁，但无法确定是哪一桶。

⑨ 有疑问的举祭最成问题，既不能焚烧（因为可能是有效举祭），也不能吃掉（因为可能不洁），尽管如此，拉比以利以谢认为应该尽最大努力去保护。

⑩ 拉比约书亚认为，对这样的举祭不应该再保护，而是宁可把它放在可能沾染不洁的环境中，待其确定沾染不洁后将其处理掉。

⑪ 不得改变这些举祭的状态，而是静待其沾染不洁后处理掉。

⑫ 放在上方酒槽的举祭酒桶破裂，而下方酒槽不洁（如有俗品酒），若举祭酒流入而沾染不洁，则禁止任何人饮用。

比约书亚均同意：若可从中救出四分之一的洁净品，则当救之[①]。若不可，拉比以利以谢说：任其流下而沾染不洁，而不可用手使之不洁[②]。

10. 同样，若一桶油洒出[③]，拉比以利以谢与拉比约书亚均同意：若可从中救出四分之一的洁净品，则当救之。若不可，拉比以利以谢说：任其流下而被吸收，而不可用手将其吸收[④]。

11. 对此事及对彼事，拉比约书亚都说：我并非因举祭之缘故而被警告不得使其不洁，而是因食用之缘故[⑤]。如何是不得造成不洁呢？[⑥] 若他从一地到一地，手持举祭面包。一位异教徒对他说："给我其中一个，我将使其不洁。否则我将使之全体不洁。"[⑦] 拉比以利以谢说：任其使之全体不洁，不得给他其中之一而让他造成不洁[⑧]。拉比约书亚说：将其中之一置于他面前的石头上[⑨]。

---

① 此时物主手中只有不洁器皿，如果他用不洁器皿接住流下的举祭酒，那么举祭酒将沾染不洁，但下酒槽的俗品酒将不会因此而成为混合禁品。如果他跑去拿洁净器皿来接举祭酒，那么他可以救出一部分洁净的举祭酒，但将损失俗品酒。这里两位拉比的裁决是：如果他能救出四分之一的洁净举祭酒，他就应该舍弃俗品酒。

② 拉比以利以谢认为，即使救不出四分之一的洁净举祭酒，物主也不能用不洁器皿接举祭酒，从而亲手使举祭沾染不洁，而只能听任举祭酒流下，造成俗品酒的损失。

③ 举祭油洒到地上，被土地吸收而造成举祭的浪费。

④ 不得使用不洁器皿来接举祭油，从而造成其不洁。

⑤ 拉比约书亚在此解释他对前三节所说情况的立场。在他看来，禁止造成举祭不洁的律法仅适用于可以食用的举祭，在前述三种情况下，举祭反正是不能食用了，因此就可以亲手造成其不洁。

⑥ 在什么情况下拉比约书亚会同意不得亲手造成不洁呢？

⑦ 按照拉比律法，异教徒触摸举祭就会造成不洁。

⑧ 异教徒可以造成不洁，以色列人无论如何不可主动帮助他造成不洁。

⑨ 以色列人可以为了保住大部分举祭面包的洁净而为异教徒选出一块来，但不可亲手交给他，而是放在石头上，让他自己去拿。如果异教徒在拿取前改变了主意，那么所有的举祭就都保住了。

12. 同样，若异教徒对一些妇女说："交出你们中的一个任我们玷污，否则我们将玷污你们全体。"则任其玷污全体，而以色列的生灵则一个也不得交给他们[①]。

① 在本节的情况下，两位拉比都同意不得把人交出去。

第9章

1. 误将举祭播种者，可翻耕[①]；出于有意，则保留[②]。若已长至三分之一，则无论失误还是有意，都予保留[③]。若是亚麻，则出于有意亦翻耕[④]。

2. 当分留遗落品、忘收品与田角捐[⑤]。由以色列的穷人和贫穷的祭司拿取[⑥]。以色列的穷人将其所有以举祭价卖给祭司，售资归其所有[⑦]。拉比特尔封说：除贫穷的祭司之外均不得拿取，以免他们会忘记而将其放入嘴中[⑧]。拉比阿奇瓦对他说：如此则除洁净者之外均不得拿取[⑨]。

3. 当分留什一税和穷人什一税[⑩]。由以色列的穷人和贫穷的

---

① 不算浪费举祭。

② 作为惩罚，有意播种举祭者必须让举祭在田里生长，结出的果实也是举祭。

③ 举祭秧苗长到成熟状态的三分之一时就获得了举祭的圣品地位，因此不得再予摧毁。

④ 亚麻的秆部纤维可以用来纺织，种子可以食用。拉比们担心种植举祭亚麻者会把种子交给祭司，而把秸秆留给自己纺麻，所以完全禁止栽种。

⑤ 举祭作物生长的田地，在收获时也要分留这些赋税以帮助穷人。

⑥ 由于这些果实实际上是举祭，非祭司穷人不能食用，但仍然可以去拿。

⑦ 穷人拿取这些举祭穷人税后要将它们以便宜的举祭价格卖给有资格食用的祭司。

⑧ 非祭司而食用举祭是禁止的。

⑨ 沾染了不洁的祭司同样不得食用举祭，因此照拉比特尔封的逻辑，这些祭司也不能拿取这些穷人税。

⑩ 按照拉比律法，举祭生长物属于举祭，不用交纳什一税；但按照《希伯来圣经》律法，这些收获物属于税前品，仍然要交纳第一和第二什一税。

祭司收取[①]。以色列的穷人将其所有以举祭价卖给祭司，售资归其所有[②]。打场者[③]受赞扬。踹谷则如何行之？[④] 将篮子挂于牲畜脖颈，同类食品置于其中。于此则既未给牲畜勒嚼亦未喂食举祭[⑤]。

4. 举祭所生长者为举祭[⑥]。所生长者再生长则为俗品[⑦]。然而税前品、第一什一税、第七年二茬作物[⑧]、以色列境外的举祭、混合禁品[⑨]、初熟贡[⑩]，其所生长者为俗品[⑪]。献品与第二什一税所生长者为俗品，于播种之时将其赎买[⑫]。

---

① 第一什一税和第二什一税归贫穷的祭司所有，第三年与第六年的第二什一税（穷人税）归穷人所有。

② 由于这些穷人税实际上是举祭，非祭司不得食用，所以穷人要把它们卖给祭司。

③ 指人力用枷打场，不使用牲畜者。

④ 《申命记》25：4："牛在场上踹谷的时候，不可笼住它的嘴。"也就是说，根据《希伯来圣经》律法，不能禁止打谷的牲畜吃谷物，但因为这里收获的是举祭，禁止用来喂牲畜，因此存在问题，也因此只用人力打谷者会受到赞扬。

⑤ 在篮子里放入同类俗品果实，这样牲畜既可以吃到谷物，又不会吃举祭，两条律法都守住了。

⑥ 这条律法主要是为了防止祭司们死守已经沾染不洁的举祭。如果举祭所生长的是俗品，祭司们可能为了利润而保留沾染不洁的举祭以等待播种期，从而导致家人不小心误食不洁举祭。现在举祭生长的是举祭，即使出售也卖不了几个钱，远不如种俗品合算，这样祭司们就会及时按律法规定销毁不洁举祭。

⑦ 从举祭作物中收下来的种子，再播种时就长出俗品。

⑧ 至第六年收割后自行生长出来的作物，按拉比律法，这些作物也是禁止食用和播种的。

⑨ 举祭与俗品混合而形成的禁止常人食用播种的混合禁品。

⑩ 圣地"七味"需要供给圣殿且随后由祭司食用的初熟品（参见《申命记》26:1～11）。

⑪ 上述食品均禁止播种，但如果真的播种了，那么其生长和收获都是允许的，且其果实为俗品。

⑫ 献品与第二什一税即使沾染了不洁，也是可以赎买的，所以并没有人会专门设法播种这些谷物，因此相关律法比较宽松，只要赎买了种子，全部收获物就视为被赎买了。

5. 一百行举祭与一行俗品[①]，若为其种子分解之物，则全部允许[②]；但若为其种子不可分解之物，即使俗品为百而举祭为一，亦全体受禁[③]。

6. 税前品，若为其种子分解之物，则其所生长者得许可[④]；但若为其种子不分解之物，则其所生长者再生长亦受禁[⑤]。何谓其种子不分解之物？例如，蛇根草、大蒜和洋葱。拉比犹大说：大蒜如同大麦[⑥]。

7. 与异教徒一同[⑦]在球茎作物[⑧]中除草，尽管其果实为税前品[⑨]，仍可偶然食之[⑩]。举祭秧苗[⑪]沾染不洁，将其栽种，则净而免

---

① 举祭与俗品种混了，田主搞不清楚哪行是俗品，哪行是举祭。

② 在这种情况下，只要有一行俗品作物，就可以使一百行举祭作物成为俗品。

③ 种子不分解，举祭就依然存在，由于每行作物是独立的，所以不能按比例抵消举祭，结果是每行都可能是举祭，因而每行都成了混合禁品。

④ 按拉比律法，果实加工（打谷、脱粒等，不包括烹调）完成运入家中后，就成为税前品，直到分留各项赋税之后才能食用；而在加工完成或运入家中之前，则可以偶尔当作小吃食用。用来播种的税前品一定是加工完成了的果实，因此是连当小吃也不允许的。但如果种子在生根发芽后分解，那么原来的税前品就可以被看作已经消失，新生的果实和其他正常作物一样，在分留各项赋税或运入家中之前可以偶尔当小吃食用。

⑤ 种子不分解时，作物种入地下后仍然是不可食用的税前品，即使其再生物也还是税前品，偶尔食用也是禁止的。

⑥ 大麦种子分解得比其他作物还快，拿大蒜比喻大麦表示他认为大蒜属于种子可分解类作物。

⑦ 受异教徒雇用或帮助异教徒做田里的工作。

⑧ 指大蒜、洋葱一类种子不可分解的作物。

⑨ 异教徒耕种以色列的土地，其产品仍被视为须交纳各项拉比犹太教律法所规定的赋税，因此，异教徒播种的作物自然被看作是税前品的生长物。

⑩ 可以当作小吃食用，拉比律法禁止拿这种果实当小吃（见上节），但《希伯来圣经》律法对异教徒税前品的律法规定要宽松得多。

⑪ 从育苗地取出后移往田地栽种，在此过程中沾染不洁。

于传递不洁[①]。但仍禁止食用[②],直至切去其可食者[③]。拉比犹大说:直至再次剪切[④]。

① 不洁的举祭秧苗再次栽种后,秧苗失去食品地位,其传递不洁的"能力"因而被消净,但秧苗本身依然为混合禁品。

② 因为这是不洁的举祭,因此禁止食用。

③ 切掉可食的果肉,只留下核心部分生长,这样长出来的果实便可以食用。

④ 需要切除两次果肉,才能食用新生长的果实。

第10章

1. 洋葱放入小扁豆中[①]，若完整，则得许可[②]；若被切开，则取决于气味相传[③]。对其他所有熟食，则无论其为完整或被切割，均取决于气味相传。拉比犹大允许其在小腌鱼中，因其只为去除腥臭[④]。

2. 苹果切碎后放入面团中使之发酵，则此物受禁[⑤]。大麦落入水窖之中，尽管使之味恶，其水仍得许可[⑥]。

3. 将热面包取出烤炉，置于举祭酒罐口，拉比梅伊尔禁止，拉比犹大许可[⑦]。拉比约西许可用小麦制品，禁止用大麦制品，因为

---

① 把举祭洋葱放入俗品小扁豆中一同烹调。

② 如果洋葱是完整的，那么可以认为洋葱与小扁豆之间没有味道相传，这样小扁豆仍然是俗品，允许普通人食用。

③ 如果洋葱是切过的，那么要请一位祭司（既可以吃举祭也可以吃俗品）来品尝小扁豆，如果他在小扁豆里吃出洋葱的味道，那么这些食物就成了不许普通人食用的混合禁品，否则为俗品。

④ 举祭洋葱放入腌鱼汤中，虽然腌鱼会吸收洋葱的味道，但是因为在腌鱼汤中放洋葱的目的在于让洋葱吸收汤汁的腥臭味，而不是让鱼吸收洋葱的味道，所以在洋葱被完全移除后，腌鱼仍然是任何人都可以食用的俗品。

⑤ 把举祭苹果当酵母使用，虽然苹果的味道没有传到面团里，但使面团发酵相当于给面团传味道，因此面团成为混合禁品。

⑥ 举祭大麦落入水中，会给水传上难闻的大麦味道，尽管这里确实存在气味相传的问题，但因为这种气味降低了而不是提高了水的品质，可知不会有人有意去做这样的事情，所以水仍然是俗品。

⑦ 拉比梅伊尔认为，气息与味道是同一个东西，因此虽然在此俗品面包与举祭酒并未直接接触，但面包被酒气熏着，因此也成为混合禁品。拉比犹大则认为，气息与味道不同，只是被气息熏着不构成气味相传。

大麦吸味[①]。

4. 以举祭之小茴香点燃烤炉，并在其中烤制[②]，其面包得许可[③]，因为没有小茴香之味道，只有小茴香之气息[④]。

5. 葫芦巴落入酒桶中[⑤]，对于举祭与第二什一税，取决于种子是否足以气味相传，而不取决于茎秆[⑥]；对于第七年产品、葡萄园禁混种以及献品，则取决于种子与茎秆是否足以气味相传[⑦]。

6. 拥有成捆的葡萄园禁混种葫芦巴者，当将其烧毁[⑧]。若有成捆的税前品葫芦巴，则当击打，且估算其所有之种子量，分留其种子，无须分留其茎秆[⑨]。若已分留，则不得说："我将击打，拿走茎秆，交出种子。"而是将茎秆与种子一同交出[⑩]。

7. 俗品橄榄与举祭橄榄一同腌制：若榨开俗品与榨开举祭同

---

① 拉比约西同意气息与味道不同，但相信味道不一定通过直接接触相传，这样，大麦制成的热面包即使不与举祭酒直接接触，也可能吸收酒的味道。

② 用举祭小茴香作燃料，在烤炉中烤制面包。

③ 烤出来的面包是俗品。

④ 这样面包就不可能染上小茴香的味道。

⑤ 葫芦巴的种子与茎秆有着相同的味道。

⑥ 如果举祭或者第二什一税的葫芦巴落入俗品酒之中，那么只计算其种子的味道是否传给了葡萄酒，而不管其茎秆，因为茎秆不可食，不能算作举祭或者第二什一税。计算的标准是看葡萄酒的数量是否超过种子数量的六十倍，如果超过，那么葡萄酒就仍然是俗品，否则就成为混合禁品或第二什一税。

⑦ 这三种作物不一定是食品，所以茎秆也要计算在内。

⑧ 葫芦巴在葡萄园中为禁混种，如果有这样的葫芦巴，那么只能将其焚毁。

⑨ 对尚未纳税的葫芦巴，要将种子打下来，然后估算分量分留举祭。茎秆不算食物，所以不用分留。

⑩ 如果物主尚未把种子打落就已经分留的话，那么分留之后他就不能再打落种子交给祭司，自己留下茎秆，而是要把整棵葫芦巴交给祭司。

处，榨开俗品与完整举祭同处[①]，或者处于举祭水中[②]，则受禁[③]。但若完整俗品与榨开举祭同处，则受许可[④]。

8. 不洁之鱼与洁净之鱼一同腌制[⑤]：任何能装两细亚的桶，若其中有重量为十犹大组兹[⑥]——在加利利为五塞拉[⑦]——的不洁之鱼，则其盐水受禁[⑧]。拉比犹大说：两细亚中的四分之一罗革[⑨]。拉比约西说：其中的十六分之一[⑩]。

9. 不洁之蝗虫与洁净之蝗虫一同腌制，不使其盐水受禁[⑪]。拉比撒都该证明不洁蝗虫之盐水为洁净品[⑫]。

10. 所有彼此同处之腌菜均得许可[⑬]，唯球茎作物除外[⑭]。俗品球茎作物与举祭球茎作物同处，俗品蔬菜与举祭球茎作物同处，

---

① 榨开的俗品橄榄在这种情况下会吸收举祭橄榄的味道。

② 即使举祭橄榄已被移走，留下来的汤水仍然有举祭橄榄的味道，仍然会被榨开的俗品橄榄吸收。

③ 俗品橄榄在这种情况下成为混合禁品。

④ 没有榨开的俗品橄榄应该不会吸收味道，因此腌过之后仍然是俗品。

⑤ 此节讨论在什么情况下不洁之鱼可以使腌制汤水成为混合禁品。

⑥ 组兹：重量单位，参见附录4。1犹大组兹 = 2加利利组兹。

⑦ 塞拉：重量单位，参见附录4。1塞拉 = 4组兹，10犹大组兹 = 20加利利组兹 = 5加利利塞拉。

⑧ 1细亚可以换算为4800组兹，这样2细亚 = 9600组兹。2细亚∶10组兹 = 960∶1。如果出现这样的比例，那么腌制的汤水就成为混合禁品。

⑨ 罗革：液体体积单位，参见附录4。四分之一罗革∶2细亚 = 1∶192。拉比犹大认为到达这一比例就成为混合禁品。

⑩ 拉比约西认为只要到达16∶1的比例，腌制汤水就成为混合禁品。

⑪ 蝗虫被认为是没有血的，其不洁液可以被任何量的洁净液体所抵消。因此，洁净蝗虫与不洁蝗虫混合腌制时，其汤水保持洁净。

⑫ 他认为即使不洁蝗虫单独腌制，其汤水也是洁净的。

⑬ 举祭蔬菜跟俗品蔬菜一同腌制，两不相犯，各自保持其身份。

⑭ 球茎作物指洋葱大蒜等种子不分解的调味品，因其味道特强，所以如果举祭球茎作物跟俗品蔬菜一同腌制的话，那么俗品蔬菜一定会染上举祭的味道，从而成为混合禁品。

受禁[①];但俗品球茎作物与举祭蔬菜同处,则得许可[②]。

11. 拉比约西说:所有与甜菜一同炖煮者均受禁,因其气味相传[③]。拉比西缅说:水浇地之卷心菜与雨水地之卷心菜同处,则受禁,因其吸味[④]。拉比犹大说:所有彼此同类烹调者均得许可,唯肉类同处除外[⑤]。拉比约翰南·本·努利说:肝脏造成混合禁品却不受禁,因其散味却不吸味[⑥]。

12. 与受禁调味料[⑦]一同烹调之鸡蛋,即使其蛋黄亦受禁,因其吸味。举祭炖煮之汤水与腌制之汤水,对外人为混合禁品[⑧]。

---

① 道理同上。

② 在这种情况下,是俗品将味道传给了举祭,因此俗品仍然保留其身份。

③ 拉比约西对上节律法提出修正,认为甜菜煮久了也会把味道传给其他蔬菜,因此如果甜菜是举祭,那么与其一同炖煮的蔬菜也会成为混合禁品。

④ 水浇地比雨水地干旱,所以水浇地里长出来的卷心菜没有雨水地的水分饱满,如果两者同煮,那么雨水地卷心菜的汁液会跑到水浇地卷心菜里边去,如果这雨水地卷心菜是举祭的话,那么水浇地卷心菜就成了混合禁品。

⑤ 拉比犹大认为,同类食品都可以一同炖煮,因为彼此味道相同,不会互相吸味。但肉类例外,同种肉之间仍然可以互相吸味,从而造成混合禁品。

⑥ 肝脏如果是举祭的话,与其他食物同煮会造成混合禁品。但如果是俗品,则不会受其他举祭的影响而成为混合禁品。

⑦ 指被分留为举祭的调味料。

⑧ 非祭司平民不得食用这些汤水,因为其中含有举祭的味道。

第11章

1. 不得将压制无花果饼或干无花果放入鱼油[①]中，因其使之损失[②]，但可以将葡萄酒放入鱼油中[③]。不得给橄榄油加香[④]，但可以制作蜜酒[⑤]。不得烫制举祭酒，因为此举会使其减少[⑥]。拉比犹大准许，因为此举使之优化[⑦]。

2. 椰枣蜜[⑧]、苹果汁、冬葡萄醋[⑨]以及其他所有举祭果汁[⑩]，拉

---

① 鱼油：将鱼内脏浸泡在盐水中，使内脏中的油脂溶入盐水中。在鱼油中放入干无花果是为了给鱼油调味。

② 当时标准的做法是：将干无花果浸入鱼油中，待其吸饱鱼油后取出，将其汁液榨出，并将果实残渣扔掉。由于这种做法不合无花果食用惯例，实际上是在浪费无花果，因此禁止将举祭无花果用于这种制作。

③ 葡萄酒放入鱼油中是为了调味，这属于葡萄酒的正常用途，因此可以使用举祭葡萄酒。

④ 给橄榄油加香的办法是在橄榄油中加入某些芳香植物的根、茎或叶子，由于这些调味品会吸收一些橄榄油而其本身又不被食用，由此造成橄榄油的损失，因此不能使用举祭橄榄油。

⑤ 蜜酒：将蜂蜜等物加入葡萄酒中而制成的饮料。这种饮料是全部喝掉的，不造成任何浪费，因此可以使用举祭葡萄酒。

⑥ 葡萄酒在烫制过程中会因蒸发而造成损失，因此禁止使用举祭酒。

⑦ 拉比犹大认为，葡萄酒经烫制可以保存更多的时间，因此允许使用举祭酒。

⑧ 即椰枣汁。

⑨ 到冬天尚未成熟的葡萄通常被用来制作醋。

⑩ 下节实际上规定不得将举祭果品制成果汁。本节所说的是已经违规制作后的情况。

比以利以谢责以本金与五一费，拉比约书亚免除[①]。拉比以利以谢以其为饮品而沾染不洁[②]。拉比约书亚说：贤哲们未曾像调料开列者[③]那样开列七种饮品[④]，而是说：七种饮品可不洁，其余所有饮品均洁净[⑤]。

3. 不得将椰枣制成蜜汁，不得将苹果制成苹果汁，不得将冬葡萄制成醋[⑥]。其余所有水果，作为举祭与作为第二什一税，不得改变其原生形态，只有橄榄与葡萄除外[⑦]。人不因未净而挨四十鞭，除非是因从橄榄与葡萄中榨汁[⑧]。不得以饮品为初熟贡，除非其来自橄榄和葡萄[⑨]。任何饮品[⑩]都不沾染不洁，除非其出自橄榄和葡

---

① 拉比以利以谢认为，举祭果汁与举祭果品完全一样，所以误饮者一如误食者，都要赔偿本金与五一费。但拉比约书亚认为，两者虽然都是举祭，但地位不同，误饮者只需赔偿本金，无须赔偿五一费。

② 相对于不洁的概念来说，所有的果汁都是一样的饮品，都可以沾染不洁并造成食物不洁。

③ 指售卖调味料的小贩，他们开列的货单往往不完整，以后再随时补充。

④ 拉比约书亚认为，贤哲们与小贩不同，他们所开列的可沾染不洁的饮品名单是一份完整的单子，不可再继续补充。

⑤ 因此除了被贤哲们开列的七种饮品之外，其他的饮品都是不可沾染不洁的。《密释纳·洁净部·预备卷》6:4记载了这七种饮品：水、露水、葡萄酒、橄榄油、血、牛奶、蜂蜜。

⑥ 这是当时常常制作的三种果汁，由于制作果汁实际上是在摧毁果品，所以禁止使用举祭与第二什一税果品。

⑦ 本句列出一般规则，即除葡萄和橄榄可依照惯例制作葡萄酒和橄榄油外，其他举祭与第二什一税果品一概禁止。

⑧ “未净”指初栽果树三年内的果实，食用这些果实的要受鞭刑处罚。但如果饮用了这些果实榨出的果汁，则免于鞭刑，因为果实与果汁的地位不同（第一节拉比约书亚的观点），不过葡萄酒与橄榄油的地位与果实相同，因此鞭刑照旧。

⑨ 《申命记》26:10在谈论初熟贡时说：“现在我把你所赐给我地上初熟的果实奉了来。”原文说“果实”，所以果汁不算数，但葡萄酒和橄榄油等于果实。

⑩ 此处的“饮品”指果汁。

萄[1]。不得将其献于祭坛之上，除非其出自橄榄和葡萄[2]。

4. 举祭之无花果、干无花果、克立辛果[3]与角豆之柄[4]，对外人为混合禁品[5]。

5. 举祭之果核，在其保留之时，为混合禁品；若将其丢弃，则得许可[6]。牺牲品之骨头亦如此：在其保留之时，为混合禁品；若将其丢弃，则得许可[7]。粗糠得许可[8]，新麦之细糠为混合禁品，属旧麦则得许可[9]。以处理俗品之道处理举祭[10]。一细亚中筛得一卡夫或者两卡夫，不得将其余丢弃，而是将其置于有遮护之地[11]。

6. 将小麦举祭清出粮仓者，不要求他坐下一颗一颗地捡拾[12]；而是照其常规清扫，并将俗品放入其中[13]。

---

① 道理同本章第 2 节结尾。

② 《希伯来圣经》律法只提到将葡萄酒和橄榄油用于祭祀，因此其他果汁一概禁用。

③ 克立辛果：不详，迈蒙尼德认为是某种无花果，其他人或说为梨子。

④ 与果肉相连的柄端，有果实的味道，属于食品。

⑤ “外人”指非祭司者，这些部位还算举祭食品，因此禁止非祭司者食用。

⑥ 对于可食的果核，只要祭司还将其保留，则仍属举祭，禁止他人食用；一旦丢弃，则失去混合禁品地位。

⑦ 用来向圣殿献祭的牺牲品在一定时间内可由祭司食用，过期则需焚毁。在此期间如果某些可以被食用的骨头被丢弃，则其混合禁品地位随之丧失。

⑧ 磨麦后筛出的糠分为粗细两种，均不被视为食物，因此非祭司者可以使用。

⑨ 收割三十天之内的麦子为新麦，此时麦子湿度较大，磨出来的面粉有相当一部分沾在麦糠上，因此被看作举祭食品，禁止外人食用。三十天之后麦子干透，麦糠不再沾染面粉，因此不算混合禁品。

⑩ 祭司食用举祭的方式与俗品完全一样，该吃的部分吃，该丢弃的部分丢弃。

⑪ 如果在筛去麦糠之后继续筛选精面粉，那么就有大量的粗面粉会被筛出来。这些粗面粉仍然是举祭食品，因此不得丢弃浪费，而是要妥善保管起来。

⑫ 如果有人要将剩余的举祭小麦清出粮仓，改放俗品，他不需要用特殊的方法保证每一颗举祭小麦都被清除。

⑬ 只要户主按常规办法清扫了粮仓，他就可以把俗品放入，不会因为地上可能还剩了一些举祭小麦的颗粒而成为混合禁品。

7. 同样，对一桶泼洒的橄榄油，不要求他坐下以手拂拭，而是照其处理俗品的常规处理之①。

8. 从一桶倒入另一桶，滴落三滴，则向其中加入俗品②。若将其倾斜而导致聚积，则此为举祭③。多少得卖疑之什一税举祭应拿给祭司呢？④ 八分之一之八分之一⑤。

9. 举祭野豌豆⑥，可以之喂家畜、野生动物和鸡⑦。以色列人从祭司处租牛，可给其喂食举祭野豌豆⑧；祭司从以色列人处租牛，即使负责其饲料，亦不得给其喂食举祭野豌豆⑨。以色列人承养祭司之牛，不得给其喂食举祭野豌豆⑩。祭司承养以色列人之牛，可

---

① 如果有一桶举祭橄榄油洒在地上，物主只需要像挽救一桶俗品橄榄油那样去做就可以了，不必坐在地上用手一点一点地挽救。

② 将一桶举祭橄榄油倒入另一个桶中，将倒完之时，油流将变成油滴，在此只要有三滴油滴入新桶，旧桶内的举祭橄榄油就可以被看作清洁完毕，就可以加入俗品橄榄油，而不会造成混合禁品混合物。

③ 如果在倒出三滴之后物主没有向旧桶加入俗品，而是将其侧放，导致残留的举祭橄榄油在桶底一侧聚积，那么这些聚积的橄榄油就将被视为举祭。

④ 购得的不知经者的食品为得卖疑，因为无法确定这些食品是否分留了什一税，所以在购得得卖疑之后，需要分留什一税，并将什一税举祭交给祭司。此处问的是这种什一税举祭的最小量是多少。

⑤ 八分之一罗革（参见附录4）中的八分之一，也就是六十四分之一罗革。

⑥ 野豌豆平时为牲畜饲料，饥馑时亦用作人类食品，因此需分留举祭。

⑦ 祭司可以用举祭野豌豆喂自己的家禽家畜。

⑧ 租牛者对意外事故不负责任，因此租出去的牛仍然归祭司所有，也就可以喂举祭野豌豆。

⑨ 租来的牛不归祭司所有，不得食用举祭野豌豆。

⑩ 承养者将客户的牛做一个原始估价，保证客户至少会得到这个价值之后将牛领去牧养，牛增长的分量所得的利润则由双方共享。在这种情况下，承养者对牛负全部责任，牛实际上已经不再是客户的财产。所以，如果非祭司者承养了祭司的牛，就不能喂食举祭野豌豆。

给其喂食举祭野豌豆[①]。

10. 可在会堂、经堂和昏暗的小巷中以燃油点亮[②]。亦可用于病人，若祭司在场[③]。嫁给祭司的以色列人的女儿若习惯居于其父之处，其父可在其在场时点亮[④]。点亮于宴会之家，而不得在居丧之家[⑤]。此为拉比犹大之言。拉比约西说：在居丧之家，而不得在宴会之家[⑥]。拉比梅伊尔则此处彼处均禁止。拉比西缅则此处彼处均准许[⑦]。

《举祭》卷终

① 同理，此时牛被看作祭司的财产。

② 燃油：举祭油若沾染不洁，则必须被焚烧，因此被称为“燃油”。燃油可用在此处所说的几个公共场所，以帮助大众。《耶路撒冷塔木德》认为，在这种情况下，祭司本人甚至不一定到场。

③ 如果探望病人时需要灯光，那么可以点燃这种燃油，条件是祭司本人必须在场。

④ 祭司的夫人有资格享用圣品，在这里，点亮燃油会使她受益。

⑤ 此处的宴会或指婚宴，婚宴和丧礼都有祭司参加，本来是可以点亮燃油的，但如果非祭司者把油灯拿到只给自己照亮的地方，就违背了举祭的使用原则。因此，在婚宴上可以点燃，因为客人们都穿着新衣服，怕被灯油弄脏，所以没人愿意移动油灯；而丧礼上大家都穿脏衣服，没有这层顾虑，有可能移动油灯，所以禁止点燃。

⑥ 拉比约西认为，丧礼时气氛压抑，人们不会乱动油灯；宴会时气氛活跃，乱动油灯的可能性比较大，所以禁止点燃油。

⑦ 拉比梅伊尔综合了拉比以利以谢和拉比约西的否定思路，拉比西缅则综合了两人的肯定思路，律法以拉比西缅为准。

第 7 卷

什一税

Maaseroth

提　要

什一税即第一什一税，是《密释纳》时代犹太农人在完成收获过程之后应该分留的税项。按照《希伯来圣经》律法，什一税归利未人所有（其中十分之一作为什一税举祭转交祭司），作为交换，利未人不参与分配迦南地的土地。

本卷主要讨论在分留什一税过程中可能出现的各种问题。第1章讨论各种作物的起征时机，也就是在哪个生长或收获阶段必须交纳什一税。第2章讨论在分留什一税之前食用收获物的问题。由于农人在收获完成前习惯于在工作中食用收获物，因此这是一个非常实际的问题。第3章讨论在不同场所食用税前收获物的许可问题。第4章讨论某些特别加工或培植过程中的食用税前果实的问题。第5章则讨论各色其他问题。

相关《希伯来圣经》段落

《民数记》

18:21　凡以色列中出产的十分之一，我已赐给利未的子孙为业。因他们所办的是会幕的事，所以赐给他们为酬他们的劳。

18:22　从今以后，以色列人不可挨近会幕，免得他们担罪而死。

18:23　惟独利未人要办会幕的事，担当罪孽。这要作你们世世代代永远的定例。他们在以色列人中不可有产业。

18:24　因为以色列人中出产的十分之一，就是献给耶和华为举祭的，我已赐给利未人为业。所以我对他们说，在以色列人中不可有产业。

第 1 章

1. 他们所言之什一税规则为：凡为食品，受到看护[①]，且生长自土地者[②]，均须交纳什一税。其所言之另一规则为：凡其始为食物，其终亦为食物者[③]，尽管将其留待食物增加[④]，无论大小均须交纳[⑤]。凡其始非食物，然而其终为食物者[⑥]，直至其成为食物，均无须交纳[⑦]。

2. 果实自何时起须交纳什一税？无花果自其成熟时起[⑧]。葡萄与野葡萄自其透明时起[⑨]。漆树果和桑葚自其变红时起。任何红色果实均自其变红时起[⑩]。石榴自其变软时起[⑪]。椰枣自其长出发面裂纹时起[⑫]。桃子自其长出红色脉络时起。核桃自其核壁长

---

① 即有主作物，无主果实免交什一税。

② 不在土中生长者（比如蘑菇）免交什一税。

③ 比如绿叶类蔬菜。

④ 尽管田主并不从一开始就进行收获，而是将其养大。

⑤ 无论是其幼小之时还是长大之后，都应交纳什一税。

⑥ 比如谷物等果实类食物。

⑦ 要等到果实成熟可食之后才有交纳什一税的资格。

⑧ 通常以无花果的一端变白时起。

⑨ 可以从外边看见葡萄籽。

⑩ 指所有初始时为绿色、成熟后为红色的果实。

⑪ 石榴的果肉可以用手剥开。

⑫ 椰枣成熟后皮上会出现类似发面后面团表面所出现的裂纹。

成时起[①]。拉比犹大说：核桃与杏仁自其核衣[②]长成时起。

3. 角豆自其出点时起[③]；任何黑色果实均自其出点时起。梨、野梨、温柏、欧楂均自其光滑时起[④]；任何白色果实均自其光滑时起。葫芦巴自其发芽时起[⑤]。谷物与橄榄均自其长至三分之一时起[⑥]。

4. 在蔬果中，黄瓜、葫芦、西瓜、甜瓜、苹果及圆佛手柑，大小均须交纳[⑦]。拉比西缅豁免小圆佛手柑[⑧]。苦杏仁须交纳者，甜杏仁得免；甜杏仁须交纳者，苦杏仁得免[⑨]。

5. 何谓什一税之起点？[⑩] 黄瓜与葫芦自其去茸时起[⑪]，若不去茸，则自成堆时起[⑫]。西瓜自去茸时起，若不去茸，则自其摆放时

---

① 核桃壳与果实分离。

② 指核桃壳外面的一层薄膜，通常在核桃完全成熟后出现。

③ 角豆初结时表皮是绿的，开始成熟后表皮出现黑点，以后黑点扩大并连成一片，完全变成黑色。

④ 这几种果实表面均有茸毛，成熟后脱落，表皮变得光滑。

⑤ 即其果实种植时可以发芽时起。

⑥ 果实长到正常大小的三分之一。

⑦ 这些果品在成熟以前即可食用，因此即使未完全长成也必须在食用前交纳什一税。

⑧ 拉比西缅认为，圆佛手柑在未成熟时不是完全可以食用，因此予以豁免。

⑨ 苦杏仁通常在未成熟时食用，因其成熟时过苦而无法食用；甜杏仁则在成熟后食用，因其未成熟时味道苦涩。因此，苦杏仁未成熟时相当于甜杏仁成熟时，均为食品，须在食用前交纳什一税；而苦杏仁成熟时则相当于甜杏仁未成熟时，均非食品，不必交纳什一税。

⑩ 前四节讲的是根据果实本身特征而决定的什一税交纳起点，本节讲收获过程中的起征点。

⑪ 这两种作物在生长过程中会出现茸毛，完全成熟后则茸毛脱落。农夫若提前收获，则通常会在出售前将茸毛去除。茸毛：一说为花朵，即黄瓜或葫芦的顶花。

⑫ 成堆被看作是蔬果收获工作的最后一步，此后蔬果即成为食品，食用前须交纳什一税。

起[①]。打捆蔬菜自其打捆时起[②];若不打捆,则至其盛满容器时起[③];若不盛满容器,则自收得所有其所需时起[④]。篮筐至其覆盖时起[⑤],若不覆盖,则至其盛满此容器[⑥]时起;若不盛满此容器,则自收得所有其所需时起。所指情况为何?[⑦] 为去市场者;若为归家者,则可在到家前偶然食用[⑧]。

6. 石榴干、葡萄干与角豆,自其成堆时起[⑨]。洋葱自其去皮时起[⑩],若不去皮,则自其成堆时起。谷物自谷堆理齐时起[⑪],若不理齐,则自其成堆时起。豆类自过筛时起[⑫],若不过筛,则自豆堆理齐时起。即使已经理齐,仍可从茎秆上[⑬]、堆旁[⑭]以及茎秆混合物[⑮]中拿取食用[⑯]。

---

① 西瓜不成堆,因怕其腐烂,因此平地摆开晾干。

② 指通常成捆出售的蔬菜。

③ 指收获蔬果时所使用的容器。

④ 如果农夫要收取的量装不满他所携带的容器,则以收获满意为准。

⑤ 有时农夫会使用较大的筐子,在收获到一定数量后,将篮子盖上保湿。这被视为收获过程结束。

⑥ “此容器”指较大的筐子。

⑦ 上述律法的适用情况。

⑧ 实际上,律法只要求在实际出售前分留什一税,但收获后直接运到市场出售的蔬果可能在途中就被人买走,因此需早设什一税起征点,运回家中个人食用的不存在这一问题,因此不必早设。

⑨ 这三种均属干果,都是风干后成堆,成堆即代表加工过程结束。

⑩ 洋葱的收获过程包括去除不可食用的腐烂外皮和根须,一旦完成,即处于可食用状态。

⑪ 谷物脱粒扬场后成堆,农夫会用器具将堆面理平。

⑫ 豆类收获时连根拔起,带有不少泥土,因此脱粒后需要过筛。

⑬ 脱粒时漏过的谷粒或豆粒。

⑭ 散落在果实堆旁边的。

⑮ 过筛后仍然混在泥土、秸秆堆中的果实。

⑯ 这些果实没有在理齐的果实堆里,因此不算收获加工完成。

7. 葡萄酒自撇除时起[①]，即使已撇除，仍可从上酒槽及管道中汲取饮用[②]。橄榄油自落入油槽时起[③]，即使已落入，仍可从麻袋[④]中、舂臼[⑤]中、磨板[⑥]间汲取，并加入薄脆饼以及食盘中[⑦]，但不可在滚热时加入煮锅或煎锅中[⑧]。拉比犹大说：可加入所有这些，唯其中有醋或盐水者除外[⑨]。

8. 无花果饼自其抹光时起[⑩]，可以税前品之无花果或葡萄抹光[⑪]；拉比犹大禁止[⑫]。以葡萄抹光，不引起不洁[⑬]；拉比犹大说：引起不洁[⑭]。散无花果干自其被压时起，在仓中则自果堆理齐时起[⑮]。若

① 酿制葡萄酒将熟时，葡萄籽、皮会浮上酒面，将其撇除后葡萄酒便可以饮用了。

② 这些地方的酒尚未流入酿酒桶，不算酿制完成，可以偶然饮用而不必分留什一税。

③ 油槽位于橄榄油榨制装置的底部，油流入其中，榨制即告完成。

④ 麻袋用来装压碎的果肉。

⑤ 舂臼用来捣碎果实。

⑥ 磨板是用来榨取橄榄油的两块木板。一说是榨制装置的支架。

⑦ 在上述三个地方残留的橄榄油可以放在已经做好的食物或盛了食物的盘子中食用，作为偶然食用，不必分留什一税。

⑧ 直接在火上烧的锅被称为第一类锅，按拉比犹太教的看法，这类锅即使离开了火，在短时间内仍然有烹调的功能。因此不能把未交过什一税的橄榄油加入其中，因为这就属于烹调，而不再是偶然食用了。

⑨ 拉比犹大认为，第一类锅本身并没有持续烹调功能，加入醋或盐水后才有这种功能。

⑩ 压制无花果饼的最后一道工序是在果饼表面抹上一层果汁，使其发亮。

⑪ 抹光的方法是用无花果或者葡萄在果饼上摩擦，使其汁液渗入果饼表面，由于这些果子不是直接食用的，因此可以使用税前品。

⑫ 拉比犹大认为，这些果品的汁液最终是给人们食用的，因此属于食品，必须交纳什一税。

⑬ 不洁的葡萄汁可经过沾染引起其他食物不洁，但在本节所说的情况下，由于葡萄汁液直接从葡萄进入无花果饼，并未真正形成葡萄汁，因此不存在这种危险。

⑭ 拉比犹大认为，这种情况下葡萄已经成汁，因此会引起不洁。

⑮ 不适合制作无花果饼的无花果干通常收藏在桶中或仓房里，若在桶中，则自其在桶中被压紧并上盖时起交纳什一税；若在仓房中，则自其果堆理齐时起交纳。

已在桶中压紧，或已在仓中理齐，而桶破仓开，则不得从中偶然食用[①]；拉比约西允许[②]。

① 在桶中或仓房中的无花果压好理齐后，如果将其打开加入新的无花果干，则不得以“偶然食用”的规则取食原有无花果干，因为在压紧理齐后这些无花果干的加工程序已经完成，必须交纳什一税才能食用。

② 拉比约西认为，只要还能再加入无花果干，加工程序就不算完成，仍然可以偶然食用。

第2章

1. 若有人[①]经过市场，并说："拿些无花果给你们自己吧。"则可以食用且得免[②]。据此，若将其带入家中，则以其为确定税前品而理税[③]。若说："拿些无花果带回你们家去吧。"[④]则不得以其偶然食用[⑤]。据此，若带入其家中，则无须理税，而视其为得卖疑[⑥]。

2. 若群坐于门口或店中，而其人[⑦]说："给你们自己拿些无花果去。"[⑧]则可以食用且得免[⑨]。房主或店主则须交纳[⑩]。拉比犹大免除之，除非回转其脸，或改变其坐处[⑪]。

---

① 指不知经者，因此不能确定他的食品是否交纳过各种税赋。

② 虽然这些食品可能没交纳过第一什一税，但物主尚未将其搬回家中，收获加工过程尚未结束，因此偶然食用是许可的。

③ 拿回家以前可以偶然食用的原因是这些食物被看作确定的税前品，因此一旦拿回家就必须按税前品的要求分留什一税。

④ 不知经者告诉接收者拿回家去吃，表示他应该已经分留过什一税。

⑤ 不知经者暗示他已分留什一税表明他已将食品带回家过，因此这些食品是确定要交纳什一税的，但因为不能在什一税问题上相信不知经者，所以偶然食用这些食品也是不允许的。

⑥ 与确定的税前品不同，得卖疑得主可以将第一什一税和穷人税据为己有。

⑦ 指店主或房主。

⑧ 店主或房主从外面拿进来无花果并给群坐者食用。由于这些无花果尚未进入家门或者店门，所以应该是没分留过什一税的。

⑨ 虽然这些人坐在店内或院门内，但他们不是房主，这些无花果不属于他们，因此他们可以偶然食用，不必分留什一税。

⑩ 房主或店主将食物带入自己产业内，因此必须交纳什一税。

⑪ 拉比犹大认为，在门口脸朝外吃东西不是惯常的做法，因此即使房主这样吃也还可以免税，脸朝里或者移坐屋内其他地方食用则必须交纳什一税。

3. 将果实自加利利带往犹地亚或者带往耶路撒冷者[①]，可在到达其所去之处前从中食用[②]。回程亦如此[③]。拉比梅伊尔说：在到达休歇安息日之处前[④]。在城镇间巡回的小贩，可在到达其住宿地前食用[⑤]。拉比犹大说：第一户人家即其住处[⑥]。

4. 工作未完成前即分留举祭之果实，拉比以利以谢禁止从中偶然取食[⑦]，众贤哲允许[⑧]，而装筐无花果除外[⑨]。已分留举祭之装筐无花果，拉比西缅允许[⑩]，而众贤哲禁止。

5. 若有人对其友伴说："拿走这个依萨尔[⑪]，为此给我五个无

---

① 在加利利生产的果实，要运到犹地亚或耶路撒冷去售卖。

② 虽然果实加工已经完成，但在运到预计售卖地点之前仍可偶然食用，尽管尚未分留什一税。

③ 如果在运到预售地点之前物主改变了主意，又将食物运回加利利，那么回程中他仍可偶然食用。

④ 按律法，安息日开始前必须分留什一税。拉比梅伊尔据此认为，物主将过安息日的旅社在分留什一税的地位方面与物主的家相当，只要将食品带入，就算安息日尚未开始，亦不得在分留前偶然食用。

⑤ 小贩在城镇间巡回售卖，会进出不少人家，但这并不成为其所携带或接受的食物要分留什一税的标志，只有其住宿地具有家的地位，不分留则不得偶然食用。

⑥ 拉比犹大认为，小贩在进入其所要住宿的城镇后，因为急于卸去重担，因此他进入的第一户人家就可以被看作是其住宿地，尽管他以后可能改变主意，住到别人家去，但他的食物的什一税地位是已经确定的了。

⑦ 拉比以利以谢认为，分留举祭即表明食物的加工过程已经结束，因此必须分留什一税之后才可以食用。

⑧ 众贤哲认为，分留举祭后食品加工过程可能仍未完成（如用于制造葡萄酒的葡萄），因此还允许偶然食用。

⑨ 无花果装入筐中，分留举祭后，无论再做什么，都不会影响到已分留的无花果的状况，因此必须在分留什一税以后食用。

⑩ 在拉比西缅看来，如果三种主要税（举祭、第一什一税、第二什一税）都未分留的食物可以偶然食用的话，那么在分留了一种之后反而不能偶然食用了，这是不合逻辑的，因此他反对分留举祭后必须分留什一税才能食用的律法。

⑪ 依萨尔：货币单位，参见附录4。

花果[1]。”则在分留什一税之前不得食用[2]。此为拉比梅伊尔之言。拉比犹大说：若一个一个食用，则免税；若兼有，则须交纳[3]。拉比犹大说：耶路撒冷的玫瑰园曾有一事，其无花果每三枚或四枚卖一依萨尔，且从未从中分留举祭或什一税[4]。

6. 若有人对其友伴[5]说：“这是一个依萨尔，买十枚无花果，我将为自己挑选。”则挑选且食用[6]。“买一串葡萄，我将为自己挑选。”则摘取且食用[7]。“买一个石榴，我将为自己挑选。”则剥取且食用[8]。“买一个西瓜，我将为自己挑选。”则切片且食用[9]。然而，若对他说：“买这二十枚无花果”“买这两串葡萄”“买这两个石榴”“买这两个西瓜”[10]，则以惯常方式食用且免税[11]，因其所购得者与

① 让树主为他摘五个无花果。

② 出售行为构成必须交纳什一税的时限，因此出售后除非分留什一税，否则不得食用，即使是偶然食用也不行。

③ 如果树主摘下一个就给顾客一个，而顾客在接到下一个之前就把前一个吃掉了，那么五枚无花果的采摘过程在食用过程中没有完结，也就不构成必交什一税的时限。但如果树主一次摘下五个交给顾客，则构成时限。

④ 园主每摘一枚就递给顾客，顾客则在接到下一枚之前把手中的吃掉。这样便不必交纳什一税。

⑤ 指果树园主。

⑥ 每挑一枚就吃掉，然后再挑下一枚。如此则无须分留什一税，参见上节。

⑦ 从葡萄树上一颗一颗地摘取，且每颗都立刻吃掉，则不必分留什一税。但如果将整枝葡萄摘下，则须分留什一税。

⑧ 在树上就将石榴剥开，且一颗一颗地吃石榴籽，则免什一税。如果将石榴摘下，则须分留什一税。

⑨ 在西瓜尚连接在藤蔓上时可切片食用，若摘下则须分留什一税。

⑩ 此处与本节前述事例的差别在于，此处的果实是确定的，因此等于尚未收获就已出售。

⑪ 顾客不必按前述方式一个一个地吃，而是按通常方式食用，完全不必分留什一税。

土地相连[①]。

7. 雇工与其摊晒无花果者，若对他说："条件是我将食用无花果。"[②]则食用且免税[③]。"条件是我和我的家人食用"，或者"我儿子将食用，作为我的工资"，则他食用且免税，其子则食用且交纳[④]。"条件是我将在摊晒时和摊晒后食用"，则在摊晒时食用且免税；摊晒后食用且交纳，因其未依《托拉》而食用[⑤]。此为规则：凡依《托拉》而食用者均免税，凡不依《托拉》而食用者均交纳。

8. 做莱瓦辛无花果[⑥]工作者不得食用巴诺士瓦无花果[⑦]，做巴诺士瓦无花果工作者不得食用莱瓦辛无花果[⑧]，但若在到达佳果之地前避免自己食用者，则可食用[⑨]。与其友伴交换者，若此为食物彼亦为食物[⑩]，或此为摊晒品彼亦为摊晒品[⑪]，或此为食物而彼为

---

① 这些果实之所以免税，是因为它们在树上或藤蔓上就被出售了，因此被看作是作为树木或作物的一部分出售的，而不是果实，因此没有什一税的问题。

② 雇工在谈判时提出工资之外的条件。

③ 《申命记》23：24："你进了邻舍的葡萄园，可以随意吃饱了葡萄，只是不可装在器皿中。"拉比犹太教认为，这里说的是葡萄园里的帮工，并据此认为帮工在收获果实时可以食用这种果实而不必分留什一税。不过，如果这食用的果实是工资的一部分，那他就必须交纳什一税，因为这等于是他买来的。

④ 其子及其家人在食用前都要分留什一税，因为他们的行为未经《托拉》授权。

⑤ 《托拉》只允许他在工作时食用，工作后食用与《托拉》的规定无关，因此需要先分留什一税。

⑥ 一种品质较差的无花果。

⑦ 一种白色的高档无花果。

⑧ 《托拉》规定只能食用其所在田地里的果实。

⑨ 由于《托拉》未规定食用量，因此帮工可以在果品不佳的田地里不吃任何东西，而留着肚子等着进入佳果田地吃佳果。

⑩ 收下来直接食用而不打算加工的果实。

⑪ 收下来后打算加工制成干果的果实。

摊晒品，则须交纳[①]。拉比犹大说：交换食物者须交纳，交换摊晒品者免税[②]。

① 双方吃的不是自己工作的田地里的果实，等于是在做交易，因此需要先分留什一税才能食用。

② 拉比犹大认为，摊晒品的加工过程尚未完成，因此无须交纳什一税。

第3章

1. 将其院中的无花果运去摊晒者，其子及其家人可食用并免税[①]。与其同往之雇工，若无给其食物之责，则可食用而免税[②]；但若有给其食物之责，则不得食用[③]。

2. 将其雇工带往田地者，若无给其食物之责，则可食用而免税[④]；但若有给其食物之责，则可自无花果树上一枚一枚地食用[⑤]，但不得来自果筐中，不得来自果盒中，不得来自果堆中[⑥]。

3. 雇工在橄榄树[⑦]间工作者，若对他说："条件是食用橄榄。"一颗一颗食用，则免税；兼有，则须交纳。为葱除草者，若对他说："条件是食用绿叶[⑧]。"一叶一叶摘取，则食用；若兼有，则须交纳。

---

① 尽管果实进入院子就构成交纳什一税的条件，但尚未完成加工的果实不在此列，因此户主的家人可以偶然食用而不必预先分留什一税。但户主不得偶然食用，以免外人以为他的行为表明他不打算再加工这些新鲜无花果。

② 如果雇主与雇工间的契约不包括雇主向雇工提供食物的条件，那么雇工便可以偶然食用，这被看作是来自雇主的礼物。

③ 食物成为工资的一部分，就成了交易品，必须交纳什一税才能食用。

④ 理由同上节。

⑤ 手中不能同时拿着两枚无花果，否则就不属于偶然食用。

⑥ 这三种情况标志着收获过程已经完成，不能再偶然食用。

⑦ 本节所说的橄榄与葱均非日常食物，因此即使雇工合同中有雇主提供食物的条款，雇工仍可增加偶然食用其所耕作的产品的条件，在这种情况下，这些产品什一税相关的规定与正常食品一样。

⑧ 应该是指葱叶。

4. 在路上发现割下的无花果[①]者，即使是在收割后的无花果地边，或者无花果树覆盖了路面，在其下找到无花果[②]，均获许可[③]，不为盗窃，且免于什一税[④]；但在橄榄与角豆的情况下，则有责[⑤]。发现干无花果者，若大多数人均已压紧，则须交纳；否则免税[⑥]。发现部分压制无花果饼者，须交纳，因已知其为制成品[⑦]。角豆，直到将其在屋顶收集之前，均可拿下来给牲口，且免税[⑧]；因其将剩余者交还[⑨]。

5. 何种院落须交纳什一税？[⑩] 拉比以实玛利说：推罗式的院落，器具在其中受到保护[⑪]。拉比阿奇瓦说：一人开门一人锁门者，

---

① 收割下来的尚未晾干的无花果。

② 在这两种情况下，捡拾者其实知道这些果子的主人是谁。

③ 由于新鲜无花果很容易腐烂变质，因此失落的无花果被视为无主物，捡拾者可以视为己有，也可以食用，而不会被看作是盗窃行为。

④ 无主物不交纳什一税。

⑤ 橄榄与角豆比较耐久，所以即使失落，物主也不会放弃，因此捡拾者不得据为己有，如果食用，则须交纳什一税。

⑥ 干无花果与新鲜无花果不同，很可能是加工完成的产品。因此要看当地的大多数田主是否已经将无花果在容器中压紧（加工干无花果的最后一道工序），如果已经压紧，那么这无花果就被看作成品而有交纳什一税的责任。

⑦ 干无花果饼是制成出售的干无花果，因此毫无疑问是制成品，有交纳什一税的义务。

⑧ “偶然食用”意味着工作者只能在工作地点食用，不能将产品带往别处。当时处理角豆的方法是将角豆在屋顶上摊晒，干透后收集起来。在此过程中物主可把尚未干透的角豆拿下来喂牲口，不受“偶然食用”定义的限制，因而也不必分留什一税。

⑨ 他把牲口吃剩下的角豆拿回屋顶上去继续摊晒，表明加工过程尚未完成。

⑩ 有关什一税的基本律法之一是产品进入自家院落即构成分留什一税的分界点。

⑪ 推罗：黎巴嫩古城。据说当地的院落都有门卫把守，除非主人当面同意，任何院中财物都不得移出。

免税[①]。拉比尼希米说：任何人在其中吃饭而不会感觉不安者，须交纳[②]。拉比约西说：任何进入其中却无人说："你要什么？"则免税[③]。拉比犹大说：两个院落，一个在另一个前边，则在内者须交纳，而在外者免税[④]。

6. 屋顶免税，尽管其属于须交纳之院落[⑤]。门房、门廊和阳台，此类一如其院落[⑥]。若须交纳，则须交纳；若免税，则免税[⑦]。

7. 锥形棚[⑧]、守望棚[⑨]、遮阳棚[⑩]，均免税[⑪]。基尼烈棚[⑫]，尽管其中有碾石和鸡群，仍然免税[⑬]。陶匠棚，其内部须交纳，其外部免税[⑭]。拉比约西说：任何不能既避暑又遮雨的居所均免税[⑮]。节日

---

① 一人开门一人锁门，表示院落的进出并非控制在一个人手中，这样的院落即使有门卫也不能被看作是完全的私家院落，因此不构成什一税交纳条件。

② 一个人在这样的院落中吃饭不会有当众吃饭的不安，这样的院落即使没有保安措施，也已经构成私家院落的什一税交纳条件。

③ 这种情况表明，任何人在院落中都不会被当成外人，因此不算私家院落。

④ 由于内院的人可以通过外院，所以外院的情况相当于"一人开门一人锁门"，不构成交税的条件；内院则是私家院落，必须交纳。

⑤ 以色列多为平坦屋顶，用于晾晒果实。因此，屋顶不属于院落，如果有人要把果实运上屋顶，那么即使因此通过构成交税条件的院落，也无须交纳什一税。

⑥ 这些建筑被看作院落的一部分。

⑦ 若其院落须交纳，则须交纳；若其院落免税，则免税。

⑧ 无顶、墙壁呈锥形相互支撑的棚子。

⑨ 田间堆放物品或给守望者居住的棚子。

⑩ 夏天搭起来的只有棚顶没有墙壁的棚子。

⑪ 这些都是临时居所，因此将食品带入其中不构成交纳什一税的条件。

⑫ 基尼烈：加利利湖西北岸的一个地方，加利利湖也称基尼烈湖（参见《民数记》34:11），当地的民俗是在收获季节搭棚住在田地里。

⑬ 虽然棚中可能有碾石和鸡群这类在常规民居中出现的东西，但基尼烈棚仍然属于临时建筑，不构成交纳什一税的条件。

⑭ 当时的陶匠棚通常分内外两间，里间住人，外间工作并出售商品，因此里间作为居所构成交纳什一税的条件，外间则不然。

⑮ 也就是只有冬夏都住的建筑才构成交税条件，陶匠棚只在夏天住，因此不构成这一条件。

里的节日棚[①]，拉比犹大责以义务[②]，众贤哲免之。

8. 立于院落中之无花果树[③]，一枚一枚地食用则免税；若兼有则须交纳[④]。拉比西缅说：可右手一枚，左手一枚，口中一枚[⑤]。爬上树梢，则可怀中揣满而食用[⑥]。

9. 植于院落中之葡萄树，可取一整串[⑦]；石榴如此，西瓜亦如此[⑧]。此为拉比特尔封之言。拉比阿奇瓦说：葡萄串则摘取，石榴则剥取，西瓜则切片[⑨]。种于院落中之芫荽，一叶一叶摘取则可食用；若兼有，则须交纳[⑩]。院落中之麝香草、牛膝草、墨角兰，若得守护，则须交纳[⑪]。

---

① 指住棚节搭建居住的棚子。

② 拉比犹大一贯认为，住棚节的棚子应该符合常规建筑的标准，其律法地位也应该与常规建筑相当。

③ 无花果树虽然长在院中，但不是院落的一部分，因此可以比照田野中无花果树的律法偶然食用。

④ 吃完一枚再摘一枚，这是偶然食用，不必分留什一税；如果手中拿的无花果超过一枚，就必须分留。

⑤ 拉比西缅认为，虽然此人身上有三枚无花果，但不在一处，并非"采集"行为，因此仍算一枚一枚地食用。

⑥ 如果爬到树上去，那么采集多少都没关系，都可以偶然食用，因为这些无花果都还在树上。如果他把这些无花果带到了树下，那就必须交纳什一税了。

⑦ 可取一整串葡萄食用而不必分留什一税。因为葡萄以串为单位，不以颗计算。

⑧ 虽然石榴籽很多，西瓜很大，但都以"个"为单位，只要不同时兼有一个以上，就不必分留什一税。

⑨ 拉比阿奇瓦不同意拉比特尔封的观点，认为这种情况下的果品相当于本卷2:6所说的购得的食品，因此相关律法也是一致的。

⑩ 芫荽以叶片为计量单位。

⑪ 这些植物幼嫩时可以作为食物，长到一定程度可以作为饲料。如果它们长在院落里，而且受到主人看护（不许外人摘取），那么就可以被视为食物，因此受什一税的限制。

10. 立于院落中且覆盖花园之无花果树，可照常食用且免税①。立于花园中且覆盖院落者，一枚一枚食用则免税，若兼有则须交纳②。立于以色列地且覆盖以色列之外者，立于以色列地之外且覆盖以色列者，一切依主干而行事③。在有城墙之城中房屋中④，一切依主干而行事⑤。但在逃城中，则一切依树枝而行事⑥。在耶路撒冷，一切依主干而行事⑦。

---

① 如果此时一个人站在花园中，从这棵无花果树上采摘无花果偶然食用，则其采摘数量不受限制。因花园不构成交纳什一税的条件，虽然这棵树长在院落中。

② 如果此时一个人站在院落中，那么摘下的果子立刻就进入院落，构成交纳什一税的条件。

③ 按律法，只有产于以色列地的果实才有交纳什一税的责任，因此生长在边界上的无花果树是否交纳什一税要看树根、树干在哪里，而不管树枝长到了哪里。

④ 按照律法，城墙内产业出售后，若卖主不在一年内赎回，则成为买主的永久财产。城墙外产业则在两年内不得赎回，此后若不赎回，则五十年后复归卖主所有。

⑤ 如果有一棵树长在边界地区，则以其树干所在位置为准确定其在买卖中的地位。

⑥ 逃城为《希伯来圣经》所规定的给杀人者为逃避血亲复仇而避难的六座城市。如果在这些城市的边界有树的话，那么这些树的归属依树枝的位置而定。比如一棵长在逃城外的树，只要其树枝伸到了逃城内，那么就算逃城的树，杀人者可以坐在树干上，而血亲复仇者不能杀他。

⑦ 此节所讲的是第二什一税的问题，第二什一税要带到耶路撒冷去食用，或在耶路撒冷之外换成钱，带到耶路撒冷去消费。因此耶路撒冷的边界也是第二什一税能否被食用或能否被换成钱的边界。如果在边界上有一棵树的话，那么这棵树的归属依树干的位置而定，比如一棵树的树干在耶路撒冷界内，而树枝伸到界外，那么坐在树枝上的人仍可以食用第二什一税，因为这棵树属于耶路撒冷。

第 4 章

1. 泡制、煮制、腌制者均须交纳[①]。埋藏土中者免税[②]。在田间浸蘸者免税[③]。压破橄榄以去除其苦味者，免税[④]。将橄榄榨于其皮肉者，免税[⑤]；若榨后置于其手中，则须交纳[⑥]。向饭锅中撇除者免税[⑦]；向空锅中撇除者则须交纳，因其一如小酒槽[⑧]。

2. 幼儿为安息日收藏无花果而忘记分留什一税者[⑨]，安息日过后亦不得食用，直至分留什一税[⑩]。安息日果篮[⑪]，沙玛伊学派免

---

① 将果实制成酸菜、熟食（即使半熟）或咸食，均构成交纳什一税的条件，即使尚未带回家中，这些果实经过这类制作后已经不可能进一步加工，因此被视为成品。

② 某些果实摘下来以后尚未完全成熟，农夫们通常将这些果实埋入土中，促其成熟。这些果实还在成熟过程中，不构成交纳什一税的条件。

③ 如果在田间偶然食用时将果实浸入泡菜汁或盐水中再拿出来食用，这并不构成泡制或腌制的行为，果实仍然可以被偶然食用。

④ 将新鲜橄榄压破以去除其苦味，这不构成橄榄加工的最后工序，因此不能成为交纳什一税的条件。

⑤ 将橄榄油直接榨到皮肤上膏抹保养，由于橄榄油未曾流入油槽（这是橄榄油的起征点），因此不必交纳什一税。

⑥ 手被看作小油槽，因此榨到手中的橄榄油必须交纳什一税。

⑦ 撇除构成葡萄酒的什一税起征点（参见本卷 1:7），但如果在一个有冷食的食物器皿中撇除，那么这一起征点就不成立；如果食物是热的，则相当于煮酒，起征点成立。

⑧ 空锅与小酒槽相当，因此起征点成立。

⑨ 幼儿收集无花果，预备在安息日食用，由于无花果收集已经完成，因此必须交纳什一税之后才能食用，但幼儿忘记告诉父母予以分留。

⑩ 不仅安息日不得食用，安息日过后也不得食用，只有在分留什一税以后才可以。

⑪ 将果实放在一个篮子里，预备安息日食用，这些果实通常不会用于其他用途。

之[1],希列学派责之[2]。拉比犹大说:取果篮送给其友者,亦不得在分留什一税之前食用[3]。

3. 从坑窖中取出橄榄者[4],可一枚一枚蘸盐并食用[5];若蘸盐后放在面前,则须交纳[6]。拉比以利以谢说:取自洁净坑窖则须交纳[7];取自不洁坑窖则得免,因其可放回剩余者[8]。

4. 在榨酒器边饮酒[9],无论佐以热水或冷水[10],均得免[11]。此为拉比梅伊尔之言。拉比以利亚撒·巴尔·撒都该责之[12]。众贤哲说:佐以热水则须交纳,佐以冷水则得免[13]。

---

① 在安息日之前,果篮中的果实即使未分留什一税,亦可以偶然食用,安息日到来时则必须分留什一税之后才能食用。

② 希列学派认为,即使在安息日之前,果篮中的果实也不得偶然食用,除非先分留什一税。

③ 拉比犹大认为,取一篮果实送给朋友与取安息日果篮一样,一旦说明这些果实的去处,什一税的起征点就已经成立。

④ 坑窖:一说为大型容器,田主将橄榄放入其中,待其变软,以便榨油。这里所说的是田主从中取出一部分,打算腌制后食用。

⑤ 只要不同时拥有一枚以上腌制了的橄榄,田主便可偶然食用而不必交纳什一税。

⑥ 如果腌好的没有及时吃掉,而且又腌了一颗,便构成交纳什一税的条件。

⑦ 不洁者从洁净的坑窖中取出橄榄,由此导致这些橄榄不洁而不能再被放回坑中。这种情况表明被取出的橄榄已经完成了加工过程,因此必须交纳什一税。

⑧ 不洁者从不洁坑窖中取出橄榄,用不完可以再放回去。可以放回坑窖中表明这些橄榄仍是坑窖橄榄的一部分,如果坑窖橄榄未完成加工,这些取出的橄榄也就没有完成,因此不必交纳什一税。

⑨ 葡萄在榨酒器中被榨制成葡萄酒,流出榨酒器后进入酒槽,撇除后即须交纳什一税。此处说的是从榨酒器中直接取饮的情况。

⑩ 纯葡萄酒太浓,故饮用前以冷水或热水稀释。

⑪ 尚未进入酒槽,因此只要不离开榨酒器附近,则无须交纳什一税便可偶然饮用。

⑫ 他认为,如果不严格规定的话,饮酒者可能轻易将酒带出酒坊,因而违反什一税律法。

⑬ 用热水稀释的酒不可能再倒回去,因为会导致葡萄酒变质,因此被看作是确定拿出饮用而非偶然饮用,所以必须先交纳什一税。冷水稀释的酒可以倒回去,所以可以被看作是偶然饮用而不必交纳什一税。

5. 为大麦脱粒者，可一粒一粒脱粒且食用[①]；然若脱粒且置于其掌中，则须交纳[②]。在手中搓麦穗，可在两手之间筛撒且食用[③]；然若置于膝上，则须交纳[④]。芫荽若为种子而种植，则其叶子得免；若为叶子种植，则种子、叶子均分留什一税[⑤]。拉比以利亚撒说：莳萝之种子、叶子与茎秆均分留什一税[⑥]；而众贤哲说：种子、叶子无须都分留什一税，只有水芹和芝麻菜例外[⑦]。

6. 拉班西缅·本·迦玛列说：葫芦巴、芥菜和白豆的芽须分留什一税[⑧]。拉比以利以谢说：续随子之芽、浆果和花朵均分留什一税[⑨]。拉比阿奇瓦说：除浆果因其为果实外，均无须分留什一税[⑩]。

---

① 作为偶然食用，不必分留什一税。

② 在手上保留一颗大麦的同时又去给另一颗脱粒，则须先分留什一税再食用。

③ 麦穗在双手里搓揉后留下麦粒和麦壳，此时可以在双手间抛撒，使麦壳飘走。由于这种去壳方式是非常规的，因此被看作是偶然食用的标志，不必预分什一税。

④ 不在手中吃掉，而是将脱好粒的麦粒留在膝上，表明他打算正式食用，因此要分留什一税。

⑤ 芫荽为芳香类作物，通常采其籽作调味料，因此其叶子不必分留什一税；但如果专门种植以取其叶子，则两者都要交纳什一税，因为均为食品。

⑥ 他认为莳萝的这三个部分都是食物，因此都要交纳什一税。

⑦ 水芹和芝麻菜的叶子特别有食用价值，因此与种子一样分留什一税，其他以种子为主要收获物的作物，除专门为取叶子而种植的以外，均无须为叶子交纳什一税。

⑧ 芽：一说茎秆。这些本非作物的果实，但因为人们习惯于食用这些部分，因此也要分留什一税。

⑨ 三者均可食用。

⑩ 拉比阿奇瓦认为，只有其浆果有“果实”的地位，其他两部分无须分留什一税。

第5章

1. 从其田中拔取青苗，又植入其田中者，得免[①]。购取与土地相连者，得免[②]。收取以送给其友者，得免[③]。拉比以利亚撒·本·亚撒利雅说：若市场上出售者有类似于此者，则须交纳[④]。

2. 从其田中拔取芜菁与圆萝卜，又植入其田中以收种者，有责，因其完成工作[⑤]。洋葱自其在阁楼生根时起免于传播不洁[⑥]，若落尘落入其间，且其为暴露[⑦]，则其一如种植于田间者[⑧]。

3. 人不得将其已到分留什一税季节之果实卖给在什一税方面不可信之人[⑨]，亦不得在第七年卖给在第七年方面可疑之人[⑩]，若已

---

① 这里说的是将青苗移植到其他地点，通常禁止栽植未交纳什一税的作物，但由于青苗是未加工产品，所以免于什一税。

② 虽然出售产品构成交纳什一税的条件，但如果买了一片尚未收获的已熟作物，则在收获之前可以偶然食用而不必预先分留什一税。

③ 他的朋友可以不交纳什一税即行栽种，因为送礼不构成什一税交纳条件。

④ 如果同种作物已经到了上市的季节，那么拔苗就被视为收获，在分留什一税之前不得栽种。

⑤ 移栽的目的不是让果实继续生长，而是为了收种（在此过程中萝卜会变得太硬而无法食用），因此在移栽时作为食物的萝卜的种植过程已经完成，必须交纳什一税。

⑥ 此处说的是储藏在阁楼里的洋葱本身在地板上生根。由于生长中的植物总是洁净的，因此不会沾染或传播不洁。

⑦ 尘土落入生根的洋葱间，把根茎埋了起来，露出叶子，就像在田间生长的样子。

⑧ 不仅不会传播不洁，而且其生长的部分须交纳什一税，与田间生长的果实一样。

⑨ 如果田地中的作物已经生长到了交纳什一税的阶段（参见本卷1:2～3），则不得将未收获的作物卖给不严守律法者（比如不知经者），以防其逃避什一税。

⑩ 如果田地中有第七年作物（已经生长到了交纳什一税的阶段），则不得卖给不严守律法的人，以防他们违规滥用这些果实。

成熟[①]，则收取已成熟者，出售其余[②]。

4. 不得将其秸秆[③]、橄榄渣[④]、葡萄皮[⑤]售予在什一税方面不可信者去从中榨出饮料[⑥]；若榨取，则必须交纳什一税，然免于举祭，因分留举祭者心中已想到未脱粒者、想到在边缘者、想到秸秆之中者[⑦]。

5. 购买叙利亚[⑧]之菜田者，若在什一税分留时节到来之前，则须交纳[⑨]；若在什一税分留时节到来之后，则免责[⑩]，且依其常规收割[⑪]。拉比犹大说：亦可雇工收割[⑫]。拉班西缅·本·迦玛列说：这些言词所指为何？指购得土地之时。但若尚未购得土地，若在什

① 指已经生长到了交纳什一税的阶段。

② 如果田中有已经生长到了交纳什一税的阶段的作物，也有尚未达到这一阶段的作物，那么田主可以收掉已生长的作物，将其余作物卖掉。

③ 谷物脱粒后通常还会有谷粒混在秸秆中。

④ 榨取橄榄油以后剩下的橄榄残渣。

⑤ 制作葡萄酒后滤出的葡萄皮。

⑥ 如果买者不将这些东西用作食品，则无须考虑什一税问题。但如果他们拿橄榄渣、葡萄皮去榨汁，拿秸秆去找残存谷粒，那么他们必须为此交纳什一税，因此不能让那些不可靠的人购买。

⑦ 举祭与什一税不同，分留举祭者在分留时已经考虑到了果实被浪费的各种情况，比如没有脱粒的、遗落在谷堆边缘的、混在秸秆中的以及食物加工废料，并已经为这些部分交纳了举祭，因此不必再加考虑。

⑧ 照拉比犹太教的看法，叙利亚曾被大卫王征服，虽然不算以色列的一部分，但不少农业方面的律法同样适用于该地。

⑨ 这样作物是在他所有时生长为须交纳什一税的作物的，因此必须交纳。

⑩ 叙利亚非犹太人种植的作物免于什一税，因此他不必为不是在他手中长成的作物交纳什一税。

⑪ 也就是说可以等作物长到完全成熟之后收割，虽然这样收的果实分量比他购买时的分量要多得多，但仍然不必交纳什一税。

⑫ 拉比们认为，上述收获必须由田主本人进行，不得雇工，以作为这些作物与一般作物的区别，但拉比犹大认为没必要增加这个标志。

一税分留时节到来之前，则免责[①]。拉比说：即便如此亦需计算[②]。

6. 制作酒糟饮料[③]者，加入定量的水并做出同等量者，免责[④]；拉比犹大认为须交纳[⑤]。做出更多量者[⑥]，从别处为此按计算结果提出[⑦]。

7. 在须交纳之谷堆旁过夜之蚁穴[⑧]，此亦须交纳，因为已知其彻夜从成品中搬运[⑨]。

8. 黎巴嫩蒜[⑩]、利赫帕葱[⑪]、吉尔金方豆[⑫]、埃及小扁豆[⑬]，拉比梅伊尔说：还有卡尔卡斯菜[⑭]，拉比约西说：还有库特宁扁豆[⑮]，均

---

① 拉班西缅·本·迦玛列将购买土地与购买土地上的作物区分开来，认为前述律法的条件是购得了土地，如果只购得作物而未购得土地，那么即使是在作物长成之前购得，也无须分留什一税，因为这是在非犹太人的土地上生长的。

② 拉比此言传统上被认为是针对拉比们“作物长成后购买即无须交纳什一税”的律法的，照他看来，需要计算一下从购买时间到收获时间的作物生长量，生长的部分需要交纳什一税，因为这部分是在犹太人获得所有权之后生长起来的。

③ 酒糟饮料：一种将制作葡萄酒后残留的葡萄皮、葡萄籽兑水后做成的饮料。

④ 如果兑进水后经过制作工序做成的饮料与加入的水量相同，则无须交纳什一税，因为其中酒糟的含量非常小。

⑤ 拉比犹大认为，从饮料总量上看不出酒糟含量，因为水可能被酒糟吸收了。

⑥ 如果饮料的量超过加水量的三分之一。

⑦ 只需按超出量分留什一税，且不必从饮料中分留，亦可从其他葡萄酒中分留。

⑧ 如果在谷堆旁的蚁穴存在了至少一夜，而且从中发现了大量谷物的话。

⑨ 必须交纳什一税。因为谷堆理齐后即为成品，构成交纳什一税的条件，而蚂蚁显然是从谷物堆中拖来谷物。

⑩ 原文为巴阿尔·贝黑的大蒜（巴阿尔·贝黑为黎巴嫩一地名），这是一种野生的极其苦涩的大蒜。

⑪ 利赫帕：地名。

⑫ 吉尔金：由小亚细亚地名变化而来。这种豆子形状特别，是方形的。

⑬ 一种尖头而非完全圆形的豆子。

⑭ 圆白菜的一种。一说是某种豆类。

⑮ 一种野生扁豆。

免于什一税，且可在第七年从任何人处购买[①]。蛇根草籽、大葱籽、洋葱籽、芜菁与圆萝卜籽以及其他不食用的园蔬种子，均免于什一税，且可在第七年从任何人处购买[②]。即使其前辈为举祭，此亦可被食用[③]。

《什一税》卷终

① 以上各种均为野生作物，属无主物，因此不受什一税和第七年律法的限制。

② 这些种子不被用作食物，所以也不受限制。

③ 通常以举祭品为种子而长出来的作物果实也被看作举祭，俗人不得食用。但上述这些种子例外，因为它们本身不是食物，所以即使它们长出果实，俗人也可以食用。

第 8 卷

第二什一税

Maaser Sheni

提　要

第二什一税,《希伯来圣经》中无此名称。《申命记》与《民数记》都谈到分留十分之一收入的问题,《申命记》规定这十分之一要带往神所选择之地消费,《民数记》则规定归利未人所有。拉比犹太教传统认定这是两种不同的什一税,故有什一税和第二什一税的区别。现代学者中也有人认为,这实际上是同一种什一税。这种观点认为,什一税本来的目的是为了维持各地小圣殿利未人的各项开销,后来发生了仪式改革,小圣殿被废除,“申命记派”为了维持这条诫命,转而要求人们把什一税带到耶路撒冷去消费。[①]

本卷前两章讨论使用第二什一税(包括赎俗的钱币)的各种规定。第 3 章讨论第二什一税在耶路撒冷的地位与使用问题。第 4 章讨论以钱币赎俗第二什一税产品的问题。第 5 章则讨论有关果树第四年产品的问题,因为这些产品的地位及其处理方式与第二什一税相同。

---

① *Encgclopaedia Judaica*, edited by Michael Berenbaum and Fred Skolnik, Vol. 16 (2nd edn), Detroit: Macmillan Reference USA, 2007, pp. 738-739.

相关《希伯来圣经》段落

1.《申命记》

14:22　你要把你撒种所产的，就是你田地每年所出的，十分取一分。

14:23　又要把你的五谷，新酒，和油的十分之一，并牛群羊群中头生的，吃在耶和华你神面前，就是他所选择要立为他名的居所。这样，你可以学习时常敬畏耶和华你的神。

14:24　当耶和华你神赐福与你的时候，耶和华你神所选择要立为他名的地方若离你太远，那路也太长，使你不能把这物带到那里去，

14:25　你就可以换成银子，将银子包起来，拿在手中，往耶和华你神所要选择的地方去。

14:26　你用这银子，随心所欲，或买牛羊，或买清酒浓酒，凡你心所想的都可以买。你和你的家属在耶和华你神的面前吃喝快乐。

14:27　住在你城里的利未人，你不可丢弃他，因为他在你们中间无分无业。

26:12　每逢三年，就是十分取一之年，你取完了一切土产的十分之一，要分给利未人和寄居的，与孤儿寡妇，使他们在你城中可以吃得饱足。

26:13　你又要在耶和华你神面前说，我已将圣物从我家里拿出来，给了利未人和寄居的，与孤儿寡妇，是照你所吩咐我的一切命令。你的命令我都没有违背，也没有忘记。

26:14　我守丧的时候，没有吃这圣物。不洁净的时候，也没有拿出来，又没有为死人送去。我听从了耶和华我神的话，都照你所吩咐的行了。

26:15　求你从天上，你的圣所垂看，赐福给你的百姓以色列与你所赐给我们的地，就是你向我们列祖起誓赐我们流奶与蜜之地。

2.《利未记》

27:30　地上所有的，无论是地上的种子、是树上的果子，十分之一是耶和华的，是归给耶和华为圣的。

27:31　人若要赎这十分之一的什么物，就要加上五分之一。

19:23　你们到了迦南地，栽种各样结果子的树木，就要以所结的果子如未受割礼的一样。三年之久，你们要以这些果子，如未受割礼的，是不可吃的。

19:24　但第四年所结的果子全要成为圣，用以赞美耶和华。

19:25　第五年，你们要吃那树上的果子，好叫树给你们结果子更多。我是耶和华你们的神。

第1章

1. 第二什一税，不得将其出售[①]，不得以之为担保[②]，不得将其交换[③]，不得以之称重[④]，一个人在耶路撒冷不得对其友伴说“你把葡萄酒拿去，把橄榄油给我”[⑤]。其他果实均如此[⑥]。然而允许相互免费赠礼[⑦]。

2. 牲畜什一税[⑧]，无缺陷之活者，不得将其出售[⑨]；有缺陷之活者或被屠宰者亦不可[⑩]；亦不得以之向妇女订婚[⑪]。头生牲畜[⑫]，无缺陷之活者，可将其出售[⑬]；有缺陷之活者或被屠宰者亦可[⑭]；亦可

---

① 第二什一税属于献给神的圣品，不得用于商业买卖。

② 第二什一税的主人对此并无所有权，因此无权将其作为贷款的抵押品。

③ 物物交换是买卖的一种形式。

④ 第二什一税产品或第二什一税赎出的钱币，都不得被用作砝码，以称量其他世俗果实或钱币的分量，因为这是对诫命的不敬。

⑤ 即使是在消费第二什一税的耶路撒冷，即使是在第二什一税之间，交换也是禁止的。

⑥ 上句所说的葡萄酒和橄榄油只是一个实例，其他产品也照此办理。

⑦ 不带附加条件的赠礼。另一说是：此处“赠礼”指“请别人来分享第二什一税的果实”。

⑧ 每十头牲畜中有一头为什一税，参见《利未记》27:32～33。

⑨ 牲畜什一税中无缺陷者属于圣殿献祭的牺牲品，不得用于买卖。

⑩ 牲畜什一税中有缺陷者不能用来献祭，主人可以宰杀食用，但仍然不能买卖。

⑪ 不能用来作为订婚的彩礼，因为婚姻也是一种合同关系。

⑫ 头生雄性牲畜归祭司所有，参见《利未记》27:26。

⑬ 《民数记》18:17规定头生牲畜“必不可赎”，其用词与有关牲畜什一税的规定有所不同，拉比犹太教据此认为头生牲畜不可赎俗，但可以买卖，买卖后其所有权从祭司手中转移，但其圣品的地位仍无变化。

⑭ 有缺陷的头生牲畜为祭司的个人财产，可以出售。

以之向妇女订婚[①]。不得以未铸之币将第二什一税赎俗[②]；亦不得以无法花出之钱币[③]；亦不得以非其所有之钱币[④]。

3. 为平安祭购买牲畜，或为肉食购买猎物者[⑤]，其兽皮出落为俗品[⑥]，即使此兽皮贵于其肉[⑦]。密封酒罐，在惯常密封出售之地，出落为俗品容器[⑧]。核桃与杏仁，其果壳出落为俗品[⑨]。酒糟饮料[⑩]在发酵前不得以什一税之钱币购买；自其发酵之后，可以什一税钱币购买[⑪]。

4. 为平安祭购买猎物，或为肉食购买牲畜者[⑫]，其兽皮不出落

---

① 因为可以作为商品，也就可以作为彩礼。

② 未铸之币：具有货币形状却未铸上价值图案的银子。《申命记》14：25："你就可以换成银子，将银子包起来，拿在手中。"其中"包起"一词，希伯来语原文亦有"图画"的意思，因此用来赎俗第二什一税的银子必须是铸好图案的。

③ 不能用无法流通的货币来赎俗。《申命记》14：26："你用这银子，随心所欲，或买牛羊，或买清酒浓酒，凡你心所想的都可以买。"因此必须是可以花得出去的钱。

④ 指赎俗者不拥有或无法掌握的钱币，比如丢失的钱币，掉落在井里、湖里等无法获取之处的钱币。

⑤ 用赎俗第二什一税的钱币可购买家畜用于献祭，或购买猎物用作肉食。

⑥ 尽管第二什一税的钱币及其所购买的物品具有圣品的地位，但这里的兽皮可以用作俗品。

⑦ 也就是用来购买的第二什一税钱币大多投在了兽皮而不是兽肉上，即便如此，兽皮仍然为俗品。

⑧ 虽然购买罐装葡萄酒意味着第二什一税的钱币也被用来购买罐子，但只要是正常的出售惯例（不是特别要求加购罐子的），罐子就可以成为俗品。

⑨ 这是依照上两例而作的推理。

⑩ 酒糟饮料：将水加入葡萄酒糟（主要是葡萄皮和葡萄籽）而制成的饮料，发酵后有类似葡萄酒的味道。

⑪ 酒糟饮料在发酵前不过是水而已，律法禁止用第二什一税钱币买水，参见本章第 5 节。

⑫ 用第二什一税钱币买来的猎物不能用来献祭，牲畜则必须用来献祭，因此这里所说的交易是违反律法的。

为俗品[①]。密封或敞口酒罐，在惯常敞口出售之地，不出落为俗品容器[②]。带容器的篮装橄榄和篮装葡萄，其容器之费用不出落为俗品。[③]

5. 购买水、盐[④]，与土地相连之果实[⑤]或者无法抵达耶路撒冷之果实者[⑥]，不得以什一税购买[⑦]。误购果实者，钱币归还原地[⑧]；有意者，则运往且在此地[⑨]食用[⑩]。若无圣殿，则任其腐烂[⑪]。

6. 误购牲畜者，钱币归还原地[⑫]；有意者，则运往且在此地[⑬]食

① 因为违反律法，所以交易无效，兽皮一直就是俗品，当然不会"出落"为俗品。事实上，律法要求买主去找卖主退货，然后用这笔第二什一税钱币进行律法容许的交易。如果找不到卖主的话，那么买主必须拿出等量钱财作为第二什一税钱币使用。

② 敞口售酒也就是可以零售，因此不必购买酒罐。如果购买了的话，因为容器本身一直是俗品，所以不会"出落"为俗品，而用第二什一税钱款买非食品货物是禁止的，所以买者要拿出相当于酒罐价值的钱财作为第二什一税使用。

③ 橄榄和葡萄都可以零买，如果连篮子一起买下，那么买主要拿出相当于篮子价值的钱财作为第二什一税使用。

④ 第二什一税钱币必须用来购买由土地养育出来的产品，水、盐不符合这一条件。

⑤ 第二什一税钱币所购买的果实必须是已经收获了的，仍然长在地里的果实不符合这一条件。

⑥ 第二什一税钱币所购买的果实必须是在耶路撒冷消费的，因此那些在到达耶路撒冷之前就已经腐烂变质的不能算数。

⑦ 如果用第二什一税钱币进行了上述交易的话，那么这些钱币不被看作第二什一税钱币，买主要么去退货，要么拿出等值钱财作为第二什一税使用。

⑧ 如果误用第二什一税钱币购买了果实，那么允许取消交易，钱物各归原主。

⑨ 指耶路撒冷。

⑩ 如果有意购买，那么购得的果实不得再赎俗（与原始第二什一税果实不同），必须带往耶路撒冷食用。

⑪ 在耶路撒冷食用第二什一税的条件是圣殿存在，如果圣殿不存在，则不得食用，只能任其腐烂。

⑫ 在耶路撒冷之外误用什一税钱币购买无缺陷牲畜（适合献祭），允许取消交易，钱物各归原主。

⑬ 指耶路撒冷。

用[①]。若无圣殿，则连皮埋葬[②]。

7. 不得以第二什一税钱币购买奴隶、女仆、土地或者不洁牲畜；若已购买，则依其相等价值食用[③]。不得[④]以第二什一税钱币购买男漏症患者的鸟祭[⑤]、女漏症患者的鸟祭[⑥]、妇女产后的鸟祭[⑦]、赎罪祭[⑧]或者赎愆祭[⑨]；若已购买，则依其相等价值食用。此为规则：除食用、饮用或膏抹之物外[⑩]，任何以第二什一税钱币所购得者，均须依其相等价值食用。

① 在这种情况下交易有效，买主将牲畜运往耶路撒冷并在那里献祭，随后脂肪在祭坛烧掉，肉则可以食用。

② 没有圣殿就无法献祭，所以牲畜将被养至其死亡，然后连皮埋葬，因其为圣品，故不得进行任何利用。

③ 拿出同样多的钱财购买食品，在耶路撒冷食用。

④ 下列祭祀都与不洁有关，第二什一税是圣品，因此不能用于购买这些献祭品。

⑤ 男漏症患者痊愈后带两只鸟给祭司献祭，参见《利未记》15：13～15。

⑥ 女漏症患者痊愈后带两只鸟给祭司献祭，参见《利未记》15：28～30。

⑦ 关于妇女产后献祭，参见《利未记》12：7～8。

⑧ 关于犯罪者献赎罪祭，参见《利未记》4：23～35。

⑨ 关于几种特定罪错要献赎愆祭，参见《利未记》第5章。

⑩ 以第二什一税钱币购买的物品，必须符合这三种用途。

第2章

1. 第二什一税可食用、饮用[①]与膏抹[②]。食用通常食用之物，膏抹通常膏抹之物[③]。人不得膏抹葡萄酒与醋，但他可膏抹油[④]。不得给第二什一税之油加味[⑤]，亦不得以第二什一税钱币购买加味油[⑥]；但他可给葡萄酒加味[⑦]。蜂蜜或香料落入其中，使其增值[⑧]，其增值量按比例计算[⑨]。鱼与第二什一税之韭菜球茎一起烹调而增值，其增值量按比例计算[⑩]。第二什一税之面团烤制且增值，其

---

① 第二什一税用于食用（包括饮用），参见《申命记》14:26："你用这银子，随心所欲，或买牛羊，或买清酒浓酒，凡你心所想的都可以买。你和你的家属在耶和华你神的面前吃喝快乐。"

② 膏抹相当于饮用，都是使液体进入身体。

③ 第二什一税不改变人们的使用方式，比如，不必食用变质的第二什一税食品，不得食用通常用于膏抹的油。

④ 葡萄酒与醋通常不是用来膏抹的，但油却经常用来膏抹。

⑤ 加味的办法是将香料加入油中，由于无法食用的香料会吸收一部分油，造成第二什一税的油未被食用，因此是禁止的。

⑥ 加味油属于奢侈品，律法禁止用第二什一税购买奢侈品。

⑦ 给葡萄酒加味的方法是加入蜂蜜或调味料，这些后加之物与葡萄酒一起被食用，因此是允许的。

⑧ 假设葡萄酒原价2元，加入其中的俗品蜂蜜和调味料价值1元，而放在一起的加味葡萄酒价值4元钱，那么就有1元钱的增值。

⑨ 此时加味葡萄酒价值中的第二什一税比例要按第二什一税与俗品的比例计算，在我们的例子中2.66元属于第二什一税，1.33元属于俗品。如果物主想把这加味葡萄酒赎俗的话，那么他就要支付2.66元。

⑩ 用韭菜球茎烹调好的鱼价值超过单独的鱼和韭菜球茎价值的总和，计算方法同上例。

增值量归第二什一税[①]。此为规则：一切可辨识[②]之增值量，其增值量按比例计算；而一切不可辨识之增值量，其增值量归第二什一税。

2. 拉比西缅说：在耶路撒冷不得膏抹第二什一税之油。众贤哲允许。他们对拉比西缅说：若在从严之举祭方面从宽，何不在从宽之第二什一税上从宽？[③] 他对他们说：什么？不可！若在从严之举祭方面——其中对野豌豆与葫芦巴从宽——从宽，就当在从宽之第二什一税上——其中不对野豌豆与葫芦巴从宽——从宽吗？！[④]

3. 第二什一税之葫芦巴，可食嫩芽[⑤]。属于举祭者[⑥]，沙玛伊学派说：一切工作都在洁净中进行[⑦]，以之洗头除外[⑧]。希列学派说：一切工作都可在不洁中进行[⑨]，将其浸泡除外[⑩]。

---

① 第二什一税的面团用俗品炭火烤成面点，价值增加，但因为成品中的俗品要素已无法辨认，因此全部算为第二什一税。

② 可以看出数量区别，而不只是质量差别的增值。

③ 举祭严格限于祭司使用，第二什一税则俗人皆可使用，因此从总体上说举祭比第二什一税严格。因此，如果允许祭司膏抹举祭油的话，那么也应当允许膏抹第二什一税之油。

④ 拉比西缅不承认举祭律法总是比第二什一税律法严格，更不同意依据举祭律法的宽严尺度而规定第二什一税的法规。他在此举的反驳的例子是有关野豌豆和葫芦巴的律法，这些律法在举祭方面比第二什一税严格，具体情况可参见本章第 3～4 节。

⑤ 葫芦巴嫩芽采下后可分留第二什一税并带到耶路撒冷食用，条件是在旅途中不会干枯或变质，到耶路撒冷时仍然保持嫩芽形态。

⑥ 属于举祭的葫芦巴。

⑦ 如果祭司双手不洁的话，那他必须先洁净双手，然后才能处理加工葫芦巴。

⑧ 葫芦巴籽可以做成肥皂或香波，此时已非食品，所以洁净与否没有关系。

⑨ 葫芦巴并非一定为食物，所以不洁之人也可以加工处理，但如果打算作为食物，如不洁将被焚烧。

⑩ 浸泡葫芦巴是将其作为食物的处理方法，因此不可不洁。本节表明有关葫芦巴的律法，本应严格的举祭反比本应宽松的第二什一税宽松，作为举祭的葫芦巴可以在不洁状态下加工处理（律法以希列学派为准），而处理第二什一税食品是绝对不允许不洁的。

4. 第二什一税之野豌豆[①]，可食嫩芽，可运入耶路撒冷亦可运出[②]。若沾染不洁，拉比特尔封说：分入面团中[③]。而众贤哲说：赎俗[④]。而若属于举祭，沙玛伊学派说：当在洁净中浸泡与捶打[⑤]，可在不洁中喂料[⑥]。希列学派说：在洁净中浸泡，在不洁中捶打与喂料[⑦]。沙玛伊说：晾干后喂食[⑧]。拉比阿奇瓦说：一切工作均可在不洁中进行[⑨]。

5. 俗品钱币与第二什一税钱币散落[⑩]，所拾取者，拾为第二什一税，直至完成，其余为俗品[⑪]。若混杂且以手捧，则按比例计算[⑫]。此为规则：凡拾取者入第二什一税，混杂者则按比例计算。

---

① 野豌豆味道苦涩，一般作为牲畜饲料，只有饥荒时才有人食用。

② 野豌豆嫩芽采摘后分留第二什一税，并将这一部分带往耶路撒冷食用。通常带入耶路撒冷的第二什一税食品不得再带出来，但野豌豆例外。迈蒙尼德认为，野豌豆通常是混在面团里烤制的，因为耶路撒冷没有这种专门的烤炉，因此允许带出耶路撒冷烤制。

③ 将沾染不洁的野豌豆分成小份（小于鸡蛋大小），混入面团中，这样其不洁将消失，可以食用。

④ 物主拿出等值钱财充抵相应的第二什一税，而赎俗的野豌豆则可以成为牲畜饲料。

⑤ 捶打：将野豌豆的果实击打出来。做以上两项工作时双手必须是洁净的。

⑥ 给牲畜喂食时手不洁净没关系。

⑦ 希列学派只要求浸泡野豌豆时手必须洁净，以此提醒工人这是只有祭司才能使用的举祭。

⑧ 因为水是传染不洁的，因此晾干后野豌豆不会轻易沾染不洁。虽然用不洁的手去喂牲口，但晾干后再喂表明不让举祭沾染不洁的小心程度。

⑨ 阿奇瓦大概认为野豌豆只有在特别情况下才会成为人类食物，因此特别宽松。此节表明第二什一税野豌豆的相关律法（若沾染不洁就必须赎俗）比举祭野豌豆的相关律法（可不洁操作）严格。

⑩ 第二什一税与俗品钱币散落一地，无法分辨。

⑪ 首先被拾取的都是第二什一税，第二什一税数目复原之后，再拾取的才是俗品。这样做是为了防止第二什一税被丢失（圣品不应该被丢失）。

⑫ 如果两种钱币混为一堆，可以用手捧起而无须一枚一枚捡拾，此时没有丢失的危险，那么捧起的钱币可以按两种钱币混合前的比例分配。

6. 一塞拉[①]第二什一税与俗品相混[②]，取一塞拉之钱币[③]，说：“那一塞拉的第二什一税无论在何处，均以这些钱币赎俗。”[④]而选其佳者并以之将其赎俗[⑤]。因为他们说：急时可以铜币赎俗银币，但不得持续如此，而是回头以银币将其赎俗[⑥]。

7. 沙玛伊学派说：人不得将其一塞拉的钱币换成金第纳尔[⑦]。希列学派允许[⑧]。拉比阿奇瓦说：我曾为拉班迦玛列与拉比约书亚将银币换成金第纳尔[⑨]。

8. 将第二什一税之钱币换为塞拉者[⑩]，沙玛伊学派说：全部价值一塞拉的钱币[⑪]。希列学派说：一舍克勒[⑫]银币与一舍克勒钱币。

---

① 塞拉：货币单位，参见附录 4。

② 一枚价值一塞拉的第二什一税银币与另一枚俗品银币混在一起，无法辨认。

③ 取价值一塞拉的俗品铜币。

④ 说过此话后，铜币即成为第二什一税，而两枚银币成为俗品。

⑤ 虽然铜币的价值也是一塞拉，但第二什一税的圣品地位仍然在银币上，因此要从已经赎俗的两枚银币中选出一枚好的，以之将铜币赎俗，以使第二什一税仍为银币。

⑥ 虽然当时的价值相当，但铜币有可能生锈，长远来看价值不如银币，因此只能临时替代，最终还是要回到银币上来，以保持第二什一税的价值。

⑦ “一塞拉的钱币”指一塞拉一枚的银币。这里说的是一个人用银币将第二什一税产品赎俗后要把银币带到耶路撒冷去消费，因为银币较重，所以想换成价值更高的金第纳尔（约等于六银塞拉，参见附录 4），以方便携带。沙玛伊学派反对这种做法，因为这样如果一个人手中的银币不够换一个金第纳尔的话，他就可能因为等钱凑够而错过朝圣耶路撒冷的节日。

⑧ 希列学派认为，沙玛伊学派的担心是多余的，如果凑不够一个金第纳尔，那么银币也没有多少，可以带到耶路撒冷去。

⑨ 拉比阿奇瓦的意思是说希列学派的观点已经在实际生活中应用。

⑩ 有人积攒了价值一塞拉银币的第二什一税铜币，打算换为银币，以方便携带。

⑪ 沙玛伊学派允许将全部一塞拉铜币兑换为银币。

⑫ 一舍克勒等于半塞拉，参见附录 4。希列学派只允许兑换一半，因为朝圣者到达耶路撒冷后会把银币兑换为价值较小的铜币以便花销，这样，朝圣季节耶路撒冷的铜币价值会因为市场需求大增而增值，导致被带到耶路撒冷的第二什一税银币贬值，从而损害第二什一税的价值。带一半铜币到耶路撒冷可以保证最初的开销，以后慢慢兑换，铜币的需求量便不会突然增加。

拉比梅伊尔说：不得以银币赎俗银币和果实[①]，而众贤哲许可。

9. 在耶路撒冷兑换一塞拉第二什一税[②]，沙玛伊学派说：全部一塞拉的钱币[③]。希列学派说：一舍克勒银币与一舍克勒钱币[④]。在众贤哲面前之讨论者[⑤]说：三第纳尔银币与一第纳尔钱币[⑥]。拉比阿奇瓦说：三第纳尔银币与四分之一钱币[⑦]。拉比特尔封说：四阿斯佩尔银币[⑧]。沙玛伊说：当寄存店中并以此食用[⑨]。

10. 其儿子中有人洁净，有人不洁者[⑩]，当放置一塞拉钱币并说："洁净者所饮用的，这一塞拉以之被赎俗。"[⑪]于此洁净者与不

---

① 拉比梅伊尔禁止搞综合兑换。比如一个人有价值半第纳尔的第二什一税产品，又有半第纳尔的第二什一税钱币，此时他手中正好有一个第纳尔的硬币，他很自然地想用这一个第纳尔赎俗那各为半第纳尔的产品和钱币，这样携带起来会方便得多。

② 将带到耶路撒冷的第二什一税塞拉银币兑换为铜币花销。

③ 沙玛伊学派允许全部兑换。

④ 希列学派担心，如果他花不完所有兑换来的铜币，可能因为太重而不愿意将这些铜币带回家去，因此会保存在耶路撒冷，等下次朝圣时花销。但这期间铜币可能生锈贬值。因此他们规定一次只能兑换一半铜币。

⑤ 《公会卷》的《革玛拉》记载了这次讨论，参见《巴比伦塔木德·公会卷》17乙。

⑥ 一塞拉等于四第纳尔，这些讨论者只允许兑换四分之一的铜币。

⑦ 此句有两种解释：一是允许兑换三第纳尔银币，第四个第纳尔的四分之一可以兑换为铜币，其余四分之三第纳尔为银币；二是允许兑换三第纳尔银币，第四个第纳尔的一半可以兑换为铜币(迈蒙尼德)。

⑧ 一第纳尔等于五阿斯佩尔(参见附录4)，拉比特尔封只允许将第四个第纳尔的五分之一兑换为铜币。

⑨ 沙玛伊本人干脆禁止兑换，而是要求将这一塞拉银币寄存在饭店里，然后吃饭记账，直到把这笔钱花完。

⑩ 父亲带着几个儿子到达耶路撒冷朝圣，儿子中有不洁者。由于不洁者不能食用第二什一税，因此他们实际上不能享用父亲用带来的第二什一税钱币所购买的饮食，但因为是一家人，又很难截然分开。

⑪ 父亲把一塞拉第二什一税银币放在一边，宣称洁净之子所喝的葡萄酒的价值将这一枚银币中的同等价值赎俗。这样洁净之子喝的是第二什一税的葡萄酒，不洁之子喝的则是俗品，虽然两人其实是从同一个酒罐中取酒的。

洁者均自一个酒罐中饮用[1]。

① 洁净之子先喝，不洁之子后喝，这样虽然不洁之子接触后葡萄酒变成不洁品，但因为是俗品，所以无关紧要。

第3章

1. 人不可对其友伴说:“将这些果实带往耶路撒冷去分享。”[①]而可对他说:“将其带上,我们在耶路撒冷同吃同喝。”[②]但可以相互免费赠礼[③]。

2. 不得以第二什一税之钱币购买举祭,因其限制其食用[④]。拉比西缅允许。拉比西缅对他们说:“何以对引起失效[⑤]、剩余[⑥]和不洁[⑦]的平安祭从轻[⑧],而不对举祭从轻?”[⑨]他们对他说:“何以对允许外人[⑩]食用的平安祭从轻,而不对禁止外人食用的举祭从轻?”[⑪]

---

① 托人把第二什一税果实带到耶路撒冷去,并许诺将这些果实的一部分分给他作为酬劳。由于禁止用第二什一税支付工资,所以这种行为是禁止的。

② 虽然事情的实质一样,但这里只是共享,不是酬劳,所以是允许的。

③ 此句引用本卷1:1,作为支持上一句的律法依据。

④ 举祭和第二什一税各有其使用限制,用第二什一税钱款购买举祭导致双重限制,结果是第二什一税食品的食用受到不正当的限制,因此被禁止。

⑤ 用来做平安祭的第二什一税牺牲品可在祭祀完成后的指定时间内食用。但如果当初宰杀时意欲将这些肉食留到指定时间以外食用,则这些牺牲品失效,不能被食用。

⑥ 指过了指定期限的第二什一税平安祭牺牲品。这些肉食被禁止食用。

⑦ 沾染了不洁的牺牲品同样被禁止食用。

⑧ 拉比西缅在此指出平安祭同样会造成第二什一税的饮食限制,但律法却从宽。

⑨ 因此单单限制购买举祭就显得没有道理。

⑩ 指不是祭司的俗人。

⑪ 众贤哲认为,平安祭任何人都可以食用,与第二什一税一样,而举祭只有祭司可以食用,限制了食用的人群,因此与第二什一税和平安祭都有本质区别。

3. 在耶路撒冷有钱币并有所需求[1]，而其友伴有果实者[2]，可对其友伴说："这些钱币被你的果实赎俗。"[3]则此人当在洁净中食用其果实[4]，彼人则以其钱币应其所需[5]。不得如此对不知经者说[6]，除非是得卖疑[7]。

4. 果实在耶路撒冷而钱币在外省者[8]，可说："这些钱币被那些果实赎俗。"[9]钱币在耶路撒冷而果实在外省者，可说："这些钱币被那些果实赎俗。"只需将那些果实运往耶路撒冷食用[10]。

5. 钱币可进入耶路撒冷并出来；果实则可进不可出[11]。拉班西缅·本·迦玛列说：果实亦可进可出[12]。

---

① 在耶路撒冷，手中持有第二什一税的钱币，但有一些并非第二什一税所允许的花销需求。

② 他的朋友有一些俗品果实，愿意以此帮助他。

③ 名义上是用果实赎俗钱币，但实际上钱币和果实都不过手，仍在自己手中支配。

④ 不过此时这些果实已经有了第二什一税的圣品地位，因此必须在食用时保持洁净。

⑤ 钱币已经赎俗，可以用来应付自己的需求了。

⑥ 第二什一税钱币的持有者不得与不知经者做这种交易，因为不知经者可能不会保持洁净。

⑦ 得卖疑需分留第二什一税，以防出售这些果实的不知经者未分留什一税。但事实上大多数不知经者都分留什一税，因此得卖疑第二什一税很有可能根本没有什一税的地位（如果不知经者已经分留过了的话）。这样，即使不知经者不能保持洁净，风险也不是很大，故律法于此从宽。

⑧ 此人在外省有第二什一税钱币，在耶路撒冷有俗品果实，他需要这些钱币做第二什一税不允许做的事情。

⑨ 果实按第二什一税的规定食用，钱币则可用于任何目的。

⑩ 这些果实不可再被钱币赎俗，因此必须运往耶路撒冷食用。

⑪ 律法规定耶路撒冷城墙"吸收"第二什一税果实，但不包括第二什一税钱币，因此钱币可以带出来。

⑫ 他允许将第二什一税果实运出耶路撒冷进行加工，如果在耶路撒冷的加工工具不够用的话。

6. 加工完成的果实通过耶路撒冷[1]，当将其第二什一税送回耶路撒冷食用[2]。对未完成加工者：成筐的去酒坊的葡萄或者成筐的去晾晒场的无花果[3]，沙玛伊学派说：当将其第二什一税送回耶路撒冷食用[4]。而希列学派说：可将其赎俗并在任何地方食用[5]。拉比西缅·本·犹大说：沙玛伊学派与希列学派在未完成加工的果实方面并无分歧，可将其赎俗并在任何地方食用。那他们分歧何在呢？在于加工完成的果实。对此，沙玛伊学派说：当将其第二什一税送回耶路撒冷食用。而希列学派说：可将其赎俗并在任何地方食用[6]。得卖疑可进出耶路撒冷并被赎俗[7]。

7. 立于城内而斜伸至城外之树，或立于城外而斜伸至城内者[8]：自城墙以内为城内，自城墙以外为城外[9]。门户城内而内室城外，

---

① 按照律法，加工完的果实只要通过耶路撒冷，其举祭和什一税就被视为已经分留，无论是否真的分留了。

② 在这种情况下，第二什一税果实已经进过耶路撒冷，因此不能用钱币赎俗，只能送回去食用。

③ 无花果和葡萄在此处是"未完成加工的果实"的例子。

④ 沙玛伊学派认为，果实无论是否完成加工，只要经过耶路撒冷，其举祭和什一税都被视为已经分留，因此是否完成加工不会造成律法的区别对待。

⑤ 希列学派认为，加工完成的食品与没完成加工的果实应该受到区别对待。

⑥ 按照拉比西缅·本·犹大的看法，希列学派认为果实经过耶路撒冷根本不代表什一税已经分留，无论果实加工是否完成。

⑦ 通过耶路撒冷的得卖疑在分留什一税后可以用钱币赎俗，不过如果分留出来的得卖疑第二什一税果实进入了耶路撒冷的话，那么就不可再带出来。

⑧ 此处"城"指耶路撒冷。树干和树冠相对于耶路撒冷城的位置对于如何在这些地点处理第二什一税有着决定性的意义。

⑨ 一切以城墙为界。比如树阴在城墙外，则可在树阴下赎俗第二什一税食品，但不可食用，因为这里不算耶路撒冷；而在城墙内的树干旁则不可赎俗第二什一税食品，但可以食用。

或门户城外而内室城内之橄榄油作坊[①]，沙玛伊学派说：均为城内[②]。希列学派说：自城墙以内为城内，自城墙以外为城外[③]。

8. 建于圣区[④]而门户开向俗区之厅室[⑤]，其内室为俗区[⑥]，而其屋顶为圣区[⑦]；建于俗区而门户开向圣区者，其内室为圣区，而其屋顶为俗区[⑧]；建于圣区与俗区，而门户开向圣区与俗区者[⑨]，其内室与其屋顶，自圣区以内为圣区，自俗区以外为俗区[⑩]。

9. 进入耶路撒冷之第二什一税，无论其不洁染自不洁之父或染自不洁之子[⑪]，无论在城内或在城外[⑫]，沙玛伊学派说：可赎俗且

---

① 橄榄油作坊习惯上建在城墙上，因此会有跨越城墙的情况。

② 沙玛伊学派认为，无论哪种情况，橄榄油作坊总会有门开向城内，因此全部算为城内。

③ 希列学派认为，城墙把橄榄油作坊分成了两个部分。

④ 圣区：第二圣殿大院，大院以外则为俗区。对于献祭的牺牲品和洁净问题，圣区内外有着完全不同的律法。

⑤ 本节讨论的这些厅室建在圣区的边界地带，存在着归属不明的问题。

⑥ 在圣区问题上，一间房子的归属由其门户开向决定。此处门户开向俗区，故属于俗区。

⑦ 圣殿建在圣殿山顶，旁边的房子建在山坡上，房顶与圣殿地平面一样高，因此被看作圣区的一部分。

⑧ 房子处在俗区，屋顶没理由成为圣区。

⑨ 此句专指圣殿内的营火厅，该厅南北向贯穿圣殿护墙，横跨圣俗两区，且在两端均有门户。

⑩ 屋顶与内室的圣俗归属均由各自的所在位置确定。

⑪ 异邦、异教、死亡等相关物品为不洁之父，与之相沾染者为第一不洁，第一不洁若沾染圣品和食品则使之成为第二不洁，第二不洁沾染圣品可使之成为第三不洁（参见本部《祝祷》卷 8：2 相关注解）。第二什一税为圣物，因此既可被不洁之父沾染，亦可被不洁之子（除不洁之父外的所有不洁）沾染。不过被不洁之父沾染依据的是《希伯来圣经》律法，被不洁之子沾染依据的则是拉比律法。

⑫ 指耶路撒冷城内或城外，这里说的是沾染不洁的地点。

全部在城内食用[1]，在城外染自不洁之父者除外[2]。而希列学派说：全部赎俗且在城外食用[3]，在城内染自不洁之子者除外[4]。

10. 以第二什一税钱币所购取者，沾染不洁，则当赎俗。拉比犹大说：当埋葬[5]。他们对拉比犹大说：何以沾染不洁的第二什一税自身可被赎俗，而以第二什一税钱币所购取者沾染不洁被赎俗就不对？[6] 他对他们说：否！若你们说第二什一税自身洁净时可在远方[7]被赎俗，则你们何以会说以第二什一税钱币所购取者洁净时不得在远方被赎俗？[8]

11. 以什一税钱币购取的鹿死亡，当连皮埋葬[9]。拉比西缅说：

---

① 按照律法，不得食用沾染不洁的第二什一税食品，因此可以将其赎俗。同时，进入耶路撒冷的第二什一税食品不得再出城，沙玛伊学派因此禁止将赎俗的第二什一税食品运出耶路撒冷，以免不知情者以为这是未赎俗的第二什一税食品，从而引起律法混乱。

② 沙玛伊学派认为，如果该食品在入城前就已经被不洁之父沾染，那么应该是广为人知的，因此可以运出，不会引起混乱。

③ 希列学派认为，耶路撒冷城墙不会“吸收”沾染不洁的第二什一税食品（如果是在城内沾染不洁之父的话，那么城墙会放弃原本“吸收”的第二什一税食品），因此可以运出城外食用。

④ 这些第二什一税食品在进入耶路撒冷时本是洁净的，已经被城墙“吸收”，虽然在城内从不洁之子处沾染不洁，但因为与此相关的律法属于拉比律法，因此对城墙无效，该食品仍被“吸收”，不得运出城外。

⑤ 拉比犹大认为，第二什一税钱币购取食品后，诫命就已经完成，这个过程是不可逆的，所以如果购得的食品沾染不洁，就只能销毁。

⑥ 拉比们的逻辑是：第二什一税自身的相关律法条文应该比用第二什一税钱币购买的食品（实际上是第二什一税替代品）的相关律法要严格，如果第二什一税食品自身沾染不洁都可以赎俗，那么就没必要禁止被购取的食品。

⑦ 指耶路撒冷以外的地方。

⑧ 拉比犹大反对第二什一税自身比被购取的食品更严格的说法，他的例子是：第二什一税食品本身洁净时可以在耶路撒冷以外的地方被赎俗，而被购取的食品则不可。

⑨ 非经正常屠宰程序死亡的猎物不可食用，只能用作饲料。但因为这头鹿是第二什一税，圣品不得被用于食品以外的目的，所以只好埋葬。

当赎俗[1]。活时购得而屠宰后沾染不洁，则当赎俗[2]。拉比约西说：当埋葬[3]。屠宰后购得而沾染不洁，则一如果实[4]。

12. 将容器借给第二什一税者，即使盖严，亦不成为什一税[5]。随便灌注其中[6]，到未盖严之前，均不成为什一税[7]；自盖严之后则成为什一税[8]。到未盖严之前，均以一百零一抵消举祭[9]；自盖严之后，无论如何均为圣品[10]。到未盖严之前，从所有之中取一而为举祭；自盖严之后，一一从中分留举祭[11]。

13. 沙玛伊学派说：打开并倒入酒槽[12]。希列学派说：打开而不

---

① 拉比西缅认为，这头鹿可以被用作饲料。

② 正常屠宰后鹿肉已经成为食品，因此可以赎俗食用。

③ 拉比约西认为，用第二什一税钱币购取的食品如果沾染不洁，就必须销毁，因为不能被赎俗。

④ 购买的屠宰好的鹿肉与一般果实没有多少区别。

⑤ 把俗品容器借出来盛装第二什一税葡萄酒，即使加盖，容器也不会成为第二什一税。

⑥ 在向容器中灌酒时并未将这些酒指定为第二什一税。

⑦ 只要在指定这些酒为第二什一税之前没有加盖，容器就不成为第二什一税。

⑧ 如果加盖之后再指定容器中的酒为第二什一税，则容器也成为第二什一税。

⑨ 如果瓶装的举祭酒混入酒瓶之中，且俗品酒和举祭酒的比例为一百瓶对一瓶，举祭酒便被抵消。关于这一比例，参见本部《举祭》卷4:7。

⑩ 盖严之前，每个容器中的酒被看成一个整体，所以举祭可以被抵消。盖严之后，每瓶各自独立，无论如何也不能抵消了。这时只能把所有的酒都卖给祭司，其中一瓶免费，因为有一瓶是祭司应得的举祭。

⑪ 未盖严之前，所有的酒被看成是相连的，所以从一瓶中为所有的酒分留举祭是允许的。一旦盖严，则各自独立，只能各自分留举祭了。

⑫ 此处承接上节结尾。在盖严之后要一一从容器中分留举祭，因为太麻烦，所以物主想回到未加盖的状况，以便从一个容器中分留举祭。沙玛伊学派认为，在这种情况下，物主必须把酒瓶打开，并将酒都倒回酒槽里去。

必倒出[①]。这些言词所指为何?[②] 指惯常密封出售之地[③]。但若在惯常敞口出售之地,则不出落为俗品容器[④]。但若想自己严格按量出售,则出落为俗品容器[⑤]。拉比西缅说:即使他对其友伴说“这一桶我卖给你,容器除外”,亦出落为俗品容器[⑥]。

① 希列学派认为打开就可以,不必倒在一起。

② 此句指的是上节开始时有关容器何时成为第二什一税的问题。

③ 所谓加盖后指定第二什一税包括容器在内,指的是通常出售封装好了的酒的地方。买了这样的酒,要拿出与容器等值的钱财作为第二什一税,而容器则“出落为俗品”。

④ 如果是卖散装酒的地方,那么酒瓶本身不该用什一税钱款购买,也就不会获得第二什一税的地位,也就不存在“出落为俗品”的问题,参见本卷1:4。

⑤ 如果出售者严格按容量或分量出售,而不是按瓶计算,那么即使酒瓶盖严之后购买,酒瓶亦可不算交易的一部分而出落为俗品。

⑥ 一个人将酒瓶中的一部分指定为第二什一税,将其余的俗品酒卖给别人,并声明酒瓶为第二什一税容器,不包括在交易之中。即便如此,酒瓶仍为俗品容器,因为只有瓶中全部成为第二什一税,酒瓶才有可能成为圣品。

第 4 章

1. 将第二什一税果实从昂贵之地移往便宜之处，或从便宜之处移往昂贵之地者[①]，依当地价格赎俗[②]。将果实从打谷场带往城市，或将桶装酒从酒坊带往城市者[③]，其增利归第二什一税，而开销则出自其家财[④]。

2. 赎俗第二什一税当依低价[⑤]：店主买入之价，而非其卖出之价[⑥]；兑换商以整兑零之价，而非其集零对整之价[⑦]。不得以估算而赎俗第二什一税[⑧]：其价值确知者，以一名证人之言而赎俗[⑨]；其价值不确知者，则以三名证人之言而赎俗，例如开始变酸的酒、腐变的果实以及生锈的硬币[⑩]。

---

① 将第二什一税果实易地赎俗，则有一个各地价格差异的问题。

② 一切以赎俗地点的价格为准，不考虑原产地的价格。

③ 均指第二什一税产品，城市里这些产品的价格肯定高于乡间的原产地。

④ 赎俗后所得的钱币无论增利多少都归第二什一税，而运送的开销则由户主另外从自己的钱财中出，不得从第二什一税中扣除。

⑤ 产品买卖时价格不同，而第二什一税赎俗时应该以较低价格进行。

⑥ 按照产品批发价格，而非零售价格。

⑦ 钱币兑换商通常在以整兑零时要价较高，而在以零兑整时的价格较低，以此牟利。由于第二什一税是被带到耶路撒冷去的，为方便携带，通常都是面值较大的货币，因此此处要求兑换商在以零兑整时给出以整兑零的价格，使第二什一税携带者受益。

⑧ 赎俗第二什一税时必须精确称量，而不得粗略估算。

⑨ 如果产品或钱币的状况良好，其价值可以确定，那么一名证人（通常是买家）的口头定价就是有效的。

⑩ 由于这些产品品质退化，如何定价成了问题，因此需要三名证人共同评估。

3. 户主说:"以一塞拉。"而另一人说:"以一塞拉。"[①]则户主优先,因为他添加五一费[②]。户主说:"以一塞拉。"而另一人说:"以一塞拉一依萨尔[③]。"则一塞拉一依萨尔者优先,因为他增加本金[④]。赎俗自己的第二什一税者当添加五一费,无论其属于他自己还是受赠的礼品[⑤]。

4. 可在第二什一税上进行规避[⑥]。如何进行?人可以对其成年子女[⑦],或者希伯来男女家奴[⑧]说:"这里这些钱币给你,为你自己赎俗这些第二什一税。"[⑨]但不可对其年幼子女或者迦南男女家奴如此说,因他们的手中一如他的手中[⑩]。

5. 若立于打谷场且手中无钱币[⑪],则可对其友伴说:"在此这些果实均赠与你为礼品。"[⑫]然后再说:"在此这些均以在家中的钱

① 第二什一税的物主和另外一个不相干的人都要赎俗这批第二什一税,两人出价相同。

② 户主有优先权,因为他要加上五一费(参见《利未记》27:31),会增加第二什一税的总量。

③ 依萨尔:最小的货币单位,参见附录4。

④ 虽然外人只多付一依萨尔,看起来远没有五一费多,但他有优先权,因为五一费有很多逃避的名堂,不如本金中增加的实在。

⑤ 接受了俗品礼物后分留第二什一税,再赎俗则需要增加五一费。

⑥ 即逃避交纳五一费。

⑦ 到了成年礼年龄(男十三岁,女十二岁半)的儿女,在理论上已经有了独立经济权利,虽然事实上仍然依靠父母。

⑧ "希伯来家奴"即犹太家奴。由于犹太人不能"拥有"另一个犹太人,所以这些家奴虽然是奴隶身份,但是理论上有独立的经济地位。

⑨ 这样,这些人赎俗了不属于自己的第二什一税,不需要交纳五一费。

⑩ 未成年子女和非犹太家奴均无独立经济地位,他们手中的钱财属于户主,因此无法假手他们赎俗第二什一税,也就无法逃避五一费。

⑪ 这是另外一种赎俗第二什一税却不必添加五一费的情况。这次物主在打谷场,手中无钱币,与上节情况不同。

⑫ 他将果实口头上赠送给了他的朋友。

币赎俗。”[①]

6. 从他人处拖拽一塞拉之第二什一税[②]，在涨至两塞拉前未及赎俗[③]，则付给他一塞拉，自赚一塞拉，第二什一税归其所有[④]。从他人处拖拽两塞拉之第二什一税，在跌至一塞拉前未及赎俗[⑤]，则付给他一塞拉俗品，与一塞拉他的第二什一税钱币[⑥]。若为不知经者，则从得卖疑中付给他[⑦]。

7. 赎俗第二什一税却未说定名分者[⑧]，拉比约西说：足矣。拉比犹大说：必须明言[⑨]。与女子谈论其休书或婚书[⑩]，给其休书或婚书，而未明言者[⑪]，拉比约西说：足矣。拉比犹大说：必须明言[⑫]。

---

① 分留第二什一税之后再用家中钱币赎俗，因为此时这些果实名义上不归他所有，因此不必交纳五一费，赎俗后他的朋友会把所有果实作为礼物回赠。

② 指在付款前将货物拖拽到属于自己的地方。这种拖拽行为被看作是交易确定的表示，货款则随后付出。

③ 此人赎俗别人的第二什一税，拖拽前价格为一塞拉，拖拽后涨到了两塞拉。如果是俗品，他只需要支付一塞拉拖拽前的价格即可。

④ 此人付给原主一塞拉。但因为在付钱之前交易虽然已经确定，但赎俗过程并未完成，所以交易价格是一塞拉，赎俗价格则是两塞拉。所以他需要另外留出一塞拉作为第二什一税，当然这一塞拉归他自己所有。

⑤ 此例与上例相反，交易价格为两塞拉，而由于产品跌价，第二什一税的赎俗价格为一塞拉。

⑥ 买主仍须付两塞拉，但其中一塞拉可以出自其俗品钱币，另一塞拉出自其第二什一税钱币，因为此时第二什一税赎俗价格只剩下了一塞拉。

⑦ 不知经者可能食用不洁的第二什一税食品，因此从得卖疑第二什一税赎俗的钱币中支付，以减少亵渎圣物的可能性。

⑧ 分留出了与第二什一税果实价值相当的钱币，却未明说这是第二什一税的赎价。

⑨ 拉比约西认为赎俗已经成立，无须明说，而拉比犹大不同意。

⑩ 犹太人娶妻或休妻均须给女方证书，其中要说明经济安排。

⑪ 没有口头声明结婚或离婚。

⑫ 拉比约西认为事先讨论过就够了，无须声明，拉比犹大不同意。

8. 分留一依萨尔且食用其半者[①]，到另一地方，而彼处其值为一蓬地庸[②]，可再食用其一依萨尔[③]。分留一蓬地庸且食用其半者，到另一地方，而彼处其值为一依萨尔，可再食用其半依萨尔[④]。分留一依萨尔之第二什一税者[⑤]，可食用其一依萨尔之十一[⑥]，或一依萨尔之百分之一[⑦]。沙玛伊学派说：均为十[⑧]。希列学派说：对确知品为十一，而对得卖疑为十[⑨]。

9. 被发现的钱币，此为俗品[⑩]，即使一金第纳尔与一银第纳尔

---

① 分留一依萨尔钱币以赎俗第二什一税果实，这样他所食用的第二什一税果实都按价值记在这一依萨尔名下。此处说的是此人所食用的第二什一税果实的价值已经到了半个依萨尔。

② 此人带着这一依萨尔到了另一个地方，由于当地的依萨尔币种价值很高或物价很低，这一依萨尔升值为一蓬地庸(等于两依萨尔，参见附录4)。

③ 他可以按照新的货币价值并考虑原已赎俗的比例来决定还可以赎俗多少。在此例中，他已经用了原币值的百分之五十来赎俗，因此在新地方他还可以用新币值的百分之五十来赎俗，也就是一依萨尔。

④ 此例与上例情况相反而适用原则一致。虽然分留的钱币易地后只有原来价值的一半，但因为在原地只食用了原价值的百分之五十(实际上依据新价值该钱币已经没有剩余)，因此可以再食用新价值的百分之五十。

⑤ 将第二什一税钱币带往耶路撒冷，在那里以此钱币逐步食用果实，钱币的圣品性质随着食品价值的增加而逐步下降。此处所要处理的问题是：钱币的圣品性质到什么程度可以被看作是小到忽略不计，因而该钱币可以完全被看作俗品。

⑥ 此处"十一"指十一分之十，本句讲的是得卖疑第二什一税。也就是说，如果是得卖疑第二什一税，那么吃到该钱币价值的十一分之一时，该钱币即可被看作俗品。

⑦ 如果是确知品，那么要吃到该钱币价值的百分之九十九，该钱币才可被看作俗品。

⑧ 此处"十"指剩余的十分之一。沙玛伊学派认为，在这个问题上得卖疑与确知品没有差别，都是吃到钱币价值的百分之九十时钱币转化为俗品。

⑨ 希列学派认为，确知品的转换标准为吃到该钱币价值的十一分之十，得卖疑则为百分之九十。希列学派的逻辑在于钱币中的剩余价值不得超过一普鲁塔(最小货币单位，小于此数则可被认为不再是钱)。由于一依萨尔等于八普鲁塔，所以十分之一依萨尔不到一普鲁塔，可以转换为俗品。确知品由于加上了五一费，十分之一其实是百分之十二点五，恰好是一普鲁塔，因此规定到十一分之一才能转换。

⑩ 捡到的钱币，首先应被看作是俗品，而不是什一税。

与铜币在一起[①]。发现其中有陶片[②],其上写明“什一税”,则此为什一税。

10.发现器皿且其上写明“牺牲品”[③],拉比犹大说:若为陶器,则为俗品[④],在其中者为牺牲品[⑤]。若为金属器皿,则为牺牲品,在其中者为俗品[⑥]。他们[⑦]对他说:人们断无可能将俗品放入牺牲品之中[⑧]。

11.发现器皿,其上写有字母“库夫”,则为牺牲品[⑨];“迈姆”,则为什一税[⑩];“达莱德”,则为得卖疑[⑪];“忒特”,则为税前品[⑫];“塔夫”,则为举祭[⑬],因为在危险时期曾写“塔夫”代替“举祭”[⑭]。拉比约西说:全是人名[⑮]。拉比约西说:即使发现一个筐,其中装满果实,

---

① 不同质地的钱币通常不会放在一起,放在一起的原因多半是赎俗第二什一税产品时,先用一个金币赎俗,剩下的产品不够一个金币,便用银币赎俗,最后用铜币赎俗零头。即便如此,这些钱币仍被看作俗品,不是什一税。

② 指在钱币中发现陶片。

③ 牺牲品:原为圣殿献祭用的动物,此处指送给圣殿维持其所需的器皿或钱财。

④ 没有人会把陶器作为牺牲品,因此写在陶器上的“牺牲品”不会是指陶器本身。

⑤ 如果陶器中有钱币等物,那么陶器上的字样一定是指这些钱币,所以这是牺牲品。

⑥ 金属器皿用于圣殿活动是常见的,因此器皿上的“牺牲品”字样指的应该是器皿本身。这样,器皿中的钱币等物的身份就无法肯定了。

⑦ 指众贤哲。

⑧ 众贤哲认为,如果器皿是圣殿用品,那么其中的东西也一定是圣殿用品。

⑨ “库夫”为希伯来语“牺牲品”一词的第一个字母。

⑩ “迈姆”为希伯来语“什一税”一词的第一个字母。

⑪ “达莱德”为希伯来语“得卖疑”一词的第一个字母。

⑫ “忒特”为希伯来语“税前品”一词的第一个字母。

⑬ “塔夫”为希伯来语“举祭”一词的第一个字母。

⑭ 罗马统治时期曾禁绝犹太教,违抗者将遭受严厉惩罚。因此用一个字母代表举祭,以免遭到迫害。

⑮ 拉比约西反对将这些字母解释为宗教概念。

其上写有“举祭”，则此仍为俗品，因为我说：去年装满了举祭果实，而后清空了[1]。

12. 对其子说：“第二什一税在这个角落。”而在另一个角落里找到，则此为俗品[2]。彼处曾有一玛内而找到两百，多余者为俗品[3]。有两百而找到一玛内者，则全部为什一税[4]。

---

① 拉比约西坚持认为，即使在这种情况下，也该认定筐上“举祭”一词指的是这个筐去年装的果实，与目前筐内果实没有任何关系。

② 一个人告诉儿子第二什一税放在某个角落，其子在该角落未找到，却在另一个角落找到同样数目的钱币，那么这些钱币应被看作俗品，而不是被搬迁的第二什一税。

③ 一玛内等于一百组兹，参见附录4。在此儿子在同一地点找到的钱数（两百组兹）超过父亲所说的（一玛内），那么只有父亲说明的数目才算第二什一税。

④ 在此儿子在同一地点找到的数目少于父亲所说的，那么什一税地位成立，不能认为这是另一笔钱财而不是父亲所说的第二什一税。

第5章

1. 第四年之葡萄园[①]当以土块标明[②]，未净者以黏土[③]，坟墓以石灰拌水浇洒[④]。拉班西缅·本·迦玛列说：此言何指？指第七年[⑤]。而慎守者则分留钱币并说："所有从此处被收取者，均以这些钱币赎俗。"[⑥]

2. 第四年之葡萄园，在任一方向一天路程之内，果实当运往耶路撒冷[⑦]。以何为界限？南自埃拉特[⑧]，北自阿卡拉巴特，西自路得，东自约旦河。自果实丰盛之后，规定在城墙边即可赎俗[⑨]。然此事有一条件，即：何时他们愿意，仍回到以前的状态[⑩]。拉比约西说：

---

① 果树初栽三年为未净，其果实禁止食用。第四年果实的地位相当于第二什一税，应带往耶路撒冷使用，或用钱币赎俗。另一说是：只有葡萄树有第四年果实的问题。

② 用土块在葡萄园四周标明，以免有人误食。

③ 用黏土或黏土制品在葡萄园四周标明果树的"未净"身份，以免有人误食。

④ 表明墓地的范围，以免祭司或利未人误入其中而遭遇不洁。

⑤ 迦玛列认为，只有在第七年才需要标明，因为这一年的果实是无主物，别人可以随便食用。其他年份的食用者是在偷窃，园主没必要为他们负责任。

⑥ 真正小心翼翼地遵守律法的人会觉得仅仅给出标志还不够，仍然会有人不小心食用，所以干脆分出一笔钱财来，给所有被误食的果实赎俗。

⑦ 第四年果实本来是只要在耶路撒冷城外，就都可以赎俗。但众贤哲为此加了一个规定，凡在耶路撒冷周边一天行程之内的，均不得赎俗，而必须带往耶路撒冷消费。此举显然是为了保证耶路撒冷市内有充足的水果供应。

⑧ 并非今日之埃拉特，当位于希伯伦附近。

⑨ 后来果实丰盛，无须再为耶路撒冷专门供应，于是放宽规定，在耶路撒冷城墙边的葡萄园也可以赎俗。

⑩ 如果水果供应再次出现短缺，则众贤哲有权将规定变回去。

自圣殿被毁起，即有此条件。此条件为：何时圣殿建起，此时即回归以前的状态[①]。

3. 第四年之葡萄园，沙玛伊学派说：其无五一费[②]，且无避屋[③]。希列学派说：均有[④]。沙玛伊学派说：其有掉落品，且有葡萄幼串[⑤]，贫者当自己赎俗[⑥]。希列学派说：全部送往酒坊[⑦]。

4. 如何赎俗第四年产品？将篮子放在三个人面前[⑧]，并说："一个人愿意用一塞拉赎买多少呢？[⑨] 条件是从他的家财里支付成本[⑩]。"留置钱币并说[⑪]："所有从此被拿取者均以这些钱币赎俗，按一塞拉如许篮[⑫]。"

---

① 拉比约西认为，这一规定与水果供应是否丰盛无关，主要是圣殿是否存在，如果圣殿不存在，那就没必要再专门装点耶路撒冷的市场。

② 赎俗时增加五分之一，类似第二什一税。

③ 指第二什一税之避屋时限（每第四年与第七年逾越节前一天，尚未消费的第二什一税当在这一天销毁），参见本章第6～7节。

④ 希列学派认为，第四年果实的圣品地位与第二什一税相当，因此相关律法也一致。

⑤ 掉落品指采收时掉落的葡萄，葡萄幼串指发育不好的葡萄，两者均属于应该留给穷人的果实。参见本部《田角捐》7:3～4。

⑥ 这些给穷人的果实仍然属于第四年果实，因此穷人如果食用的话，必须分留钱币以赎俗，并将钱币带往耶路撒冷消费。

⑦ 也就是不给穷人留任何东西，全部制成葡萄酒并送往耶路撒冷消费。希列学派认为，第二什一税并非个人财物，因此没有周济穷人的义务。

⑧ 将一篮第四年果实放在三个人面前，以评定其价值，然后按照评定的价值赎俗。

⑨ 人们愿意用一塞拉买多少篮这样的果实？

⑩ 赎俗第四年果实时，物主要收回其种植成本。所以，如果是物主自己赎俗，那么赎俗价就等于市场价减去成本。如果别人赎买，那么买者要支付市场价，而卖主则从中收走成本，剩余的才是第四年果实的钱币。此处是说明其他赎买这些第四年果实的人也要支付种植成本。

⑪ 评估完毕，物主按照评估价格拿出相应钱币，并作出声明。

⑫ 如许篮：数字按评估结果现场换入。

5. 在第七年，按值赎俗[①]。若全部成为无主物[②]，则除采收费用外无其所费[③]。赎俗自己的第四年产品者，当加其五一费[④]，无论其所有者或者赠其为礼物[⑤]者。

6. 第四年与第七年逾越节节日第一天前夕实行避屋。如何避屋？将举祭与什一税举祭交付其主[⑥]，第一什一税交付其主[⑦]，穷人什一税交付其主[⑧]。第二什一税与初熟贡在任何地方均灭除[⑨]。拉比西缅说：初熟贡当交付祭司，一如举祭[⑩]。熟食[⑪]，沙玛伊学派说：必须灭除；而希列学派说：此一如已被灭除[⑫]。

7. 如今[⑬]拥有果实[⑭]而到了避屋时刻，沙玛伊学派说：当以钱

---

① 第四年果实如果恰好是在第七年生长，那么即使是物主也要支付市场价格才能赎俗，而不得减去成本。

② 不在第七年，某个葡萄园成为无主物，而其中的葡萄树恰好在第四年。

③ 拥有这座无主葡萄园者仍需其果实才能食用，赎俗时只能减去采摘的成本。

④ 比照第二什一税。

⑤ 由于第四年产品具有圣品地位，转送并不能包括所有权。所以，此处应指将刚生长出来的还在枝头的果实赠送他人。

⑥ 交给祭司。

⑦ 交给利未人。

⑧ 交给穷人。

⑨ 将第二什一税和初熟贡烧毁或投入海中。实际上可以留下一些消费至逾越节结束。

⑩ 《申命记》12:6:“将你们的燔祭，平安祭，十分取一之物，和手中的举祭，并还愿祭，甘心祭，以及牛群羊群中头生的，都奉到那里。”此处初熟贡与举祭并提，拉比西缅据此认为两者应一体处理。

⑪ 如果用第二什一税的葡萄酒或油与其他食物一起烹调，那么在避屋的问题上就出现疑问。

⑫ 沙玛伊学派坚持认为这些熟食也要被销毁，希列学派认为不必。

⑬ 指圣殿被毁后的时代，此时已经不能在耶路撒冷消费第二什一税，如何处理第二什一税是个问题。

⑭ 指第二什一税果实。

币赎俗[①]；而希列学派说：钱币一如果实[②]。

8. 拉比犹大说：起初他们派人去各地户主处，“快在避屋时刻未到来前预备好你们的果实”[③]。直到拉比阿奇瓦到来并教授说一切未到什一税阶段之果实均免于避屋[④]。

9. 与其果实相距遥远者，须为之定名[⑤]。拉班迦玛列与众长老的一件事是：他们在一条船上旅行，拉班迦玛列说：“我将称量出的十分之一给约书亚[⑥]，其地块亦租予他[⑦]；我将称量出的另外十分之一给阿奇瓦·本·约瑟夫[⑧]，他将代贫者而得之[⑨]，其地块亦租予他。”拉比约书亚说：“我将称量出的十分之一给以利亚撒·本·亚撒利雅[⑩]，其地块亦租予他。”他们彼此获得租金[⑪]。

---

① 将第二什一税果实用钱币赎俗，然后将钱币带往耶路撒冷实行避屋，方法是将钱币磨碎，抛掷风中或海中。

② 既然第二什一税的钱币和果实都不能消费，因此也就没必要赎俗，希列学派认为应该将果实放置一旁，任其腐坏。

③ 在拉比阿奇瓦之前，贤哲们认为税前品也同样有避屋的义务，因此会在避屋期限到来前通知大家完成产品（实际上是上一年的收获物）的加工，以便分留什一税而行避屋。

④ 拉比阿奇瓦认为税前品与避屋无关，因此无须匆忙加工分税，完全可以等到避屋期限过后才进行。

⑤ 避屋时间已到，物主却出门在外，无法实际履行避屋程序，于是只好口头进行。

⑥ 同行的拉比约书亚是利未人，所以拉班迦玛列把第一什一税送给他。

⑦ 第一什一税过户与动产买卖一样，需要买方实际接触到物品（比如拖拽）才算完成。此时所有人都在海上旅行，不可能实际接触，所以用一个变通的办法，即将这些第一什一税的地块租予他，使他自然地连带获得这些产品。

⑧ 即拉比阿奇瓦。

⑨ 第四年和第七年的第二什一税为穷人税，拉比阿奇瓦是当时赈济款项的负责人，所以拉班迦玛列让他以穷人的名义收下穷人什一税。

⑩ 拉比约书亚要从拉班迦玛列给他的第一什一税中分留什一税举祭，拉比以利亚撒·本·亚撒利雅是文士以斯拉的后代，是祭司，所以获得这些举祭。

⑪ 这些贤哲彼此之间获得名义租金，以示交易为真。

10. 节日[①]的最后一天午后祷之时[②]告白[③]。如何告白?“我已将圣物从我家里拿出来”[④],此为第二什一税与第四年产品[⑤];“给了利未人”,此为利未人什一税[⑥]:“也给了”,此为举祭与什一税举祭[⑦];“给了寄居者、孤儿与寡妇”,此为穷人什一税、遗落品、忘收品和田角捐,尽管这些无力使告白失效[⑧];“从我家中”,此为举祭饼[⑨]。

11. “照你所训诫我的一切诫命”[⑩],因此若他将第二什一税提到第一什一税之前,则不得告白[⑪]。“你的诫命我都未曾违背”,我未曾为非其种类者分留某一种类[⑫];未曾为生长者分留已收割者,亦未曾为已收割者分留生长者[⑬];未曾为陈旧者分留新鲜者;亦不

---

① 指逾越节,一共七天。

② 指日落时分。关于午后祷,可参见本部《祝祷》卷4:1的相关注解。

③ 指什一税告白,也就是诵读《申命记》26:13~15。

④ 本章此处以下都是在解释什一税告白文字的含义。本节解释《申命记》26:13的第一句:“我已将圣物从我家里拿出来,也给了利未人,给了寄居者、孤儿与寡妇。”

⑤ 须行避屋销毁,由于在逾越节期间家中通常还保留有节日期间消费的第二什一税和第四年产品,所以什一税告白特意被安排在最后一天的傍晚进行,此时保留的相关产品应该都已经消耗完毕。

⑥ 即第一什一税。

⑦ 经文在“给了利未人”之前有一个“也”字,此处这个词被解释为“给祭司的份额”。

⑧ 遗落品、忘收品、田角捐与什一税无关,所以虽然在含义上也包括这些,但实际上即使没有分留这些捐税,什一税告白也仍然有效。

⑨ 举祭饼:从面团上分留出来给祭司的部分(参见《民数记》15:20以及本部《举祭饼》卷)。由于揉制面团是在家中进行的工作,所以此处又把“从我家中”一词解释了一遍,加上了举祭饼的含义。

⑩ 本节解释《申命记》26:13的第二句:“照你所训诫我的一切诫命。你的诫命我都未曾违背,也未曾忘记。”

⑪ 如果不按规定顺序分留什一税,则所分留的什一税仍然有效,但无权作什一税告白。

⑫ 不得在不同物种之间混分什一税,否则其所分什一税无效。

⑬ 仍然在土地上生长的作物尚无分留什一税资格,任何与此相关的分留均属无效。

曾为新鲜者分留陈旧者[①]。“也未曾忘记”，未曾忘记祝颂你与为此提及你的名[②]。

12.“我守丧的时候，没有吃这圣物”[③]，因此若在守丧时食用，则不得告白[④]。“不洁净的时候，也没有拿出来”，因此若在不洁时分留，则不得告白[⑤]。“又没有为死人送去”，我未以之购取棺材及死者的裹尸布[⑥]，亦未曾将其赠与其他守丧者[⑦]。“我听从了耶和华我神的话”，我将其运往圣殿[⑧]。“都照你所吩咐的行了”，我喜乐并以之使他人喜乐[⑨]。

13.“求你从天上，你的圣所垂看”[⑩]，我们做了你所为我们裁决的，而你也行了你所向我们许诺的[⑪]：“你从天上，你的圣所垂看，

① 新鲜者与陈旧者分别指当年收获物与往年收获物，什一税只能在同年收获物中分留，否则无效。

② 按照拉比犹太教教义，在履行每一项诫命前都要诵念祝祷文，且祝祷文中当提及神的称号。分留什一税属于履行诫命，因此祝颂是必需的。

③ 本节解释《申命记》26:14：“我守丧的时候，没有吃这圣物。不洁净的时候，也没有拿出来，又没有为死人送去。我听从了耶和华我神的话，都照你所吩咐的行了。”

④ 守丧时间为直系亲属死亡至埋葬后一夜，在此期间禁止食用第二什一税。

⑤ 禁止在不洁时分留什一税，因为这会造成什一税的不洁。

⑥ 第二什一税只能用作食品，所以不得用于其他目的，包括此处所说的购置棺材或寿衣。

⑦ 守丧者禁止食用第二什一税，因此不能给他们，以免引起误食。

⑧ 指用第二什一税在圣殿献平安祭。

⑨ “喜乐”指献平安祭后食用祭肉。“以之使他人喜乐”指将平安祭祭肉与利未人和其他穷人共享。

⑩ 本节解释《申命记》26:15：“求你从天上，你的圣所垂看，赐福给你的百姓以色列与你所赐给我们的地，就是你向我们列祖起誓赐我们流奶与蜜之地。”

⑪ 什一税告白以祷告结束，以自己遵守了所有诫命为先导，祈求神信守承诺。

赐福给你的百姓以色列”以子女;“与你所赐给我们的地”以甘露、雨水和牲畜的繁衍[1]。“你向我们列祖起誓赐我们流奶与蜜之地”,以赐果实以美味[2]。

14. 由此他们说:以色列人与孽生子均可告白[3],但寄居者不可,释奴不可,因他们在以色列地上无份[4]。拉比梅伊尔说:祭司与利未人亦不可,因其未在以色列地获得份额[5]。拉比约西说:他们有城邑的郊野[6]。

15. 大祭司约哈南[7]废止了什一税告白[8]。他还废除了唤醒者[9]

---

① 祈求神用子女满堂赐福以色列民族,而用“甘露、雨水和牲畜的繁衍”来赐福以色列土地。

② 此处“流奶与蜜”被看作是在保证“赐果实以美味”,也就是果实像蜜那样甜蜜,像奶那样多汁。

③ 以色列人:指任何正常婚姻中出生的犹太子女。孽生子:指任何不合教义的婚姻中出生的子女。两者不可通婚,但都有土地继承权。

④ 皈依者和被释放的迦南奴隶都没有自己的土地,因此无法告白,因为无法说“你所赐给我们的地”。

⑤ 当年十二支派分封土地时,利未人和祭司都没有获得,参见《民数记》18:20。

⑥ 利未人和祭司虽未获得成片的土地,但他们在以色列全境四十二座城市获得了郊野的使用权,参见《民数记》35:2~8。拉比约西因此认为,他们实际上有自己的土地,因此可以告白。

⑦ 约哈南:义人西缅的继承者,参见附录3。

⑧ 因为利未人没有随犹太人回归圣地(《以斯拉记》8:15:“我查看百姓和祭司,见没有利未人在那里”),拉比犹太教传统认定文士以斯拉因而惩罚利未人,剥夺了他们享用第一什一税的权利,并将其转给了祭司,约哈南据此认为告白中“也给了利未人”一句已经不对,因此废止告白。

⑨ 圣殿中曾一度有利未人每日唱诵《诗篇》44:23:“主啊,求你睡醒,为何尽睡呢。”约哈南认为,神是不睡觉的,《诗篇》原文是比喻神对世人的态度,利未人的唱诵未免混淆视听,因此予以废除。

和割伤者[①]。直到他的时代耶路撒冷还有铁锤击打[②]。在他的时代人们无须再问得卖疑的事情[③]。

《第二什一税》卷终

① 当时圣殿宰杀祭祀用的牺牲品时，先在牲畜两眼间割开一个伤口，让血盖住牲畜的眼睛，以便宰杀。约哈南认为，这使牲畜看起来像是有残疾的，会让旁观者误以为有残疾的牲畜也可以用来献祭，因此予以废除。

② 在逾越节七天节日的中间五天，除非会引起无法挽回的损失，否则不得做工。耶路撒冷的铁匠们因为确实会有不可挽回的损失，所以传统上在这段时间做工，因为铁锤声音太响，约哈南担心别人误以为允许做工，因此加以禁止。

③ 在约哈南之前，人们从不知经者处购买食物均先问是否已分留什一税，约哈南作了调查，发现不知经者中不分留什一税的情况相当普遍，于是下令凡购买得卖疑者均须分留什一税，因此提问就成了多余的。

第 9 卷

举祭饼

Challah

提　要

举祭饼，也就是从新谷面团中分留给祭司的部分，是《希伯来圣经》为祭司阶层提供生计的另一个诫命。分留出来的举祭饼享有圣品的地位，禁止非祭司的常人食用，禁止使其沾染不洁。

本卷第1章讨论举祭饼律法的适用范围，确定哪些谷物在何种情况下需分留举祭饼。第2章讨论面团制造过程中的举祭饼分留问题。第3章讨论举祭饼的分留时机问题，也就是各种面团在何种情况下成为必须分留举祭饼的面团。第4章则讨论两个面团咬合时的举祭饼问题，以及举祭饼的地域差别问题。

相关《希伯来圣经》段落

1.《民数记》

15:17　耶和华对摩西说，

15:18　你晓谕以色列人说，你们到了我所领你们进去的那地，

15:19　吃那地的粮食，就要把举祭献给耶和华。

15:20　你们要用初熟的麦子磨面，作饼当举祭奉献。你们举上，好像举禾场的举祭一样，

15:21　你们世世代代要用初熟的麦子磨面，当举祭献给耶和华。

2.《尼希米记》

10:35　又定每年将我们地上初熟的土产，和各样树上初熟的果子，都奉到耶和华的殿里。

10:36　又照律法上所写的，将我们头胎的儿子，和首生的牛羊，都奉到我们神的殿，交给我们神的殿里供职的祭司。

第 1 章

1. 五种食物必须分留举祭饼[①]：小麦、大麦、二粒小麦、燕麦和黑麦[②]。这些必须分留举祭饼，均彼此合计[③]，逾越节前禁止尝新[④]，摇祭前禁止收割[⑤]。若在摇祭前扎根，则摇祭给予许可；否则到下一个摇祭到来之前均禁止[⑥]。

2. 逾越节食用橄榄大小的这类无酵饼[⑦]，即可罢手其责[⑧]；橄榄大小的有酵物，即必遭天诛[⑨]。其中一种与任何品种混淆[⑩]，此

---

① 举祭饼：用初熟谷物面粉制成的面团，为祭司的应得物，参见《民数记》15：17～21。

② 合称“五麦”，均属于逾越节无酵饼的原料（其他谷物不能用来做无酵饼）。

③ 这五种谷物面粉各自做成的面团可以合在一起计算以决定举祭饼的分留情况。

④ 逾越节献摇祭前禁止食用这五种谷物的新收获物，参见《利未记》23：14：“无论是饼，是烘的子粒，是新穗子，你们都不可吃，直等到把你们献给神的供物带来的那一天才可以吃。这在你们一切的住处作为世世代代永远的定例。”

⑤ 在犹太历尼散月十六日夜间，田主须先收一捆大麦以献摇祭（参见《利未记》23：10），然后才能收割这五种作物。

⑥ 如果五麦在摇祭之前生根，那么摇祭将其变为可食用的谷物，也就是被认为是当年的谷物。如果在摇祭之前没有生根，那么即使是在同年晚些时候收获的，也被算作是下一年的谷物，直到来年摇祭过后才能食用。

⑦ 指用“五麦”制成的无酵饼。

⑧ 逾越节时，每个人都有吃无酵饼的责任（参见《申命记》16：3）。本句规定只要吃了橄榄大小的一块，责任就算完成。

⑨ 关于在逾越节期间食用有酵物会招来天谴的问题，参见《出埃及记》12：19～20：“在你们各家中，七日之内不可有酵，因为凡吃有酵之物的，无论是寄居的，是本地的，必从以色列的会中剪除。有酵的物，你们都不可吃，在你们一切住处要吃无酵饼。”

⑩ 用“五麦”任一种所制成的有酵物与其中任一种的无酵物混合。

为逾越节之过犯[①]。许愿远离面点、远离谷物者,于此受禁[②]。此为拉比梅伊尔之言。而众贤哲说:许愿远离粮食作物者亦只于此受禁[③]。必须分留举祭饼与什一税[④]。

3. 以下这些必须分留举祭饼,而免于什一税[⑤]:遗落品,忘收品,田角捐,无主物[⑥],其举祭已被提走的第一什一税[⑦]、第二什一税及被赎俗的圣品[⑧],摇祭遗留品[⑨],未长到三分之一的谷物[⑩]。拉

---

① 这种行为违反了逾越节期间不得拥有有酵物的律法。

② 一个人许愿远离面点和谷物,虽然他没有明说是哪些谷物,但律法认定他说的是"五麦"及其所制成的面点。

③ 即使许愿者使用了一个内涵更广的词("粮食"相对"谷物"),律法还是认定他只要远离"五麦"即可。

④ "五麦"同时有举祭饼和什一税的责任,与下节所列物品相对。

⑤ 第一什一税是给利未人的,条件是利未人对这些税前品没有享用的权利,参见《申命记》14:29:"住在你城里的利未人,你不可丢弃他,因为他在你们中间无分无业。"本节所列的食物种类,利未人均有享用的权利(比如贫穷的利未人可以去捡拾遗落品、忘收品、田角捐等),因此不存在什一税的问题。

⑥ 无主物不分留什一税,即使后来被人据有也是一样,因为利未人同样有权据有无主物。

⑦ 指什一税举祭已经提走,但在分留该什一税之前未分留举祭的谷物。按律法,应该在分留什一税之前先分留举祭,但如果没这样做,分留出来的什一税也不再分留举祭,而只分留什一税举祭和举祭饼。

⑧ 《申命记》12:17:"你的五谷,新酒,和油的十分之一,或是牛群羊群中头生的,或是你许愿献的,甘心献的,或是手中的举祭,都不可在你城里吃。""你的五谷"表明有什一税义务的五谷应该是私人的五谷,圣品(包括第二什一税)都归圣殿所有,不属于个人,所以没有交纳第一什一税的义务。

⑨ 摇祭前,圣殿会购买一伊法的大麦粉,筛选十三次后,选出一依司容(一伊法等于十依司容,参见附录4)的精粉用作摇祭,其余九依司容则赎为俗品食用。由于赎俗时加工过程早已完成,因此不再提取第一什一税,但制作面团时要分留举祭饼,因为此时的大麦粉已经赎俗。

⑩ 《申命记》14:22:"你要把你撒种所产的,就是你田地每年所出的,十分取一分。"拉比犹太教据此规定只有能用作种子的果实才交纳第一什一税。具体到"五麦",如果颗粒未长到正常大小的三分之一的话,那么就免于第一什一税。不过,用这种果实制作的面粉仍可用来制作逾越节无酵饼,因此仍然要分留举祭饼。

比以利以谢说：未长到三分之一的谷物，免于举祭饼[1]。

4. 以下这些必须分留什一税，而免于举祭饼：稻米、小米、罂粟、芝麻、豆类[2]，以及少于五个四分之一卡夫的谷物[3]。松糕[4]、蜜糕[5]、薄饼[6]、水煎饼[7]，以及混合禁品[8]，均免于举祭饼[9]。

5. 其始为松糕其末亦为松糕之面团[10]，免于举祭饼；其始为面团其末为松糕者，或其始为松糕其末为面团者[11]，必须分留举祭饼[12]；婴儿粉同样须分留[13]。

6. 面烫饼[14]，沙玛伊学派免责[15]，希列学派加之[16]；烫面饼[17]，沙

---

① 拉比以利以谢认为，只有符合什一税规定的果实才有分留举祭饼的资格。

② 这些食品即使磨成粉，也不能用来制作无酵饼，因此没有分留举祭饼的义务。

③ 如果某些食品不能磨制出一又四分之一卡夫(体积单位，参见附录4)的面粉的话，那么就免于分留举祭饼。详见本卷2:5相关注解。

④ 用面糊做成的极为松软的食品。

⑤ 用蜜炼制的点心。

⑥ 用极稀的面糊做成的薄饼。

⑦ 将面糊加入锅中，周围加开水而烘制成的面点。

⑧ 举祭与俗品混合，因而禁止俗人食用，只许祭司食用。由于这种面团中已经含有举祭或什一税举祭，因此无法再分留举祭饼。举祭饼是俗品面团在分留后获得举祭地位的，不能在分留前就拥有这种地位。参见《民数记》15:20。

⑨ 除混合禁品外，其他四种面点不分留举祭的原因是它们都用面糊而非面团制成。参见《民数记》15:19:“你们吃那地的面包时要贡献举祭。”“面包”用面团做成，所以凡是不用面团做成的均免于举祭饼。

⑩ 实际上是面糊。

⑪ 开始揉面团时打算烤面包，结果做成了松糕；或开始调面糊时打算做松糕，最后烤成了面包。

⑫ 成品与面团只要其中之一符合分留举祭饼的规定，就要分留举祭饼。

⑬ 婴儿粉：用烤制成的面包磨成的粉，虽然最终产品不是面包，但其间经过了面包的制作阶段，因此须分留举祭饼。

⑭ 将面粉加入开水中制成面团，然后再烘烤成面包(迈蒙尼德)。

⑮ 沙玛伊学派认为，面粉在烘烤成面包之前已经被开水烫熟，所以不能算作面包，因而不必分留举祭饼。

⑯ 希列学派认为，即使先做熟再烘烤，也还是需要分留举祭饼。

⑰ 将开水加入面粉中制成面团，然后再烘烤成面包。

玛伊学派加责，希列学派免之[①]。感恩祭饼[②]与许愿祭薄饼[③]，为自己制作者则免责，在市场出售者则有责[④]。

7. 面点师制作发面团以分售，必须分留举祭饼[⑤]。数名妇女让面点师为她们制作发面团，若其中每份均不足规定量，则免于举祭饼[⑥]。

8. 狗食面团[⑦]，若牧羊人从中食用[⑧]，则必须分留举祭饼[⑨]，以之为移入纹[⑩]，以之连院[⑪]，为之祝祷[⑫]，为之做邀谢祷[⑬]，可在节日

---

① 《耶路撒冷塔木德》认为，本句与上句来自两个相互对立的传统。根据如下：在混合的情况下，起决定作用的是在下的成分。比如将开水倒入面粉中，由于面粉在下，因此面团仍被看作是未熟的，与面粉一样。《耶路撒冷塔木德》记述的面烫饼与烫面饼的做法与迈蒙尼德的说法正好相反，据此，如果沙玛伊学派认为面烫饼不算面包而不必分留举祭饼，也就是说，将热水浇在面粉上时在上的热水都可以将在下的面粉做熟，那么当热水在下时，面粉就更应该被算作是熟的，也就不可能认为烫面饼应该分留举祭。

② 为感恩而献的平安祭饼，参见《利未记》7:12～13。

③ 许愿者（拿细耳人）献的平安祭，参见《民数记》6:13～17。

④ 如果这些饼是为自己献祭使用的，就不必分留举祭饼，因为这属于圣品。如果是为了在市场出售，就必须分留举祭饼，因为如果卖不出去，卖家就会自己食用这些饼，因而其圣品的地位是不确定的。

⑤ 面点师揉制了超过一又四分之一卡夫的面团，虽然他随后要将其分开销售，且其中的每个面团均不到分留举祭饼的起始量，但他仍然要分留举祭饼，因为他很可能找不到买家，而使得剩余面团总量仍然超过起始量。

⑥ 几位妇女各自给了面点师不到制作一又四分之一卡夫面团所需的面粉，面点师将这些面粉混合制成了一个超过举祭饼起始量的面团，在这种情况下，面点师分送面团是必然的，因此不必分留举祭饼。

⑦ 指用来烘烤狗食的面团，这种面团中通常掺有大量的粗糠。

⑧ 如果狗食面团中的粗糠较少，适合人类食用，那么在特殊情况下，就可能会有人食用，比如远离家室、长期住在旷野的牧羊人。

⑨ 狗食的制作过程与面包一样，因此如果适合人类食用的话，也要分留举祭饼。

⑩ 移入纹：安息日解决移动限制问题的各种规定，此处专指“院落移入纹”，也就是住在同一院落的数户人家各自出一块面包，放在同一个房间内，表示整个院落为一个整体，这样便可以在院落和住家之间搬运食品。此处规定，适合人吃的狗食也可以算作这种移入纹面包。

⑪ 与移入纹类似，“连院”是把食品放在特定位置，以便在院落和连接几个院落的过道之间搬运食品。

⑫ 食用前后进行祝祷。

⑬ 饭后所做的邀谢祷（如果有三人以上），参见本部《祝祷》7:3。

制作[1]，且以之罢手其逾越节之责[2]。若牧羊人不从中食用[3]，则不必分留举祭饼，不以之为移入纹，不以之连院，不为之祝祷，不为之做邀谢祷，不可在节日制作，且不以之罢手其逾越节之责。在这两种情况下，均可沾染食品之不洁[4]。

9. 举祭饼与举祭，其中必有死罪[5]与五一费[6]，对外人为禁品[7]，其为祭司之财产[8]，以一比一百而抵消[9]，要求洗手[10]与日落时限[11]，不得从洁净者中为不洁者提取[12]，而只来自邻近者[13]与完成者[14]中。

---

① 节日可以制作人类食品，但不可制作动物饲料，此处因为这种狗食也适合人吃，所以也可以在节日制作。

② 在逾越节可以用这种面团制作无酵饼，食用后便算履行了逾越节食用无酵饼的责任。

③ 如果狗食面团中粗糠比例太高，不适合人类食用，则上述一切许可均不成立。

④ 任何沾染不洁的食物均被视为不洁。在这里，即使不适合人类食用的粗糠过多的狗食也被视为食品，因为在极端的情况下仍有可能被人食用。

⑤ 非祭司而故意食用举祭或者举祭饼的人，将遭受天谴以至死亡。参见《利未记》22:9："所以他们要守我所吩咐的，免得轻忽了，因此担罪而死。我是叫他们成圣的耶和华"。

⑥ 非祭司而误食用举祭或者举祭饼的人，须赔偿原物价值并追加四分之一作为"五一费"。

⑦ 禁止非祭司的俗人食用。

⑧ 圣品通常被看作是神所拥有的财产，不过举祭和举祭饼也被看作是祭司的个人财产。

⑨ 如果发生混淆，那么只要能确定俗品与这些圣品的比例达到或超过一百比一，那么圣品的地位就被抵消。

⑩ 祭司在食用前洗手，就像食用普通面包一样。

⑪ 祭司如果沾染不洁，则在洁净后当天日落后才能食用。

⑫ 洁净食品与不洁食品均须分留举祭和举祭饼，但不得互相分留，原因在于分留时有一个就近分留的原则，拉比们担心如果允许混合分留，物主会把洁净品和不洁品放得很近，从而造成洁净品沾染不洁。反过来，用洁净品代替不洁品是允许的。

⑬ 即就近分留的原则。

⑭ 指完成加工程序的食品。

说“我这整个粮仓都是举祭”，或者“我这整个面团都是举祭饼”的人，言而无效①，除非留下一部分②。

① 举祭与举祭饼虽然没有比例限制，但按照《希伯来圣经》经文，必须是特定单位食品的一部分，不能是全部。参见《申命记》18:4与《民数记》15:20。

② 给自己从中留下一部分俗品，以保证分留的举祭和举祭饼只是一部分。

第2章

1. 以色列地之外的果实进入以色列地，必须分留举祭饼[①]。从此处出至彼处[②]，拉比以利以谢加责[③]，拉比阿奇瓦免之[④]。

2. 以色列地之外的土壤随船来到以色列地[⑤]，必须遵行什一税及第七年[⑥]。拉比犹大说：何时呢？[⑦] 在该船靠岸之时[⑧]。用果水[⑨]揉出的面团，必须分留举祭饼[⑩]，并可用染尘的双手食用[⑪]。

---

① 出产于以色列地之外的果实没有分留举祭饼的责任，但如果在以色列地揉制成面团，则须分留举祭饼。依据为《民数记》15:18"你晓谕以色列人说，你们到了我所领你们进去的那地"以及15:19"吃那地的粮食，就要把举祭献给耶和华"。"那地"，指以色列地；"那地的粮食"，指在以色列地生长或制成的粮食。

② 在以色列地生长的果实运到以色列地之外，并在那里被制成面团。

③ 拉比以利以谢认为，只要是以色列地出产的果实，无论到哪里都须分留举祭饼，依据为《民数记》15:19"那地的粮食"。

④ 拉比阿奇瓦认为，这种情况不用分留举祭饼，依据是《民数记》15:18"那地"。

⑤ 此处所说的是一种特别的船只，船底有洞，用土块封堵，这样船内的异国土壤可以通过这些土块而吸收河岸以色列地上的养分。

⑥ 在这种土壤上生长的作物，虽然直接长在异国土壤上，但养分来自以色列地，所以其果实必须遵行有关什一税和第七年的律法。

⑦ 从何时起这些土壤所产生的果实要遵行律法呢？

⑧ 船靠岸后才可能从以色列地的河岸吸取养分。

⑨ 《密释纳》中的果水指"七液"（葡萄酒、蜂蜜、血、水、橄榄油、奶和露水）之外的其他液体。区别在于"七液"可沾染不洁，而"果水"不会沾染不洁。

⑩ 面粉本是单独的颗粒，因此除非用"七液"将其揉制为一个整体，颗粒之间并不传播不洁，这就是为什么"果水"揉制的面团不会被视为不洁的原因。不过，如果果水揉制的面团不能被看作整体的话，那么这种面团就永远达不到本卷1:4所规定的分留举祭饼的起始限量，也就不用分留举祭饼。本句的规定正是为了堵上这个漏洞，也就是说在不洁的问题上果水面团不被看作整体，而在举祭饼问题上则被看作整体。

⑪ 食用前不必像食用一般面包那样必须洗手，因为果水面团不会传播不洁。

3. 坐着的女人可裸身切出举祭饼[①]，因她可以遮掩自己[②]；但男性不可[③]。不能制作洁净面团者，制作卡夫面团，而不制作不洁者[④]。拉比阿奇瓦说：制作不洁者，而不制作卡夫面团，因为他怎样称呼洁净面团，也就怎样称呼不洁面团。他将此物之名称为举祭饼，亦将彼物之名称为举祭饼；但卡夫面团于此名称中无份[⑤]。

4. 制作卡夫面团而彼此挨碰者，直到相互咬合之前均免于举祭饼[⑥]。拉比以利以谢说：即使出炉放入篮中，篮子也将其连起以分留举祭饼[⑦]。

5. 分留面粉举祭饼，此非举祭饼[⑧]，在祭司之手则为盗窃[⑨]。

---

① 根据《申命记》23:14"免得他见你那里的污物"，拉比犹太教由此引申出"不可裸身祝祷"的律法，因为原文"污"可作"裸身"解，而"物"则可以解为"言词"。分留举祭饼与其他仪式一样，都需要诵念祝祷词。

② 女子虽然裸身，但因为生理构造，可以用坐姿遮掩私处，因此不算冒犯。

③ 男子无法遮掩私处，因此禁止裸身分留。

④ 如果一个人处于不洁状态，又无法洁净自身（附近没有浸礼池，没有洁净之人，等等），那么就只好在不洁净中制作面团。由于举祭饼是圣物，不该不洁净，所以唯一的解决办法是制作不大于一卡夫的面团，这样因为面团分量不够，不必分留举祭饼。

⑤ 拉比阿奇瓦反对用制作卡夫面团的方法规避分留举祭饼的责任。他认为，无论是不洁面团还是洁净面团，分留出来的举祭饼都是一样的名称，而卡夫面团则与此名称无关，因此即使是不洁净的面团也要做出来并分留举祭饼，虽然这意味着这些不洁的举祭饼将被烧掉。

⑥ 卡夫面团因分量不够而不必分留举祭饼，即使放在一起也仍然不必分留，但如果彼此粘连（好像互相咬合），拿起一个面团时带起另一个面团，那么这两个面团便被视为一体，而必须分留举祭饼。

⑦ 拉比以利以谢认为，只要把面团放在一个篮子里，篮子便将其连为一体，而使分留举祭饼成为责任，与面团间是否粘连无关。由于起决定作用的是篮子，所以他认为这条律法并不局限于面团，即使是烤好出炉的面点也是一样。

⑧ 不从揉好的面团上分留举祭饼，而是在此之前预留面粉作为举祭饼，则无效。因为《申命记》15:20明确规定举祭饼必须来自面团。

⑨ 如果物主把这些面粉送给祭司，祭司不得接受，否则就算盗窃，因为这不是有效的举祭饼，不归祭司所有。

面团本身必须分留举祭饼[①]，而面粉，若其中量足，则必须分留举祭饼[②]，且于外人为禁品[③]。此为拉比约书亚之言。他们对他说：事实是有一位外人长者曾以此取食[④]。他对他们说：对他自己也是毁损，而对他人则为解脱[⑤]。

6. 五个四分之一卡夫的面粉，必须分留举祭饼[⑥]。若面粉、其酵头[⑦]、其细糠、其粗糠共五个四分之一卡夫，则必须分留[⑧]。若粗糠被从中取走而后又放回其中，则于此免责[⑨]。

7. 举祭饼的比例：二十四分之一[⑩]。为自己做面团者，为其子做宴席者，均为二十四分之一[⑪]。面点师为在市场出售而制作，同

---

① 由于预留的面粉是无效举祭饼，所以面团本身还需分留举祭饼。

② 分留的举祭饼面粉是无效的，所以在制作面团时还需分留举祭饼。

③ 虽然这些面粉并不是举祭饼，但因为担心不知情的人看到有人从祭司那里拿来面粉并食用，会引起他们误解（因圣品是普通人也可以食用的），因此禁止普通人食用。这样，在祭司把这些面粉还给物主后，物主的唯一选择是把这些面粉卖给祭司。

④ "外人长者"指非祭司的贤哲。这里众贤哲举出一个例子，反驳拉比约书亚的观点。

⑤ 拉比约书亚认为，这位贤哲行为不当，在损毁自身。如果常人看到这位贤哲的行为而仿效的话，他们的责任就由此减轻，因为他们不是有意过犯的。

⑥ 《民数记》15：20："你的第一个面团要分留举祭饼。"由于《民数记》15：18～19说的是"进入那地"也就是还在旷野里，因此这个面团的大小应该相当于吗哪的分量。《出埃及记》16：18："及至用俄梅珥量一量，多收的也没有余，少收的也没有缺，各人按着自己的饭量收取。"可见《希伯来圣经》记载的每日吗哪分量为一俄梅珥，约略相当于拉比犹太教时代的一又四分之一卡夫。分留举祭饼的面团起始分量即由此而定。

⑦ 发面用的酸面起子。

⑧ 当时有人食用全麦面粉，因此举祭饼的起始分量不能只以面粉计算，也应计入通常用来做面团的其他成分。

⑨ 如果粗糠已经从面粉中筛出，很少会有人再把它放回去，因此不必计入。

⑩ 分留举祭饼时，至少要分留面团总量的二十四分之一。

⑪ 即使是为其子准备婚礼宴席而制作大量面团，举祭饼的比例仍然是二十四分之一。

样，妇女为在市场出售而制作，均为四十八分之一[①]。面团因错误或事故而沾染不洁，四十八分之一[②]。有意沾染不洁，二十四分之一，以使过犯者不得利益[③]。

8. 拉比以利以谢说：可从洁净者中为不洁者取留[④]。如何行之？一块洁净的面团与一块不洁净的面团，从尚未贡献举祭饼之面团上取留举祭饼[⑤]，再放置小于鸡蛋大小的一块在中间[⑥]，以使其为就近取留[⑦]。但众贤哲禁止[⑧]。

---

① 面点师从事商业活动，要处理大量面粉，还要以此盈利养活自己，因此举祭饼的比例较低。因为商业活动的规定一致，所以即使是一般妇女制作以出售为目的的面点，也只需分留四十八分之一。

② 此处指私人制作的面团。不洁的举祭饼要被祭司焚烧掉，因此规定相对宽松一些，以少造成一些损失。

③ 防止有人为了少分留举祭饼而故意使面团沾染不洁。

④ 不同的面团必须各自分留举祭饼，除非两个面团连在一起。在两个面团有一个不洁的情况下，连在一起会造成另一个面团沾染不洁，因此不可行。不过拉比以利以谢认为他有办法解决这个问题。

⑤ 从洁净的面团（必须是尚未分留过举祭饼的）为两个面团分留足量的举祭饼。

⑥ 再从洁净的面团上取小于鸡蛋大小的一块，放在两个面团中间，并和两个面团都挨上，这样使三个面团连为一体。由于律法规定小于鸡蛋大小的面团不会沾染不洁，因此洁净的面团不会因此沾染不洁。

⑦ 这种做法符合“就近分留”的原则。

⑧ 众贤哲禁止这样做，因为这种做法过于冒险，普通人稍不小心就可能使洁净的面团沾染不洁。

第 3 章

1. 小麦揉匀之前[①]，大麦成块之前[②]，均可从面团中偶然取食[③]。小麦已揉匀或大麦已成块，若从中取食则必有死罪[④]。一旦她加入了水，便可分留举祭饼[⑤]，只要那里的面粉不到五个四分之一卡夫[⑥]。

2. 在未揉匀之前面团成为混合禁品[⑦]，则得免，因为混合禁品得免[⑧]；自揉匀之后，则必分留[⑨]。在未揉匀之前对其生出不洁之疑窦，则可在不洁中制作[⑩]；自揉匀之后，则须在洁净中制作[⑪]。

---

① 只有揉制好的面团才必须分留举祭饼。对于小麦面粉来说，这意味着器皿中不留干粉，所有的面粉都在面团中揉匀。

② 大麦面粉不会像小麦面粉那样被揉匀成面团，而是加水后捏成面块。

③ 在必须分留举祭饼的起始界限未到之前，均可偶然取食，但不得以此作为正餐。

④ 一旦揉制完成，这些面团就成了税前品，而有意食用税前品的处罚是来自上天的死刑。

⑤ 小麦面团揉匀之前不必分留举祭饼，但如果愿意的话，那么在面粉注水之后就可以分留，这样做的好处是可以避免面团揉制过程中出现沾染不洁的情形。

⑥ 注水之后，一部分面粉成团，另一部分仍然是干粉。如果干粉的分量超过五个四分之一卡夫的话，那么就形成了另一个必须分留举祭饼的分量。

⑦ 俗品面团在揉匀之前掺入了举祭，从而成为混合禁品。

⑧ 不必分留举祭饼，参见本卷 1:4 相关注解。

⑨ 揉匀之后，面团分留举祭饼的地位已经成立，混入举祭这一事实不能免除面团已经形成的分留举祭饼的责任。

⑩ 怀疑沾染不洁与沾染不洁同义。在未揉匀之前怀疑面团沾染不洁，则面团即为不洁，其举祭饼非祭司所能食用，因此在不洁中操作(比如使用不洁器皿)也没有关系。

⑪ 律法规定禁止使达到分留举祭饼分量的面团沾染不洁，因为这样的举祭饼祭司不能食用，只能烧毁。此外，达到分留举祭饼分量的面团本身便有类似举祭的地位，律法要求其得到保护，不沾染不洁。因此即使怀疑其沾染不洁，也不能有意使之确定不洁。

3. 在未揉匀之前将其面团奉献[①]，又将其赎回，则必分留[②]。自揉匀之后赎回，则必分留[③]。未揉匀之前奉献，司库将其揉匀，而后赎回，则得免，因在其当有责之时得免[④]。

4. 与此相似[⑤]，在未到什一税分留阶段[⑥]之前将其果实奉献，又将其赎回，则必分留[⑦]；自什一税分留阶段之后奉献并赎回，则必分留[⑧]；未完成前将其奉献，司库将其完成，而后赎回，则得免，因在其当有责之时得免[⑨]。

5. 异教徒让以色列人为其制作面团，则免于举祭饼[⑩]。给他礼物，则在未揉匀之前有责，自揉匀之后则得免[⑪]。与异教徒同制面

---

① 献给圣殿或用于圣殿献祭。

② 因为面团是在揉匀前赎回的，所以揉匀时（分留举祭饼责任成立时）已经不是献品，因此必须分留举祭饼。

③ 揉匀之后才奉献并赎回，则分留举祭饼的责任在奉献前就已经成立，因此必须分留举祭饼。

④ 由于是司库揉匀的，因此在分留责任成立时，面团恰好作为献品而免于分留举祭饼，所以不必分留。

⑤ 第一什一税在献品与分留的关系上与举祭饼相似。

⑥ 第一什一税有分留阶段和必须分留阶段。果实从其长至可食用时起进入分留阶段，完成收获后则必须分留。

⑦ 在分留阶段之前将作物奉献给圣殿又赎回，由于作物在物主手中到达分留阶段，因此物主必须分留。

⑧ 在到达分留阶段之后奉献又赎回，作物仍然是在物主手中到达分留阶段，因此必须分留。

⑨ 在必分留（收获完成）之前奉献，由司库完成收获，再赎回。由于必须分留阶段到达时果实处于献品状态，因此不必分留，赎回后也不必补分。

⑩ 由于《民数记》15:20说明是"你的第一个面团"，因此分留举祭饼的面团必须属于一个犹太人，既不能是属于圣殿的献品，也不能是属于异教徒的面粉。

⑪ 如果异教徒决定把这个面团送给犹太人做礼物，那么在面团揉匀前赠送的要分留举祭饼，因为揉匀时面团已经归犹太人所有；揉匀后赠送的则不必分留，因为揉匀时尚非犹太人物品，免于分留举祭饼之责。

团，若以色列人之所有不到举祭饼份额，则免于举祭饼[①]。

6. 皈依者皈依并曾拥有一个面团[②]，若在未皈依前已制成，则得免；自皈依之后，则必分留[③]。若存疑，则必分留[④]，但不必为其分留五一费[⑤]。拉比阿奇瓦说：一切均遵从烤炉中的面包皮[⑥]。

7. 以小麦与稻米制作面团者[⑦]，若其中有麦类之味，则必分留举祭饼[⑧]，且人可以此罢手其逾越节之责[⑨]。若其中无麦类之味[⑩]，则不必分留举祭饼，且人不得以此罢手其逾越节之责。

8. 从未奉献其举祭饼的面团上拿取酵头，放入已奉献其举祭饼的面团之中[⑪]，若其在别处另有供给，则按比例取出[⑫]；若无，则

---

① 如果犹太人的面粉与异教徒的面粉合在一起制作面团，那么只要属于犹太人的面粉不到分留举祭饼的起始量（一又四分之一卡夫），就不必分留。

② 外邦人皈依犹太教，如果他在皈依前拥有一个面团，皈依后继续使用。

③ 如果在皈依之前制成面团，此时面团尚不属于犹太人，因此免于分留举祭饼。皈依后制成则必须分留。

④ 如果在《希伯来圣经》律法方面有疑问，则裁决从严。

⑤ 非祭司者误食举祭饼，则需赔偿并追加五一费作为惩罚（参见本卷1：9），不过此处的举祭饼本身就是有疑问的，因此惩罚项被去掉了。

⑥ 拉比阿奇瓦认为，分留举祭饼的起始时间并非面团揉匀，而是面包在烤炉中被烤出面包皮来。据此，皈依者的面团是否要分留举祭饼取决于他在皈依时面团是否已在烤炉中烤出面包皮来。

⑦ 稻米粉制作的面团不必分留举祭饼，这里说的是把小麦粉与稻米粉合起来制作面团的情况。

⑧ 只要这种食品中可以分辨出小麦的味道，就必须分留举祭饼。这里运用的是“味道决定原则”，也就是混合食品中的各种成分在律法上是否被看作有效成分，主要取决于其味道是否仍然可以被分辨出来。

⑨ 在逾越节期间食用这类混合粉做成的无酵饼可被视为完成了逾越节无酵饼的律法责任。

⑩ 在这种情况下，小麦被看作是已被抵消掉的成分，相关律法也不再适用。

⑪ 用起子发面时误将税前品酵头放进了俗品面团里，因而造成了混合禁品。这种禁品被禁止食用，除非物主设法为酵头分留举祭饼。

⑫ 如果物主有其他面粉的话，那么就应该和一团新面，然后从这团新面中为新面团本身和混用的酵头分留举祭饼，这样混合的面团便成为俗品，可以食用。

为整团取出一份举祭饼[①]。

9. 与此相似，收获的橄榄与遗落的橄榄相混合[②]，采收的葡萄与葡萄幼串相混合[③]，若其在别处另有供给，则按比例取出[④]。若无，则为全体取出举祭和什一税举祭[⑤]，其余则按比例取出什一税与第二什一税[⑥]。

10. 从小麦面团上拿取酵头，放入米粉面团中，若其中有麦类之味，则必分留举祭饼；若无，则得免[⑦]。果然如此，他们为何说任何税前品均成禁？[⑧] 指同种之间；若非同种，则以出味为准[⑨]。

---

① 如果物主没有其他面粉，那么他就得按照整个面团的分量分留举祭饼，虽然这样做会导致多分留了举祭饼，但因为无法从面团中把酵头分出来，所以只好如此。

② 农夫为自己收获的橄榄和遗落给穷人的橄榄混在了一块，由于穷人所得没有什一税的义务，因此这混合物如何分留举祭和什一税就成了问题。

③ 葡萄幼串归穷人所有（参见《田角捐》7:4），若与普通葡萄相混合，则同样存在如何分留举祭和什一税的问题。

④ 如果他在别处还有橄榄或葡萄，就可以从那些果实中为被混淆的税前品分留举祭和什一税。

⑤ 如果他没有别的果实，那么就只好把全部混合果实看作税前品，从中分留举祭和什一税举祭，并将分留出来的部分全部交给祭司。虽然这些举祭中显然有俗品，但由于严格禁止非祭司者食用举祭，因此为保险起见，还是全部交给祭司。

⑥ 物主仍然按全部混合物的数量分留什一税和第二什一税，但只把与税前品相应比例的什一税交给利未人、穷人或赎俗，这是因为什一税更多的是个账目问题，如果利未人或者穷人已经获得了应得的数目，那么剩下的是否还有什一税成分就不再那么重要。

⑦ 即“味道决定原则”，参见本章第7节相关注解。

⑧ 指本章第8节，税前品只要与俗品混合就成为混合禁品，与味道无关。

⑨ 由于《希伯来圣经》没有规定举祭的最小数量，因此当同种谷物税前品与俗品混在一起时，俗品（已经分留过举祭的谷物）实际上可以免除税前品分留举祭的责任。这种情况可能会引起一些人钻空子，所以必须严格禁止，不能以出味不出味来裁决。由此，不同种类谷物之间的混合就不那么成问题，因为不同种类之间反正不能互供举祭，所以可以用味道来裁决。

第4章

1. 两个妇人制作两个卡夫面团①,彼此相碰,即使其为同一种类,亦得免②。均为同一妇人之时,若为同一种类,则必分留③;若非其种,则得免④。

2. 何谓同一种类?⑤ 小麦不与任何种类相合并,唯二粒小麦除外⑥。大麦可与任何种类相合并,小麦除外⑦。拉比约哈南·本·努利说:其余种类均可彼此合并⑧。

3. 两个卡夫面团⑨,其间为一个卡夫米面团或一个卡夫举祭面团,则不得合并⑩。其间为已取其举祭饼之物,则可合并,因其曾须分留举祭饼⑪。

---

① 每个面团分量为一卡夫,也就是不到分留什一税的量。

② 此处的"相碰"应该包括本卷2:4中所说的"咬合"的情况,甚至包括两人合揉一团面的情况,无论如何,因为两人的面团反正要在烘烤前分开,所以免于分留举祭饼。

③ 在这种情况下,如果咬合,则必须分留举祭饼,参见本卷2:4。这里只是增加了一个条件:两团面必须是同一种类的面粉。

④ 如果两团面的面粉不同种(虽然均属"五麦"),则不必分留举祭饼。

⑤ 此处承接上节结尾,定义"五麦"中何谓合并起来就要分留举祭饼的"同种"。

⑥ "五麦"中,小麦只与二粒小麦类似,因此这两种可以合并计算。

⑦ 大麦只与小麦不同,可以与其他种类相合并。

⑧ 燕麦、黑麦、二粒小麦,这三种均可彼此合并。

⑨ 两个分量分别为一卡夫的"五麦"面团,原须分留举祭饼,但分量不够。

⑩ 米面团和举祭面团都不能分留举祭饼,这样的面团在中间把两个"五麦"面团分割开来,使其不能合并而分留举祭饼。

⑪ 虽然这样的面团已经不必再分留举祭饼,但毕竟是可以分留举祭饼的种类,因此不会把两个面团分割开来。

4. 卡夫新面团[①]与卡夫旧面团[②]相互咬合[③]，拉比以实玛利说：从中间拿取[④]。而众贤哲禁止[⑤]。从卡夫面团上拿取者[⑥]，拉比阿奇瓦说：为举祭饼[⑦]。而众贤哲说：非举祭饼[⑧]。

5. 两个卡夫面团，此团之举祭饼已从其自身拿取，彼团之举祭饼亦取自自身，其后将其制成一个面团[⑨]。拉比阿奇瓦免之[⑩]，而众贤哲加责[⑪]。在此其从严处正是从宽处[⑫]。

---

① 用当年面粉做成的面团。

② 用去年面粉做成的面团。

③ 按照律法，当年新谷与陈年旧谷之间不得相互分留举祭，举祭饼在律法地位上与举祭相当。因此，当这样两种面团相互咬合后，分留举祭饼就成了问题。

④ 拉比以实玛利认为，既然属于禁混种的小麦和二粒小麦都可以合并计算举祭饼，那么不同年份的面粉也应该可以合计。办法是从结合部拿取，保证举祭饼中不同年份的面粉都存在。

⑤ 众贤哲担心这样做会引起别人误解，以为不同年份的果实可以互相分留举祭，因此禁止这样做。

⑥ 分量为一卡夫的面团本来不需要分留举祭饼，这里说的是有人从一卡夫的面团上分留举祭饼，随后又加大了面团，使其超过了分留举祭饼的起始量。在这种情况下，其最初分留的举祭饼是否有效，新面团要不要再分留举祭饼，都成了问题。

⑦ 拉比阿奇瓦认为，这样分留的举祭饼有效。他的依据是：在分留举祭时，虽然收获物不能为未收获物分留举祭，但可以在收获物中为未收获物指定举祭，一旦未收获物收获完毕，被指定的举祭即刻生效。同理，卡夫面团上分留的举祭饼也可以被看作是被指定的大面团的举祭饼，一旦面团加大超过分留举祭饼的起始量，被指定的举祭饼即生效。

⑧ 众贤哲认为，此处的经文并未说明分留者宣称举祭饼要在面团加大后才生效，因此属于无条件分留，其举祭饼自然无效。此外，卡夫面团本来无资格分留举祭饼，这与从收获物中分留举祭不同，收获物是有分留举祭的资格的。

⑨ 两个本来不必分留举祭饼的卡夫面团被各自分留了举祭饼，然后又被做成了一个面团，因为这个两卡夫的面团超出了举祭饼起始量，因此它与以前分留的举祭饼的关系就成了问题。这个问题与上节的问题类似，拉比阿奇瓦与众贤哲的分歧及其理由也都类似。

⑩ 拉比阿奇瓦认为，原来分留的举祭饼有效，合并后不必再次分留。道理同上节。

⑪ 众贤哲认为，原来分留的举祭饼无效，合并后须重新分留。道理同上节。

⑫ 拉比阿奇瓦在上节坚持分留出来的是举祭饼，必须按举祭饼的严格规定来对待，这是从严；本节他又因同一原则免除合并的面团分留举祭的责任，这是从宽。所以说其从严处正是其从宽处。

6. 人可从尚未奉献其举祭饼之面团中拿取足量举祭饼，使之处于洁净之中[①]，以继续从中分留得卖疑举祭饼[②]，直至其变质[③]。因为得卖疑举祭饼可从洁净品中为不洁品拿取，亦可不来自就近者[④]。

7. 在叙利亚[⑤]为异教徒做佣工的以色列人[⑥]，拉比以利以谢责其果实以什一税及第七年[⑦]，拉班迦玛列免之[⑧]。拉班迦玛列说：在叙利亚举祭饼为两份[⑨]。拉比以利以谢说：一份举祭饼[⑩]。人们抓住了拉班迦玛列的从宽之处与拉比以利以谢的从宽之处[⑪]。他们改而在两件事情上都实行拉班迦玛列的话[⑫]。

---

① 保持面团处于洁净状态。

② 这样一种洁净的面团不但可以为自己分留举祭饼，而且可以为其他地位不确定的果实（比如得卖疑，或者不洁品）分留举祭饼。

③ 除非面团变质腐坏，不再适合人们食用，否则可以一直分留下去。

④ 正常情况下分留举祭饼要遵循就近原则，且不可从洁净品中为不洁品分留。然而得卖疑举祭饼的情况例外，如前句所说，可以用非就近的洁净面团为得卖疑分留举祭饼。

⑤ 因为叙利亚曾被大卫王征服，因此虽然不属于以色列地，但很多律法仍然有效。

⑥ 以色列人在叙利亚为异教徒地主工作，并分享一定比例的收获物作为报酬。

⑦ 拉比以利以谢认为，在这种情况下，以色列佣工所获得的收获物也要分留什一税并遵守第七年律法。

⑧ 拉班迦玛列认为，只有以色列人在叙利亚拥有土地的情况下，才须遵守什一税和第七年律法，佣工不拥有土地，所以得免。

⑨ 在异邦土地上分留举祭饼要分留两份：一份烧掉，以示异邦土地可能因为混葬死人而不洁；另一份交给祭司，以表明举祭饼的根本目标。拉班迦玛列认为，这一律法适用于叙利亚。

⑩ 拉比以利以谢坚持认为在这个问题上叙利亚享有以色列地的地位，分留一份举祭饼就够了。

⑪ 在叙利亚，人们利用两位贤哲之间的分歧，遵从从宽的律法，在上述情况下，既不分留什一税、不遵守第七年律法，又只分留一份举祭饼。

⑫ 众贤哲裁决在这两件事情上的律法都以拉班迦玛列的观点为准。

8. 拉班迦玛列说：三个地区实行举祭饼：从以色列地直至克孜夫①，一份举祭饼②。从克孜夫直至大河直至阿玛纳山③，两份举祭饼，一份归火一份归祭司④。归火者有其定量，归祭司者无其定量⑤。自大河直至阿玛纳山以内⑥，两份举祭饼，一份归火一份归祭司，归火者无其定量，归祭司者有其定量⑦。当日浸礼者亦可食用⑧。拉比约西说：不必行浸礼⑨。男漏症患者、女漏症患者、行经者、产妇禁用⑩。食用时可与外人同桌⑪，可给任何祭司⑫。

---

① 克孜夫：以色列西北海岸小城，传统上认定的以色列地的北部边界。参见本部《得卖疑》1:3相关注解。

② 这一地区为古代的以色列地，且经以斯拉教化，属于律法完全通行的地区，因此遵循《希伯来圣经》律法，分留一份举祭饼。

③ 大河为大马士革附近的河流，阿玛纳山为以色列北部的一座山脉，参见本部《第七年》6:1相关注解。

④ 这一地区为古代以色列地的一部分，但未经以斯拉教化，因此遵循外邦的举祭饼原则，参见本章上节相关注解。

⑤ 关于举祭饼的定量，参见本卷2:7。烧掉的部分要定量，因为这块地毕竟曾经是以色列地，因此被烧掉的举祭饼相当于沾染不洁的举祭饼，必须按定量分留；给祭司的那块是拉比律法规定的，多少无所谓。

⑥ “以内”也就是以东，指从未属于过以色列地的土地。此处内、外是相对海岸而言。

⑦ 在这一地区，两份举祭饼都不是《希伯来圣经》律法规定的，因此拉比们认为大的一块应该留给祭司，小的一块烧掉。

⑧ 如果一个祭司沾染了不洁，需要用浸礼来洁净自身，那么他通常需要等到浸礼过后当日天黑以后（按犹太算法就是第二天）才能食用圣品。但异邦土地上的举祭饼不受这种限制，因为这些举祭饼本身并非《希伯来圣经》律法规定。

⑨ 拉比约西认为，不洁的祭司甚至连浸礼都不必行，就可以食用这种举祭饼。

⑩ 指祭司或祭司家人的情形。这里所说的都是严重不洁的情况，所以虽然异邦土地的举祭饼不那么严格，但这些人也只能在浸礼当日天黑后才能食用。

⑪ 按照律法，祭司在以色列地上食用举祭饼时不得与非祭司的外人同桌，以免外人不小心误食举祭饼。异邦的举祭饼本身没那么严格，所以允许。

⑫ 在以色列地上禁止将举祭饼给一个习惯于食用不洁俗品的祭司，以免其使举祭饼沾染不洁。在外邦土地上，举祭饼本身即有不洁的嫌疑，因此律法从宽。

9. 此为可给任何祭司者[①]:永献品[②]、头生家畜[③]、长子赎金[④]、头生驴赎金[⑤]、前腿和两腮并脾胃[⑥]、初剪的羊毛[⑦]、当焚烧的油[⑧]、圣殿中的祭品[⑨]以及初熟贡[⑩]。拉比犹大为初熟贡设禁[⑪]。举祭野豌豆,拉比阿奇瓦允许,而众贤哲禁止[⑫]。

10. 提哥亚人尼泰依带来了贝塔尔的举祭饼,他们不予接受[⑬]。亚历山大里亚人带来了他们的举祭饼,他们不予接受[⑭]。茨乌因山的

---

① 不必在乎这位祭司是否注意洁净。这些物品或者没有圣品的地位,或者过于神圣(比如圣殿中的祭品),最不在乎的祭司也会留神。

② 被物主宣布永远献给祭司的,在祭司中平分并成为祭司的财产(参见《民数记》18:14),因其属于祭司的财产而不是圣品,所以无须在意洁净问题。

③ 头生牛羊需用来献祭,其肉归祭司所有。参见《民数记》18:17～18。

④ 长子(头生子)要在一个月之内用银子赎出。参见《民数记》18:15～16。

⑤ 头生的公驴必须用羊赎出。参见《出埃及记》13:13。

⑥ 牺牲品的前腿和两腮并脾胃归祭司所有。参见《申命记》18:3。

⑦ 初剪的羊毛归祭司所有。参见《申命记》18:4。

⑧ 不洁的举祭油必须焚烧,祭司用来点灯或做饭。参见本部《举祭》11:10。

⑨ 圣殿中用来献祭的荤素祭品归祭司所有。

⑩ "七味"的初熟果实要摆放在圣殿祭坛前,过后即归祭司所有。参见《申命记》26:2～4。

⑪ 拉比犹大认为,初熟贡并不是真正的献祭,因此不能保证粗心的祭司会特别留意这些果实的洁净问题,所以不能给他们。

⑫ 关于举祭野豌豆的问题,参见本部《举祭》11:9 相关注解。拉比阿奇瓦认为野豌豆反正是牲口饲料,洁净与否没关系;众贤哲则认为野豌豆也可能作为人的食物,因此必须保证其洁净。

⑬ 提哥亚:以色列境内的一个地方(参见《撒母耳记下》14:2)。贝塔尔:以色列境外的一个地方。尼泰依在贝塔尔接受了当地人的举祭饼,带回以色列以分发给祭司,但遭到了拉比们的禁止,因为以色列境外的举祭饼被看作是不洁的。这些举祭饼不能给祭司、不能焚烧(没有多少人知道境外举祭饼是不洁的,拉比们因此担心常人会误以为举祭饼都可以焚烧),也不能送回去(防止常人以为以色列境内的举祭饼可以送到境外去),结果只能留待逾越节前当作有酵物焚烧。

⑭ 亚历山大里亚是埃及城市,所以那里的人送来的举祭饼与上文所述的举祭饼有同样的问题,处理方法也一样。

人在收获节前带来了他们的初熟贡[①],他们不予接受[②],因为《圣经》写道:"又要守收割节,所收的是你田间所种,劳碌得来初熟之物。"[③]

11. 本·安提努斯从巴比伦带来头生家畜,他们不予接受[④]。祭司约瑟带来葡萄酒和橄榄油的初熟贡,他们不予接受[⑤]。他还带来其子及其家人在耶路撒冷过小逾越节[⑥],他们将其送回,以不将此事制为定规[⑦]。阿里斯通自阿帕米亚带来其初熟贡,他们予以接受[⑧],因为他们说:在叙利亚购买者,一如在耶路撒冷郊外购买[⑨]。

《举祭饼》卷终

① 茨乌因山是以色列境内的一座山,那里的人在五旬节(又称收获节)前把初熟贡带到了圣殿。

② 贤哲们不接受这些初熟贡,因为送来得太早。

③ 《出埃及记》23:16。传统上认为本句讲的是五旬节首先在圣殿献祭的两个面包,其他所有祭祀都要在其后进行,此处引用此节是说明那些初熟贡来得太早。

④ 用于献祭的头生家畜只能来自以色列地,因此祭司们不肯接受本·安提努斯从巴比伦带来的牺牲品。

⑤ 据说祭司约瑟最初收获时打算带葡萄和橄榄来做初熟贡,后来改变主意,把它们做成了葡萄酒和橄榄油,因此遭到祭司们的拒绝。用于初熟贡的果实必须是在收获时就定好的,如果收获葡萄时就决定要制成葡萄酒进贡,那么初熟贡就可以是葡萄酒,否则就应该是葡萄,不得中途改变主意。

⑥ 小逾越节:又称第二逾越节,按照《希伯来圣经》规定,凡在逾越节(尼散月十四日)因故不能献祭者,须在一个月之后的依亚尔月十四日把祭品带到耶路撒冷献祭,是为第二逾越节。本节中祭司约瑟不仅自己来,而且带来了妻儿老小。

⑦ 祭司们拒绝让拉比约瑟一家献祭,因为错过了逾越节祭祀的男子有责任在第二逾越节献祭,但妇女和儿童无此义务,贤哲们担心如果让祭司约瑟一家献祭,别人会误以为第二逾越节献祭也是妇女儿童的义务。

⑧ 阿帕米亚在叙利亚,适用于以色列地的很多律法在那里也适用,初熟贡便是其中之一,所以从那里来的初熟贡是可以接受的。

⑨ 在初熟贡问题上,在叙利亚购买的土地的出产与在耶路撒冷郊外购买的土地的出产没有什么不同。

第 10 卷

未净

Orlah

提 要

未净，希伯来语原义为“包皮”，因《希伯来圣经》以“未受割礼”比喻初栽三年内的果树而得名。因此，“未净”指初栽三年内的果树，其果实禁止食用。第四年的果实则与第二什一税相当，必须带往耶路撒冷食用，或以赎俗的钱币在耶路撒冷花销。按照《希伯来圣经》律法，未净的规定限于以色列地之内；贤哲律法则将其扩展到所有地方。

本卷第 1 章讨论何种树木适用于未净律法。第 2 章讨论与未净品相关的混合物以及不洁品的问题。第 3 章讨论未净品用于非食品用途时的相关规定。

相关《希伯来圣经》段落

《利未记》

19:23　你们到了迦南地，栽种各样结果子的树木，就要以所结的果子如未受割礼的一样。三年之久，你们要以这些果子，如未受割礼的，是不可吃的。

第1章

1. 为藩篱或为梁柱而栽种者，免于未净[①]。拉比约西说："即使他说内侧食用，外侧为藩篱[②]，亦内侧有责，而外侧免之。"[③]

2. 我们的先父们来到以色列地之时所发现的已种植者，免责。其所种植者，即使尚未征服，亦为有责[④]。为大众栽植者，有责，拉比犹大免之[⑤]。在公共场所栽植者[⑥]、异教徒栽植者[⑦]、盗匪栽植者[⑧]、栽植于舟船者[⑨]、自我生长者[⑩]，均有未净之责[⑪]。

---

① 未净的主要依据在于《利未记》19:23："你们到了迦南地，栽种各样结果子的树木，就要以所结的果子如未受割礼的一样。三年之久，你们要以这些果子，如未受割礼的，是不可吃的。""各样结果子的树木"原文为"取食的树木"，据此，如果栽种的目的不在取食，而在于本文所说的树藩篱或做建筑用的木材，那么就应该免于三年的未净之禁。

② 依照律法，被指为非食用树木上的任何一部分都不得被指为食用。

③ 拉比约西认为，一棵树可以被指派为两部分，各自适用于不同的未净规定。

④ 由于《利未记》规定"你们到了迦南地，栽种各样结果子的树木"，因此犹太人进入迦南地的时间成为未净律法是否有效的重要标准，凡在此前栽种的树木均免于这一律法的制约，而在此后栽种的，无论其地点在栽种时是否已经被犹太人征服，都受到这一律法的限制。

⑤ 众贤哲认为，经文"你们要以这些果子，如未受割礼的，是不可吃的"使用了复数人称代词"你们"，因此即使私人土地上的果树是为大家栽植的，也还是受未净律法的制约。拉比犹大则认为，经文此前已经使用了复数的"你们"，因此也包括为大众种植的果树，按照两个"包括"相加等于"不包括"的原则，他认为这种情况下果树免于未净律法的限制。

⑥ 在公共场所栽种果树，却只给自己享用。

⑦ 异教徒在犹太人产业上栽种，或随后将该产业卖给了犹太人。

⑧ 在抢夺或盗窃来的他人土地上栽种果树。

⑨ 虽然栽种在船上，但树根通过某种方式从土地吸取了营养。

⑩ 在有人烟处自行生长的果树。

⑪ 依据是经文"栽种各样结果子的树木"，"各样"原文为"任何"。

3.连土团[①]拔起的树木，或河流连土团冲走者，若能存活，则免责[②]；否则为有责[③]。土团从其侧拔起[④]，或铧犁将其犁翻[⑤]，或犁翻且为尘土[⑥]，若能存活，则免责；否则为有责[⑦]。

4.被连根拔起而其上留有根须的树木[⑧]，免责[⑨]。多少可算根须？[⑩] 拉班迦玛列以巴尔托塔人拉比以利亚撒·本·犹大之名说：如同绷线针[⑪]。

5.树木被连根拔起，其上有压枝[⑫]，且其依此存活[⑬]，则此老树返为压枝状态[⑭]。年复一年压枝[⑮]，而后断裂，自断裂之时起计算[⑯]。

---

① 土团：原文为"石块"，指围绕树木根部的土壤。

② 如果这些被连根拔起的树木能够靠着原来的土团存活，那么这些树木就被看作原来的树木的延续，其未净律法的相关地位按其被拔起之前的情况确定。

③ 如果这些树木带出来的土壤不能使其存活，而必须加入新的土壤，那么这些树木就被看作是新栽的，要重新计算未净的时间。

④ 树木未倒，但其土团被水或风带走。

⑤ 犁地时不小心把树根的土团翻了起来。

⑥ 土团不仅被铧犁翻了起来，而且被打碎，散为尘土。

⑦ 同上半节，如果树木在这些情况下能靠着原来剩余的土壤存活，则被看作是原来的树木，如果加入新土，则成为新树，未净期要从头计算。

⑧ 被连根拔起的树木，至少有一根根须未断，且其土团附在根上。

⑨ 在未加新土的情况下，旧根使再植的树木存活，则树木被看作是原树的延续，不必重新计算未净期。

⑩ 最少要保留多粗的根须？

⑪ 当时的织工会在一根长木头的两端装上钉子，用来绷紧或拉直拉长线绳，树木残留的根至少要有这种钉子的粗细才能算数。

⑫ 将树上的枝条压入土中，使其生根而成为新树。这种枝条在与原树分离前被看作原树的一部分，其未净状态与原树一致。

⑬ 原树被连根拔起，但压枝已经生根，同时养活压枝和原树。

⑭ 原树丧失原有的未净状态，与压枝一起成为新栽树木，需重新计算三年未净期。

⑮ 压枝一年后，又从压枝上取枝条再压枝，这样年复一年，压了很多枝条，但只要这些枝条都直接或间接地与原树相连，就都获得原树的未净状态。

⑯ 如果这些枝条与原树间的连接断裂，则丧失原有的未净状态，需重新计算三年未净期。

葡萄树嫁枝[①],以及嫁枝之上的嫁枝[②],即使压入地中[③],亦为许可[④]。拉比梅伊尔说:在力量充足之处得许可,在力量不足之处受禁[⑤]。同样,断裂的压枝,满是果实[⑥],若增加两百分之一,则受禁[⑦]。

6. 未净之树苗[⑧],或禁混种之葡萄树苗[⑨],与其他树苗相混合[⑩],则于此不得采收[⑪]。若采收,则以两百比一而升格,只要不是有意采收[⑫]。拉比约西说:即使有意采收,亦以两百比一而升格[⑬]。

7. 树叶、嫩芽、葡萄树液、花蕾,均在未净与第四年[⑭]上为许

---

① 将一棵葡萄树上的枝条嫁接到另一棵葡萄树上,同时仍与原树相连,这样做的原因通常是原树根系生长不足,不能提供足够的养分。

② 在两棵葡萄树之间嫁接一根枝条后,又反向嫁接了另一根枝条。

③ 嫁接之后,两棵葡萄树提供的养分仍然不够,因此将两根嫁接枝压入土中,另外生根。

④ 此时两根嫁接枝都还跟原树相连,因此还保持着原树的未净状态。

⑤ 如果原树"力量"还够,嫁接枝的主要养分来自原树,那么嫁接枝就保留原树的未净状态,否则就按新栽者论,需从头计算未净期。

⑥ 压枝从原树上断裂,须守三年未净期,但如果枝上的果实是断裂前就长成的,则这些果实仍然遵守原树的未净状态。

⑦ 如果压枝从原树上断裂后未立即采收果实,导致树上果实又长了原量的两百分之一,那么全部果实都成为未净品。这里的原则是:如果果实中混有超过百分之零点五的未净品,那么所有的果实就都成为未净品。

⑧ 指三年内的新生树苗。

⑨ 葡萄树与谷物作物过于接近即成为禁混种。

⑩ 未净期的果树苗与其他过了未净期的同类果树苗混到了一起,或者成为禁混种的葡萄树苗与其他正常的葡萄树苗相混淆,园主知道发生了混淆,却不记得哪一棵出了问题。

⑪ 因为无法分别,因此整个果园都禁止采收。

⑫ 如果误收,那么只要正常果品与受禁果品间的比例超过两百比一,受禁品便被抵消,整个收获升格为正常收获。

⑬ 拉比约西认为,这种混乱都是无意造成的,因为没有人会冒整个果园受禁的风险而多种一棵果树,因此相关律法可以宽松一些。

⑭ 果树的未净期为三年,第四年的果实为圣品,须带往耶路撒冷消费。

可[①]，而对许愿者[②]，则异教树[③]为禁[④]。拉比约西说：花蕾受禁，因其为果实[⑤]。拉比以利以谢说：以未净树液进行凝固者[⑥]，受禁[⑦]。拉比约书亚说：我清晰地听得，以树叶汁、树根汁进行凝固者，得许可[⑧]；以未成熟果汁，则受禁，因其为果实。

8. 受损葡萄[⑨]、葡萄籽、葡萄皮及其酒糟饮料[⑩]，石榴之皮与其花[⑪]、核桃皮、果核[⑫]，均在未净[⑬]、异教树[⑭]以及许愿者[⑮]方面受禁，而于第四年为许可[⑯]。生落果[⑰]则全体受禁[⑱]。

---

① 这些均非果实，而《利未记》明确说明未净是果实的问题，因此不受未净的影响。

② 许愿者禁止食用葡萄及其制品，参见《民数记》6∶3～4。

③ 指用于异教崇拜的树木。

④ 这四种东西允许许愿者食用，除非出自异教树，因为《申命记》13∶18禁止许愿者双手沾染不洁。

⑤ 拉比约西认为，果实长于花蕾，因此花蕾可以被看作果实。

⑥ 把某些树液放进牛奶中帮助凝固，以制作奶酪。

⑦ 拉比以利以谢认为，树液为果实的一种，因此在未净期受禁，以之制成的奶酪也一体受禁。

⑧ 不受未净律法的限制。

⑨ 指结果过程进行了三分之一后受损的葡萄，这种葡萄无法直接食用。

⑩ 用上述三样物品制成的酒味饮料，参见本部《第二什一税》1∶3。

⑪ 石榴皮与附着其顶的石榴花。

⑫ 各种水果的核。

⑬ 以上种种虽然很少直接食用，但仍然与果实一起受未净律法的制约，因为《利未记》19∶23提到“这些果子”，贤哲们认为其定冠词表明果实的每个部分都受制于未净律法，而不只是可食用部分。

⑭ 异教树的果实对许愿者为禁品，参见上节，这种禁忌也包括本节所提到的种种不直接食用的果实部分。

⑮ 许愿者不得食用葡萄及其产品，参见上节相关注解，这种禁忌也包括葡萄籽等。

⑯ 第四年果实如同第二什一税，要带往耶路撒冷消费，但这不包括本节所提到的非直接食用部分。

⑰ 指未成熟便掉落的果实。

⑱ 这些果实在未净律法方面的地位与本节所讨论的其他非直接食用果实部分一样。

9. 拉比约西说：可种植未净树枝，不得种植未净果核，因其为果实[1]。不得嫁接带花蕾的未净椰枣枝[2]。

① 《利未记》规定未净果实不得食用，拉比律法将其扩展为"不得从中受益"，因此也不许种植。

② 参见本章第 5 节拉比约西的观点，他认为花蕾已经是果实，嫁接后更会发育成可食用的果实。

第 2 章

1. 举祭[①]、得卖疑的什一税举祭、举祭饼与初熟贡[②]，均以一百零一而升格[③]，可相互掺和[④]，但必须提出[⑤]。未净品与葡萄园禁混种，以两百零一而升格[⑥]，可相互掺和[⑦]，但不必提出[⑧]。拉比西缅说：不得相互掺和[⑨]。拉比以利以谢说：若出味则掺和[⑩]，但不设禁[⑪]。

---

① 某些版本此后有"确知品的什一税举祭"一句。

② 这四种捐税在《希伯来圣经》中都曾被称为"举祭"，因此在律法上被看作拥有类似的地位。

③ 如果这四种捐税混入俗品，而俗品与它们的比例到达一百比一的话，那么它们的圣品地位就被抵消，任何人均可享用。

④ 这四种捐税的量可以联合计算。比如：如果俗品中混入的举祭为百分之零点五，什一税举祭为百分之零点五，则合计为百分之一。

⑤ 虽然这些捐税的圣品地位被抵消，但仍然要从混合物中取出相当数量的食物，并进行相应的处理。比如：如果一百细亚的谷物中混入一细亚的举祭，那么混合物成为俗品，但仍要提出一细亚的混合物交给祭司。

⑥ 四种"举祭"类捐税禁止常人正常食用，但不禁止常人以此受益；未净品与葡萄园禁混种则既禁止食用，亦禁止以此受益，等于双倍受禁，要抵消也须双倍的俗品，因此升格的比例为两百比一。

⑦ 如果是"干货落入干货中"，那么俗品跟未净品与葡萄园禁混种间的联合分量之比要超过两百比一，才能从禁品地位升格。如果是"液体落入液体中"，那么俗品的味道必须压过禁品的味道，才能升格。

⑧ 从混合俗品中提出举祭的相应分量，目的是补偿祭司们的经济损失。禁混种和未净品不存在特定人群的经济损失问题，因此不必提出。

⑨ 拉比西缅认为，未净品与葡萄园禁混种的数量只能单独计算，不能联合计算。

⑩ 拉比以利以谢认为，通常情况下不能联合计算，但如果落入的两种禁品给混合物染上了味道，那么就必须联合计算，直到俗品将两种禁品的味道都压下去才能升格。

⑪ 如果不出味的话，单单是两种禁品的联合分量超过两百比一并不能使混合物成为禁品。

2. 举祭抵消未净品，未净品抵消举祭①。如何抵消？一细亚举祭落入一百②，而后落入三卡夫的未净品③，或者三卡夫的葡萄园禁混种，此即举祭抵消未净品④，未净品抵消举祭⑤。

3. 未净品抵消禁混种，禁混种抵消未净品⑥，且未净品抵消未净品⑦。如何抵消？一细亚未净品落入两百⑧，此后一细亚多未净品，或者一细亚多葡萄园禁混种落入，此即未净品抵消禁混种，禁混种抵消未净品，未净品抵消未净品⑨。

4. 任何以举祭、未净品与葡萄园禁混种发酵、调味与造成混合禁品者，均为受禁⑩。沙玛伊学派说：甚至引起不洁⑪。希列学派说：

---

① 如果落入俗品之中，则举祭和未净品可分别与俗品联合计算而将对方抵消掉，从而使混合物升格。

② 一细亚举祭落入九十九细亚的俗品之中，由于俗品与举祭的比例不到一百比一，因此不足以抵消举祭而升格。

③ 三卡夫等于半细亚，参见附录4。

④ 此时举祭与俗品联合计算后与未净品或葡萄园禁混种的比例达到两百比一，未净品因此被抵消。

⑤ 反过来看，未净品或葡萄园禁混种与俗品联合计算后与举祭的比例达到九十九点五比一，按照拉比约书亚的观点（参见《举祭》4:7及相关注解），一百比一的抵消比例只是个约数，俗品的比例只要超过九十九，举祭就被抵消了。

⑥ 道理同上节。

⑦ 两种未净品（比如两种水果）也可以这样相互抵消。

⑧ 一细亚未净品落入一百九十九细亚俗品中，造成两百细亚的混合物，由于未净品在两百比一时才能被抵消，因此混合物不能升格。

⑨ 落入的一细亚多未净品或者葡萄园禁混种与俗品联合计算，与初始未净品的比例超过两百比一而将其抵消。同时初始未净品与俗品联合计算，以超过一百九十九比一的比例将后落入的未净品或葡萄园禁混种（在一细亚到两细亚之间）抵消，这里的依据大概仍然是我们在上节注释中所说的拉比约书亚的观点。

⑩ 用未净品或葡萄园禁混种作为酵母或调味品，则全部食物都受禁，因为发酵或调味后，未净品或葡萄园禁混种的作用持续存在，所以不能以两百比一的比例抵消。同样，用举祭进行发酵或调味，无论比例多少，都不能抵消，因而一定成为混合禁品。

⑪ 不洁食物可引起其他食物不洁，但至少要有鸡蛋大小。沙玛伊学派此处认为，如果不洁食品做酵母或调味品，则无论多大都引起不洁。

不引起不洁，除非其有鸡蛋大小[①]。

5. 亚特玛村人多斯太原为沙玛伊学派门徒，他说：我听沙玛伊长老说过：永远不会引起不洁，除非其有鸡蛋大小[②]。

6. 他们所说之发酵者、调味者与造成混合禁品者从严[③]，所指为何？[④] 指在其同种之中[⑤]。亦从严亦从宽？[⑥] 在非其同种之中[⑦]。如何呢？[⑧] 小麦酵头[⑨]落入小麦面团之中，其有足以发酵之量者，则无论其有以一百比一而提升之量或其无以一百比一而提升之量，均受禁[⑩]。其无以一百比一而提升之量，则无论其有足以发酵之量或其无足以发酵之量，均受禁[⑪]。

7. 亦从严亦从宽？在非其同种之中[⑫]。如何呢？例如豆粉与小扁豆一同烹调[⑬]，其有出味之量[⑭]，则无论其有以一百比一而提升之量或其无以一百比一而提升之量，均受禁[⑮]。其无出味之量，

---

① 希列学派坚持原有律法，认为最少量的规定对酵母和调味品也一样适用。

② 多斯太用沙玛伊学派鼻祖的言论证明希列学派在这个问题上是正确的。

③ 指本章第4节所说举祭与未净品引起发酵、调味、混合禁品者，无论比例多少，均受禁。这一规定严于通常混合品以一百比一升格的律法。

④ 这种情况下的食品指的是什么？

⑤ 如果举祭或未净品与相混的俗品为同种食品，则从严。

⑥ 发问者在此是问何时会出现可能从宽也可能从严的情况。

⑦ 如果举祭或未净品与相混的俗品不是同种食品，则可能从严也可能从宽。

⑧ 发问者要求具体实例。

⑨ 举祭小麦酵头。

⑩ 只要举祭小麦酵头能引起俗品小麦面团发酵，混合物就受禁，一百比一的升格比例在此不起作用。

⑪ 如果俗品与举祭的比例不到一百比一，则无论是否引起发酵，均成为禁品。

⑫ 参见上节相关注解。

⑬ 举祭豆粉与俗品小扁豆一起烹调。

⑭ 如果举祭豆粉的数量足以使其将味道散到小扁豆里去。

⑮ 此时两者间的比例已经失去作用，无论如何都是禁品。

则无论其有以一百比一而提升之量或其无以一百比一而提升之量，均得许可[①]。

8. 俗品酵头落入面团中，且其有足以发酵之量；而后举祭酵头或者葡萄园禁混种酵头落入[②]，且其有足以发酵之量，则为受禁[③]。

9. 俗品酵头落入面团中，且将其发酵；而后举祭酵头或者葡萄园禁混种酵头落入，且其有足以发酵之量，则为受禁[④]。拉比西缅许之[⑤]。

10. 调味料，同一种类有两三种名目[⑥]，或有三个种类[⑦]，均为受禁且合计[⑧]。拉比西缅说：同一种类有两三种名目，或者两个种类有同一种名目，不得合计[⑨]。

11. 俗品与举祭酵头落入面团中，此中无足以发酵者，彼中亦无足以发酵者，合而发酵[⑩]。拉比以利以谢说：我依在后者而行[⑪]。

---

① 一百比一的提升量只适用于同种相混，对于异种相混的情况，只要举祭不出味，即使其分量超过一百比一，也仍然被抵消。

② 在俗品面团发酵之前。

③ 虽然俗品酵头先落入，但因为尚未发酵，因此不能抵消后落入的举祭或葡萄园禁混种酵头的地位。

④ 虽然俗品面团已经发酵，但随后落入的举祭酵头或葡萄园禁混种酵头使其继续发酵，因此还是受禁。

⑤ 拉比西缅认为，举祭酵头或葡萄园禁混种酵头使面团过度发酵变酸而无法食用（只能用作酵头），因此这种混合造成食物品质下降，按律法应该是许可的。

⑥ 同一种调味品，但具有不同的律法禁品地位，比如同是胡椒，有的是未净品，有的是举祭，等等。

⑦ 不同种类的调味品拥有同样的律法禁品地位。

⑧ 这样一些调味品放入俗品食物中，它们的作用是联合计算的，俗品要有足够抵消所有禁品的“力量”才能使混合物升格。

⑨ 拉比西缅认为，在这种情况下，俗品只要有“能力”分别抵消各种调味禁品就够了，不用联合计算。

⑩ 落入俗品面团中的俗品酵头与举祭酵头的分量都不足以单独发酵，但合在一起则能使面团发酵。

⑪ 拉比以利以谢认为，如果举祭酵头先落入，并在发酵完成前将其取出，则其作用可被抵消。因为举祭面团虽然在开始时起了发酵作用，但发酵完成时已不存在，因此微不足道。

而众贤哲说：无论设禁者在开始或最后落入，都永不设禁[①]，除非其有足以发酵之量。

12. 比拉[②]人约以谢是沙玛伊学派的门徒，他说：我问过站在东门[③]的拉班迦玛列长老，他说：永不设禁，除非其有足以发酵之量[④]。

13. 以不洁之油膏抹之用品，复以洁净之油膏抹[⑤]；或以洁净之油膏抹，复以不洁之油膏抹[⑥]。拉比以利以谢说：我依在先者而行。而众贤哲说：依在后者[⑦]。

14. 举祭与葡萄园禁混种的酵头落入面团中，此中无足以发酵者，彼中亦无足以发酵者，合而发酵，则于外人为禁[⑧]而于祭司为可[⑨]；拉比西缅则给外人与祭司许可[⑩]。

---

① 众贤哲的依据是：若禁品与俗品联合造成食物品质提升，则成品不受禁。

② 比拉：对圣殿或圣殿某一部分的称呼，比拉人则指在圣殿服事者。一说指耶路撒冷附近的一个小村庄。

③ 指圣殿的东门。

④ 本节用拉班迦玛列长老的话来强化对本章第11节众贤哲观点的支持。

⑤ 此处的“用品”指皮鞋一类的皮革制品，需要膏油保养。此处是说先用不洁之油膏抹而使之不洁，又浸在浸礼池中，然后再用洁净之油重新膏抹，以使之洁净。

⑥ 与上一种情况相反，这时皮鞋先洁净后不洁，必须立即浸入浸礼池中。

⑦ 在以上两种情况下，皮面上的油都可以清干净，问题在于一旦穿用，皮内的油会渗出来。拉比以利以谢与众贤哲之间的争论就在于这渗出来的究竟是先膏抹的油还是后膏抹的油。拉比以利以谢认为是先膏抹的油，因此皮鞋是否洁净取决于先膏抹的油是否洁净，众贤哲的观点则相反。

⑧ 参见本章第10节的律法，不同名目但同一种类的禁品合计设禁。因此此节的联合发酵使面团成为禁品。此处“外人”指非祭司的平民。

⑨ 举祭于外人为禁品，祭司可以食用。祭司不可食用葡萄园禁混种，但此处葡萄园禁混种与举祭一起发酵，按照本章第11节“若禁品与俗品联合造成食物品质提升，则成品不受禁”的原则，发酵的面团获得举祭地位，祭司可以食用。

⑩ 拉比西缅遵循他在本章第10节所提到的“不合计设禁”的准则，认为此处的举祭与葡萄园禁混种都被抵消，因为它们各自构不成发酵的量。

15. 举祭与葡萄园禁混种调味料落入锅中，此中无足以调味者，彼中亦无足以调味者，合而调味，则于外人为禁而于祭司为可；拉比西缅则给外人与祭司许可①。

16. 祭中之祭②、遭拒祭品③、逾期祭品④之肉块与其他肉块一起烹调⑤，则于外人为禁而于祭司为可；拉比西缅则给外人与祭司许可⑥。

17. 祭中之祭之肉、轻级祭品之肉⑦与随心所欲之肉⑧一起烹调，则于不洁者为禁而于洁净者为可⑨。

---

① 本节双方规则背后的逻辑均与上节相同，只是主体变成了调味品。

② 指按律法不得食用或只能由祭司在指定场所食用的圣殿祭祀用牺牲品的肉。

③ 指在献祭过程中祭主起意在规定的时间或地点之外食用祭肉。这种情况下，该祭祀立即中断，祭肉对所有人都成为禁品。

④ 祭司牺牲品的血、油或肉被留到了指定时间之外，因而对所有人都成为禁品。

⑤ 上述三种禁品肉与俗品肉混在一起烹调，虽然每种各自的分量都可以被俗品肉抵消，但三种联合则无法抵消。

⑥ 双方的逻辑与前两节类似。

⑦ 轻级祭品：非祭司之俗人亦可食用之肉，但不洁者禁用。

⑧ 即俗品肉，参见《申命记》12：20。

⑨ 道理同上三节。

第3章

1. 以未净果壳[①]染色之衣物，将其焚烧[②]。与其他衣物相混，则全部焚烧，此为拉比梅伊尔之言[③]；众贤哲说：以两百比一抵消[④]。

2. 以未净果壳将整一斯特[⑤]染色，并将其织入衣物中，且不知其为何者[⑥]。拉比梅伊尔说：焚烧此衣；众贤哲说：以两百比一抵消[⑦]。

3. 将整一斯特初生羊毛[⑧]织入衣物，则焚烧此衣[⑨]；将许愿者的头发[⑩]或头生驴子之毛[⑪]织入袋子，则焚烧此袋。若以牺牲品，

---

① 用未净果实的果壳或者果皮制作染料，用来染衣服。

② 关于未净果实的所有部分而不只是可食用部分为禁品的规定，参见本卷1:8相关注解。衣服上的染料很难清除，因此只能焚毁。

③ 拉比梅伊尔认为，凡计件出售的均为重要物品，而重要物品中的禁品不得以比例抵消（参见本章第7节），因此如果染了未净果皮染料的衣物与其他衣物相混，就只能将所有衣物焚烧。

④ 众贤哲认为除六种物品外，其他未净品都可被抵消（参见本章第7节），因此如果有两百件俗品衣物，就可以抵消了。

⑤ 斯特：长度单位，相当于食指与中指张开后的距离（参见附录4）。

⑥ 将一斯特以上的未净果壳染色的线织进衣物里，并且忘记哪根是未净染色的线。

⑦ 双方的理由同上节。

⑧ 参见《申命记》15:19：“羊群中头生的，不可剪毛。”律法同时禁止利用剪下来的头生羊毛。

⑨ 超过一斯特的头生羊毛无法被抵消，只能将衣物焚烧。

⑩ 参见《民数记》：“在他一切许愿离俗的日子，不可用剃头刀剃头，要由发绺长长了。”

⑪ 头生驴子，如不赎俗，则用斧子砍其后颈而杀之，其毛为禁品。

则任何量均成圣品[①]。

4. 以未净果壳烹烧之食物[②]，焚毁；与其他食物相混，则以两百比一而抵消[③]。

5. 以未净果壳加热之烤炉，若在其中烤制面包，则焚烧此面包；与其他面包相混，则以两百比一而抵消[④]。

6. 拥有成捆葡萄园禁混种葫芦巴者[⑤]，将其焚烧。若与其他葫芦巴相混，则全部焚烧，此为拉比梅伊尔之言；众贤哲说：以两百比一抵消[⑥]。

7. 拉比梅伊尔曾说：通常计量者造成圣品[⑦]。而众贤哲说：不造成圣品，只有六种物品除外。拉比阿奇瓦说：七种。它们是：佩雷赫[⑧]的核桃、巴当[⑨]的石榴、密封的桶[⑩]、甜菜叶、卷心菜头、希腊葫芦。拉比阿奇瓦说：户主的面包亦是[⑪]。当属未净品者，以未净

---

① 定下要在圣殿献祭的牺牲品牲畜为圣品，用这种牲畜的毛进行编织，则任何数量都使编织物成为禁品，不一定非要一斯特长。

② 用未净果实的果壳做燃料烧饭菜，果壳虽未直接出现在饭菜中，但使饭菜增值，因此必须焚毁。

③ 在此拉比梅伊尔与众贤哲之间并无争执，因为做熟的饭菜通常不会精确计量出售。

④ 本节逻辑与上节相同。

⑤ 葫芦巴种得离葡萄树太近，即成为葡萄园禁混种，成捆的葫芦巴指至少二十五根的捆。

⑥ 双方的逻辑与本章第 1 节相同。

⑦ 拉比梅伊尔认为，通常计量出售的物品属于重要物品，如果混入禁品，则成为与圣品一样的东西，不能按比例抵消，只能焚烧。

⑧ 佩雷赫：地名。

⑨ 巴当：地名。

⑩ 指酒桶或橄榄油桶。

⑪ 在阿奇瓦的时代，户主烘烤自己吃的面包比面点师出售的要大得多。阿奇瓦认为这些面包比较重要，不能按比例抵消。

品待之；当属葡萄园禁混种者，以葡萄园禁混种待之[①]。

8. 如何呢？[②] 若核桃被打碎，石榴被分开，桶被打开，葫芦被切成片，面包被切成片[③]，则以两百比一而抵消。

9. 存疑之未净品[④]，在以色列地受禁[⑤]；在叙利亚得许可[⑥]；在域外可下去购买，唯不得见其采摘[⑦]。葡萄园种植蔬菜，且在此园外售卖蔬菜，在以色列地受禁[⑧]；在叙利亚得许可[⑨]；在域外可下去购买，唯不得亲手采摘[⑩]。新品，在任何地方都为《托拉》所禁[⑪]；未

---

① 众贤哲所列六种中，树果类属于未净品，其余属于葡萄园禁混种，如果与俗品相混，不得按比例抵消，而必须销毁。

② 上节所说的不得抵消的规则在何种情况下适用呢？本节从反面回答，给出了不适用的条件，也就说明当那六种物品完整时才适用该规则。

③ 这些物品不再完整之后便不再那么重要，因此相关律法放宽。

④ 比如从异教徒的果园中买来的果子，而那果园里已净果树和未净果树都有，无法分辨。

⑤ 因为《希伯来圣经》明确规定未净限制适用于以色列地。

⑥ 叙利亚在域外地位特别，但可食用存疑未净品。不过，叙利亚与其他域外地区在这个问题上有何异同仍然是个有争议的问题。

⑦ 由于《希伯来圣经》关于未净品的规定限于以色列地，因此在除叙利亚外的域外地区，犹太人可以购买未净品食用，尽管如此，仍然禁止犹太人亲眼看见园主采摘未净品，以多少保留一点这些未净品的存疑状态。

⑧ 在葡萄园种植的蔬菜属于葡萄园禁混种，在以色列地禁止食用或利用。

⑨ 葡萄园禁混种属于拉比律法，并非《希伯来圣经》律法，因此在以色列地从严，在叙利亚从宽。

⑩ 由于是拉比律法，所以在叙利亚以外的域外地区，犹太人可以亲眼看见园主采摘葡萄园禁混种并买来食用，唯一的限制是不得亲手采摘。

⑪ 新品：指尚未进初熟贡的新收获物。《利未记》23:14："无论是饼，是烘的子粒，是新穗子，你们都不可吃，直等到把你们献给神的供物带来的那一天才可以吃。这在你们一切的住处作为世世代代永远的定例。"因此，初熟品为《托拉》律法，依其规定任何地方都适用。

净品为律法[①]；禁混种则来自文士的言词[②]。

《未净》卷终

① 律法：指“在西奈给摩西的律法”，在以色列地从严，在域外从宽。

② 葡萄园禁混种的律法为拉比们自己定的律法，其范围严格限于以色列地境内，在域外基本无效。

第 11 卷

初熟贡

Bikkurim

提 要

初熟贡，即依据《希伯来圣经》律法首先送往圣殿的初熟谷物。这些初熟谷物享有圣物的地位，只有祭司可以享用。

本卷之所以排在《未净》卷之后，据信是因为其相关诫命主要出现在《申命记》中，而《申命记》在《希伯来圣经》中排列在未净诫命所出现的《利未记》之后。

本卷第 1 章讨论何种人有资格进献初熟贡，以及进献时诵读祷文的要求。第 2 章讨论举祭、什一税与初熟贡之间的异同，并由相似的逻辑模式而引申讨论不同种类的动植物之间的异同。第 3 章描述分留与进献初熟贡的全过程，这是整部《密释纳》中最具文学性的章节之一，用生动的文笔为我们展现了一幅活生生的民俗风情画。第 4 章讨论双性人的问题，原非本卷章节，因其逻辑模式与第 2 章相似，因而被很多《密释纳》版本从《托塞夫塔》中收了进来。

相关《希伯来圣经》段落

1.《出埃及记》

23:19　地里首先初熟之物要送到耶和华你神的殿。

2.《民数记》

18:13　凡从他们地上所带来给耶和华初熟之物也都要归与你。你家中的洁净人都可以吃。

3.《申命记》

26:1　你进去得了耶和华你神所赐你为业之地居住，

26:2　就要从耶和华你神赐你的地上将所收的各种初熟的土产取些来，盛在筐子里，往耶和华你神所选择要立为他名的居所去，

26:3　见当时作祭司的，对他说，我今日向耶和华你神明认，我已来到耶和华向我们列祖起誓应许赐给我们的地。

26:4　祭司就从你手里取过筐子来，放在耶和华你神的坛前。

26:5　你要在耶和华你神面前说，我祖原是一个将亡的亚兰人，下到埃及寄居。他人口稀少，在那里却成了又大又强，人数很多的国民。

26:6　埃及人恶待我们，苦害我们，将苦工加在我们身上。

26:7　于是我们哀求耶和华我们列祖的神，耶和华听见我们的声音，看见我们所受的困苦，劳碌，欺压，

26:8　他就用大能的手和伸出来的膀臂，并大可畏的事与神迹奇事，领我们出了埃及，

26:9　将我们领进这地方，把这流奶与蜜之地赐给我们。

26:10　耶和华阿，现在我把你所赐给我地上初熟的土产奉了来。随后你要把筐子放在耶和华你神面前，向耶和华你的神下拜。

26:11　你和利未人，并在你们中间寄居的，要因耶和华你神所赐你和你家的一切福分欢乐。

26:12　每逢三年，就是十分取一之年，你取完了一切土产的十分之一，要分给利未人和寄居的，与孤儿寡妇，使他们在你城中可以吃得饱足。

4.《尼希米记》

10:35　又定每年将我们地上初熟的土产，和各样树上初熟的果子，都奉到耶和华的殿里。

第 1 章

1. 有进贡且诵祷者[①]，进贡而不诵祷者，亦有不进贡者。此为不进贡者：在其土中种植，而压枝入他人或公共之土中；从他人或公共之土中压枝入其土中者与之相同[②]。在其土中种植而压枝入其土中，中隔他人或公共道路者，此类不进贡[③]；拉比犹大说：类此者，进贡[④]。

2. 出于何种原因不进贡呢？因《圣经》说："你地里首先初熟之物"[⑤]——除非一切都长自你的土地。佣工[⑥]、佃户[⑦]、诈取土地者[⑧]、盗获者[⑨]，均不进贡，出于同一原因[⑩]，因《圣经》说："你地里首先初

---

① 进初熟贡时需诵读祷词，参见《申命记》26：3～10。本节说明进初熟贡其实有三种情况：进贡并诵祷，进贡但不诵祷，无须进贡，并着重说明第三种情况。

② 本章第 2 节将解释只有完全在自己拥有的土地上生长的树木作物才进初熟贡。在本句所述的情况下，种植者将树枝压入土中生根，枝头露在外面长成一棵新树，由于母树和压枝处于不同所有权的土地上，两者从土中吸取的养分都来自不同所有权的土地，因此其果实失去进初熟贡的资格。

③ 虽然母树和压枝都在自己的土地上，但树枝是从地下穿过他人或公共道路的，也在那里吸收了养分，因此也免于初熟贡。

④ 拉比犹大认为，道路下面的土地允许他人使用，只要不破坏道路本身即可，因此树枝穿过土地是正常种植行为，不能算作使用了非其所有的土地。

⑤ 《出埃及记》23：19。

⑥ 在别人田地中工作，最后按比例从收获物中领取报酬的人。

⑦ 租赁别人的土地耕作，按固定数额从收获物中交纳租金的人。

⑧ 特指杀人者在受害人承诺放弃土地后放过受害人，而将其土地据为己有。在这种情况下，受害人并不放弃土地的所有权，并希望通过法庭要回土地。

⑨ 指用不法手段窃取土地的人。

⑩ 这些人都不是土地的合法拥有者，因此无资格进初熟贡。

熟之物。”

3. 除七味[①]外，不进初熟贡；不来自山区的椰枣，不来自谷地的果品[②]，亦不来自未经拣选的油橄榄[③]。不得在收获节前进初熟贡。茨乌因山的人在收获节前带来了他们的初熟贡，他们不予接受，因为《圣经》写道：“又要守收割节，所收的是你田间所种，劳碌得来初熟之物。”[④]

4. 此为进贡而不诵祷者：皈依者进贡而不诵祷，因他无法说：“耶和华向我们列祖起誓应许赐给我们的地”[⑤]；若其母来自以色列，则进贡且诵祷[⑥]。当他自己私下祷告时，他说：“以色列先祖之神。”当他在会堂时，他说“你们祖先之神”[⑦]；而若其母来自以色列，则说“我们祖先之神”[⑧]。

5. 拉比以利以谢·本·雅各说：皈依者之女不得嫁给祭司[⑨]，除非其母来自以色列。皈依者如此，解放的奴隶[⑩]亦如此，甚至直

---

① 七味：指小麦、大麦、葡萄、无花果、石榴、橄榄、蜂蜜，出自《申命记》8：8：“那地有小麦，大麦，葡萄树，无花果树，石榴树，橄榄树，和蜜。”因为《申命记》26：2中有“就要从耶和华你神赐你的地上将所收的各种初熟的土产取些来”，两个“地”在希伯来语中是同一个词，因此认定“各种初熟的土产”指的就是七味。其他出产不必进初熟贡。

② 山区的椰枣和谷地的果品质量较差，亦不必进初熟贡。

③ 油橄榄：用来制作橄榄油的橄榄，比用来做泡菜的橄榄质量好，但即使是油橄榄，也只有拣选过的品质最好的才进初熟贡。

④ “茨乌因山的人”这一段与本部《举祭饼》4：10的后半段全同，可参见相关注解。

⑤ 《申命记》26：3。皈依者的祖先并非犹太人，所以无法诵祷这一句。

⑥ 犹太血统以母系为准，所以只要皈依者的母亲是犹太人，他就有资格宣称神把土地许给了他的祖先。

⑦ “我们祖先之神”是犹太祷文中常见的用语，本节说明皈依者其实不能用这个用语，必须根据场合作出修正。

⑧ 理由同上文相关注解。

⑨ 他的依据是《以西结书》44：22：“（祭司）只可娶以色列后裔中的处女。”

⑩ 异教徒如成为犹太人的奴隶，则需接受浸礼并皈依一半（守否定式诫命），如获解放，则需再受浸礼并遵守全部诫命而与皈依者的地位完全一样。

到十代，直到其母来自以色列[①]。监护人[②]、代理人[③]、奴隶、女人[④]、痴呆、双性人[⑤]，进贡而不诵祷，因其不能说："你所赐给我地。"[⑥]

6. 在其友之地中购买两棵树者，进贡而不诵祷[⑦]；拉比梅伊尔说：进贡且诵祷[⑧]。泉眼干涸，树被伐倒，则进贡而不诵祷[⑨]；拉比犹大说：进贡且诵祷[⑩]。自收获节至住棚节，进贡且诵祷[⑪]。自住棚节至光明节，进贡而不诵祷[⑫]。拉比犹大·本·贝特拉说：进贡且诵祷[⑬]。

7. 分留其初熟贡而售卖其土地者，进贡而不诵祷[⑭]。第二个

---

① 上述这些人家无论经过多少代(十代只是一个象征性的说法)，只有娶进来一位纯犹太女子，她的女性后代才能嫁给祭司。

② 替孤儿管理其田产的人，土地并不属于他自己所有。

③ 代管他人的土地，并无所有权。

④ 《民数记》26：55："他们要按着先父们各支派的名字承受为业。"拉比律法据此认定土地是神赐给自由的男性犹太人的，女人和奴隶无权享有土地。

⑤ 痴呆和双性人的地位在律法上与女人类似。

⑥ 《申命记》26：10："现在我把你所赐给我地上初熟的土产奉了来。"这是进初熟贡时的诵祷词之一，而上述这六种人不在神赐给土地的范围之内，因此不能诵祷。

⑦ 如果在别人的土地上购买一棵树，那么购买者的权利只限于这棵树，不包括土地，因此不必进初熟贡。但如果购买两棵树，树下土地的所有权便出现疑问，因此他要进初熟贡，但不必诵祷。

⑧ 拉比梅伊尔认为，如果购买两棵树，树下土地即归购买者所有，因此照常进贡诵祷。

⑨ 如果树已经不能再从土地获取养分，那么树与土地就失去了联系，在这种情况下，问题发生前已经长成的果实仍然要进初熟贡，但不再诵祷。

⑩ 拉比犹大认为，土地比树重要，即使树木已经与土地脱节，只要土地本身无损，就可以诵祷。

⑪ 自收获节至住棚节为以色列收获季节，且拉比犹太教认为是《申命记》26：11"要因耶和华你神所赐你和你家的一切福分欢乐"所指的欢乐时节，因此进初熟贡程序如常。

⑫ 住棚节之后，欢乐时节已过，收获物仍进初熟贡，但不再诵祷。

⑬ 他认为进初熟贡与欢乐时节没有关系，因此进初熟贡的程序与季节变化无关。

⑭ 分留初熟贡后将土地卖掉，已分留的初熟贡当然要进，但此时土地已经失去，因此无法诵祷。

人[1]，不从同一品种中进贡，从其他品种中进贡且诵祷[2]。拉比犹大说：从同一品种中进贡且诵祷[3]。

8. 其所分留之初熟贡遭抢、变质、被盗、丢失或沾染不洁，则取他物替代之[4]，且不诵祷[5]；此第二批，不必为此收取五一费[6]。在圣殿庭院沾染不洁，则播撒而不诵祷[7]。

9. 从何而知他必须对此负责，直至带到圣殿山呢？[8] 因为《圣经》说："地里首先初熟之物要送到耶和华你神的殿。"[9]这教导他必须对此负责，直至带到圣殿山。若进贡一种且诵祷，又回来进贡另一种，则不诵祷[10]。

---

① 指购买土地者。

② 原田主已进过初熟贡的品种不必重复进贡，因为《申命记》26:3 说："我今日向耶和华你神明认。"拉比们认为，"今日"表明对一个品种只诵祷一次。未进过贡的品种则要照常进贡。

③ 拉比犹大认为，对同一品种诵祷一次的规定限于同一个人，两个人则不受此限制，因此已经进过初熟贡的品种到了新田主手里还要再进一次。

④ 分留后的初熟贡到进入圣殿之前均属于物主的责任，如出现损失，则需拿出等量的相同食品代替。

⑤ 诵祷时要说："现在我把你所赐给我地上初熟的土产奉了来。"（《申命记》26:10）而替代品已非初熟品，因此无法诵祷。

⑥ 初熟贡归祭司所有，因此与举祭一样，如果非祭司平民误食，则不但要赔偿原物，还要再加五分之一，不过这里后补的初熟贡已非原物，因此如果误食，赔偿原物即可，不必加五一费。

⑦ 初熟贡一旦进入圣殿，物主责任就已完成，此时若沾染不洁，将其倒在地上即可，不必补偿，亦不必诵祷。

⑧ 此句承接上节，为初熟贡的责任问题寻找《希伯来圣经》依据。

⑨ 《出埃及记》23:19。

⑩ 初熟贡的诵祷词只诵读一次，即使多次进不同品种的初熟贡也是一样。此处与本章第 7 节相似而小异，可参见相关注解。

10. 此为进贡且诵祷者[①]：自收获节至住棚节，来自七味，来自山区的果品，来自谷地的椰枣，来自外约旦的油橄榄[②]。拉比约西·哈-加利利说：不从外约旦进初熟贡，因其非“这流奶与蜜之地”[③]。

11. 在其友地中购买三棵树者，进贡且诵祷；拉比梅伊尔说：即使两棵。买一棵树及其土地者，进贡且诵祷[④]。拉比犹大说：雇工与佃户亦进贡且诵祷[⑤]。

---

① 也就是完全符合进初熟贡条件的情况。

② 外约旦：指约旦河以东被犹太民族出埃及后征服的土地，对这些土地上的出产的律法要求与以色列地基本一样。

③ 《申命记》26:9。众贤哲也承认这里所说的“流奶与蜜之地”不包括外约旦，但认为以色列地包括外约旦在内。

④ 关于在朋友土地上购买树木与初熟贡的关系，参见本章第6节相关注解。本节定下律法，买下三棵树才进初熟贡并诵祷，也就是说凡是买下三棵树者，树下的土地也自动归买者所有，无论是否在合同中明确说明。

⑤ 拉比犹大认为，雇工和佃户从土地收获中分成，这一事实意味着他们对土地的部分权利，因此也要进初熟贡。

第 2 章

1. 举祭与初熟祭，其责罚为死亡[①]与五一费[②]，于外人为禁品[③]，其为祭司之财产[④]，以一百比一而抵消[⑤]，其要求洗手[⑥]与日暮[⑦]，此为举祭与初熟祭，什一税[⑧]则并非如此。

2. 在什一税与初熟贡中有举祭中所无者[⑨]：什一税与初熟贡要求运往一地[⑩]，要求诵祷[⑪]，且于初丧者为禁品[⑫]，而拉比西缅许之[⑬]。

---

① 非祭司的外人有意食用这两种贡品，当遭天诛。

② 非祭司的外人误食这两种贡品，则需在赔偿原值外另加五分之一。

③ 外人：指非祭司的平民。

④ 祭司不仅可以食用这两种贡品，也可以作其他用处。

⑤ 如果落入俗品中，而俗品与禁品的比例超过一百比一，则禁品被抵消。

⑥ 人手通常属于第二不洁，会给举祭类食品（本节说明这其中包括初熟祭）带来不洁，因此必须先仪式性地净手，然后才可以触摸这些食品。

⑦ 如果祭司沾染不洁，则必须在浸礼池洗净，且等到日暮后才能食用这些食品。

⑧ 指第二什一税，非祭司也可以食用。

⑨ 有些关于第二什一税和初熟贡的律法不适用于举祭的情况。

⑩ 第二什一税与初熟贡都只能运往耶路撒冷食用，举祭不需要。

⑪ 在对第二什一税行避屋时要诵祷："你又要在耶和华你神面前说，我已将圣物从我家里拿出来，给了利未人和寄居的，与孤儿寡妇，是照你所吩咐我的一切命令。你的命令我都没有违背，也没有忘记。"（《申命记》26:13）同样，分留初熟贡也要诵祷（参见《申命记》26:5～10），对举祭则无类似规定。

⑫ 初丧者：直系亲属去世后埋葬前的守丧者。这样的人不可以吃第二什一税（参见《申命记》26:14），此处将这一禁令扩展到了初熟贡。

⑬ 拉比西缅允许初丧者食用初熟贡，因为《希伯来圣经》把初熟贡称为"举祭"，因此凡是与初熟贡有关的不明律法都应以举祭为准。由于祭司即使在初丧期间也可以食用举祭，因此初丧者食用初熟贡也就是允许的。

且必行避屋[①]，而拉比西缅免之[②]。除了在耶路撒冷完全禁止食用[③]，除了在耶路撒冷禁止食用其生长物[④]，即使是给外人或牲畜[⑤]，而拉比西缅许之[⑥]。此为什一税与初熟贡中所有，而举祭中所无者。

3. 在举祭与什一税中有初熟贡中所无者：举祭与什一税以脱粒为禁[⑦]，其有定量[⑧]，对所有的果品均实行[⑨]，在圣殿前或不在圣殿前[⑩]，无论佣工、佃户、诈取土地者或盗获者[⑪]。此为举祭与什一税中所有，而初熟贡中所无者。

4. 在初熟贡中有举祭与什一税中所无者：初熟贡在与土地相连时便已被获得[⑫]，人可将其整块土地作为初熟贡[⑬]，必须为之负

---

① 避屋：第四年和第七年逾越节前未能消费完的第二什一税，必须将其拿出分给无产业者。（参见本部《第二什一税》5:6～11）此处规定避屋律法也适用于初熟贡。

② 他的理由同上，因为举祭没有避屋的责任，所以初熟贡也没有。

③ 第二什一税和初熟贡只能在耶路撒冷食用。

④ 如果第二什一税或初熟贡与俗品相混，即使只有很小的量，混合品也立即成为禁品。不过用这些果实作为种子种出的果实则获得第二什一税或初熟贡的地位，可以带到耶路撒冷食用。

⑤ 初熟贡的混合生长物不得给非祭司的外人食用，第一什一税的混合生长物不得给牲畜做饲料。

⑥ 拉比西缅认为，混合生长物并不真是第二什一税或初熟贡，因此完全可以在任何地方由任何人或牲畜食用。

⑦ 举祭和第二什一税都从收获过程完结（脱粒完成）开始生效，从这时起，只有在分留相关税赋之后，果实才可以食用，初熟贡则没有这个阶段性标志。

⑧ 第二什一税的定量是去除第一什一税之后剩余产品的十分之一（参见《申命记》14:22）。举祭为总产的六十分之一（拉比律法）。初熟祭则没有类似规定。

⑨ 初熟贡只适用于最好的果品（参见本卷1:10），第二什一税和举祭则无此规定。

⑩ 无论圣殿是否还存在，都需分留第二什一税和举祭，初熟贡依赖于圣殿的存在。

⑪ 本卷1:2说明这些人由于不是土地的所有者，无资格进初熟贡，此处说明这条限制不适用于举祭和第二什一税。

⑫ 在作物尚未收获时，便可将其指定为初熟贡，举祭和第二什一税则要到收获过程完结后才能分留。

⑬ 因为没有规定的分量，所以如果一个人愿意，可以把他的全部收获物交初熟贡。

责[1],要求献祭[2]、歌唱[3]、摇动[4]、过夜[5]。

5. 什一税举祭在两个方面与初熟祭相当,亦在两个方面与举祭相当。可从洁净者中为不洁者拿取[6],亦可取自非就近者中[7],一如初熟贡。以脱粒为禁[8],其有定量[9],一如举祭。

6. 圆佛手柑在三个方面与树木相当,在一个方面与蔬菜相当[10]。在未净、第四年与第七年方面与树相当[11]。在一个方面与蔬菜相当:即取其什一税之时节[12]。此为拉班迦玛列之言。拉比以利以谢说:在一切事务上均与树木相当[13]。

7. 双足行走者[14]之血与动物血液相当,均使果实可染不洁[15]。

---

① 在带到圣殿之前,物主必须对初熟贡负责,出现问题则负责赔偿。

② 在将初熟贡送往圣殿之后,离开耶路撒冷之前,物主必须到圣殿献一次祭。

③ 在初熟祭到达圣殿时,利未人要唱歌迎接。

④ 初熟祭到达圣殿后,祭司要与物主联手摇动这些祭品。

⑤ 将初熟祭带往耶路撒冷的物主不得在当天离开耶路撒冷,至少要在耶路撒冷过一夜。

⑥ 举祭必须从洁净与不洁的果实中分别拿取,不可互相替代,初熟贡可以。

⑦ 举祭有一个就近拿取的原则,初熟贡则无此原则。

⑧ 举祭从产品收获完成后开始生效,且以脱粒为完成的标志,初熟贡则无此规定。

⑨ 举祭有拉比律法规定的数量,初熟贡则没有。

⑩ 树上果实与蔬菜的重要律法差别之一是:树上果实以其长出时间计算其年份,蔬菜则以收获时间计算其年份。

⑪ 对圆佛手柑有初植三年中不得食用的规定,第四年要带往耶路撒冷食用,第七年不得收获,而作为无主物任人采摘。

⑫ 圆佛手柑果实什一税年份的计算以收获期为准,在这一点上与蔬菜相当。比如第三年生出而第四年收获的果实要留穷人税,而不是第二什一税。

⑬ 拉比以利以谢认为,圆佛手柑与普通树木并无差别,因此反对在律法上有所区分。

⑭ 指人类。

⑮ 果实如果沾上水或与水相当的其他液体(比如动物血液),则处于可以沾染不洁的状态。此处说明人血在这方面与动物血液的功能一致。

地上爬物[①]之血，不为此受罚[②]。

8. 奎兽[③]，有两个与动物相当之处，有某些与家畜相当之处，有某些与家畜及动物均相当之处，亦有某些与家畜及动物均不相当之处[④]。

9. 何以与动物相当？其血如动物之血，要求将其覆盖[⑤]；不得在节日将其屠宰[⑥]——不得覆盖其血[⑦]；其油脂传染死尸之不洁，一如动物；其不洁存疑[⑧]；不得以之赎俗初生之驴[⑨]。

10. 何以与家畜相当？其油脂受禁，一如家畜之油脂[⑩]，然不为之受天诛之罚[⑪]；不得以什一税之钱币购买并在耶路撒冷食用[⑫]；

---

① 地上爬物：指《利未记》11:29～30所记述的八种爬行动物，均为不洁品。

② 按照律法，食用动物血液者将遭天诛。但《希伯来圣经》从未说明食用人血或这几种地上爬物的血会受到同样的惩罚，此处说明这种惩罚不适用于食用人血和这八种爬行动物的血的人。

③ 奎兽：《塔木德》解释为山羊与瞪羚杂交的品种，也可能是一种与山羊和瞪羚各有相似之处的品种。

④ 由于不很清楚奎兽究竟属于野兽还是家畜，因此在与之相关的律法方面也兼顾两者，采取变通的方法。

⑤ 《利未记》17:13："凡以色列人，或是寄居在他们中间的外人，若打猎得了可吃的禽兽，必放出它的血来，用土掩盖。"

⑥ 挖土是节日禁止的行为，因此在节日无法覆盖奎兽的血迹，也就不许屠宰。

⑦ 如果在节日误屠奎兽，则不得覆盖其血迹。实际上节日可以屠宰身份确定的野兽，并用事先预备好的灰覆盖其血迹。但奎兽的身份不确定，所以不能用这样的灰覆盖。

⑧ 野生动物死尸的油脂不洁，奎兽在这一点上与之相似，但奎兽身份不明，这种不洁只是存疑，而不是确认，因此相关律法（比如相应的惩罚）也比较宽松。

⑨ 初生的驴驹要用羊或山羊赎俗，参见《出埃及记》34:20。奎兽虽然有点像山羊，但不能以之赎俗。

⑩ 指家畜腹部可直接剥落的硬脂肪，律法禁止食用这些脂肪。

⑪ 奎兽的家畜身份与其野兽身份同样存疑，因此虽然相关律法从严，但违反律法后的处罚却不同。按《利未记》7:25，有意食用家畜油脂的要遭天诛，食用奎兽油脂者则不受此惩罚。

⑫ 按照律法，第二什一税的钱款带到耶路撒冷消费时不得购买适合于圣殿献祭的家畜食用，不适合圣殿献祭的野兽则不受此限制。奎兽在这方面与家畜的规定一致。

有前肢、两颊与胃之责[①]；拉比以利以谢免之，因取自其友伴者，必举其证[②]。

11. 何以与家畜及动物均不相当？因禁混种而禁止与野兽或家畜同在[③]。写明其家畜与其野兽归其子者，未写奎兽归他[④]。若某人说："此为野兽，我即为许愿者"，或者"此为家畜"，则他于此成为许愿者[⑤]。其余一切均与野兽和家畜相当[⑥]：屠宰要求如此亦如彼[⑦]；因死尸或因生摘的肢体而沾染不洁，如此亦如彼[⑧]。

---

① 《申命记》18:3："祭司从百姓所当得的分乃是这样，凡献牛或羊为祭的，要把前腿和两腮并脾胃给祭司。"奎兽的这些部分也归祭司所有。

② 拉比以利以谢根据"取者作证"的原则，要求祭司们必须证明奎兽是家畜，然后才能获得这些部位。由于这一点无法被证明，所以他免除有关奎兽的这条规定。

③ 同在：指交配。野兽与家畜属于禁混种，不得相互交配。奎兽身份不明，所以禁止与任何一方交配。

④ 如果一个人在遗嘱中写明家畜和野兽留给儿子，那么这将不包括奎兽，因为它不属于这两种中的任何一种。

⑤ 如果一个许愿者以奎兽为野兽或家畜为成为许愿者的条件，那么无论他说的是什么，都可以成为许愿者，因为奎兽既可能是野兽也可能是家畜。

⑥ 凡是上文未开列的有关奎兽的律法，奎兽与家畜和野兽的律法都是一样的。

⑦ 三者的屠宰仪式要求完全一致。

⑧ 如果未净失当屠宰而死亡，或者活着摘下一个肢体，即成为尸体不洁，在这方面三者也完全一样。

第3章

1. 如何分留初熟贡？人走入其田地中，看见初熟[1]之无花果、初熟之葡萄串、初熟之石榴，则系之以芦苇[2]，且说："此为初熟贡。"[3]拉比西缅说：尽管如此，将其从地上收获后当重新宣称其为初熟贡[4]。

2. 如何进献初熟贡？当值城镇[5]之全部聚会于当值城镇[6]。在城镇广场过夜，而不入民宅[7]。清早受拥戴者[8]说："起来，我们上锡安，到我们的神那里去。"

3. 近者带来无花果与葡萄，远者带来无花果干与葡萄干[9]。公牛走在他们前边[10]，其犄角涂上黄金，橄榄之环在其头上[11]。笛子

---

① 花瓣掉落后显露出来的果实。

② 因为离收获还有很长时间，所以要做好标记，以防混淆。

③ 这样说过后初熟贡的地位就已经成立，收获时不必另说。

④ 拉比西缅认为，只有收获完毕的果实才能被指定为初熟贡，因此在结实之初的认定不能算数。

⑤ 以色列全体民众被分为二十四个区，每个区的祭司与利未人轮流在圣殿服事一周，每半年一轮，多出来的节日则每个区的所有男性都要去。

⑥ 每个当值城镇区的初熟贡进献者在献祭的前一天聚会于该区最主要的当值城市。

⑦ 由于每个人都带着自己的初熟贡，因此不能在民宅中过夜，以防宅中有人死亡而造成初熟贡不洁。

⑧ 该当值城镇区选出来的首领。

⑨ 防止新鲜水果腐烂变质。

⑩ 该公牛为所有参加者共有，进献初熟贡后以之献祭。

⑪ 用橄榄树枝条编制的环，以此作为进献初熟贡的七味果品的代表。

在他们前边吹奏，直至他们到达耶路撒冷近郊。到达耶路撒冷近郊，他们派出使者在前，且装点他们的初熟贡[1]。王子们、首领们[2]与圣司库们出迎他们，依入者之荣耀而出[3]。全体耶路撒冷工匠站在他们面前[4]，向他们问安："某地之人，我们的兄弟，来此一路平安否？"[5]

4. 笛子在他们前边吹奏，直至他们到达圣殿山[6]。一旦到达圣殿山，即使是亚基帕王[7]亦当肩扛篮筐而入[8]，直至到达内庭[9]。一旦到达内庭，利未人便唱道："耶和华啊，我要尊崇你，因为你曾提拔我，不叫仇敌向我夸耀。"[10]

5. 在篮筐背后的幼鸟即为燔祭[11]，而在他们手中者，当送给

---

① 到达耶路撒冷近郊后，笛子停止演奏，众人停止前行，一面派出使者报信，一面装饰初熟贡果品篮筐。

② 王子们、首领们分别指祭司首领和利未人首领。一说指耶路撒冷城中的贵族和祭司首领。

③ 出城迎接的首领们的级别与人数按照来进贡者的级别与人数而定。

④ 初熟贡进入耶路撒冷前往圣殿时，沿途所有人在其经过时都要起立致意，即使是正在忙碌的工匠也不例外。

⑤ 通常打招呼只说"此来一路平安"，本节记录的是对运送初熟贡的人群的特定问安语。

⑥ 在近郊停顿受到迎接之后，初熟贡的运送人群再次起行，在笛子的带领下前往圣殿山。

⑦ 亚基帕王：罗马时代大希律犹太王国的最后两位国王（第六任和第七任）均为亚基帕王，史称亚基帕一世和亚基帕二世。本处所指不明，阿尔贝克认为指亚基帕一世，盖因其信教较虔诚，当每年进献初熟贡。

⑧ 进初熟贡者不必自己搬运初熟贡，可以雇人或用牲畜搬运，但到达圣殿山之后则必须亲手将自己的初熟贡运上山去。这里是说，即使亚基帕王也要亲自将初熟贡从山下运入圣殿。

⑨ 圣殿围墙内的庭院。

⑩ 《诗篇》30：1。

⑪ 进献初熟祭时，物主在装果实的篮筐后边挂上一些小鸟（幼鸽等），以作为在圣殿进献的燔祭。参见《利未记》第 1 章。

祭司[1]。

6. 篮筐尚在其肩上，即诵念自“我今日向耶和华你神明认”[2]直至完成全段[3]。拉比犹大说：直至“我祖原是一个将亡的亚兰人”[4]。念到“我祖原是一个将亡的亚兰人”，即自其肩头放下篮筐，抓住其筐沿，祭司将其手置于其底部而将其摇晃，诵念[5]自“我祖原是一个将亡的亚兰人”直至完成全段，且将其置于祭坛旁[6]，鞠躬退出。

7. 起先，所有会诵念者均诵念，所有不会诵念者则跟诵[7]。他们回避而不进献[8]。他们[9]规定会诵念者与不会诵念者均跟读。

8. 富人以金银之筐[10]进献其初熟贡，而穷人以去皮柳条篮进献，篮子与初熟贡均交给祭司[11]。

9. 拉比西缅·本·那纳斯说：装点初熟贡者，七味除外[12]。拉

---

① 他们手中另外拿的幼鸟则归祭司所有。另一说是：他们手中拿的初熟贡归祭司所有。

② 《申命记》26:3.

③ 全段：指《申命记》26:3～10。

④ 《申命记》26:5。拉比犹大认为，全段不是一下子念完，念到第五节时要有个停顿。以下是他解释停顿时要做什么。

⑤ 进贡者在祭司摇晃后继续把祝祷词念完。

⑥ 巴拉伊塔认为应该放在祭坛西南角边。

⑦ 第二圣殿时期很多犹太人不是在以色列地长大，已经不会念希伯来文，因此献初熟贡时要别人念诵祷词，他们跟诵。

⑧ 因为会诵念者和不会诵念者被区别对待，不会诵念者感觉难堪，干脆不再进献初熟贡。

⑨ 指众贤哲。

⑩ 指镀金或镀银的筐。

⑪ 穷人的初熟贡连同柳条篮一起交给祭司，富人的镀金或镀银筐因为较贵，所以只留下初熟贡，而取回自己的筐子。

⑫ 七味是进初熟贡的七种果实（参见本卷1:3），拉比西缅·本·那纳斯认为只能用其他不进初熟贡的果实来装点。

比阿奇瓦说：除七味外不得装点初熟贡[1]。

10. 拉比西缅说：初熟贡有三个等级：初熟贡[2]、附加初熟贡[3]、初熟贡之装点[4]。附加初熟贡：其同种者[5]。初熟贡之装点：非其同种者[6]。附加初熟贡：在洁净中食用[7]，且免于得卖疑[8]；初熟贡之装点，有责于得卖疑[9]。

11. 何时他们说附加初熟贡与初熟贡一样呢？[10] 当其来自以色列之地时；若非来自以色列地，则非初熟贡。

12. 为何说初熟贡一如祭司的产业？[11] 因他可以之购买奴隶、土地和不洁牲畜[12]。债主可取之抵债[13]，妇女可以之抵婚书[14]，一如《托拉》经卷[15]。拉比犹大说：不得将其送出，除非出于善意而给

① 拉比阿奇瓦反对用其他果实装点，以免别人误以为这些果实也要进初熟贡。

② 果实初生时就被选定且标明的初熟贡。

③ 初生时未被标明为初熟贡，后来收获时选定的果实。

④ 用来装点初熟贡果篮的其他果实。

⑤ 某一特定果实初熟贡的附加初熟贡必须是同一种类的果实。

⑥ 装点初熟贡必须使用与筐中初熟贡果实不同种类的果实。

⑦ 不得沾染不洁。

⑧ 如果祭司从不知经者手中获得附加初熟贡，那么他不必像对待得卖疑那样从中分留什一税。

⑨ 如果祭司从不知经者手中获得初熟贡之装点，那么他必须像对待得卖疑那样从中分留什一税。

⑩ 如上节所述，附加初熟贡与初熟贡正品一样，都必须洁净食用，且不受得卖疑律法限制。本节为附加初熟贡的这一地位增加了条件。

⑪ 参见本章2:1有关初熟贡与举祭相当的规定。

⑫ 祭司不一定食用其所收到的初熟贡，而是可以将其作为一般财产交换其他财产，不过交换出去的初熟贡仍保留其圣品地位，只能由祭司在耶路撒冷洁净食用。

⑬ 如果祭司欠了别人的债，可以用初熟贡抵债。

⑭ 如果祭司休妻，其妻可以收取其初熟贡，以抵偿其婚书规定的离婚所当得的财产。

⑮ 祭司手中所拥有的《托拉》经卷也可以用作上述用途。

道友[①]。而众贤哲说：可给守望者[②]，他们自己分享，一如圣殿之圣品[③]。

① 拉比犹大反对初熟贡的上述用法，认为最多只能送给守律法的祭司做礼物。

② 守望者：指祭司。

③ 众贤哲认为，初熟贡与其他所有圣殿中的圣品一样，可以送给所有的祭司，即使是对不守律法的祭司也应该相信他们在洁净食用初熟贡方面是可靠的。

第4章[1]

1. 巴拉伊塔之教：双性人[2]，有与男性相当之处，有与女性相当之处，有与男性及女性均相当之处，亦有与男性及女性均不相当之处[3]。

2. 何以与男性相当？射白[4]则沾染不洁，一如男性；娶而不嫁[5]，一如男性；不得与女性独处，一如男性；不得与女儿同受抚养[6]，一如男性；不包头巾，而理发[7]，一如男性；不得沾染死尸之不洁[8]，受不可修鬓不可损须之约束[9]，一如男性；受制于所有《托拉》所言之诫命[10]，一如男性。

---

① 本章并非《密释纳》原有部分，而是从本卷的《托塞夫塔》补入的，原因是其论述格式与本卷第3章相似，且本章1:5提到双性人的问题。虽然学术性强的《密释纳》版本（如阿尔贝克注解本）不收本章，但通行《密释纳》印刷本均收录本章，唯各本文字差异较大，本书依Artscroll《密释纳》注释本译出。

② 指同时具有两性生殖器官者。

③ 在律法方面，双性人有四种情况。

④ 射白：从体内射出白色液体，通常指射精，男子射精即沾染不洁。

⑤ 只能跟女人结婚，不能跟男人结婚。

⑥ 如果父亲死后留下的遗产不够子女分配以支撑最基本生活需要，则先让女儿拿够，剩下的才由儿子们分享。双性人不享有女儿的这种优先权。

⑦ 当时的女性要包头巾，不理发。

⑧ 如果该双性人是祭司，那么他被禁止沾染死尸不洁，这与祭司的女儿不同。

⑨ 《利未记》19:27："头的周围（'周围'或作两鬓）不可剃，胡须的周围也不可损坏。"

⑩ 女性不受《托拉》中有时间限制的诫命（如诵念祷文《听》）的约束。

3. 何以与女性相当？流红[①]则沾染不洁，一如女性；不得与男性独处，一如女性；无须脱鞋婚[②]，一如女性；不与众子同分产业[③]，不得分享圣殿之圣品[④]，一如女性；无资格以《托拉》作任何证言[⑤]，一如女性；不得违禁出嫁[⑥]，一如女性；无资格食用举祭，一如女性[⑦]。

4. 何以与男性及女性均相当？若造成其损害则须赔偿，一如男性及女性；对他人造成任何伤害则须赔偿，一如男性及女性[⑧]；杀之者，如有意则处死，若失误则流放逃城[⑨]，其母为之而行血液洁净之家居，一如男性及女性[⑩]。接受圣界之物，一如男性及女性[⑪]；说"若此为男人及女人则我为许愿者"者，此人为许愿者[⑫]。

---

① 流红：指月经，女性月经来潮，则沾染不洁。

② 男子死后其兄弟娶其妻子的习俗，参见《申命记》25：5～10。两性人不算兄弟，故不行脱鞋婚。

③ 如果父亲留下的遗产很多，那么在子女拿足基本生活需要后，剩下的产业由儿子们分享，女儿无份，双性人亦无份。

④ 圣殿祭祀的牺牲品应由男性祭司们分享。

⑤ 不得在法庭上作证。

⑥ 不得与有乱伦嫌疑的男性亲属（如父亲或爷爷）结婚。

⑦ 如果违反前款规定而有乱伦嫌疑的话，那么就失去吃举祭的资格（如果他是祭司的孩子）。这一点与祭司的女儿一样。

⑧ 双性人若遭受伤害有权要求赔偿，伤害他人则须赔偿，与正常人一样。

⑨ 有意杀害双性人则偿命，过失杀人则流放逃城，与正常人一样。

⑩ 按照《利未记》第12章，生下男婴的母亲血液不洁七天，此后家居三十三天；产下女婴的母亲血液不洁十四天，此后家居六十六天。本节认为双性人兼具男女，因此其母血液不洁十四天如生女婴，此后家居二十六天，以满四十天之数，如同生下男婴。

⑪ "圣界之物"指举祭，因其必在以色列地之内食用。此句说明两性人祭司同样可以享用举祭。

⑫ 如果许愿者宣称某双性人双性为其许愿条件，则许愿成立，成为许愿者。

5. 何以与男性及女性均不相当？不因其不洁而受责[①]，不因其不洁而焚毁[②]，不得被估价[③]，与男性及女性均不相当；不得被卖为希伯来奴隶[④]，与男性及女性均不相当；若说“若此非男人及女人则我为许愿者”，则此人为许愿者。拉比约西说：双性人，自成一类，众贤哲无法裁决其为男为女。然而隐性人则非如此，因其可能为男性，可能为女性[⑤]。

《初熟贡》卷终

① 双性人射白或流红均造成不洁，但如果他在不洁中进入圣殿，或别人从他那里沾染了不洁而进入圣殿，他们不会像通常的不洁者那样受责，因为《民数记》5：3“无论男女都要使他们出到营外，免得污秽他们的营”一句明确说明是“男女”，而不包括双性人。

② 不洁的双性人如造成举祭品不洁，也不必照常规做法去焚毁这些举祭品。

③ 发誓按照某人的价值给圣殿奉献的做法，参见《利未记》27：1～8。由于这里规定的估价是按男女进行的，所以无法对双性人估价。

④ 犹太男子在两种情况下可以被卖为希伯来奴隶：其一是过于贫穷，为求存活而自卖；其二是偷盗他人财产，因无力偿还被判卖。不过，这两种情况都只在该男子成年的情况下才成立。犹太女子可以被其父卖给他人做使女，条件是该女子尚未成年，成年后即获自由。由于双性人既男又女，所以成不成年都不能被卖。

⑤ “隐性人”指真实性器官被假性器官遮掩的人，这些人虽然有异常人，但有确定性别，只是等待被发现而已。

附录1 《密释纳》总目及其与拉比犹太教其他经典关系一览表

（与《希伯来圣经》的关系请参见附录2）

第1部 种子（Zeraim）

卷号	卷名	章数	内容 与农业活动相关的各项税赋义务	巴比伦塔木德	耶路撒冷塔木德	托塞夫塔
1	祝祷（Berachoth）	9	与祷文《听》以及其他日常祷告相关的祝祷问题。	有	有	有
2	田角捐（Peah）	8	田角捐以及其他与济贫相关的问题。		有	有
3	得卖疑（Demai）	7	从不知经者处购买食物的什一税问题及其他相关问题。		有	有
4	禁混种（Kilaim）	9/10	有关禁止混淆的品种的各种问题。		有	有
5	第七年（Sheviit）	10	关于第七年休耕的各种问题。		有	有
6	举祭（Terumoth）	11	有关分留给祭司的举祭品的各种问题。		有	有

7	什一税（Maaseroth）	5	有关分留给利未人的第一什一税的各种问题。		有	有
8	第二什一税（Maaser Sheni）	5	有关带往耶路撒冷消费的第二什一税的问题以及第四年果物的处理问题。		有	有
9	举祭饼（Challah）	4	揉制面团时留给祭司的举祭饼面团的各种问题。		有	有
10	未净（Orlah）	3	关于初植三年内的果树的果品地位问题。		有	有
11	初熟贡（Bikkurim）	4	有关向圣殿进贡的初熟农产品的问题。		有	有

第2部　节期（Moed）

卷号	卷名	章数	内容 与拉比犹太教主要节日与圣日相关的各种问题	巴比伦塔木德	耶路撒冷塔木德	托塞夫塔
1	安息日（Shabbath）	24	关于安息日行为的各种律法问题。	有	有	有
2	移入纹（Eruvin）	10	关于安息日活动范围的各种相关问题。	有	有	有
3	逾越节（Pesahim）	10	有关逾越节的各种问题。	有	有	有
4	舍客勒（Shekalim）	8	成年男子向圣殿捐献半舍客勒银币以及其他与圣殿财产相关的问题。	有	有	有

5	盛日 （Yoma）	8	有关赎罪日圣殿内各种活动的相关问题。	有	有	有
6	住棚 （Sukkah）	5	有关住棚节的各种问题。	有	有	有
7	节蛋 （Betzah）	5	有关节日与圣日所禁止的各种工作的问题。	有	有	有
8	岁首 （Rosh Ha-Shana）	4	有关犹太新年的各种问题，侧重于新月的确定和羊角号的吹奏。	有	有	有
9	斋戒 （Taanith）	4	斋戒的有关问题，包括特定灾难引起的或圣日引发斋戒。	有	有	有
10	经卷 （Megillah）	4	普珥节诵读《以斯帖记》以及其他经文诵读的相关问题。	有	有	有
11	小节期 （Moed Katan）	3	某些特定时期（节日中间期、守丧期等）的工作和生活问题。	有	有	有
12	节仪 （Chagigah）	3	与节日相关的圣殿献祭问题。此外也谈及婚姻问题和其他圣殿问题。	有	有	有

第 3 部 妇女（Nashim）

卷号	卷名	章数	内容 妇女、婚姻和家庭问题	巴比伦塔木德	耶路撒冷塔木德	托塞夫塔
1	转房（Yevamoth）	16	有关“兄终弟及”式婚姻的实行问题。	有	有	有
2	婚书（Ketuvoth）	13	有关婚约及婚姻中的财产关系问题，以色列土地与外邦土地的地位问题。	有	有	有
3	许愿（Nedarim）	11	服事神的许愿的生效与解除问题，婚姻家庭相关誓言的解除问题。	有	有	有
4	拿细耳人（Nazir）	9	许愿额外受戒的拿细耳人的各种问题。涉及妇女许愿问题。	有	有	有
5	不贞（Sotah）	9	不贞女性的检测问题。	有	有	有
6	休书（Gittin）	9	休书及其具体内容的生效与废止问题。	有	有	有
7	婚约（Kiddushin）	4	订婚以及其他问题婚姻的律法地位问题。	有	有	有

第4部 损害（Nezikin）

卷号	卷名	章数	内容 有关各种损害或伤害行为的审判、取证、惩罚与赔偿问题以及与此相关的其他问题	巴比伦塔木德	耶路撒冷塔木德	托塞夫塔
1	前门（Baba Kama）	10	对他人权利及财产的损害以及相关赔偿问题。	有	有	有
2	中门（Baba Metzia）	10	财物转换过程（包括交易、租赁、丢失与捡拾等）中的律法问题。	有	有	有
3	末道门（Baba Batra）	10	买卖过程中的权利、义务以及相关律法文件的问题。	有	有	有
4	公会（Sanhedarin）	11	犹太教公会的审判规则以及对不同罪行的处罚方式问题。	有	有	有
5	鞭笞（Makkoth）	3	对各种罪行的处罚方式（接续上一卷）。	有	有	有
6	誓言（Shevuoth）	7	公共与私人生活中的各种誓言的律法问题。	有	有	有
7	证言（Eduyoth）	8	内容杂乱，包括从妇女经期到圣殿习俗的各种不相关联的问题。			有
8	异教（Avodah Zarah）	5	犹太人对待偶像崇拜、异教徒的行为准则。	有	有	有

9	阿伯特（Avoth）	6	拉比犹太教传统历史，贤哲言论，道德训诫。			
10	裁决（Horayoth）	3	司法误判以及权力机构其他非有意的过犯行为。	有	有	有

第5部 圣职（Kodashim）

卷号	卷名	章数	内容 与圣殿祭祀相关的问题	巴比伦塔木德	耶路撒冷塔木德	托塞夫塔
1	牺牲（Zevahim）	14	献祭动物的屠宰及血液的喷洒。	有		有
2	素祭（Menahoth）	13	各种素祭的目的、预备、实施等相关问题。	有		有
3	俗品（Chullin）	12	屠宰与肉类食用的相关问题（本部中唯一涉及实用价值律法的一卷）。	有		有
4	头生（Bekhoroth）	9	各种头生动物献祭的拣选、屠宰、赎买等问题。头生子的赎买问题。	有		有
5	估价（Arakhin）	9	发誓将产业捐献给圣殿的要求与程序，这些产业的估价。	有		有
6	更换（Temurah）	7	献给圣殿的贡品的更换问题。兼及供品的管理问题。	有		有
7	剪除（Kerithoth）	6	各种导致覆灭惩罚的过犯及其赎罪问题。	有		有

8	渎用（Meilah）	6	与亵渎圣品相关的各种律法问题。	有		有
9	日常燔祭（Tamid）	7	圣殿日常燔祭的执行，圣殿执事人员的责任。	有		
10	规格（Middoth）	5	圣殿的建制，对圣殿各部分的描述。	有		
11	鸟祭（Kinnim）	3	用鸟在圣殿献祭的各种问题。			

第 6 部　洁净（Tohoroth）

卷号	卷名	章数	内容 有关教义规定的各种洁净与不洁的问题	巴比伦塔木德	耶路撒冷塔木德	托塞夫塔
1	器皿（Kelim）	30	家用器皿的洁净问题。			有
2	帐棚（Oholoth）	18	居室或田地因尸体而沾染不洁的问题。			有
3	灾病（Negaim）	14	有关麻风病的律法问题。			有
4	母牛（Parah）	12	小红母牛灰的洁净作用及其用法。			有
5	洁净（Tohoroth）	10	某些相对轻度的、到日落为止的不洁问题。			有
6	洗洁池（Mikvaoth）	10	举行洗礼洁净仪式的池塘水井问题。			有

7	经期（Niddah）	10	经期不洁的某些问题。	有	有	有
8	预备（Makshirin）	6	使果品与种子沾染不洁的液体问题。			有
9	漏症患者（Zabim）	5	因漏症而引起的不洁问题。			有
10	日浸者（Tebul Yom）	4	在浸礼池清洁后须待至日落方可洁净的问题。			有
11	双手（Yadaim）	4	手的沾染与传播不洁的问题。			有
12	茎秆（Ukzin）	3	果壳、茎秆等食物附带品的不洁问题。			有

附录2 《密释纳》与《希伯来圣经》关系一览表

第1部 种子(Zeraim)

卷号	卷名	希伯来圣经
1	祝祷(Berachoth)	申命记6:4~9,11:13~21;民数记15:37~41;诗篇55:17;但以理书6:10;申命记8:10
2	田角捐(Peah)	利未记19:9~10,23:22;申命记24:19~22,14:28~29
3	得卖疑(Demai)	
4	禁混种(Kilaim)	利未记19:19;申命记22:9~11
5	第七年(Sheviit)	出埃及记23:10~11;利未记25:1~7;申命记15:1~10;尼希米记10:31
6	举祭(Terumoth)	民数记18:8~15,18:25~32;申命记18:4;利未记22:10~14;申命记12:6;尼希米记10:35~39
7	什一税(Maaseroth)	民数记18:21~24
8	第二什一税(Maaser Sheni)	申命记14:22~27,26:12~15;利未记27:30~31,19:23~25

9	举祭饼 （Challah）	民数记15:17～21;尼希米记10:35～36
10	未净 （Orlah）	利未记19:23
11	初熟贡 （Bikkurim）	出埃及记23:19;民数记18:13;申命记26:1～12;尼希米记10:35

第2部　节期（Moed）

卷号	卷名	希伯来圣经
1	安息日 （Shabbath）	创世记2:1～3;出埃及记16:22～26,16:29～30,20:8～11,23:12,31:12～17,34:21,35:2～3;利未记19:3,26:2,23:3;民数记15:32～36;申命记5:12～15;以赛亚书56:2,58:13～14;耶利米书17:21～22;以西结书20:12;阿摩司书8:5;尼希米记10:31,13:15～19
2	移入纹 （Eruvin）	出埃及记16:29～30
3	逾越节 （Pesahim）	出埃及记12:1～28,12:39,12:43～50,13:3～10,23:16,23:18,34:18,34:25;利未记23:5～8;民数记9:1～14,28:16～25;申命记16:1～8;约书亚记5:10～11;列王纪下23:21～23;以西结书45:21～24;以斯拉记6:19～22;历代志下30:1～5,30:13～22,35:1～19
4	舍客勒 （Shekalim）	出埃及记30:11～16;列王纪下12:4～16;历代志下24:4～14;尼西米记10:32～33

5	盛日（Yoma）	利未记 16:1～34,23:26～32;民数记 29:7～11;出埃及记 30:10
6	住棚（Sukkah）	利未记 23:33～43;民数记 29:12～38;出埃及记 23:16,34:22;以斯拉记 3:4;尼希米记 8:14～18;撒迦利亚记 14:16～19;以西结书 45:25
7	节蛋（Betzah）	出埃及记 12:16
8	岁首（Rosh Ha-Shana）	出埃及记 12:1～2,23:16,34:22;以西结书 40:1;利未记 23:1～2,23:23～25;民数记 29:1～6;诗篇 81:2～4;尼希米记 8:2～12
9	斋戒（Taanith）	民数记 10:9;列王纪上 8:35～39;约珥书 1:3,1:14,2:15～17;历代志下 20:3～4,20:9;撒迦利亚 7:2～3,8:19
10	经卷（Megillah）	以斯帖记 9:16～32
11	小节期（Moed Katan）	利未记 23:37
12	节仪（Chagigah）	出埃及记 23:15～18,34:23～24;申命记 16:14～17

第3部 妇女（Nashim）

卷号	卷名	希伯来圣经
1	转房（Yevamoth）	申命记 25:5～10;创世记 38:8;路得记 4:5～10

2	婚书（Ketuvoth）	出埃及记 22:15～16；申命记 22:28～29，22:13～21
3	许愿（Nedarim）	民数记 30:1～16
4	拿细耳人（Nazir）	民数记 6:1～21；士师记 13:2～5，16:17；阿摩司书 2:11～12
5	不贞（Sotah）	民数记 5:11～31；申命记 20:1～9，24:5，21:1～9
6	休书（Gittin）	申命记 24:1～4；以赛亚书 50:1；耶利米书 3:1，3:6～7；玛拉基书 2:13～16
7	婚约（Kiddushin）	申命记 24:1

第 4 部　损害（Nezikin）

卷号	卷名	希伯来圣经
1	前门（Baba Kama）	出埃及记 21:33～34，21:35～36，22:5～6，21:28～32，22:1，22:4，22:7～9，21:18～19，21:22～25；利未记 24:18～20，6:1～7；民数记 5:5～8
2	中门（Baba Metzia）	申命记 22:1～4；出埃及记 23:4～5；利未记 25:14，25:17；出埃及记 22:21；利未记 19:33；耶利米书 22:3；以西结书 22:29；出埃及记 22:25；利未记 25:35～37；申命记 23:20～21；以西结书 18:7～8，22:12；诗篇 15:5；箴言 28:8；申命记 23:24～25，25:4；出埃及记 22:7～15；利未记 19:13；申命记 24:14～15；出埃及记 22:26～27；申命记 24:10～13，24:17～18，24:6

3	末道门（Baba Batra）	利未记 19:35～36；申命记 25:13～16；民数记 27:8～11；申命记 21:15～17
4	公会（Sanhedarin）	申命记 16:18～20，17:8～13；出埃及记 23:2；民数记 35:30；申命记 17:6～7；利未记 21:10～12；申命记 17:14～20，21:22～23，21:18～21，13:13～18
5	鞭笞（Makkoth）	出埃及记 20:16；申命记 5:20，19:15～21；民数记 35:9～28，35:32；申命记 19:1～13，25:1～3
6	誓言（Shevuoth）	出埃及记 20:7；利未记 19:12；民数记 30:3；利未记 5:1～13，6:1～7
7	证言（Eduyoth）	
8	异教（Avodah Zarah）	出埃及记 23:13，23:24，23:32～33，34:12～17；申命记 7:1～5，7:25～26，12:1～3
9	阿伯特（Avoth）	
10	裁决（Horayoth）	利未记 4:1～5，4:13～23；民数记 15:22～29

第5部 圣职（Kodashim）

卷号	卷名	希伯来圣经
1	牺牲（Zevahim）	利未记 1:1～9，1:14～17，3:1～5，4:27～31，7:1～8
2	素祭（Menahoth）	利未记 2:1～13，6:14～18，7:9～10

3	俗品（Chullin）	申命记12:20～24;出埃及记22:31;申命记14:21;以西结书4:14;利未记22:28,17:12～14;创世记32:32;申命记18:3～4,22:6～7
4	头生（Bekhoroth）	出埃及记13:2,13:11～13,22:29～30,34:19～20;利未记34:19～20;民数记3:13,18:15～18;申命记15:19～23;尼希米记10:36;利未记27:32
5	估价（Arakhin）	利未记27:1～8,27:16～24,27:28;民数记18:14;利未记25:25～34
6	更换（Temurah）	利未记27:9～10,27:32～33
7	剪除（Kerithoth）	
8	渎用（Meilah）	利未记5:15～16
9	日常燔祭（Tamid）	民数记28:3～8;出埃及记30:7～8;历代志下13:11
10	规格（Middoth）	以西结书43:11
11	鸟祭（Kinnim）	

第6部　洁净（Tohoroth）

卷号	卷名	希伯来圣经
1	器皿（Kelim）	利未记11:29～35,15:4～6,15:9～12,15:19～27;民数记19:14～15,31:19～24

2	帐棚（Oholoth）	民数记 19:11，19:14～16，19:22
3	灾病（Negaim）	利未记 13:1～59，14:1～53；申命记 24:8
4	母牛（Parah）	民数记 19:1～14，19:17～21，31:23
5	洁净（Tohoroth）	
6	洗洁池（Mikvaoth）	利未记 11:31～32，11:36，15:13，15:27；民数记 31:23
7	经期（Niddah）	利未记 15:19～30，18:19，20:18，12:1～8
8	预备（Makshirin）	利未记 11:34，11:38
9	漏症患者（Zabim）	利未记 15:1～15
10	日浸者（Tebul Yom）	利未记 11:32，22:6～7
11	双手（Yadaim）	
12	茎秆（Ukzin）	

附录3　贤哲小传

A

阿巴·扫罗（Abba Shaul）

大约生活于公元2世纪中叶，第三代坦纳成员，据信是拉比阿奇瓦的学生。他没有得到拉比的头衔，“阿巴”是其尊称。他身材高大，以殡葬为职业，业余编辑了自己的《密释纳》版本，今本《密释纳》中一些段落是拉比犹大从他的《密释纳》中收入的。

拉比阿奇瓦（Rabbi Akiva）

大约生活于公元50～132年，全名为阿奇瓦·本·约瑟。第三代坦纳成员，拉比以利以谢的弟子，亦受教于拉比约书亚。拉比阿奇瓦通常被认为是拉比犹太教口传律法的第一位集大成者，对前代流传下来的散乱的律法条文进行了第一次系统化整理，成为《密释纳》经典化过程中的一个重要发展阶段。他是巴尔·科赫巴起义的积极参加者，从某种意义上说是精神领袖的角色。他在起义失败后的就义行为使其成为拉比犹太教中的传奇人物，由此形成了大量以他为主人公的传奇故事。

B

本·阿扎伊（Ben Azzai）

大约生活于公元2世纪上半叶，全名为西缅·本·阿扎伊。第三代坦纳成员，拉比约书亚的弟子，本·左玛的同学，两人均未获得“拉比”头衔，在传统中常常齐名并称。按照拉比犹太教传说，他与本·左玛一同进入“神秘花园”，因为看了一眼花园而死去。他以学习刻苦、精通律法而著称。

本·左玛（Ben Zoma）

大约生活于公元2世纪上半叶，全名为西缅·本·佐玛。第三代坦纳成员，拉比约书亚的弟子，未获得拉比头衔。他的学识据信主要在《希伯来圣经》解经方面比较出色，以至于有“最后一位解经者与本·佐玛一起去世”之说（《密释纳·妇女部·不贞卷》9:15）。他是拉比犹太教著名的传说“神秘花园”传奇中进入花园的四名贤哲之一，因为看了一眼而导致精神失常。

D

亚特玛村人多斯太（Dostay of the village of Yathmah）

大约生活于公元1世纪，据信是沙玛伊的弟子。他在所有的犹太经典中只出现过一次(《密释纳·种子部·未净卷》2:5)。

H

拉比哈尼纳·本·安提哥努斯

(Rabbi Chanina Ben Antigonos)

第三代坦纳成员,应为拉比阿奇瓦的同时代人。据信他出身祭司家庭,曾亲身经历了第二圣殿内的各种祭祀活动,《密释纳》中所记载的他的教谕也多与圣殿的情况相关。

拉比哈尼纳·本·多撒(Rabbi Chanina Ben Dosa)

第一代坦纳成员,拉班约哈南·本·扎卡伊的学生与朋友。他在拉比犹太教经典中留下的教诲不多,主要以其品行和传说中所行的奇迹著称。按照这些传奇,他能用祈祷呼风唤雨,还能把来世的金桌子腿借到今世使用。

拉比哈尼纳·本·哈西纳伊(Rabbi Chanina Ben Chachinai)

大约生活于公元2世纪,第三代坦纳成员,又名哈纳尼亚·本·哈西纳伊,拉比阿奇瓦的学生。传统上认为他是被罗马帝国迫害致死的"十烈士"之一。他所留存的教谕多半与创世神工有关。

拉比胡茨比特(Rabbi Chutzpit)

第三代坦纳成员,因其担任雅夫内拉班迦玛列的传译员,因此又被称为“传译者胡茨比特”。他留下的教谕不多。按照传统说法,他也是“十烈士”之一,被罗马人处决时已经一百三十岁。

J

拉班迦玛列(Rabban Gamaliel)

又称拉班迦玛列长老,以区别于后世的历代拉班迦玛列。他是希列长老之孙,在第二圣殿被毁之前的数十年里出任公会首领和民族领袖。《新约·使徒行传》22:5记载保罗曾在他门下受教,并以此为荣,不过犹太教文献很少把他当作一位重要的学者看待。尽管如此,迦玛列在位时显然制定过不少律法,今天所知的有他的有关什一税和闰月等律法问题的三封信。

L

拉比(Rabbi)

即拉比犹大·哈-纳西。生于公元135年,死于公元220年前后,为第五代坦纳领袖,《密释纳》主编者,因此在《密释纳》中常被简称为“拉比”。他师从多人,其中主要是拉比阿奇瓦的学生。在他担任公会首领期间,以色列的犹太社区出现繁荣兴旺的景象,社区与罗马统治者的关系也得到改善。在和平生活中,拉比犹大·哈-纳西在加利利建起了一个实力雄厚的经学院,并主持完成了《密释纳》这部里程碑式的犹太教典籍。

M

拉比梅伊尔(Rabbi Meir)

又名拉比梅伊尔·巴阿勒-哈纳伊斯(哈纳伊斯的丈夫),第四代坦纳重要成员,拉比阿奇瓦的弟子。在阿奇瓦被罗马当局处决后,拉比梅伊尔成为保存《托拉》教学的几位主力学者之一,被任命为"贤哲",与"纳西""法庭之父"鼎足而三。他学识渊博,据说光是有关狐狸的寓言就通晓 300 多则。整部《密释纳》中有 335 条律法提及他的名字。他性喜雄辩,为人锋芒毕露,曾串通"法庭之父"拉比拿单策划废除"纳西"拉班西缅·本·迦玛列,由此与"纳西"家族闹翻,并险些被开除教籍。

米茨帕人拉比西缅(Rabbi Simon of Mizpah)

第一代坦纳成员,拉班迦玛列长老的同时代人。曾整理过一部赎罪日圣殿仪式活动的律法集。

拉比米亚沙(Rabbi Miasha)

第二圣殿时期的贤哲,是拉班迦玛列长老的同时代人,在《密释纳》中出现过一次。

N

拉比拿单（Rabbi Nathan）

第四代贤哲成员，巴比伦犹太社区首领之子，后移居以色列以出任其在公会中的职务。曾任“法庭之父”，并因为成功调停巴比伦犹太经学院与以色列犹太学者间的纠纷而得到“纳西”拉班西缅·本·迦玛列的赏识，后因参与拉比梅伊尔推翻“纳西”的活动而与“纳西”家族决裂。他参与了大量《塔木德》律法的制定。按照传统的说法，拉比犹太教经典的重要著作《阿伯特》的“革玛拉版”《拉比拿单阿伯特》是他的作品。

文士那鸿（Nahum the Scribe）

第二圣殿时期犹太公会会场的一位文士。按照《密释纳·田角捐》2:6的记载，他曾受教于拉比米亚沙。这是他在犹太教经典中出现的唯一一次。

拉比内胡尼亚·本·哈－卡内

（Rabbi Nehuniah Ben Ha-Kaneh）

第二代坦纳成员，拉比以实玛利的老师，生活于公元1世纪。这对师生在犹太教神秘主义教义中地位很高，被认为是神秘教派的早期传人。在拉比犹太教内，拉比内胡尼亚·本·哈-卡内以勤奋和严谨著称。

拉比尼希米（Rabbi Nehemiah）

第四代坦纳成员，拉比阿奇瓦后期弟子之一，巴尔·科赫巴起义失败后活跃于乌沙即雅夫内经学院，有“《托塞夫塔》拉比尼希米”之称，可见其在《托塞夫塔》成书方面的重要作用。《密释纳》与《塔木德》中有几十条律法记载了他的名字，尤以简单阐说《托拉》文义见长。

S

拉比撒都该（Rabbi Tzadok）

全名为拉比以利以谢·巴尔·撒都该。他是拉班迦玛列长老时代的人物，在第二圣殿被毁前几十年就已经相当活跃。他与拉班迦玛列长老、拉班约哈南·本·扎卡伊以及希列学派都保持着良好的关系，圣殿被毁前他在耶路撒冷身染重病，据说拉班约哈南·本·扎卡伊向罗马军队统帅要求的条件之一就是找医生为拉比撒都该治病。圣殿被毁后他在雅夫内经学院执教并受到尊敬。他对圣殿感情极深，犹太传奇中有不少这类故事。他的儿子与他同名，以至于经典中有些律法搞不清到底是谁的论述。

沙玛伊长老（Shammai the Elder）

大约生活于第二圣殿被毁前一百年前后。他担任“法庭之父”的职责，与希列长老为“组阁对”的最后一对组合。他是出色的学者，以严守律法著称，其学派与希列学派长期争执不下，虽然后来希列学派被尊为拉比犹太教的主流与律法的制定者，沙玛伊学派的观点和论述仍然被大量记载于《密释纳》和《塔木德》中。

T

拉比特尔封（Rabbi Tarfon）

第二代坦纳成员，生活于圣殿被毁前后至巴尔·科赫巴起义失败之间。他是拉班迦玛列长老和拉班约哈南·本·扎卡伊的学生，同时也在沙玛伊学派中学习，并在律法阐释上明显对沙玛伊学派的观点显示宽容。他是祭司出身，在圣殿被毁后仍然要求人们给祭司交纳捐税，并以此作为他人对圣殿所承担的义务。

X

希列长老（Hillel the Elder）

生活于第二圣殿被毁前一百年前后。他是拉比犹太教的实际创始人，在最后一对“组阁对”担任公会领袖“纳西”，其高深的学识与超凡的人品使“希列学派”压倒“沙玛伊学派”而成为拉比犹太教中的统治学派，其学术见解成为犹太教遵行的律法条文。在其身后，希列家族十五代人控制着“纳西”职位，使该家族在约四百五十年的时间里成为犹太民族的精神领袖。希列本人制定的律法流传下来的不多，大多数律法用的是“希列学派”的名义，不过从有关希列的传奇故事来看，希列思想的核心之一是人文优先的关怀精神，这是拉比犹太教与《圣经》犹太教的重大差别之一。

拉比西缅（Rabbi Shimon）

全名为拉比西缅·本·约哈伊，第四代坦纳重要成员，拉比阿奇瓦的大弟子之一。他是犹太传奇中的重要人物，据说曾因逃避罗马当局的迫害而在加利利的深山里躲藏了十三年。不少传奇故事说他有行奇迹的法力，赋予他极其浓厚的神秘主义色彩。传统上，犹太教神秘主义的根本大典《佐哈尔》被认为是他的作品，另外两部重要的律法著作《策非礼》（《民数记》和《申命记》律法书）和《莫吉尔塔》（《出埃及记》律法书）也都挂在他的名下，犹太教传统节日篝火节据说就是为了纪念他去世的日期而设定的。

拉班西缅·本·迦玛列（Rabban Simon Ben Gamaliel）

生于约公元前10年，死于约公元70年，希列家族的第四任“纳西”。大约在公元50年登位，在反罗马大起义中死难。关于他的死因有多种说法，有说死于罗马当局之手的，也有说死于起义者中的激进派之手的。据信他是起义的反对者，并主张和谈，约瑟福斯的著作中对他的智慧多有称道。

拉比西缅·本·那纳斯（Rabbi Simon Ben Nanas）

第三代坦纳成员，拉比阿奇瓦的朋友。拉比犹太教经典中有数处记载他与拉比阿奇瓦之间的争论。

拉比西缅·本·以利亚撒（Rabbi Simon Ben Elazar）

第五代坦纳成员，拉比梅伊尔的学生。他与其师关系密切，长期追随左右，在拉比犹太教经典中所留下的教谕也多与拉比梅伊尔有关。

拉比西缅·本·犹大（Rabbi Shimon Ben Yehuda）

第五代坦纳成员，拉比西缅的学生。拉比犹太教经典中记载了他几十条教谕，几乎全部是奉拉比西缅之名而言的。

拉比西缅·史佐里（Rabbi Shimon Shezuri）

第四代坦纳成员，拉比特尔封的学生，拉比西缅的朋友。

Y

拉比以利亚撒（Rabbi Elazar）

全名为拉比以利亚撒·本·施姆亚，在《密释纳》中简称拉比以利亚撒（注意：《塔木德》中简称"拉比以利亚撒"的是另外一位贤哲——拉比以利亚撒·本·帕达特）。他是第四代坦纳成员，拉比阿奇瓦的学生。他是巴尔·科赫巴起义失败之后罗马镇压期间敢于抗拒命令继续教学的阿奇瓦五大弟子之一。不过镇压过后，乌沙经学院的贤哲中却没有关于他的记载，犹太传统认为他去了巴比伦，不过也有其他说法。

拉比以利亚撒·巴尔·撒都该（Rabbi Elazar Bar Zadok）

第二代坦纳成员，拉比撒都该之子，生活于第二圣殿被毁前的数十年间。拉比犹太教经典中记载的他的教谕多与第二圣殿、第二圣殿时期耶路撒冷的生活状况以及拉班迦玛列的情况有关。除他以外，第四代坦纳中还有一位同名的贤哲，大概是他的孙子，由于姓名完全相同，有时很难把两人区分开来。

拉比以利亚撒·本·希斯玛（Rabbi Elazar Ben Chisma）

参见拉比以利亚撒、拉比以利亚撒·希斯玛条。

拉比以利亚撒·本·亚撒利雅（Rabbi Elazar Ben Azaryah）

第三代坦纳成员，据信是文士以斯拉的后裔，家庭极其富有。他学识渊博，对律法和传奇都很熟悉，曾一度取代拉班迦玛列二世出任“纳西”，在拉班迦玛列二世复位后出任法庭之父一职。据说当时雅夫内经学院的安息日讲道每四周一轮，拉班迦玛列二世主讲三周，他主讲一周，可见其地位之高。

巴尔托塔人拉比以利亚撒·本·犹大

（Rabbi Elazar Ben Yehudah the man of Bartotha）

第三代坦纳成员，拉比约书亚的学生，拉比阿奇瓦的朋友。他的教诲多通过第四代贤哲口传而留存下来。巴尔托塔：地名，位置不详。

拉比以利亚撒·希斯玛（Rabbi Elazar Chisma）

即拉比以利亚撒，据说他曾受招当众诵读会堂祷文而不能完成，因此遭到嘲笑，后发奋学成，能自如履行职责，遂被称为“希斯玛”，意为“强化了的拉比以利亚撒”。按：希斯玛很可能是以利亚撒父亲的名字，因为他又被称为“拉比以利亚撒·本·希斯玛”，所以有关这个名字的传奇也可能是因为他父亲的名字而以讹传讹。

拉比以利以谢(Rabbi Eliezer)

全名为拉比以利以谢·本·豪尔卡诺斯,第二代坦纳重要成员,拉班约哈南·本·扎卡伊的大弟子。他在罗马军队围攻耶路撒冷时曾帮助其师逃到城外。圣殿被毁后他加入雅夫内经学院,并成为公会成员。他治学严谨,在律法解释上偏于保守。他是拉比犹太教传奇中的重大事件"蛇炉之辩"的主人公,并因为这场冲突而被开除教籍,最终在苦闷中死去。虽然被开除,但他的学说在拉比犹太教典籍中仍被大量引用,其律法权威的地位仍然不可动摇。

拉比以利以谢·本·雅各(Rabbi Eliezer Ben Yaakov)

生活于第二圣殿时期,第二代坦纳成员。他对圣殿的建制极其熟悉,《密释纳·圣职部·规格卷》记载了他对圣殿的详细描述。除他以外,第四代坦纳中另有一位姓名完全相同的贤哲,两人的言论很难区分,传统上认为凡是有关圣殿的教谕均属于第二代坦纳中的这一位。

拉比以实玛利(Rabbi Ishmael)

生于公元90年,死于公元135年,第三代坦纳重要成员,其地位几乎与拉比阿奇瓦相当。他幼年被罗马人掠卖,后被拉比约书亚赎回。他先后师从拉比约书亚、拉比以利以谢等第二代贤哲大家,学业优异。他在律法释经学方面有特殊贡献,强调以逻辑为基础的释经理论,反对以单个字母作为引申律法的依据。他制定的"释经十三规则"为贤哲们普遍接受,成为拉比犹太教进一步发展的重要基础。

拉比犹大（Rabbi Judah）

全名为拉比犹大·本·伊莱依，第四代坦纳成员。其学问来自其父所传的拉比以利以谢的学说，同时师从拉比阿奇瓦，是巴尔·科赫巴起义失败之后罗马镇压期间敢于抗拒命令继续教学并得到拉比犹大·本·巴巴任命的阿奇瓦五大弟子之一。迫害时期结束后，他成为乌沙经学院的主力。《密释纳》所记载的他所定的律法超过六百条，除《圣职部·鸟祭卷》之外，每卷都记载了他的言论。

拉比犹大·本·贝特拉（Rabbi Judah Ben Bethairah）

第三代坦纳成员，出生于巴比伦纳茨宾，在以色列师从雅夫内经学院的名师学习《托拉》。巴尔·科赫巴起义失败之后不堪罗马当局的镇压而离开以色列，回到巴比伦。《密释纳》与《塔木德》中都有关于他的记载。除他以外，第二圣殿被毁前另有一位姓名完全相同的贤哲，不过基本上没留下什么教谕。

大祭司约哈南（Yochanan Cohen Gadol）

本名约翰·豪尔卡努斯，犹大国王，公元前135年至前105年在位，马卡比起义领袖马塔提亚斯之孙。他在教义上属于撒都该派。

拉比约翰南·本·努利（Rabbi Yochanan Ben Nuri）

第三代坦纳成员，在雅夫内经学院求学，受到拉班迦玛列二世的照料并与其保持着良好的关系。他可能是拉比以利以谢的学生。他贫而不能自立，得到拉班迦玛列的帮助而在经学院中领取一份薪水。除了一般律法问题外，他以精通几何学著称，号称能算出海中有多少滴水。

拉比约书亚（Rabbi Joshua）

全名为拉比约书亚·本·哈纳尼亚，拉班约哈南·本·扎卡伊的大弟子之一，第二代坦纳领袖人物。圣殿被毁后，他协助拉班约哈南·本·扎卡伊组建雅夫内经学院，在拉班约哈南·本·扎卡伊死后协助拉班迦玛列二世解散沙玛伊学派，使希列学派统一了拉比犹太教律法。拉班迦玛列二世去世后，他成为犹太教和犹太社团的实际领袖。拉比犹太教经典中记载了他的大量教谕，犹太传奇中也有很多颂扬他的智慧的故事。

拉比约书亚·本·卡尔哈（Rabbi Joshua Ben Karcha）

第四代坦纳成员，拉比约翰南·本·努利的学生。曾在拉班西缅·本·迦玛列的经堂执教，所留教谕不多。

拉比约西（Rabbi Yose）

全名为拉比约西·本·哈拉夫塔，第四代坦纳的重要成员，拉比阿奇瓦的学生，巴尔·科赫巴起义失败之后罗马镇压期间敢于抗拒命令继续教学的阿奇瓦五大弟子之一。在罗马迫害期间曾一度流亡小亚细亚，迫害期过后回到乌沙出任公会成员，后因卷入拉比西缅·本·约哈伊攻击罗马政权一案，被迫迁往区波里，在那里建立了自己的经学院，并以其高深的学问教育了一代英才，拉比犹大·哈-纳西便曾是他的学生。他是一代律法权威，《密释纳》中记载了大量他所制定的律法。

拉比约西·本·密疏朗姆(Rabbi Yose Ben Meshulam)

第五代坦纳成员,《密释纳》中有三处记载了他的言论。

拉比约西·哈–加利利(Rabbi Yose Ha-Galili)

第三代坦纳成员,雅夫内经学院主要成员之一。他出生于加利利,并因此得名。他在加利利学成,所师从者不详,但他到达雅夫内经学院第一次与拉比阿奇瓦等人辩论便大获全胜。后来被任命为雅夫内经学院四长老之一。除了学问之外,他的善行在当时亦为人称道。

附录4　度量衡表①

1. 固体体积单位

1 比采(Bitzah)= 91.6 立方厘米

1 罗革(Log)= 1 卡斯塔(Kasta)= 6 比采 = 551 立方厘米

1 卡非杂(Kafiza)= 2 罗革 = 1102 立方厘米

1 卡夫(Kav)= 2 卡非杂 = 2204 立方厘米

1 细亚(Seah)= 1 格里奥(Grioa)= 6 卡夫 =13224 立方厘米

1 格拉夫(Grav)= 2 细亚 = 26448 立方厘米

1 吧特(Bath)= 1 伊法(Ifah)= 3 细亚 = 39672 立方厘米

1 俄梅珥(Omer)= 1 依司容(Issaron)= 1/10 伊法 = 3967.2 立方厘米

1 图曼(Toman)= 0.5 罗革 = 275.5 立方厘米

1 奥合拉(Ochleah)= 0.4 图曼 = 110.2 立方厘米

1 拉塔合(Letech)= 5 伊法 = 198360 立方厘米

1 歌珥(Kor)= 1 赫梅珥(Homer)= 2 拉塔合 = 396720 立方厘米

---

① 本度量衡表只涉及《密释纳》《塔木德》时代的制度，主要参考《犹太大百科全书》、艾文·苏珊的《希伯来语词典》以及毕译本所附的度量衡表而制作。

2. 液体体积单位

1 卡尔托弗（Kartov）= 8.61 立方厘米

1 巴尔兹纳（Barzina）= 1 米书拉（Meshurah）= 2 卡尔托弗

1 阿赫拉（Akhelah）= 2 米书拉

1 雷维依特（Reveith）= 2 阿赫拉

1 图曼（Toman）= 2 雷维依特

1 罗革（Log）= 1 雷瓦（Reva）= 2 图曼

1 卡夫（Kav）= 4 雷瓦

1 黑因（Hein）= 1 特尔卡夫（Terkav）= 3 卡夫

1 细亚（Seah）= 2 黑因

1 吧特（Bath）= 1 伊法 = 3 细亚

1 伊法（Ifah）= 10 依司容

1 皮萨合台尔（Pisakheter）=1 安塔尔（Antal）=1 拉塔合（Letech）= 5 伊法

1 俄梅珥（Omer）= 1 歌珥（Kor）= 2 拉塔合

1 罗革 = 4 尼夫嘎（Nivgah）= 4 安法克（Anphag）= 4 安巴格（Anbag）= 4 尼特拉（Nitela）

1 扎斯塔斯（Zastas）=1 卡耶萨（Kayesa）= 1 罗革 = 4 拉塔合

1 库扎（Khuza）= 5 罗革

1 马塔尔塔（Matartha）= 12 库扎

1 米克瓦（Mikvah）= 40 细亚

3. 货币单位

1 依萨尔（Issar）＝ 8 普鲁塔（Prutah）

1 蓬地庸（Pundium）＝ 2 依萨尔

1 银玛阿（Ma'ah）＝ 2 蓬地庸

1 银第纳尔（Dinar）＝ 1 组兹 ＝ 6 银玛阿 ＝ 5 阿斯佩尔（Asper）

1 金第纳尔 ＝ 24 银第纳尔

1 玛内（Manah）＝ 100 组兹

1 塞拉（Sela）＝ 4 第纳尔

4. 重量单位

1 格拉（Gerah）＝1 格拉姆斯（Grams）＝1 玛阿（Ma'ah）＝0.6 克

1 第纳尔（Dinar）＝ 1 组兹（Zuz）＝ 1 扎因（Zain）＝ 6 格拉

1 单舍克勒（Shekel Pashut）＝ 2 组兹

1 圣舍克勒（Shekel Hakadesh）＝1 塞拉（Sela）＝2 单舍克勒

1 特拉迪马尔（Teratimar）＝ 25 单舍克勒

1 里特拉（Litra）＝ 1 意大利玛内（Mina Italki）＝ 25 塞拉

1 玛内（Mina）＝ 2 普拉斯（Pras）＝ 3 特拉迪马尔 ＝ 100 组兹

1 克卡尔（Kekar）＝ 1500 塞拉

5. 长度单位

1 小指（Eitzba Katanah）＝ 1.56 厘米

1 提勒塔（Tilta）＝ 1.87 厘米

1 指（Eitzba）＝ 1 勾得勒（Godel）＝ 2.33 厘米

1 斯特（Sit）＝ 2 指

1 掌（Tepah）＝ 1 皮兹巴（Pizba）＝ 4 指

1 虎口（Zeret）＝3 掌

1 肘（Amah）＝2 虎口＝1 卡纳（Kanah）＝1 帕斯阿（Pasah）

1 小肘（Amah Katanah）＝5 掌

1 大肘（Amah Gidolah）＝6 掌＋1 指

1 哩（Mile）＝1 安息日行距（Tehum Shabbath）＝2000 肘＝1121 米

1 帕尔萨（Parsah，古波斯长度单位）＝4 哩

1 日程（Derekh Yom）＝10 帕尔萨

1 哩斯（Res）＝266 肘

1 哈维勒（hevel）＝50 肘

6. 面积单位

1 平方肘（Amah Marbeeth）＝1 葛尔米达（Garmida）＝1 平方腕尺

1 四分之一卡夫间（Beth Reva）＝104.167 平方肘

1 卡夫间（Beth Kav）＝4 四分之一卡夫间

1 细亚间（Beth Seah）＝6 卡夫间＝2500 平方腕尺

1 双细亚间（Beth Seathaim）＝2 细亚间

1 采麻得间（Beth Tzemad）＝3 细亚间

1 普拉斯间（Beth Paras）＝4 细亚间

1 拉塔合间（Beth Letech）＝15 细亚间

1 歌珥间（Beth Kor）＝30 细亚间

附录 5　植物名词索引

---

① 7:5 指的是第七章第五节。下同。

D

E

G

K

L

M

N

O

P

Q

S

T

W

X

Y

Z

附录6　特定名词索引[①]

B

C

D

① 对于《种子部》中单独成卷的特定名词,因出现量太大,索引中只给出卷号,不再做更细的索引。

T

W

X

参考文献

1.《密释纳》注解本、译注本

Albeck, Hanoch. *Shishah Sedre Mishnah*(Hebrew). Jerusalem: The Bialik Institute, 1988.

Artscroll Mishnah Series. New York: Mesorah Publications Ltd., 2002.

Blackman, Philip. *Mishnayoth*. New York: The Judaica Press, Ltd., 2000.

Danby, Herbert. *The Mishnah*. Oxford: Oxford University Press, 1933.

Kehati, Pinchas. *Mishnayot Mevuarot*(Hebrew). Jerusalem: The Kehati Mishnayot Press, Ltd., 1998.

Neusner, Jacob. *The Mishnah: A New Translation*. New Haven, Conn: Yale University Press, 1991.

Steinsaltz, Adin. *The Steinsaltz Edition Talmud Bavli*. Jerusalem: The Institute for Talmudic Publications, 1989.

The Schottenstein Daf Yomi Edition. *Talmud Bavli*. New York: Mesorah Publications Ltd, 2002.

The Soncino Talmud, CD-ROM version. Institute for Computers in Jewish Life, Davka Corporation and Judaica Press Inc., 1991-2007.

2.《密释纳》及相关拉比犹太教研究专论

Aberbach, David. *Major Turning Points in Jewish Intellectual History*. New York: Palgrave Macmillan, 2003.

Albeck, Hanoch. *MavoLaMishnah*(Hebrew). Jerusalem: The Bialik Institute, 1959.

Albeck, Hanoch. "On Commentaries of the Six Orders of the Mishnah" (Hebrew). *Sinai* 45, 1960, pp. 204-212.

Albeck, Hanoch. "Readings of the Mishnah of the Amoraim" (Hebrew). *Chajes Memorial Volume*. Vienna, 1933, pp. 1-28.

Alexander, Elizabeth Shanks. *Transmitting Mishnah: The Shaping Influence of Oral Tradition*. Cambridge: Cambridge University Press, 2006.

Aune, D. E. "On the Origins of the 'Council of Javneh' Myth". *Journal of Biblical Literature*, Vol.110, No.3 (Autumn, 1991), pp. 491-493.

Avery-Peck, Alan Jeffery. Neusner, Jacob. *The Mishnah in Contemporary Perspective*. Leiden: Brill, 2002.

Avery-Peck, Alan Jeffery. *The Priestly Gift in Mishnah: A Study of Tractate Terumot*. Atlanta, Ga: Scholars Press, 1981.

Berger, Michael S. *Rabbinic Authority*. Oxford: Oxford University Press, 1998.

Bieberfeld, Shraga. "Form of the Mishnah in its Essence". Halevy Memorial Volume, Bne Braq, 1964, pp. 210-213.

Bleichrode, Avraham Y. "Rambam's Commentary on the Mishnah (M. San. 6-7) in the Arabic Original with a Critical Hebrew Translation and

Notes". *Kook Memorial Volume*. Jerusalem, 1937. Vol. 3, pp. 3–43.

Bokser, Baruch M. *Samuel's Commentary on the Mishnah: Its Nature, Forms, and Content*. Leiden: Brill Archive, 1975.

Brüll, Jacob. *Mavo Hamishnah* (Hebrew). Jerusalem: Maqor, 1971.

Cohen, Boaz. *Mishnah and Tosefta: A Comparative Study*. Jewish Theological Seminary of America, 1935.

Cohen, Shaye J. D. *From the Maccabees to the Mishnah*.Louisville: Westminster John Knox Press, 2006.

Collins, John Joseph. *Seers, Sibyls, and Sages in Hellenistic-Roman Judaism*. Leiden: Brill, 2001.

DeVries, Benjamin, "The Mishnah and Tosefta of Makkot" (Hebrew). *Tarbiz* 26, 1956–1957, pp. 225–261.

Elman, Yaakov. "Argument for the Sake of Heaven: 'The Mind of the Talmud'". *The Jewish Quarterly Review*, New Ser., Vol. 84, No. 2/3 (Oct., 1993–Jan., 1994), pp. 261–282.

Enelow, Hyman Gerson. *The Mishnah of Rabbi Eliezer: Or the Midrash of Thirty-two Hermeneutic Rules*. New York: Bloch Pub.Co. , 1933.

Epstein, J. N. "An Arabic Translation of Mishnayot". *Alexander Marx Jubilee Volume*. New York, 1950, pp. 23–48.

Epstein, J. N. *Mavo le-Nusah ha-Mishnah* (Hebrew). Jerusalem: Magnes Press, 1948.

Epsteins, J. N. *Mevo'ot le-Sifrut ha-Tanna'im* (Hebrew). Jerusalem: Magnes Press, 1957.

Epstein, J. N. "On the Mishnah of Rabbi Judah" (Hebrew). *Tarbiz* 15,

1943－1944，pp. 1–13.

Evans，Craig A. “Mishna and Messiah ‘In Context’：Some Comments on Jacob Neusner's Proposals”. *Journal of Biblical Literature*，Vol. 112，No. 2（Summer，1993），pp. 267－289.

Fonrobert，Charlotte Elisheva. Jaffee，Martin S. *The Cambridge Companion to the Talmud and Rabbinic Literature*. Cambridge：Cambridge University Press，2007.

Freund，Richard A. *Secrets of the Cave of Letters*：*Rediscovering a Dead Sea Mystery*. Amherst，NY：Humanity Books，2004.

Friedman，Shamma. “The ‘Law of Increasing Members’ in Mishnaic Hebrew”（Hebrew）. *Lesonenu* 35，1971，pp. 117－129.

Friedman，Shamma. “Two Early ‘Unknown’ Editions of the Mishna”. *The Jewish Quarterly Review*，New Ser.，Vol. 65，No. 2.（Oct.，1974），pp. 115－121.

Gammie，John G. Perdue，Leo G. *The Sage in Israel and the Ancient Near East*. Winona Lake，Ind：Eisenbrauns，1990.

Gersh，Harry. Platzner，Robert L. *Mishnah*：*The Oral Law*.Springfield，NJ：Behrman House，Inc.，1984.

Ginzberg，Louis. “The Mishnah Tamid”. *Journal of Jewish Lore and Philosophy* I，1，2，3，4，1919，pp. 33ff.

Goldberg，Abraham. “The Method of Judah the Patriarch in the Arrangement of the Mishnah”（Hebrew）. *Tarbiz* 28，1958－1959，pp. 260－269.

Goldin，Hyman Elias. *Hebrew Criminal Law and Procedure*：*Mishnah*：*Sanhedrin*，*Makkot*. New York：Twayne Publishers，1952.

Goldin, Hyman Elias. *Mishnah: A Digest of the Basic Principles of the Early Jewish Jurisprudence, Baba Meziah (Middle Gate) Order IV, Treatise II*. New York: G. P. Putnam's Sons, 1913.

Goldstein, Morris. *Thus Religion Grows—The Story of Judaism*. Ottawa: Read Books, 2007.

Guttmann, A. *Rabbinic Judaism in the Making: The Halakah from Ezra to Judah I*. Detroit: Wayne State University Press, 1971.

Guttmann, A. "The Problem of the Anonymous Mishnah". *HUGA* 16, 1941, pp. 137-155.

Halbertal, Moshe. *People of the Book: Canon, Meaning, and Authority*. Cambridge, Mass: Harvard University Press, 1997.

Halivni, David. *Midrash, Mishnah, and Gemara: The Jewish Predilection for Justified Law*. Cambridge, Mass: Harvard University Press, 1986.

Hauptman, Judith. *Rereading the Mishnah: A New Approach to Ancient Jewish Texts*. Tubingen: Mohr Siebeck, 2005.

Hezser, Catherine. *Jewish Literacy in Roman Palestine*. Tubingen: Mohr Siebeck, 2001.

Holder, Meir. Goldwurm, Hersh. *History of the Jewish People: From Yavneh to Pumbedisa*. New York: Mesorah Publications, 1986.

Houtman, Alberdina. *Mishnah and Tosefta: A Synoptic Comparison of the Tractates Berakhot and Shebiit*. Tubingen: Mohr Siebeck, 1996.

Jaffee, Martin S. Mishnah's Theology of Tithing: a Study of Tractate Maaserot. Chico, CA: Scholars, 1981.

Katz, Steven T. ed. *The Cambridge History of Judaism*, Vol. 4. Cambridge: Cambridge University Press, 2006.

Kierspel, Lars. *The Jews and the World in the Fourth Gospel: Parallelism*, Function, and Context. Tubingen: Mohr Siebeck, 2006.

Kraemer, David Charles. *The Mind of the Talmud: An Intellectual History of the Bavli*. Oxford: Oxford University Press, 1990.

Lapin, Hayim. *Early Rabbinic Civil Law and the Social History of Roman Galilee: A Study of Mishnah Tractate Baba' Metziah*. Atlanta, Ga: Scholars Press, 1995.

Lewin, B. M. ed. *Iggeret Rav Sherira Ga'on*, Haifa: Unknown publisher, 1921.

Levine, Lee I. *The Rabbinic Class of Roman Palestine in Late Antiquity*. Jerusalem: Yad Izhak Ben-Zvi Press, 1989.

Lewis, J. P. "What Do We Mean by Javneh?" *Journal of Biblical Literature*, Vol. 32 (1964), pp.125-132.

Lightstone, Jack N. *Mishnah and the Social Formation of the Early Rabbinic Guild: A Socio-rhetorical Approach*. Waterloo, Ont: Wilfrid Laurier University Press, 2002.

Lightstone, Jack N. *Yose the Galilean: Traditions in Mishnah-Tosefta*. Leiden: Brill Archive, 1979.

Lipman, Eugene J. *The Mishnah: Oral Teachings of Judaism*. New York: Viking Press, 1973.

Mason, Steve. *Flavius Josephus on the Pharisees: A Composition-Critical Study*. Leiden: Brill, 2001.

Miller, Stuart S. *Studies in the History and Traditions of Sepphoris*.

Leiden: Brill Archive, 1984.

Moore, G. F. *Judaism in the First Centuries of Christian Era*. New York: Meirdian 1957.

Mor, Menahem. Oppenheimer, A'haron. Pastor, Jack. ed. *Jews and Gentiles in the Holy Land in the Days of the Second Temple, the Mishnah and the Talmud: A Collection of Articles*. Jerusalem: Yad Ben-Zvi Press, 2003.

Naiman, Abba Zvi. *Landscapes of the Spirit: The Cities of Eretz Yisrael in Jewish Thought*. Jerusalem: Targum Press, 1996.

Neusner, Jacob. *A Life of Rabban Yohanan Ben Zakkai*.Leiden: Brill, 1962.

Neusner, Jacob. *Development of a Legend*. Leiden: Brill, 1970.

Neusner, Jacob. *Early Rabbinic Judaism: Historical Studies in Religion, Literature and Art*. Leiden: Brill Archive, 1975.

Neusner.Jacob. *Eliezer Ben Hyrcanus: The Tradition and the Man*. Leiden: Brill Archive, 1973.

Neusner, Jacob. *Judaism as Philosophy: The Method and the Message of the Mishnah*. Eugene,Oreg: Wipf & Stock Publishers, 2004.

Neusner, Jacob. *Rabbinic Judaism*, Minneapolis: Fortress Press, 1995.

Neusner, Jacob. *Rabbinic Political Theory: Religion and Politics in the Mishnah*. Chicago: University of Chicago Press, 1991.

Neusner, Jacob. "Redaction, Formulation, and Form: The Case of Mishnah". *The Jewish Quarterly Review*, New Series, Vol. 70, No. 3(Jan., 1980), pp. 131–147.

Neusner, Jacob. *The Economics of the Mishnah*. Chicago: University of

Chicago Press，1990.

Neusner，Jacob. *The Idea of History in Rabbinic Judaism*.Leiden：Brill，2004.

Neusner，Jacob. *The Law of Agriculture in the Mishnah and the Tosefta：Translation，Commentary，Theology*. Leiden：Brill，2005.

Neusner，Jacob. *The Mishnah：An Introduction*. New Jersey：Jason Aronson，1994.

Neusner，Jacob. "The Mishna in Philosophical Context and out of Canonical Bounds". *Journal of Biblical Literature*，Vol. 112，No. 2（Summer，1993），pp. 292-293.

Neusner，Jacob. *The Mishnah：Religious Perspectives*. Leiden：Brill，1999.

Neusner，Jacob. *The Mishnah：Social Perspectives*. Leiden：Brill，1999.

Neusner，Jacob. *The Modern Study of the Mishnah*. Eugene，Oreg：Wipf and Stock Publishers，2003.

Neusner，Jacob. *The Vitality of Rabbinic Imagination：The Mishnah against the Bible and Qumran*. Lanham，Md：Univer-sity Press of America，2005.

Newman，Louis E. *The Sanctity of the Seventh Year：A Study of Mishnah Tractate Shebiit*. Atlanta，Ga：Scholars Press，1983.

Nickelsburg，George W. E. *Jewish Literature between the Bible and the Mishnah：A Historical and Literary Introduction*.Philadelphia：Fortress Press，1981.

Nodet，Étienne. Crowley，ed. *A Search for the Origins of Judaism：From Joshua to the Mishnah*. London & New York：Continuum International

Publishing Group, 1997.

Oppenheimer, Aharon. *Rabbi Judah ha-Nasi*(Hebrew) .Jerusalem: The Zalman Shazar Center, 2007.

Oppenheimer, Aharon. Levine, I. H. *The am Ha-aretz: A Study in the Social History of the Jewish People in the Hellenistic-Roman Period*. Leiden: Brill Archive, 1977.

Poirier, John C. "Jacob Neusner, the Mishnah, and Ventriloquism". *The Jewish Quarterly Review*, New Series, Vol. 87, No.1/2 (Jul.—Oct., 1996), pp. 61-78.

Porton, Gary G. *Goyim: Gentiles and Israelites in Mishnah-Tosefta*. Atlanta, Ga: Scholars Press, 1989.

Rabbinovicz, Raphael Nathan Nata. *Sefer Dikduke Sofrim: im hagahot nikra' ot Divre so frim*. New York: bi-Defusve-Hotsa'at M. P. Press, 1976.

Rabinowich, N. D. *The Iggeres of Rav Sherira Gaon*. Jeruslaem: Moznaim, 1988.

Robinson, George. *Essential Judaism: A Complete Guide to Beliefs, Customs, and Rituals*. New York: Simon & Schuster, 2001.

Rosner, Fred. *Maimoneides' Introduction to His Commentary on the Mishnah*. Northvale, NJ: Jason Aronson, INC.1995.

Ryle, H. E. *The Canon of the Old Testament*. London: Macmillan 1892.

Saldarini, Anthony J. VanderKam, James C. *Pharisees, Scribes and Sadducees in Palestinian Society: A Sociological Approach*.Grand Rapids, Michigan: Wm. B. Eerdmans Publishing, 2001.

Samely, Alexander. *Rabbinic Interpretation of Scripture in the Mishnah*.

Oxford: Oxford University Press, 2002.

Sarason, Richard S. "[Redaction, Formulation, and Form: The Case of Mishnah]: Comments." *The Jewish Quarterly Review*, New Series, Vol. 70, No. 3 (Jan., 1980), pp. 150-151.

Schachter, Melech. "Babylonian-Palestinian Variations in the Mishna". *The Jewish Quarterly Review*, New Ser., Vol. 42, No. 1. (Jul., 1951), pp. 1-35.

Schachter, Melech. *The Babylonian and Jerusalem Mishnah* Textually Compared (Hebrew). Jerusalem: Publisher unknown, 1959.

Schiffman, Lawrence H. *Texts and Traditions: A Source Reader for the Study of Second Temple and Rabbinic Judaism*. Jersey City, NJ: KTAV Publishing House, Inc., 1998.

Schiffman, Lawrence H. *From Text to Tradition: A History of Second Temple and Rabbinic Judaism*. Jersey City, NJ: KTAV Publishing House, Inc., 1991.

Shahak, Israel. *Jewish History, Jewish Religion: The Weight of Three Thousand Years*. London: Pluto Press, 1994.

Sicker, Martin. *Between Rome and Jerusalem*: 300 *Years of Roman-Judaean Relations*. New York: Praeger Publishers, 2001.

Twersky, Isadore. *Maimonides Reader*. Springfield, NJ: Behrman House, Inc., 1972.

Urbach, E. E. *The Sages*. Jerusalem: Magnes Press, Hebrew University in Jerusalem, 2001.

Weiss, Abraham. *On the Mishnah* (Hebrew). Tel Aviv: Publisher unknown, 1968.

Wegner, Judith Romney. *Chattel or Person? The Status of Women in the Mishnah*. Oxford: Oxford University Press, 1992.

Zhang, Ping. *Bridging Between the Actual and the Ideal in Early Rabbinical and Confucian Literature*. Ph. D dissertation. Tel Aviv: Tel Aviv University, 1999.

Zlotnick, Dov. *The Iron Pillar—Mishnah: Redaction, Form and Intent*. Jersey City, NJ: KTAV, distributor in North America, 1988.

图书在版编目（CIP）数据

密释纳. 第一部，种子 / 张平译注. — 北京：商务印书馆，2020

（宗教文化译丛）

ISBN 978-7-100-18317-8

Ⅰ. ①密… Ⅱ. ①张… Ⅲ. ①犹太教－宗教经典 Ⅳ. ①B985

中国版本图书馆CIP数据核字（2020）第062259号

宗教文化译丛

密释纳·第1部：种子

张平 译注

商 务 印 书 馆 出 版
（北京王府井大街36号 邮政编码100710）
商 务 印 书 馆 发 行
北京通州皇家印刷厂印刷
ISBN 978－7－100－18317－8

2020年7月第1版　　开本880×1230 1/32
2020年7月北京第1次印刷　　印张18¼

定价：98.00元